श्रीलाल शुक्ल की दुनिया

श्रीलाल शुक्ल की दुनिया

संपादक
अखिलेश

राजकमल प्रकाशन

ISBN : 978-81-7178-924-5

मूल्य : ₹ 450

पहला संस्करण : 2000
तीसरा संस्करण : 2018

प्रकाशक : राजकमल प्रकाशन प्रा. लि.
1-बी, नेताजी सुभाष मार्ग, दरियागंज
नई दिल्ली-110 002

शाखाएँ : अशोक राजपथ, साइंस कॉलेज के सामने, पटना-800 006
पहली मंजिल, दरबारी बिल्डिंग, महात्मा गांधी मार्ग, इलाहाबाद-211 001
36 ए, शेक्सपियर सरणी, कोलकाता-700 017

वेबसाइट : www.rajkamalprakashan.com
ई-मेल : info@rajkamalprakashan.com

मुद्रक : बी.के. ऑफसेट
नवीन शाहदरा, दिल्ली-110 032

SHRILAL SHUKLA KI DUNIYA
Edited by Akhilesh

सम्पादकीय

आधुनिक भारतीय साहित्य के महान गद्यकारों की सूची श्रीलाल शुक्ल के बगैर अशुद्ध मानी जाएगी। वह श्रेष्ठ होने के साथ-साथ अद्वितीय रचनाकार भी हैं। अद्वितीय इस अर्थ में कि उन्होंने यथार्थ को जिस दृष्टि से देखा और अभिव्यंजना के जिन नये रूपों में प्रकट किया, वैसा उनके पहले सम्भव न था और बाद में भी उनके अलावा कहीं सम्भव न हुआ। इस प्रकार श्रीलाल शुक्ल का लेखन कम से कम हिन्दी संसार के लिए विलक्षण घटना की तरह रहा है। उससे कुछ लोग प्रसन्न, चमत्कृत, अभिभूत, हैरान, बेचैन होते रहे हैं, तो उसने कुछ लोगों को ईर्ष्यालु, पस्त, चिड़चिड़ा और परेशान भी बनाया है।

दरअसल श्रीलाल शुक्ल ने हिन्दी लेखन की परम्परा में 'श्रीवृद्धि' करने के बजाय उसके समानांतर खड़े होने का जोखिम उठाया। न केवल इतना, बल्कि उनके लेखन ने रूढ़िगत साहित्य की जड़ता, रुग्णता, रूमानियत, ठस्सपन और भावुकता की बड़ी पिटाई की। स्वाभाविक था कि इस प्रकार की प्रवृत्तियों से लस्त-पस्त साहित्य के प्रशंसकों की चेतना पर भी बर्छियां चलीं। इस सम्बन्ध में यह कहना भी अनुचित नहीं होगा कि अपने दौर के हिन्दी आलोचक को जितना असहाय और हास्यास्पद श्रीलाल शुक्ल ने बनाया, उतना अन्य किसी रचनाकार ने नहीं। उनके 'राग दरबारी' उपन्यास को लें, उसकी यथार्थ-सम्पन्नता और कलात्मक आविष्कृति से उस समय की हिन्दी आलोचना का एक हिस्सा विमूढ़ हो गया था। आलोचना के रटंत, घिसे हुए विश्लेषण 'राग दरबारी' के सम्मुख दयनीय दिख रहे थे। जिन लोगों ने पुराने मिजाज से 'राग दरबारी' को परखा था, उनकी समीक्षाएं आज पढ़िए, वे दम्भ, अज्ञान और तानाशाही से भरी हुई लगेंगी। जैसेकि 'राग दरबारी' के प्रकाशन पर एक विद्वान ने उसे सर्वथा 'अपठनीय' उपन्यास तक कहा था। यह कैसा विरोधाभास है कि आजादी के बाद हिन्दी में सर्वाधिक पढ़े जाने वाले कथाकार श्रीलाल शुक्ल हैं और श्रीलाल शुक्ल की सर्वाधिक पढ़ी जानेवाली रचना 'राग दरबारी' है। निस्संदेह श्रीलाल शुक्ल ऐसे रचनाकार हैं जिन्हें उनकी कृतियों की आत्यन्तिक शक्ति और उनके प्रति लाखों पाठकों की दीवानगी ने सफलता के शिखर पर पहुंचाया और आलोचकों को अंततः उन्हें समझना तथा स्वीकार करना पड़ा।

श्रीलाल शुक्ल तथा आलोचकों के बीच दूरी का एक कारण यह भी रहा कि यदि अपवादों को छोड़ दें तो स्वातंत्र्योत्तर हिन्दी आलोचना शिविरों, गुटों, संघों से चिपकी हुई

ऐसी कट्टर बनी कि उसकी न्यायिक शक्ति का अपहरण हो गया। जबकि श्रीलाल शुक्ल शिविरों, संघों से दूर रहे। वह वामपंथ को इसलिए अनुकूल नहीं लगे कि वह किसी वामपंथी दल या लेखक संगठन में नहीं रहे। वामपंथ-विरोधी समुदाय को वह इसलिए प्रतिकूल लगे कि उनके साहित्य का स्रोत समाज और मनुष्य रहा है। यह भी कि उन्होंने समय और सत्ता की जो आलोचना की, वह वामपन्थी लेखकों से कम तीक्ष्ण और प्रखर नहीं है। शायद यही कारण है कि इधर जब बौद्धिक दुनिया में क्रूरता, कूपमंडूकता, कायरता और प्रगल्भता के तत्त्व जर्जर हुए हैं, लगातार श्रीलाल शुक्ल का महत्त्व बढ़ रहा है।

अतः श्रीलाल शुक्ल के व्यक्तित्व और कृतित्व पर केन्द्रित यह आयोजन श्रीलाल शुक्ल के समुचित मूल्यांकन की कमी को पूरा करने के लिए नहीं है, बल्कि इसे श्रीलाल शुक्ल की सतत् बढ़ती प्रतिष्ठा के एक उदाहरण के रूप में स्वीकार किया जाना चाहिए। श्रीलाल शुक्ल की रचनाओं के प्रति हिन्दी संसार के मौजूदा आकर्षण का अनुमान इससे भी लगाया जा सकता है कि इक्का-दुक्का अपवादों को छोड़ कर हमने जिनसे भी लेखकीय सहयोग मांगा, हमें मिला। यहां तक कि सामग्री-मुद्रण के लिए तैयार होने के बाद भी आलोचकों, लेखकों की तरफ से लिखने के प्रस्ताव आते रहे।

दो

श्रीलाल शुक्ल लेखन और जीवन दोनों में ही विलक्षण हैं। उनकी विलक्षणता का उत्स क्या है ? शायद 'परस्पर विरुद्धों का खूबसूरत उपयोग'। यह श्रीलाल शुक्ल ही हैं जिनमें एक धुर ग्रामीण और आधुनिक शहरी एक साथ उपस्थित हैं। उनकी ज्यादातर रचनाओं में दोनों जीवन-दृष्टियों का सहमेल दिखाई देता है। इसीलिए उनका लेखन ग्रामीण यथार्थ को लेकर रोमान, करुणा और हाय-हाय से मुक्त है तो शहरी जीवन के अजनबीपन, बोरियत और आत्मदया जैसे नुस्खों से भी सुरक्षित है। केवल ग्रामीण और शहरी के संबंध में ही नहीं, अनेक ढंग से वे दो विरुद्धों की शक्ति सोख कर तीसरी महाशक्ति बन जाते हैं। उनके व्यक्तित्व को ही लें, पहनावा, रहन-सहन, खान-पान—हर जगह आपको देहात और नगर का सहअस्तित्व दिखेगा। वह सूट-बूट-टाई में दिखेंगे तो धोती-कुर्ते में भी दिखेंगे। फगुआ में गांव जाना नहीं भूलेंगे तो हो सकता है कि उपन्यास लिखने के लिए वह गर्मी में किसी हिल स्टेशन चले जाएं। लस्सी और आइस्क्रीम दोनों के स्वाद उन्हें प्रिय हैं। उनके ड्राइंग रूम में आप एक साथ धुर देहाती, महत्त्वपूर्ण लेखक, जाने-माने डॉक्टर, बड़े वकील—सभी को एक साथ देख सकते हैं और सभी से वह समान रूप से बातचीत का लुत्फ उठा रहे हैं। श्रीलाल शुक्ल की बातें सुनिए, ज्ञान-संपदा और अनुभव-संपदा की ऐसी जुगलबंदी दुर्लभ है। खेती-बाड़ी, राजनीति, अर्थशास्त्र, साहित्य, न्याय व्यवस्था, सामाजिक तजुर्बे, पर्यटन, भवन निर्माण, ड्राइविंग, शासन, संसद जैसे अनंत विषयों पर

आप उनके सत्संग से लाभान्वित हो सकते हैं। खैर, बात 'परस्पर विरुद्धों के खूबसूरत उपयोग' पर चल रही थी। श्रीलाल शुक्ल में प्राचीन और अधुनातन, दोनों बहुत समुचित ढंग से संगुम्फित हैं। वह एक तरफ संस्कृत साहित्य के गम्भीर पाठक हैं तो दूसरी तरफ अंग्रेजी साहित्य के भी श्रेष्ठ अध्ययनकर्ता हैं। वस्तुतः शास्त्रीय, लोक, पारम्परिक, आधुनिक, देसी-परदेसी तमाम तत्त्वों के सत्व से बने हैं वह और उनका साहित्य। जैसाकि वह स्वयं 'राग दरबारी' की भाषा के बारे में बात करते हुए कहते हैं : "एक तरफ अवधी है और दूसरी तरफ आपने गौर किया होगा, अंग्रेजी के मुहावरे आते हैं। अंग्रेजी का मुहावरा जहां मैंने इस्तेमाल किया है, तो अनुवाद कर के नहीं, उसकी प्रकृति को हिन्दी में आत्मसात करने की कोशिश की है। हां, ज्यादा मूलभूत रूप से अवधी है जिसको इस्तेमाल किया है खड़ी बोली के क्रिया पदों और व्याकरण के अंतर्गत।"

तीन

श्रीलाल शुक्ल ऐसे लेखक हैं जिन्होंने हिन्दी लेखन के मिजाज को तो बदला ही, साथ में अपनी रचनाओं में भी पिछले को छोड़कर नया अपनाने की प्रक्रिया से गुजरते रहे। उनके उपन्यासों को ही लिया जाए—उनके हर नये उपन्यास ने पिछले उपन्यासों तक के पाठकों को अपनी नयी छवियों-भंगिमाओं के कारण चौंकाया है। अपने पहले उपन्यास 'सूनी घाटी का सूरज' से पहले पाठक श्रीलाल शुक्ल को 'अंगद के पांव' के व्यंग्यकार के रूप में पहिचानते थे। पर 'सूनी घाटी का सूरज' में वह एकदम संजीदा गद्य लेकर उपस्थित होते हैं। रामदास नामक प्रतिभाशाली ग्रामीण एवं गरीब युवा के संघर्ष, मोहभंग और आस्था का मार्मिक आख्यान है 'सूनी घाटी का सूरज'। मगर इसके बाद फर्क ढंग का उपन्यास 'अज्ञातवास' लिखते हैं जिसमें कुलीन समाज के खोखलेपन, भावनात्मक हिंसा और पतन की कथा है। तीसरे उपन्यास 'राग दरबारी' ने नया इतिहास ही रचा। उसके बाद 'मकान', 'फिर सीमाएं टूटती हैं', फिर 'पहला पड़ाव' और उसके बाद 'बिस्रामपुर का संत'। सभी की पृष्ठभूमि, चरित्र, पदावली जुदा-जुदा हैं। सभी कमोबेश सफल उपन्यास हैं पर श्रीलाल शुक्ल ने सफलता के किसी औजार को दुबारा इस्तेमाल न करने की जैसे जिद कर रखी हो।

श्रीलाल शुक्ल की उपर्युक्त जिद असाधारण उपलब्धि है। उसमें जीवन का स्वाद है। बल्कि जीवन को अभिव्यक्त करने की प्रक्रिया में ही वह प्रकट हुई है। वह प्रयोग, हुनर, चमत्कार की छाप छोड़ने और आलोचक की दाद पाने की गरज से नहीं जन्मी है। इसका एक साक्ष्य यही है कि संसार के नये से नये साहित्य और सिद्धांतों के गहन सम्पर्क के बावजूद वह ऐसे रचनाकार हैं जिसने फैशनेबुल साहित्यांदोलनों, नये 'वाद' आदि को कभी भी मदद नहीं दी, न ही उनकी मदद ली। ऐसे ही ढंग से वह अपने लेखन की अर्द्धशती पूरी करने जा रहे हैं।

यह भी एक संयोग है कि वह जीवन के पचहत्तरवें वर्ष में हैं। और पचहत्तरवें वर्ष में वह एक आश्चर्य हैं। हिन्दी संसार में यह अवस्था पूज्यनीय हो जाने की, चुक जाने की, कुछ न लिखने की या खराब लिखने की, पुराने लिखे हुए का मूल्यांकन कराने की, अपना अभिनंदन कराने की, अस्वस्थ रहने की है। इस अर्थ में भी श्रीलाल शुक्ल 'परम्परा' में काफी तोड़-फोड़ करते हैं। उनके निकट रहने वाले जानते हैं कि वह जितना सक्रिय रहते हैं—श्रम करते हैं, वह युवा लोगों के लिए भी चुनौतीपूर्ण है। सम्भवतः यही कारण है कि उनके मिजाज और व्यक्तित्व से अनभिज्ञ कोई जब उनसे पूछ बैठता है, "आपका स्वास्थ्य कैसा है ?" तो श्रीलाल शुक्ल को अच्छा नहीं लगता। कई बार तो वह चिढ़ से जाते हैं। इसी तरह वह अपने लिए श्रद्धेय, पूज्यनीय, माननीय सम्बोधन नापसंद करते हैं। इस प्रकार के सम्बोधनकर्ता की अकसर वह खिल्ली उड़ाते हैं। अभिनंदन-विरोधी होने की स्थिति यह है कि किसी गोष्ठी में कोई वक्ता उनकी कुछ ज्यादा प्रशंसा कर रहा है तो उसे श्रीलाल शुक्ल से अपनी भर्त्सना के लिए निश्चय ही तैयार रहना चाहिए। अपने से पहले के लेखकों, यहां तक कि युवतम लेखकों के प्रति भी वह मैत्री भाव—संवाद का सम्बन्ध बनाते हैं। नये से नया लेखक हो, उसकी मदद करने से उन्हें परहेज नहीं होगा लेकिन नये लेखकों का सरपरस्त बनना, उन्हें आशीर्वाद देना उनको हमेशा अरुचिकर लगा है।

दूसरी तरफ युवा लेखन और नयी प्रवृत्तियां हमेशा उनकी जिज्ञासा, रुचि और भरोसे को हासिल करती हैं। युवा लेखकों को उनके जितना पढ़ने वाले कम लेखक होंगे। यह ढूंढने में बड़ी मुश्किल होगी कि वह कौन सा महत्त्वपूर्ण उपन्यास है जिसे उन्होंने नहीं पढ़ा है। कहानी, यहां तक कि कविता में भी वह युवतम कवियों तक की कविताओं से गुजरते हैं। लेकिन जब किसी युवा लेखक की अभिव्यक्ति पुरानी चाल की रही या भाषा, कला आदि के मामले में वह अति मामूली हुई, या विषयवस्तु के मामले में कोई नवीनता न रही तो वह बेहद निराश होते हैं। क्योंकि स्वयं श्रीलाल शुक्ल लम्बे रचना-अभ्यास के बावजूद अपनी रचना में उपर्युक्त उपलब्धियों के लिए संघर्ष करते और सफल होते हुए देखे जा सकते हैं।

श्रीलाल शुक्ल ने अपने एक आत्मकथ्य में 'उन्नीसवीं सदी के अंत में पैदा होने और बराबर गांव में रहने वाली' अपनी मां का जिक्र करते हुए लिखा है : "खास बात यह है कि जिन्दगी के बहुरंगी पक्षों के प्रति उनका उत्साह कभी कम नहीं हुआ। बाद में मेरे साथ रहते हुए वह क्रिकेट और बैडमिण्टन का मैच बड़ी दिलचस्पी से देखती थीं। उन्हें सिनेमा देखने और गाना सुनने का भी खासा शौक था। जब वह 57 साल की थीं, मैंने उन्हें राइफल चलाना सिखाया और उनका निशाना अच्छा-खासा हो गया था।"

अब जरा श्रीलाल शुक्ल को देखिए। उनके अलावा हिन्दी में दूसरी कौन सी प्रतिभा है जो उम्र के बहत्तरवें वर्ष में बाल साहित्य के क्षेत्र में पदार्पण करे और 'बब्बर सिंह तथा उसके साथी' जैसा खूबसूरत बाल उपन्यास लिखना शुरू कर दे। तिहत्तरवें वर्ष में उन्होंने अपनी रचना-शैली के सारे उपकरणों, प्रवृत्तियों, सफलता के आजमाए हुए

स्रोतों—यानि कि अपने लेखन की सारी सिद्धियों को छोड़ कर सृजन की नवीन प्रणालियां आविष्कृत कीं और 'बिस्रामपुर का संत' सरीखा श्रेष्ठ उपन्यास लिखा। चौहत्तर के वर्ष में 'अज्ञेय' के साहित्य पर उनकी एक आलोचना पुस्तक छप कर आती है, ऐसी आलोचना पुस्तक कि मँजे हुए आलोचक भी चकित हो जाएं। पचहत्तरवें वर्ष में वह कुछ अद्भुत कहानियों और नये उपन्यास पर काम शुरू कर देते हैं।

चार

दरअसल श्रीलाल शुक्ल का जिन्दगी में गहरा विश्वास है। कुछ-कुछ ग़ालिब की तरह वह भी जीवन-रस की आखिरी बूंद तक का स्वाद पाना चाहते हैं। वह आस्तिक हैं, लेकिन संसार के भौतिक अस्तित्व में, उसके अपने वस्तुगत नियमों, तर्कों में उनकी आस्था, नास्तिकों से कम गहरी नहीं है। ज्योतिष, जादू, महात्माओं, प्रवचनकर्ताओं के लिए उनके भीतर हमेशा अवज्ञा, वितृष्णा और नाराजगी भरी रहती है। इसके विपरीत जीवन के विविध रूपों में उनकी गहन दिलचस्पी है। नये-नये मनुष्यों, स्थलों, आविष्कारों, खेल, संगीत, सिनेमा, समाजशास्त्र, प्रकृति, वनस्पतियों से विपुल लगाव और उनका ज्ञान श्रीलाल शुक्ल में समाया हुआ है। दुनिया के साहित्य के विषय में श्रीलाल शुक्ल जितनी सारगर्भिता से बोल सकते हैं, उतना ही सारगर्भित वह दुनिया के संगीत, फूलों, अभिनेताओं आदि के बारे में बोलेंगे। और उनके साहित्य-संसार में जीवन की, अनुभवों की, ज्ञान की जो विविधता और विशदता है, वह ऐसी ही विशेषताओं के कारण सम्भव हुई है। इन्हीं विशेषताओं के कारण वह गद्य की अनेक विधाओं में सक्रिय होते हैं। उपन्यास, कहानी, निबंध, व्यंग्य, लेख, आलोचना, समीक्षा, जीवनी, स्तम्भ लेखन, बाल साहित्य सभी में उन्होंने दृष्टांत बनने योग्य हस्तक्षेप किया है। गुणवत्ता तो उनमें है ही, सम्भवतः वह अपनी और अपने बाद की पीढ़ी के ऐसे गद्य लेखक हैं जिसने गद्य के सर्वाधिक रूपों में अपने समय को अभिव्यक्त किया है।

पांच

श्रीलाल शुक्ल का लेखन वस्तुतः स्वातंत्र्योत्तर भारत की, जनतंत्र की कथित आधुनिकता और विकास की आलोचना है। वह अपने गहरे अर्थों में सभ्यता-समीक्षा का सर्जनात्मक प्रतिरूप है। उनके उपन्यासों, कहानियों, निबंधों और व्यंग्य-लेखों को मिला कर समग्र पाठ किया जाए तो हम पाएंगे कि उन्होंने लोकतंत्र के पक्ष से भारतीय जनतंत्र की असफलता और उसकी हिंसा की निर्मम भर्त्सना की है। इसी बिन्दु पर वह नारे की शक्ल में नहीं, लेकिन लेखकीय भूमिका में भारतीय सत्ता का प्रतिपक्ष प्रस्तुत करते हैं।

इसी तरह का काम कविता में रघुवीर सहाय ने किया है। रघुवीर सहाय और श्रीलाल शुक्ल, दोनों ही आदर्श जनतांत्रिक समाज के पक्ष में मौजूदा जनतंत्र पर कठोर प्रहार करते हैं, उसकी खिल्ली उड़ाते हैं और कई बार शोकाकुल होते हैं।

हमारे लोकतंत्र की यात्रा सपनों के विध्वंस की, संस्थाओं, मूल्यों, नैतिकताओं और आस्थाओं के क्षरण की कथा है। श्रीलाल शुक्ल उसी क्षरण के उद्घाटनकर्ता रचनाकार हैं। राजनीति की पतनशीलता, विकास का गोरखधंधा, जनहित का पाखंड—भारतीय जनतंत्र की इन निर्विवाद वास्तविकताओं पर तीक्ष्ण और विस्तृत कटाक्ष उनकी रचनाशीलता की धुरी है। गद्य-लेखन में भारतीय लोकतंत्र की इतनी सख्त और विस्तृत विवेचना अन्यत्र दुर्लभ है।

स्वातंत्र्योत्तर भारतीय यथार्थ का साक्ष्य भी है श्रीलाल शुक्ल का लेखन। शायद इसीलिए समाजशास्त्रियों के बीच अध्ययन हेतु प्रेमचंद के बाद श्रीलाल शुक्ल का ही लेखन सबसे महत्त्वपूर्ण साहित्यिक स्रोत के रूप में इस्तेमाल होता है।

अतः श्रीलाल शुक्ल पर केन्द्रित यह आयोजन श्रीलाल शुक्ल के जरिए आजादी के बाद की वास्तविकता का अध्ययन भी है।

छह

इस आयोजन में हमारी कुछ पूर्व प्रतिज्ञाएं थीं। एक तो यही कि हमें श्रीलाल शुक्ल के कृतित्व और व्यक्तित्व का मूल्यांकन, पुनर्मूल्यांकन करना है, न कि अभिनंदन ग्रंथ बनाना है। हमने अपने रचनाकारों से भी मन्तव्य बता दिया। हालांकि वे इतने खरे, वरिष्ठ और महत्त्वपूर्ण लोग हैं कि उन्हें अपनी इच्छानुसार ही लिखना था। लेकिन इस प्रसंग को हमने यह बताने के लिए उठाया है कि अंक की कई रचनाओं पर व्यक्तिगत रूप से मत-वैभिन्य के बावजूद हमने प्रकाशित किया है, ताकि श्रीलाल शुक्ल के अध्ययन की अनेक दृष्टियां परस्पर संवाद कर सकें। जैसे कि राकेश के लेख 'ग्रामीण जीवन की अधूरी पेन्टिंग में कहा गया है कि 'सूनी घाटी का सूरज' में गरीबी का चित्रण है, संघर्ष है लेकिन उसमें दलित या पिछड़े वर्ग का दृष्टिकोण नहीं है। या इसी तरह मैत्रेयी पुष्पा के लेख 'बिस्रामपुर में दरबारी हूरें' में उनकी शिकायत है कि 'राग दरबारी' में नारी विमर्श नहीं है। इन मान्यताओं से ऐतराज तो नहीं कहेंगे, किन्तु हमारी पूर्ण सहमति भी नहीं थी। यहां रचना से बाहर के 'दायित्व' रचना पर ज्यादा ही डाल दिये गये हैं। लेकिन चूंकि इन लेखों में अपने पक्ष के प्रति ईमानदारी, लेखकीय साहस और रचनात्मक गुरुता थी इसलिए हमने सहर्ष स्वीकार किया। इसी प्रकार सुधीश पचौरी के लेख 'सदी के आखिरी दिनों की चकाचक उत्तरआधुनिक दशाएं पढ़ पाने में असमर्थ लोगों के लिए राग दरबारी अनिवार्य 'टैक्स्ट' है' और वीरेन्द्र यादव के लेख 'छुद्रता के महावृत्तांत से महानताओं की छुद्रता तक' के विषय में कहना चाहूंगा कि दोनों की स्थापना दो

भिन्न-भिन्न ध्रुव हैं। सुधीश पचौरी जहां 'राग दरबारी' की सफलता का श्रेय प्रेमचंद की परम्परा से उसके विद्रोह में देखते हैं, वहीं वीरेन्द्र यादव 'राग दरबारी' की असफलता का कारण इस रूप में ढूँढ़ते हैं कि 'श्रीलाल शुक्ल का प्रेमचंद की परम्परा से पार्थक्य है'। इस प्रकार कोई प्रश्न कर सकता है कि रचनाओं के चयन में सम्पादकीय दृष्टिकोण क्या है। इस पर मैं कहना चाहूंगा कि सम्पादकीय दृष्टिकोण यही है कि किसी रचना के मूल्यांकन की अलग-अलग प्रणालियां और दृष्टियां हो सकती हैं। किसी महान रचना की शक्ति होती है कि उसे कई-कई तरह से पढ़ा और समझा जाता है। कई-कई बार भिन्न और कई बार विरोधी तरीके से भी उसका पाठ होता है। 'गोदान', 'मैला आंचल', 'अंधेरे में', 'राम की शक्तिपूजा' और श्रीलाल शुक्ल की 'राग दरबारी', 'पहला पड़ाव', 'बिस्रामपुर का संत' ऐसी ही कृतियां हैं।

सात

हमने सामग्री को पांच खंडों में समायोजित किया है। *मीमांसा* खंड में योजना यह रही है कि एक लेख श्रीलाल शुक्ल के समग्र रचना-संसार की पड़ताल करने वाला हो, इसके अंतर्गत हम प्रसिद्ध आलोचक परमानंद श्रीवास्तव का लेख 'श्रीलाल शुक्ल की दुनिया : लघुता की महागाथा' प्रस्तुत कर रहे हैं। इसके बाद श्रीलाल शुक्ल की रचनात्मकता को विधाओं में विभक्त करके आलेख तैयार कराये गये हैं। उपन्यासों पर मुरली मनोहर प्रसाद सिंह, सत्य प्रकाश मिश्र, वीरेन्द्र यादव, मैत्रेयी पुष्पा जैसे प्रसिद्ध आलोचकों और रचनाकारों ने लिखा है तो रेखा अवस्थी और लीलाधर मंडलोई जैसी विशिष्ट प्रतिभाओं ने कहानियों का मूल्यांकन किया है। व्यंग्य-लेखों पर रंगकर्मी और व्यंग्यकार उर्मिल कुमार थपलियाल ने लिखा है तो निबंध, स्तम्भ-लेखन आदि की पड़ताल अमिताभ खरे के लेख में है।

इसके बाद *संस्मरण* खंड है। हमने चाहा था कि इसमें श्रीलाल शुक्ल के जीवन के बारे में विशद सामग्री हो। लोग जानें कि इतना बड़ा यह लेखक एक इंसान के रूप में कैसा है। सामाजिक यथार्थ के इस अद्भुत चित्रणकर्ता का स्वयं अपना यथार्थ क्या है ! लेकिन हम स्वीकार करते हैं कि इस प्रयास में हमें पूरी कामयाबी नहीं मिल सकी। क्योंकि एक तो हमने श्रीलाल शुक्ल के परिवार के कुछ सदस्यों से संस्मरण लिखने का आग्रह किया था मगर हम उनसे लिखा सकने में अंततः असफल ही रहे। दूसरे केशव चंद्र वर्मा जैसे श्रीलाल शुक्ल के अभिन्न मित्र भी अस्वस्थता आदि के कारण चाहते हुए भी नहीं लिख सके। इसके अलावा पंडित विद्यानिवास मिश्र और विश्वनाथ त्रिपाठी ने समयाभाव के कारण अति संक्षिप्त लेख दिये। अतः *संस्मरण* खंड में श्रीलाल शुक्ल के व्यक्तित्व के कुछ पक्षों की 'अत्यधिक' चर्चा कर दी गयी है जबकि महत्त्वपूर्ण पक्ष उद्घाटित होने से रह गये हैं।

लेकिन उनका उद्घाटित होना इस आयोजन की सफलता के लिए आवश्यक ही

नहीं, अनिवार्य भी था। हमें संतोष है कि ऐसा *मुलाकात* खंड में हो सका है। हमने श्रीलाल शुक्ल से जो भेंटवार्ता दी है, उसमें उनके व्यक्तित्व और जिन्दगी की बहुत सी ऐसी सच्चाइयां और जानकारियां हैं जो पहली बार सामने आयी हैं। श्रीलाल शुक्ल के संघर्ष, सुख, दुख, रुचियों, नापसंदगी, लेखन-प्रक्रिया, मिजाज, राजनीति आदि के बारे में ऐसी जरूरी बातें हाथ लगी हैं जो श्रीलाल शुक्ल को और उनके साहित्य को समझने के लिए अचूक सूत्र हैं। इस साक्षात्कार में साहित्य को ले कर किये गये प्रश्नों में एक खास तरह की आक्रामकता और 'जवाब देने में कठिनाई पैदा करने की कोशिश' मिलेगी। इसके दो कारण हैं। एक तो यह कि स्वयं श्रीलाल शुक्ल को भेंटकर्ताओं की पारम्परिक प्रश्नावलियों से गहरी वितृष्णा है। मसलन 'आपको लेखन की प्रेरणा कैसे मिली' या 'लेखन में आपके आदर्श क्या हैं', या 'आपने अपने साहित्य में किस तरह का यथार्थ प्रकट किया है', या 'आप यथार्थवादी हैं कि कलावादी' जैसे सनातन प्रश्न-रूपों से वह बेहद निराश होते हैं। दूसरा कारण यह विश्वास था कि इससे हम श्रीलाल शुक्ल से नयी, जटिल और मौलिक व्याख्याओं को पा सकेंगे, जिनके लिए वह विख्यात हैं। सुखद है कि हम कामयाब हुए हैं।

कुछ इसी तरह का और कुछ इससे भिन्न आस्वाद का खंड है *मत*। इसमें हमने विभिन्न रचनाकारों द्वारा श्रीलाल शुक्ल को समय-समय पर लिखे गये पत्रों को शामिल किया है। ये पत्र निजता की ऊष्मा और कृति-मूल्यांकन का खूबसूरत सहमेल उपस्थित करते हैं।

एक अन्य खंड है—मूल्यांकन। इसमें श्रीलाल शुक्ल के प्रमुख उपन्यासों 'सूनी घाटी का सूरज', 'राग दरबारी', 'पहला पड़ाव', 'मकान' और 'बिस्रामपुर का संत' पर दो-दो विद्वान लेखकों के लेख हैं। *मीमांसा* खंड में श्रीलाल शुक्ल के साहित्य के विविध पक्षों पर विहंगम विश्लेषण है तो इस खंड में विशेषीकृत अध्ययन प्रस्तुत किया गया है।

आठ

हम विनम्रतापूर्वक कहना चाहेंगे कि हमने श्रीलाल शुक्ल के अवदान पर केन्द्रित इस आयोजन को पूर्णता देने की पूरी कोशिश की है लेकिन हम बिना किसी विनम्रता के कहना चाहते हैं कि पूर्णता की अवधारणा एक मरीचिका है। वह कभी भी सम्भव नहीं होती, खासकर कला और साहित्य के क्षेत्र में तो बिल्कुल नहीं।

वैसे यदि कोई माने भी कि पूर्णता पाने या पूर्णता के करीब-करीब पहुंचने में सफल हुए हैं तो स्वयं श्रीलाल शुक्ल आनेवाले दिनों में इस मान्यता को असत्य सिद्ध कर देंगे। क्योंकि वह कुछ ऐसी कृतियों की रचना करेंगे जिनकी श्रेष्ठता अकाट्य होगी और जाहिर है कि उनका मूल्यांकन इस पुस्तक में शामिल नहीं हो सकता। हमारा भरोसा है कि ऐसा निश्चय ही होगा और बार-बार होगा। हमारी कामना है कि ऐसा बहुत जल्दी हो। जल्दी-जल्दी हो।

—अखिलेश

अनुक्रम

मीमांसा

संस्मरण

मुलाकात

मूल्यांकन

मत

श्रीलाल शुक्ल की दुनिया : लघुता की महागाथा

परमानंद श्रीवास्तव

"... आरम्भ से ही जो व्यवस्था तुम्हारे मार्ग में बाधाओं को खींच-खींच कर लाती रही, वही अब तुम्हें इन बाधाओं के देश में खींचे लिए जा रही है। तुम देख नहीं रहे हो, यहां आ कर, ख्याति और उन्नति की सब आकांक्षाओं का गला घोंट कर अपने को जीवन्मृत बनाने के लिए तुम्ही क्यों चुने गये हो?"

सूनी घाटी का सूरज

"तुम मंझोली हैसियत के मनुष्य हो और मनुष्यता के कीचड़ में फंस गये हो। तुम्हारे चारों ओर कीचड़ ही कीचड़ है।

"कीचड़ की चापलूसी मत करो। इस मुगालते में न रहो कि कीचड़ से कमल पैदा होता है। कीचड़ में कीचड़ ही पनपता है। वही फैलता है, वही उछलता है।"

"कीचड़ से बचो। यह जगह छोड़ो। यहां से पलायन करो।"

राग दरबारी

"दिवास्वप्न पीछे छूट रहे थे। ठोस जमीन पर पांव टिका कर जो भी चाहूं वह करने के लिए मैं अब मजबूर नहीं, आजाद हूं।

"कानून की पढ़ाई मेरे लिए अब पेट पालने की मजबूरी नहीं, एक लौह जाल तोड़ने की तैयारी होगी।"

पहला पड़ाव

"तुम ट्रैजडी का अर्थ नहीं समझती, तभी ऐसा कह रही हो। ट्रैजडी एक भयावह चीज है। किसी से प्रेम हो और उससे शादी न हो पाये— यह ट्रैजडी नहीं है। आज की सामाजिक व्यवस्था में जिन्दगी के हजार क्लेशों में यह एक क्लेश भर है, ज्यादा से ज्यादा कुछ लम्बे दौर का न्यूसेंस है। ...ठीक इसी वक्त इसी देश में न जाने कितनों की हत्या हो रही होगी, कितनी मासूम बच्चियों को कोड़े मार कर वेश्या बनाया जा रहा होगा, न जाने कितने बलात्कार हो रहे होंगे, कितने बच्चों के हाथ पांव तोड़ कर उन्हें अपाहिज बना कर भीख मांगने के लिए मजबूर किया जा रहा होगा... ।"

"ट्रैजडी को लेकर अब मुझसे कभी ऐसी हलकी बात मत करना।"

बहुत पहले से व्यंग्य लेखक के रूप में प्रसिद्ध श्रीलाल शुक्ल के बारे में कहना कठिन है कि व्यंग्य लेखन की प्रतिभा ने उन्हें उपन्यास रचना की ओर प्रेरित किया या उनके भीतर व्याप्त बतरस, किस्सागोई, औपन्यासिक प्रतिभा ने उन्हें व्यंग्य लेखन के भावुकतारहित खिलंदड़ेपन और मुक्त विनोद में इस तरह रमने का आकर्षण पैदा किया जो आगे चल कर लघुता की महागाथा लिखने के काम आ सके। जिन्दादिली के साथ यथार्थ के जटिल रूपों की आलोचनात्मक समझ ने श्रीलाल शुक्ल को व्यंग्य से बड़ा सर्जनात्मक काम लेने का नया साहस दिया। व्यंग्य कथाएं भी मिल कर एक जटिल औपन्यासिक संसार बना सकती हैं पर यह किस तरह सम्भव होता है; इसके लिए श्रीलाल शुक्ल जैसे लेखक का समग्र पाठ जरूरी है।

श्रीलाल शुक्ल के व्यंग्य निबंधों का गद्य और कथा गद्य एक जैसा है। इस अर्थ में वे भारतेन्दु की परम्परा के सच्चे उत्तराधिकारी हैं जिनकी व्यंग्य विनोद वृत्ति ने कथा को निबंध के निकट और निबंध को कथा के निकट ला दिया। यह वह परम्परा है जिसमें बालमुकुंद गुप्त, चंद्रधर शर्मा गुलेरी और शिवपूजन सहाय आते हैं। 'सूनी घाटी का सूरज' पढ़ कर अंशतः 'देहाती दुनिया' जैसे निबंधात्मक उपन्यास का ध्यान आता है। आधुनिक साहित्य और साहित्य बोध से बखूबी परिचित श्रीलाल शुक्ल लिखने की भाषा को ले कर दृढ़ता से हिन्दी गद्य की ठेठ जातीय परम्परा के प्रति उत्तरदायी और आत्मसजग है। एक सार्थक जटिल और अंधेरी दुनिया को चित्रित करने के लिए भी वे सीधी स्पष्ट भाषा के विन्यास पर निर्भर हैं। जान बूझ कर जटिल बनायी गयी भाषा पर श्रीलाल शुक्ल का सख्त एतराज जाना पहचाना है, यद्यपि विन्यास या लहजे में वक्रता विदग्धता उनका अपना कौशल है। क्षुद्र, साधारण, गहन और उदात्त जहां मिलते हैं वहीं है श्रीलाल शुक्ल की औपन्यासिकता का बीज भाव! 'मकान' जैसे कम चर्चित उपन्यास में सब क्षुद्रताओं में नारायण का संगीत ऊंचाइयां छूना चाहता है। उसके शब्द हैं: "ये तानें बेकार हैं। इनके सहारे कोई राग में नहीं भीग सकता। तानों का काम तो बहुत बाद का है। ... यूं समझो कि राग का समुद्र सामने लहरा रहा है। तानें वे लहरें हैं जो किनारे पर खड़े हुए आदमी को लुभाने के लिए नहीं होतीं। वे उसके लिए हैं जो पहले से पानी में उतरा हुआ है और तैर रहा है। ये लहरें उसको ऊपर नीचे हिलकोरें देने के लिए आती हैं, तभी उसे समुद्र की निस्सीमता का, उसकी अतल गहराई का धीरे-धीरें अनुभव होता है। वह कुछ देर के लिए समुद्र का ही हो जाता है।" क्षुद्र और उदात्त का साहचर्य या सह अस्तित्व किस तरह नये सर्जनात्मक उन्मेष में सहायक हो सकता है जटिल संरचना में 'मकान' का सतर्क पाठ इस रहस्य को उद्घाटित करता है।

याद करें वी.एस. नैपाल की चर्चित और विवादास्पद कृति 'ऐन एरिया आफ डार्कनेस' पर टिप्पणी करते हुए श्रीलाल शुक्ल ने लिखा थाः "दरअसल, भारत के उस विराट समुदाय को जो निम्न वर्ग और निम्न मध्यम वर्ग का निर्माण करता है, अछूता छोड़ कर नैपाल ने अपनी धारणाएं कुछ होटल चलाने वालों, नौकरों, गाइडों के नाटकीय परिचय पर आधारित की हैं। धूल भरा हुआ भारत नैपाल को विकर्षक प्रतीत हुआ है और वहां उसे समझने की उन्होंने जरूरत नहीं समझी है, सिर्फ उसके विकर्षण पर क्षोभ प्रकट करने की जरूरत समझी है।" (यह घर मेरा नहीं, पृष्ठ १०४) यह देखना कठिन नहीं है कि भारतीय समाज, भारतीय लोकतंत्र की कुरूपता और विसंगति को ले कर सिर्फ छेड़छाड़ श्रीलाल शुक्ल का शगल नहीं है। उनके विक्षोभ में यथार्थ का जटिल गहन विमर्श शामिल है। श्रीलाल शुक्ल करुणा और क्षोभ को ले कर कोई आध्यात्मिक मुद्रा नहीं अपनाते, सिर्फ इसलिए यह नहीं माना जा सकता कि शोख, गम्भीर, सतही व्यंग्य उनकी सीमा है। 'राग दरबारी' से जटिल है 'पहला पड़ाव' और 'पहला पड़ाव' से जटिल है 'बिस्रामपुर का संत'। ये उपन्यास महज व्यंग्य कथाएं नहीं हैं। इनमें गहरे समाजालोचन या सभ्यता समीक्षा की हिकमतें भी हैं। पतनशीलता की सूचना या सनसनी से आगे यथार्थ का वैविध्य और उसके जटिल रहस्य पाठक की समझ में बहुत कुछ नया और महत्वपूर्ण जोड़ते हैं। श्रीलाल शुक्ल 'आदमी का जहर' लिखने का जोखिम उठा सकते हैं सिर्फ यह देखने के लिए कि एक सामान्य अपराध कथा में अप्रत्याशित नाटकीय क्षण कहां तक किस छोर तक जा सकता है। व्यंग्य कथा 'उमराव नगर में कुछ दिन' ऐसे शुरू होती हैं जैसे आज के जटिल गड्ड मड्ड यथार्थ का रूपक रचा जा रहा होः "बस में जहां मैं बैठा था, वहां बकरी न थी— मेरे पास बैठे आदमी की गोद में सिर्फ मुर्गी थी। बकरियां पीछे थीं। उस भीड़ भक्कड़ में अगर कहीं कोई बकरी का बच्चा आदमी की गोद में था या कोई बकरी आदमी के घुटने पर थी तो कुछ ऐसे आदमी भी थे जिनके पांव बकरी के पेट के नीचे या पीठ के ऊपर थे और पीठ बस की पिछली दीवार से चिपकी थी। उनके सर कहां थे, कहना मुश्किल है क्योंकि उनसे हाथ दो हाथ ऊपर भी कई सर दीख रहे थे।" यथार्थ और यथार्थ के गड्ड मड्ड के ऐसे रूपक बिम्ब श्रीलाल शुक्ल की दुनिया की जटिलताएं प्रकट करते हैं। यहां कई बार 'ज्ञात' भी रहस्यमय है। नैरेशन या वर्णन में जो बहुत सादा परिचित यथार्थ है, व्यंजनाओं में कहीं गूढ़ भी है— अभेद्य।

अनुभव वस्तु की भिन्नता की दृष्टि से 'सूनी घाटी का सूरज', 'आदमी का जहर' और 'मकान' जैसे उपन्यासों को देखें, जैसे लेखक प्रयोग का साहस दिखाने के लिए ऊंचाइयां नीचाइयां चुनना चाहता हो। 'सूनी घाटी का सूरज' सीधी सादी आदर्शवादी कथा है। परिचय, प्रारम्भ, संस्मरण और उपसंहार। रामदास सत्या के बीच का बौद्धिक विमर्श। समस्याओं के प्रति एक आधुनिक दृष्टि। सिद्धांत और व्यवहार में तालमेल कैसे बने, यह चिन्ता भी। मूल कृति है रामदास के संस्मरणों से निर्मित आत्मकथा। रामदास ने वहां से शुरू किया था जहां सम्मान से जीना पढ़ना असम्भव था। फिर संघर्ष करते हुए रामदास वहां पहुंचा जहां सफलता मिल सकती थी। पर सब रास्ते उसके लिए बंद थे। साधन न थे। सिफारिशें न थीं। अवसर पा कर भी किसी ठाकुर राजेश्वर सिंह का दामाद बनना गवारा न था। सपने टूट चुके थे। एक रचनात्मक संकल्प ही उसे बचा सकता था। वह ग्रामीण क्षेत्र में मास्टरी करने जा रहा था। यह उसका चुनाव था। सनक भी और नियति भी। सत्या से प्रेम असम्भव था। वह पवित्र आस्था सी उसके

मन में रची-बसी थी। वह हौसला बंधाती थी। वह ऊंचे पुलिस अफसर रामानुज की पत्नी बनी। कभी रामानुज ने जिक्र भी छेड़ा- कि कभी रामदास शायद उससे प्रेम करता था, कि लोग यह भी सोचते थे कि वे विवाह कर लेंगे। सत्या का उलट का प्रश्न था: "क्या तुम भी यही सोचते थे!" और फिर यह एक टिप्पणी: "तुम गलत सोचते थे। रामदास में वह जड़ता नहीं, जिससे वह अपने संसार को भुला दे, जिसके सहारे वह किसी को तुम्हारी तरह प्यार कर सके।" रामदास का सूनी घाटी में उतरना एक बीते समय का आदर्शवाद है। आज के समय में वह अकल्पनीय है। यह सीधी सरल कथा उस आदर्शवाद के रंग में है जिसकी वापसी असम्भव है। यह प्रेमचंद जैसे बड़े लेखक का सरल आदर्शवाद है जो आज के उपभोक्तावादी दौर में व्यर्थ मान लिया गया हो पर घने अंधेरे में जब तब शिद्दत से उसकी जरूरत महसूस की जाती है। ताराशंकर के महाकाव्यात्मक उपन्यास गणदेवता में देबू जब ऐसी ही सूनी घाटी में उतरता है तो सोना उसके साथ है और उनके साथ होने के क्षण का महिमा मंडन भी है: "अंधेरे को मिटा कर सूरज उगने लगा। क्षण पल प्रहर दिन रात की राह से सबेरा उम्मीदों के उस सबेरे की ओर चल पड़ा।" यहां ऐसी कोई गर्वोक्ति नहीं है।

एक बिल्कुल दूसरी जमीन पर श्रीलाल शुक्ल 'आदमी का जहर' लिखते हैं; एक अपराध रहस्य कथा। जासूसी उपन्यास लिखने वाले और हैं। नामहीन छद्म लेखकों का व्यावसायिक शगल है यह। श्रीलाल दिखाना चाहते हैं कि अपराध कथा भी भयानक यथार्थ का उद्घाटन कर सकती है और एक औसत सनसनीखेज रहस्य कथा की तरह सांस रोक कर चरम उत्सुकता के साथ पढ़ी जा सकती है। यह ऐसा ही है जैसे निराला समस्यापूर्ति रचने वाले विदग्ध ब्रजभाषा कवियों से होड़ लगा रहे हों। उपन्यास हिन्दी के उन असंख्य कथा प्रेमियों को सस्नेह समर्पित है जिनकी परिधि में दास्तावस्की से लेकर काफ्का और कामू तथा जैनेन्द्र से ले कर अज्ञेय और निर्मल वर्मा जैसे विशिष्ट कृतिकारों का अस्तित्व नहीं है। श्रीलाल शुक्ल के इस 'अपराध रहस्य कथा' जैसे उपन्यास में एक साधारण दिखने वाला हत्याकांड जिस तरह असाधारण रहस्यमयता से घिरता जाता है और जिस तरह अंत तक जाते-जाते एक अप्रत्याशित तनाव बिन्दु तक जा पहुंचता है, वह न सिर्फ दिलचस्प है, बल्कि भद्र समाज की नंगी सच्चाइयों को रोशनी में लाता है। श्रीलाल शुक्ल ने तत्वपूर्ण और अमूर्त विषयों पर लिखने की जगह क्रूर विसंगत यथार्थ पर लिखने का रास्ता चुना है। उनका मानना है कि चरम प्रश्नों पर अमूर्त लेखन प्रायः तटवर्ती लेखन ही होता है जो खतरे की लहर को नहीं छूता।

इन दोनों उपन्यासों की तुलना में 'मकान' अधिक जटिल उपन्यास है— अंतर्वस्तु और संरचना दोनों दृष्टियों से। मकान जैसे किसी अदृश्य निरंतर खोज का बहाना है। मकान मिलता है और नहीं मिलता। क्योंकि, जब जा कर मिलता है उसका जादू खत्म हो चुका है। अब हीलाहवाली है, टालमटोल है। तभी नारायण बनर्जी की हत्या हो जाती है। सितार वादक कलाकार नारायण बनर्जी नगर निगम के असिस्टेंट एकाउंटेण्ट भर न होना चाहते थे। यह जरूर है कि धुआंते गंधाते रास्तों से चल कर जब नगर निगम की भव्य इमारत में पहुंचते तो क्षण भर के लिए स्वस्ति का अनुभव करते। एक क्षण को साइकिल की किर्र-किर्र सितार पर बजते हुए वृंदावनी सारंग की मध्यलय हो जाती। दूसरे ही क्षण इमारत गलत लगने लगती— जैसे एक वर्जित स्वर। एक क्षण के लिए कलाकार की आत्म छवि पर मुग्ध होते, दूसरे क्षण अनुभव करते: "यह जीवन की दूसरी ट्रैजडी है, कि हम जैसों के जीवन को, जिनकी ललकार दसों दिशाओं में गूंज रही है, शेर चीते नहीं, छोटे-छोटे चूहे खाते हैं।" हवा, धूप, हरियाली, बच्चे— इस परिचित संसार से निकल कर वे अभेद्य रहस्यमय भटकाव के रास्ते पर हैं। मकान की खोज एक अविराम खोज

है और वह एक रहस्य से दूसरे रहस्य तक ले जाती है। पत्नी, बच्चे दिल्ली में पड़े हैं क्योंकि मकान नहीं है। मकान नहीं है पर मकान की खोज है। और लम्पटता के अवसर निर्बाध हैं। एक श्यामा है जो थोड़ी छूट दे कर भी एक दूरी बनाती हैं पर दूसरी उसकी सहेली सिम्मी चिरंतन विलास की सहचरी है। कला की ऊंचाइयों में मुक्त विचरण करने वाला सितार वादक कलाकार सिम्मीमय है। श्यामा से नारायण के सम्बंध कई तरह के थे; रमणी, सचिव, सखी, शिष्या। बाद में वह इंजीनियर पत्नी बनी। प्रेमपूर्ण हिदायतें दे कर अमरीका चली गयी और फिर एक दिन दुर्घटना में उसकी मृत्यु हो गयी। जब वह नारायण से विदा ले रही थी, वह और नारायण दोनों कठिन क्षण से गुजर रहे थे। श्यामा मास्साब को कामुकता या लम्पटता से विमुख करने के लिए अपनी ओर से ही समर्पण का प्रस्ताव रख रही थी और नारायण बनर्जी के भीतर करुणा और आत्मग्लानि का आवेग उसे कहीं ऊंचे उठा चुका था। वह रमणी शिष्या सचिव सखी श्यामा से क्षमा मांग रहा था। चरित्र की क्षुद्रता में निहित यह उच्च मानवीय गुणवत्ता (Quality) विलक्षण है। बड़े लेखक ही इस मर्म क्षण का ऐसा सधा चित्र उपस्थित करते हैं। घटिया विलास के बीच यह सौन्दर्य कैसे पैदा होता है, यह रहस्य है और ताल्सताय जैसे लेखक की याद दिलाता है। नारायण के जीवन में आत्मधिक्कार और आत्मग्लानि के क्षण कम नहीं हैं पर सिम्मी को निर्बाध पा कर भोग कर वह अपने को दलदल में फंसा पाता है। यहीं मोहभंग का क्षण भी था: "सिम्मी अपने उदास, भावहीन चेहरे के साथ मेरे पास लेट गयी। मैंने उसके साथ कुछ छेड़छाड़ शुरू की, रुका; छेड़छाड़ को कुछ आगे बढ़ाया और फिर एकदम रुक गया। जैसे सिलिण्डर से गैस का आखिरी कतरा निकल चुका हो; मैं उसी सिलिण्डर की तरह तख्त पर पड़ा रहा। मुझे कुछ हो गया था। प्रणय प्रसंग का राजपथ मेरे आगे खुला हुआ था; वहां से मुझे जो कुछ भी दीख पड़ा वह मुझे कुंठित करता चला गया।" त्रासद था सिम्मी के यौवन के छद्म फल का वास्तविक परिज्ञान। इसके बाद भी यह मोह बचा है कि दूर होते ही सिम्मी असाधारण रूप से आकर्षक हो जाती है और यह भी कि इस आकर्षण का नारायण की संगीत साधना से कोई विरोध नहीं है। यह चरम कामासक्ति और यह तटस्थता! यह विलक्षण द्वंद्व नारायण को महत्वपूर्ण अद्वितीय बनाता है। वारीन दा का आंदोलन है। नगर निगम के बड़े अफसर का अपना तंत्र है। और दूसरे रहस्य भी हैं। एक स्वामी जी भी जिनकी सिफारिश पर मिलता है मकान। पर अब नारायण का ही जी उचट गया है। उसे आश्चर्य होता है कि इतनी पूछताछ क्यों हो रही है: "वे मुझे मेरा स्वर्ग नहीं दे सकते तो कम से कम अपने जिस निजी नरक में मैं रहना चाहता हूं उसी में मुझे चुपचाप पड़ा रहने दें।" नारायण के साथ जो घटित हुआ उसे दुर्घटना माना गया क्योंकि हत्यारे दूसरों की हत्या के लिए आये थे। इसके बाद शोकसभाएं थीं, नारायण के परिवार को हर तरह की सुरक्षा दी जा रही थी। नारायण के संगीत का मूल्यांकन किया जा रहा था। इसमें संदेह नहीं कि यह एक जटिल संरचना वाला उपन्यास है जिसके शीर्षक विलक्षण और अर्थव्यंजक हैं और उदात्त तथा ऊलजलूल का संगठन भी अनोखा है।

राग दरबारी (१९६८), पहला पड़ाव (१९८७) और बिस्रामपुर का संत (१९९८) श्रीलाल शुक्ल के वे महत्वपूर्ण उपन्यास हैं जिनमें यथार्थ की क्रूरता जटिलता के साथ मुठभेड़ ही नहीं दिखाई देती है, उनका उपन्यास रूप के प्रति खास दृष्टिकोण भी प्रकट होता है। ऊपर-ऊपर लगता जरूर है कि श्रीलाल शुक्ल का उपन्यास रूप इतिवृत्त कथन

की ही भंगिमा लिये हुए है वस्तु और चरित्र को प्रस्तुत करने का ढंग सादा सामान्य है पर गहरे स्तर पर कहीं न कहीं परिचित रूप का अतिक्रमण भी उनकी हिकमत में शामिल है। निबंधात्मक कथा लेखन की हमारी परम्परा भले ही भारतेन्दु से शुरू होती है, महत्वपूर्ण यह है कि उसमें श्रीलाल शुक्ल का अपना अवदान क्या है। अंतर्वस्तु में तो बदले हुए समय और यथार्थ की समझ नया और महत्वपूर्ण जोड़ती ही है, भाषा शिल्प में भी थोड़ा बहुत बदलाव गौर करने योग्य है। व्यंग्य भी उत्तरोत्तर सूक्ष्म और जटिल होता गया है। 'राग दरबारी' में व्यंग्य ज्यादा सीधा है। शिवपालगंज की पंचायत, कालेज का प्रबंध तंत्र, कोआपरेटिव सोसायटी में गबन भ्रष्टाचार सबके सूत्र संचालन की अपने आप की जिम्मेदारी लिये हुए वैद्य जी जो समस्त मूल्य क्षय को भी अपने महिमा मंडन का उपकरण बना लेने में सक्षम हैं यह सब आजादी के बाद के विकृत लोकतंत्र का जाना पहचाना तथ्य है। श्रीलाल शुक्ल के तीखे आक्रामक व्यंग्य में यह मूल्य क्षय अधिक उभर कर सामने आ जाता है। कभी यह लग सकता है कि व्यंग्य के अपने ही हुनर में लेखक इतना मजा ले रहा है कि बहुत सी क्रूरताएं ढंक जा रही हैं, बहुत ट्रैजिक भी एक तरह का कामिक विनोद है। पर उद्देश्य कुछ और है: इस सारे भ्रष्टाचार में अनैतिक हथकंडों में लोग इतने लिप्त हैं कि बहुत गलीज बहुत पास है उसे देख नहीं पा रहे हैं। उसे स्वाभाविक मान ले रहे हैं। इसलिए तीखे व्यंग्य की मार ही उनकी नींद में थोड़ा खलल डाल सकती है।

'राग दरबारी' उपन्यास के आरम्भ में जो ट्रक का बिम्ब है वह जैसे रुके ठहरे भ्रष्ट लोकतंत्र का ही मूर्त प्रत्यक्ष है। उसकी इतनी व्याख्याएं हैं कि सीधी कोई व्याख्या नहीं है। कोआपरेटिव के गबन पर वैद्य जी की प्रतिक्रिया क्या कहती है: "हमने पुलिस को सूचना दे दी है। आगे सरकार का दायित्व है। हमारे हाथ में कुछ नहीं है। ... या तो सरकार सुपरवाइजर को बंदी बना कर हमारे सामने प्रस्तुत करे या कुछ और करे। जो भी हो, यदि सरकार चाहती है कि हमारी यूनियन जीवित रहे और उसके द्वारा जनता का कल्याण होता रहे तो उसे ही हर्जाना भरना पड़ेगा। अन्यथा यह यूनियन बैठ जायेगी। हमने अपना काम कर दिया। आगे का काम सरकार का है।" भ्रष्टाचार की शिवपालगंज में समायी हुई पूरी दुनिया पर वैद्य जी का कब्जा है। सब या तो उनकी निरंकुश परम स्वतंत्र व्यवस्था के पुर्जे हैं या हो कर भी नहीं हैं जैसे रामाधीन भीखमखेड़वी। रंगनाथ बाहर से गया है और गलत या सही शोधकर्ता का भ्रम पाले हुए है इसलिए असंगत है। लंगड़ भ्रष्ट नौकरशाही से न्याय चाहता है और न्याय के सिद्धांत में फंसा है, भ्रष्ट व्यवस्था में एक निरीह सत्याग्रही है इसलिए वह भी असंगत है। शेष चरित्र दबंग; भ्रष्टाचार, हर तरह के दुराचार, हेकड़ी, नंगई, मूर्खता, स्वार्थ, झूठ, पाखंड के मूर्तिमान रूप हैं। सनीचर, रुप्पन, बद्री, जोगनाथ, खन्ना मास्टर, कालिका प्रसाद एक ही दुनिया के जीव हैं। शिक्षा और दूसरे मूल्यों की ऐसी तैसी करते हुए सबके सब कुम्भीपाक में हैं। रंगनाथ के मन में कहीं इस व्यवस्था से विरोध की लहर उठ रही है तो वह शुरू में ही जान लेता है कि विरोध की पहली ही कोशिश में वह भरभरा कर लुढ़क गया है। शेष रहता है- पलायन संगीत। या भ्रष्टाचार समुच्चय का स्वांग। रंगनाथ के सामने कोई सार्थक विकल्प नहीं है— या तो काल्पनिक अमूर्त आधुनिकता में या अतीत में या एक हवाई दुनिया में— जहां दूसरे गम नहीं हैं— कहीं छुप जाना है। यथार्थ इतना विद्रूप और भयानक है कि उसे देखना एक हास्यास्पद और त्रासद अनुभव है।

निस्संगता और सार्थक हस्तक्षेप का एक साथ उपयोग 'पहला पड़ाव' को अधिक महत्वपूर्ण अधिक जटिल उपन्यास का रूप देता है। 'राग दरबारी' का भ्रष्टाचार जितना भी जिस रूप में है खासा जांना पहचाना है। रंगमंच और धारावाहिक दृश्य प्रस्तुतियों में 'राग दरबारी' की व्यापक स्वीकृति और लोकप्रियता का यह भी एक कारण

है। अत्यंत परिचित भ्रष्टाचार का इतना तीखा प्रत्यक्ष दर्शकों को अपना पास पड़ोस जान पड़ता है। 'पहला पड़ाव' में शोषण, अपराध तंत्र का विस्तार, धन कमाने के हथकंडे, हत्या और लूट; इन सब के अभेद्य रहस्य हैं। सत्ते जैसे इस अंधेरी दुनिया में सेंध लगा रहा है। संगठन, क्रांति, आंदोलन महज शब्द हैं और उनका खोखलापन बेरोजगारों का व्यसन है। उपन्यास के अंत में अधिक बड़े संघर्ष की दिशा में पहल का एक प्रस्ताव है— हारे थके मन का एक नया संकल्प: ''कमरे में अंधेरा था, बिजली गायब थी। कभी बाहर सड़क पर मोटरों और स्कूटरों की जो रोशनी दीखती थी, उसमें चमकने वाली चीजें, लगता था, धरती की हो कर भी धरती की नहीं हैं। पर आज खुद अपने को ले कर मेरे मन में वैसा कोई वहम न था। दिवास्वप्न पीछे छूट रहे थे। ठोस जमीन पर पांव टिका कर जो भी चाहूं वह करने के लिए मैं अब मजबूर नहीं, आजाद हूं। कानून की पढ़ाई मेरे लिए अब पेट पालने की मजबूरी नहीं, एक लौह जाल तोड़ने की तैयारी होगी।''

'पहला पड़ाव' का पाठक सत्ते के बहाने ही उस अंधेरी दुनिया से परिचित होता है, जो अपराधों की दुनिया है। भ्रष्ट नौकरशाही, निर्माण निगम, इंजीनियर, ठेकेदार सब इसी दुनिया के हिस्से हैं। अपराधों की यह दुनिया भारतीय रेलों में अकड़ से चलने वाले डेली पैसेन्जरों तक फैली है जहां बेरोजगार शिक्षित युवक अपराध तंत्र की दीक्षा ग्रहण करते हैं। विकास प्रगति के व्यक्तिगत सार्वजनिक उपक्रमों तक उसका ही विस्तार है। वही बीसवीं शताब्दी का सच है। सत्ते के जेहन में दृश्य कुछ ऐसे ही उभरता है: ''एक कूड़े का ढेर''; जिसमें न इक्कीसवीं सदी की उमंग भरी आशाएं हैं न ग्यारहवीं सदी के सांस्कृतिक सपने। यह कहने का विशेष अर्थ है कि कहानी जितनी सत्ते की है, उतनी ही जसोदा मेम साहब की। बिलासपुर से चल कर यहां आयी हुई यह वह मजदूरनी है, जिसका नखशिख ही नहीं, अंतरंग भी व्यक्तित्व की कई तहों से परिचित कराता है। मैडूराम उर्फ नेता की हत्या के बाद तो वह महज जसोदा रह जाती है। उससे पहले वह अपने टपरे की प्रधानमंत्री भी है महारानी भी। उस पर 'मुंशी' यानी सत्ते की नजर लगातार टिकी है। सत्ते के लिए मेमसाहब अद्वितीय अतुलनीय है। सत्ते के प्रश्नवाची स्वभाव में सघन पर्यवेक्षण शामिल है। वह पूछता है, ''तुम्हीं बताओ मेमसाहब, तुम जो इस अधूरी इमारत के कोने से लगे बम्बे पर प्लास्टिक के पाइप से अपनी कंचन काया पर पानी की तेज धार गिरा रही हो, देह की एक-एक मांसपेशी को, बगल और छाती और गले और गाल को रगड़-रगड़ कर दिन भर के लिए धूल, चूने और सुर्खी की झुरझुरी परतों के लिए तैयार कर रही हो। तुम जो हंसली हमेल करधनी खनकाती हुई, उनके नीचे की त्वचा को सहला रही हो ताकि वहां सांवली लकीर न पड़ जाय, तुम जो अपने सीधे मेरुदंड को धनुष जैसा तान कर छातियों को होशियारी से ढंकती हुई, गीली धोती को दांतों में दबा कर सूखी धोती पहनने जा रही हो, तुम जो सूखी धोती पहनते ही पीठ और बांहों के ऊपर उसमें गीले धब्बे छोड़ रही हो, तुम जो इस एम.ए. पासशुदा और एल.एल.बी पास करने की घिसघिस में फंसी कबाड़ जिन्दगी को इतने सबेरे, हर रोज, सूर्योदय के साथ उभारती हो, तुम्हीं बताओ, मेमसाहब, तुम्हारी बराबरी कहां, किससे की जाय।'' संस्कृत कवियों के आलंकारिक वर्णन की तरह, खासकर जब राजा के शौर्य या दानशीलता की प्रशंसा की जा रही हो और उपमाओं की तान अनन्वय पर ही टूटती रही हो; ऐसा ही वर्णन है यह! कुछेक पाठकों को शब्दों का अतिरेक या अपव्यय लग सकता है पर श्रीलाल शुक्ल की किस्सागोई का स्वभाव है। यहां तो इसलिए भी सह्य है कि सत्ते की कबाड़ जिन्दगी का थोड़ा बहुत राग लगाव यहां प्रकट है। भद्रजनों के लिए मेमसाहब के रहन सहन में स्थान परिवेश बहुत कुछ अरुचिकर है: ''फर्श के एक कोने में एक चुहिया ने सर उठाया। ढिबरी की रोशनी उसके थूथन पर बूंद जैसी चमकी।'' पर देह भाषा का अपना

करिश्मा जो 'मेमसाहब' के व्यक्तित्व की तहों को उजागर करता है। सत्ते के लिए यह देह भाषा भी शोध का विषय है। पर वास्तविक शोध का विषय तो वह अपराध तंत्र है जिसके केन्द्र में इंजीनियर साहब और उनकी अनियंत्रित सफलताएं हैं। वे सार्वजनिक निर्माण विभाग में सहायक इंजीनियर रहे हों पर वे कुछ भी हो सकते थे। घूस ली, मुअत्तल हुए, फिर स्थगन आदेश ले लिया। अब उन्हें बगैर काम लिये सिर्फ तनख्वाह दी जा सकती थी। काला धन उनकी समस्या न थी। पत्नी के नाम से ब्यूटी पार्लर था और भी बहुत कुछ। उनके अज्ञात असीमित स्रोत थे। अपना सुरक्षा तंत्र था। आगे के घटनाक्रम को देखें तो भारतीय राजनीति उनका इंतजार कर रही थी।

'पहला पड़ाव' का सबसे जरूरी प्रसंग है विलासपुरिए बंधुआ मजदूरों की जिन्दगी जो सबसे कड़ी जकड़ में फंसी है। त्रासद स्थिति यह कि स्त्रियां लड़कियां लगातार काम में खटती हुई प्रेमबल्लभ जैसों की नजर में चालू समझी जाती हैं। उनका शोषण नहीं दिखाई देता, महज शोखी दिखाई देती है। उनके बीच के मैडूराम उर्फ नेता की अचानक हत्या हो जाती है क्योंकि उन्होंने 'अपराध तंत्र' को सीधे देख लिया था। इशारा यह कि जो देख लेंगे या दूसरों को दिखाना चाहेंगे वे मारे जाएंगे। यह हत्या जैसी घटना मुख्तसर सी घटना है। कोई सुराग नहीं। एकमात्र साक्षी सुरेस गूंगा है। अब जसोदा में एक अथाह सूनापन है! अबूझ व्यर्थता! उसके विलाप में बिंधे घायल जानवर की यंत्रणा है। जसोदा को सत्ते अपने गांव ले जाता है कि उसका मन बदले। नेता की स्मृति के रूप में वह एक बच्चे को जन्म देने वाली है। संकेत यह कि जीवन खत्म नहीं होता।

उपन्यास के तीसरे भाग में रहस्यमय अपराध तंत्र का भेद खोलता है, इंजीनियर साहब का सुरक्षा कवच पप्पी। पता चलता है कि कुछेक गिरोहबंद ठेकेदार हैं जो दिन में ठेकेदारी करते हैं और रात में सरकारी गोदामों का माल उठवा लेते हैं। अब यह महज अनुमान नहीं है कि नेता के हत्यारे वही हो सकते हैं जो पहले के मेटाडोरवान की जगह हरे रंग के ट्रेकर पर चलते हैं। पुलिस के लिए नेता की हत्या का कोई मामला नहीं, क्योंकि चोरी का ही कोई मामला दर्ज नहीं है कि किसी अपराध तंत्र की ओर उंगलियां उठ सकें। दैनिक मजदूर संघ बनता है और टूटता है क्योंकि दूसरी यूनियनें हैं। इंजीनियर साहब राजनीति में सफल हैं और अभियोग मुक्त। परमात्मा जी और उनकी पत्नी सावित्री सत्ते को लाभ पहुंचाना चाहते थे पर उसके दिमाग में विद्रोह पनप रहा था। मोहभंग प्रेरित विद्रोह। जिसकी कोई साफ रूपरेखा न थी। प्रेम बल्लभ जैसों का हाल यह कि फिल्म का सब्जेक्ट लिख रहे हैं, मजदूर यूनियन बनाने में लगे हैं और अंततः जसोदा जैसी टूटी हुई स्त्री को बलात्कार के लिए चुनते हैं। जसोदा के प्रतिरोध और मजदूरों के गुस्से के आगे निरीह और दयनीय! प्रेमचंद ने उस समय को पहले ही देख लिया था जब प्रभुत्वशाली वर्ग में व्याप्त भ्रष्टाचार शेष समाज में संक्रमित हो जाता है। हर आदमी शिकारी है और शिकार है हमारा समाज। कल की फंतासी आज का यथार्थ है। लौह जाल पहले से ज्यादा मजबूत है और अब सत्ते को वैसे सपने नहीं आते। तमाम कुरूपताओं में जो मानवीय सदाशयता जीवित थी अब शायद दम तोड़ चुकी है। सारा भ्रष्टाचार वैद्य की श्रेणी में आ गया है। उसे सर्वानुमति प्राप्त है। बहाना भी है। विजन खंड-खंड हो कर बिखर गया है और विलासिता और कामुकता और तमाम तरह की अश्लीलताएं उसकी हंसी उड़ा रही है। इस परिप्रेक्ष्य में 'बिस्रामपुर का संत' कहीं अधिक जटिल और महत्वपूर्ण उपन्यास है।

क्या 'बिस्रामपुर का संत' राजनीतिक उपन्यास है! शायद इसमें हमारी अपेक्षा का आधार यह हो कि उपन्यास का बड़ा हिस्सा भूदान आंदोलन की राजनीति और उसके विमर्श से सम्बंधित है। कुछ यों ही नहीं है कि उपन्यास के अंत में एक परिशिष्ट है जो भूदान और ग्रामदान के साथ ही सर्वोदय दर्शन की समीक्षा भी है। परिशिष्ट में श्रीलाल शुक्ल इस ऐतिहासिक विडम्बना की ओर संकेत करते हैं कि "आंकड़ों के अनुसार भूदान और ग्रामदान के क्षेत्र में बिहार देश के राज्यों में सबसे आगे रहा है। ..... फिर भी आज १९९७ में छोटे किसानों और भूमिहीन खेतिहर मजदूरों की दशा बिहार में, दूसरे राज्यों के मुकाबले सम्भवतः सबसे ज्यादा विषम है और भूदान जैसे, शांतिपूर्ण और उदात्त आंदोलन में अग्रणी रह चुकने के बावजूद बड़े और खेतिहर मजदूरों के पक्षधर हिंसक संगठनों का परिदृश्य सबसे ज्यादा हमें वहीं देखने को मिल रहा है।" यह परिशिष्ट महज उपन्यास के पाठकों के ज्ञानवर्द्धन के उद्देश्य से नहीं दिया गया है। दिखाना यह है कि सुंदरी सुशीला जैसी स्त्रियां और निर्मल भाई- जैसे लोग जीवन के महत्वपूर्ण वर्ष जिस भ्रम या यूटोपिया में गुजारते रहे, वह कितना ठोस, तार्किक और कितना हवाई था। सुशीला निर्मल भाई भले ही जल्दी मोहभंग के शिकार हो कर दूसरी दुनिया में चले गये हों, सुंदरी तो इस मोह में सब तनाव झेल कर निष्ठा कायम रखना चाहती थी। उधर कुंवर जयंती प्रसाद सिंह का मार्क्सवादी विचारों वाला युवा पुत्र विवेक उस निष्ठा की काट करते हुए उसे प्रभावित करता है। ये बहसें हाशिए पर हैं पर विषयांतर नहीं हैं।

इसमें संदेह नहीं कि श्रीलाल शुक्ल के व्यंग्यात्मक मखौल के मुख्य केन्द्र कुंवर जयंती प्रसाद सिंह हैं। उनके व्यंगयपूर्ण चित्रण से मखौल का कामिक पक्ष भले ही ज्यादा उभरता हो, पर उनकी ट्रैजडी यह है कि वे उस सामंत वर्ग के प्रतिनिधि हैं जो स्वभाव से ही और संसाधनों से भी क्रूर शिकारी है और सब कुछ एक साथ पाना चाहता है। कामासक्ति के अनुरूप सौन्दर्य प्रेम, राजनीतिक लाभ, सुविधाएं, सुरक्षा, कीर्ति, यश। कुंवर साहब की अतृप्तियां बेशुमार हैं। उनकी ट्रैजडी यह है कि अस्सी साल की उम्र के सपने में भी जयश्री सुंदरी का शरीर आता है। उन्हें पाने भोगने की चरम उत्तेजना! अवसर है अस्वस्थता उपचार के बहाने चिकित्सक, सचिव, मुख्यमंत्री तक की महामहिम राज्यपाल के निकट उपस्थिति! स्वप्न में बाधा वे नहीं चाहते थे। स्वप्न से दुःस्वप्न तक वे एक अजब से अनुभव से गुजरते हैं: "आज के सपने में वह उनकी बांहों में नहीं थी, वे खुद उसकी बांहों में थे। पर तय नहीं था कि वह कौन थी। वह शायद सुंदरी थी, पर जयश्री भी हो सकती थी। जो भी हो, उनकी सुडौल चिकनी देह सिर से पांव तक उनके अंग-अंग को पिघला रही थी। उसके पथरीले वर्तुल स्तन उनकी छाती में विस्फोटक ऊष्मा के साथ गड़ रहे थे। जागते में उनकी ढीली ढाली पस्त काया इस समय अचानक धधकते हुए कोयलों में बदल गयी थी। एक अनूठी उत्तेजना उन्हें सुन्न करती जा रही थी।" उन्हें बीते दिनों की स्मृतियां घेरने लगती हैं जब उन्होंने सुंदरी के स्तनों को एक बार— सिर्फ एक बार— छुआ था: "वे कड़े थे, साथ ही बहुत मुलायम भी। पर आज उन्हें सिर्फ कड़ेपन का एहसास हुआ, उन्हें लगा कि उनको सुनहरे शिलाखंडों से काट कर बनाया गया है। यहीं से वह सपना एक जकड़न भरे कुस्वप्न में बदलने लगा।" इसके संकेत और भी हैं कि शरीर थक चुका है और कामोत्तेजक स्वप्नों को दुहरा-दुहरा कर देखना उन्हें और भी थका रहा है। दीवार से सटे आदमकद शीशे में अपनी शक्ल देख कर वे डर जाते हैं, उसे खारिज करना चाहते हैं पर मानना पड़ता है कि शक्ल उन्हीं की है। राजभवन में उनकी सुरुचि, सवर्ण ग्रंथि, गुर्राहट, बदमिजाजी सबका ही आतंक है। शुरू में ही तार के जरिए बुरी खबर है— सुंदरी की मृत्यु। फंतासी का खंडहर ढह चुका था। इस बार उनके स्वप्न में आने से दो दिन पहले वह मर चुकी थी। जयश्री की दुर्घटना में पहले ही मृत्यु हो चुकी थी। पर कुंवर जयंती प्रसाद सिंह बी.ए. के दिनों के जयश्री के

आधे अधूरे पर प्रगाढ़ देह भोग को भूल नहीं पा रहे थे। इसलिए सुंदरी को पाने की पहली बलवती कामना के पीछे वही जयश्री थी। वे दोनों को एक करके देखना चाहते थे। पर यह सुंदरी कुछ और थी। एक विचारधारा एक आंदोलन के यूटोपिया से जुड़ी हुई। जटिल, रहस्यमय, अभेद्य। कुंवर साहब चोरी छिपे ही उसे छूने पाने का प्रलोभन पाल सकते थे। सुशीला लगातार उनका कामांध छल ताड़ रही थी। व्यंग्य, उपहास सह कर भी कुंवर साहब शिकारी की मुद्रा में सुंदरी का पीछा कर रहे थे। यह तनाव अधिक विडम्बनापूर्ण हो उठता है जब कुंवर साहब का बेटा विवेक सुंदरी के सम्पर्क में है और भूदान की थियरी के तीखे विमर्श और प्रत्याख्यान में लगा है। यह विडम्बना का क्षण ही उपन्यास को अधिक महत्वपूर्ण बनाता है; सिर्फ नाटकीय नहीं। विवेक सुंदरी के सम्बंध की कोई पूर्व निर्धारित संज्ञा नहीं है। न विवेक देवदास है न सुंदरी पारो। सुंदरी विवेक दोनों अपनी-अपनी विचारधाराओं की आंच में तप रहे हैं। उनकी प्रखरता मौत में भी प्रकट होती है। यह एक नया सख्य, नया प्रेम है, असहमति को सम्मान देता हुआ। यहां हारना या जीतना नहीं हैं। कुंवर साहब जैसे भी हों, बदनामी का खतरा उठा कर सुंदरी को एकांत में पाना चाहते हैं। शिकारी ऐसे ही होते हैं।

अब यह क्या सिर्फ पछतावा या भूल सुधार है कि महामहिम राज्यपाल कुंवर जयंती प्रसाद सिंह सुंदरी की याद में उसके आश्रम जा कर उसका अधूरा काम संभालना चाहते हैं। अब वे बिस्रामपुर के संत का सा जीवन जिएंगे। या मन में कहीं यह भी है कि इस अप्रत्याशित विराग से उन्हें विमुख करने के लिए कोई और राजनीतिक जिम्मेदारी उन्हें सौंपी जा सकती है। प्रधानमंत्री तक को उनका ख्याल हो सकता था। यहां भी उन्हें निराशा होती है जब प्रधानमंत्री उनसे बीमारी का हाल पूछते हैं। वे देखते हैं कि वक्त बदल गया है। उन जैसों की जगह नये प्रबंध विशेषज्ञों ने ले ली है। वे स्मार्ट हैं। वे रेगिस्तानों तक से पैसा निचोड़ने की नयी प्राविधिकी विकसित कर रहे हैं। राजनीति उनका अत्याधुनिक खतरनाक हथियार है। उन्हें गुस्सा आता है। वे उम्मीद नहीं छोड़ना चाहते हैं। जब कोई चमत्कार नहीं होता, वे बिस्रामपुर में शेष जीवन बिता देने का निर्णय करते हैं। और कोई नहीं, उनका बेटा ही उन पर शक कर रहा है कि वे जो करने जा रहे हैं, उसके पीछे खामखयाली से ज्यादा है क्या! वे टूटे हुए हैं, हताश हैं। अंत से पहले गहरे द्वंद्व के कई क्षण हैं, व्यर्थता के अनुभव के चरम क्षण। सुशीला के पत्र ने चाहे अंतिम रूप से उन्हें इसीलिए तोड़ा हो कि वे सुंदरी विवेक के सम्बंध से अनजान थे और अब वह तथ्य ही उन्हें विचलित कर जाने वाला था कि जब वे अपनी कामांधता में अपनी लम्पटता में सुंदरी को बलात् पाना चाहते थे और अंतिम अस्त्र की तरह उसे विवाह तक का आश्वासन दे रहे थे तभी विवेक सुंदरी का प्रेम सम्बंध उस निर्णय क्षण तक पहुंचने वाला था जो उनके सुखी जीवन का एक नया आरम्भ होता। यह जान कर कि इसी झटके से खिन्न हो कर सुंदरी ने इस समूचे दृश्य से अपने को हटा लिया था। वह बिस्रामपुर छोड़ कर चली गयी थी। फिर एक दिन उसकी मृत्यु का ही समाचार मिला था। कुंवर साहब के स्वभाव में थोड़ी भी मानवीय गुणवत्ता होती तो उनका द्वंद्व अधिक गहरा होता।

अजब है कि उनका एक चरम क्षण का द्वंद्व भी अभिनय ही जान पड़ता है। लगता है उनके द्वंद्व क्षणों का बयान किन्हीं और के लिए है: "मौत का भी उपयोग है। पर क्या जरूरी है कि तुम्हारी मौत का कोई दूसरा ही उपयोग करे! अपनी मौत का तुम खुद उपयोग कर सकते हो। उम्र के इस मोड़ पर पहुंच कर तुम किसकी प्रतीक्षा कर रहे हो। कैन्सर की? हृदय गति रुकने की? फालिज की? गुर्दे के चौपट होने की? किसी की कृपा पर जीते रहने की? या, किसी की घृणा पर जीने की? और हर हालत में निरर्थक जिन्दगी का एक-एक दिन गुजारते हुए, निरर्थक मौत की राह देखते हुए; इससे कहीं अच्छा है कि जो परिहार्य है, उस मौत का सही ढंग से इस्तेमाल किया जाय।"

उपन्यास का अंत वह ट्रैजडी है जिस पर शोक प्रकट करने वाला कोई नहीं है। बेटा विवेक भी नहीं। उसकी निस्संगता ऐसी है कि सुंदरी की मृत्यु को ले कर भी उसके जीवन में कोई फर्क नहीं पड़ता। वह उस उत्तर आधुनिक समय का है जब असल चीज उसकी 'थियरी' है। भावुकता यहां वर्जित है। कुंवर जयंती प्रसाद सिंह अपनी मौत के भी शिकारी है। चौकन्ने। लेखक के शब्द हैं: "एक मंजे हुए हत्यारे की तरह वे ठंडे दिमाग से अपनी हत्या के तरीके के बारे में सोच रहे थे और कई विकल्पों को खारिज करके उन्होंने अंत में बेतवा की धारा को इस काम के लिए चुना था।" श्रीलाल शुक्ल जिसका लगातार मखौल उड़ा रहे थे, इस क्षण में उसके प्रति भी सहानुभूति से वंचित नहीं हैं। कुंवर साहब का चरित्र बिम्ब जितना भी जाना पहचाना लगा हो, वह लेखक की सृष्टि भी तो है। यह बयान मार्मिक है। जिस पर सारी घृणा केन्द्रित हैं उसको भी करुणा या सहानुभूति का विषय बना रही है: "घास-फूस, चीटियां, कीड़े मकौड़े और भुनगे भी अब छूट चुके हैं। नदी है जो किनारे पर कुछ दूर तक उथली है, आगे गहरी हो गयी है। ... वहां होने और न होने का फर्क एकाध मिनट में मिट सकता था। पर वहां की आत्मीयता से विश्वासघात नहीं किया जा सकता। वहां निस्संगता है, वह तटस्थ क्षेत्र है।"

'बिस्रामपुर का संत' की कथा का पूर्वापर सम्बंध तर्क से मुक्त होना, फ्लैशबैक की युक्ति से वर्तमान, अतीत और भविष्य का एक दूसरे में आगे पीछे घुल मिल जाना, एकरेखीयता का अतिक्रमण अनजाने या संयोगवश नहीं है; कलात्मक युक्ति है। युक्ति पुरानी है पर उपयोग नया है। वह नये तरह का आघात देता है। एक क्षण वह था जब कुंवर जयंती प्रसाद सिंह ने आचार्य विनोबा भावे की उपस्थिति में दो गांव भूदान यज्ञ में अर्पित किये थे। यह अपने ढंग का पहला ग्रामदान था। साक्षी थे निर्मल भाई, सुंदरी और सुशीला— आंदोलन में शरीक सर्वोदयी। पहली बार ही सुंदरी को देख कर वे जो नाम बेसाख्ता लेने ही जा रहे थे वह जयश्री का ही नाम था। बी.ए. के दिनों में जिसके घर में मेहमान की तरह रहे, जिसके साथ देह सुख के विस्मयजनक रहस्य खोजे थे। अब वह जीवित न थी पर सुंदरी में ही नया रूपांतरण प्राप्त करने का भ्रम पैदा करती थी। एक यह क्षण था जब वे सुंदरी के न रहने पर उसका अधूरा काम आगे बढ़ाने के लिए सारा वैभव छोड़ कर बिस्रामपुर जा रहे थे। अब जीवनदानियों का जमाना खत्म हो रहा था। सरकारी खेती, ग्रामोद्योग, माध्यमिक विद्यालय, नारी कल्याण का शिल्प प्रशिक्षण केन्द्र, बालबिहार- इनमें बहुत कुछ खत्म हो चुका है। जनता के मन में यह स्मृति है कि सुंदरी इस क्षेत्र की जहालत से अकेली लड़ रही थी। सुंदरी का जीवट। विनयवाटिका। गांधीवादी संस्कृति में कुंवर साहब की आस्था न थी पर अब उसी को सुरक्षा की गारंटी दे रहे थे। इतिहास। स्मृति। पछतावा। उत्कंठाएं। उत्कंठाओं की राख। आश्चर्य कि प्रौढ़ बेटा विवेक भी यहीं भटक रहा था। काल क्रम विपर्यय लगातार बना हुआ है। इस बुनावट के लिए भी उपन्यास एक से अधिक पाठ के लिए उत्सुक बनाता है। किस्सागोई हमेशा परिपाटी नहीं है।

अजब है कि 'बिस्रामपुर का संत' के लेखक श्रीलाल शुक्ल कथावाचक (Narrative Voice) की दो युक्तियां एक साथ अपनाते हैं जिससे अतिकथन और अल्पकथन (Undertone) की भिन्नता प्रकट होती है और कथा की विश्वसनीयता या अविश्वसनीयता प्रभावित होती है। कुंवर जयंती प्रसाद के पाखंड, अभिनय, छल, स्वांग के बारे में लेखक की मुखरता सब कुछ ज्ञात और अनुमेय होने पर भी कहीं अविश्वसनीय लगने लगती है— एक फिक्शनल कैरेक्टर! इसके विपरीत सुंदरी, जो उनकी कामुक इच्छा और हविश का निरंतर शिकार है, के बारे में हमेशा लगता है कि बहुत कम बताया जा रहा है, उसकी वास्तविक दुनिया कम ही सामने आ रही है। कथावाचक का अपना हस्तक्षेप दबा हुआ और प्रच्छन्न है और सब मिला कर वह एक रहस्यमय जटिल, अंतर्मुखी और अधिक विश्वसनीय

जान पड़ती है। विवेक सुंदरी के सम्बंध को देखें, एक ठंडा निर्व्यक्तिक किस्म का लगाव है जिसका बहुलांश अनुद्घाटित और सिर्फ अनुमेय है। उसकी जिस बेखबर नींद का फायदा उठा कर कुंवर साहब स्तनों को छूने का अपूर्व रोमांचक सुख चुरा रहे थे, उस नींद के बारे में हम क्या जान पाते हैं! सुशीला निर्मल भाई सब्र नहीं कर सके। जल्दी ऊब गये और देह का रिश्ता स्वीकार कर भौतिकवाद उपभोक्तावाद के रास्ते चले गये (भले ही सुशीला में इस दूसरे पक्ष के प्रति इनकार का सा भाव रहा हो)। सुंदरी अपने संयम, अकेलेपन के साहस और मौन में कुछ और बनी रही।

सुंदरी विवेक सम्बंध का एक मार्मिक क्षण यह है जो सतर्क संवेदनशील पाठकों के मन में टिक जाने वाला है: "अचानक सुंदरी के मन में इस क्षण के लिए असाधारण आकर्षण जागा। चारों ओर सब कुछ साधारण होते हुए भी सब कुछ असाधारण जान पड़ा। लगा कि यथार्थ की स्थूल सीमा रेखाएं पीछे छूट गयी हैं। जो कुछ दिख रहा है वह यथार्थ नहीं है— यह सड़क, ये खेत, कच्चा अंधेरा, ये अजनबी गांव और जंगल, यह जीप, विवेक का नाम अपनाये हुए पास बैठा हुआ यह आदमी जिसने पता नहीं कितनी शताब्दियों पहले अपनी दक्ष उंगलियों से तुलसीदल की चाय बनायी थी, और यह मैं— जिसने शायद उसी धुंधले अतीत में कभी उसे एक अजनबी कमरे में चाय बनाते देखा था! क्या यह सब सचमुच ही हुआ था, क्या यह सब सचमुच ही हो रहा है?" यह पूरा प्रसंग जैसे सत्यजित राय जैसे कल्पनाशील निर्देशक के कैमरे से रोशनी में आ रहा एक टुकड़ा! चरित्र संरचना की यह जटिलता ध्यान देने की चीज है। कहा जा सकता है कि इस पूरे उपन्यास में एक अनलिखा उपन्यास भी है।

श्रीलाल शुक्ल की कहानियों में व्यंग्य का तत्व प्रायः स्थायीभाव है फिर भी रचना समय के अनुसार उनमें बदलाव आया है। 'यह घर मेरा नहीं' संग्रह में उनकी एकदम शुरू की कहानियां भी हैं। सीधी, सरल, साधारण। छात्र जीवन की भी। कुछ आगे की कहानी 'यह घर मेरा नहीं' (१९६२) इसलिए ध्यान आकृष्ट करती हैं कि युवा पीढ़ी का मासूम विद्रोह पल भर के लिए इनकार जता कर पारम्परिक दुनिया में वापस आ जाता है। पिता बेटे का लताड़ रहे थे कि किसी रीता नाम की लड़की के नाम खत उसकी किताबों में मिल जाता है। वह सफाई देता रहता है कि रीता नाम की लड़की ख्याल भर है, गद्य गीत जैसा विषय भर है, वास्तविक नहीं है। पर पिता का गुस्सा थमता नहीं है। उपदेश पर उपदेश। अंततः वह एक चिट लिख कर चला जाता है: "मैं यह सब छोड़ कर जा रहा हूं। जब तक आप मुझे खोजने की सोचेंगे, मैं मर चुका होऊंगा।" अब सब बेचैन। चीख चिल्लाहट। आखिर बेटा अंधेरी रात में, खुले आसमान के नीचे, नंगी बेंच पर बेखबर सोया हुआ पाया जाता है। पिता तमाम कोमलता से उसे घर लाते हैं। लेखक के शब्द हैं: "उनका विद्रोही उन्हीं के घर में चुपचाप सो गया था, वे शांत हो गये थे पर कुछ समझ नहीं पा रहे थे।" यह उस दौर की कहानी है जब 'जेनरेशन गैप' पर समाजशास्त्र और साहित्य में बहस चल रही थी। इससे आगे की कहानी 'छुट्टियां' (१९७८) में युवा पीढ़ी के तेवर और हैं। भाषा की जगह तमंचे और रिवाल्वर हैं। वे शिक्षकों को डरा सकते हैं, धमकियां दे सकते हैं, ब्लैकमेल कर सकते हैं। निठल्ले लुम्पेन अब नेता हैं। उनसे टकराना आसान नहीं। पर कहानी इतना ही नहीं बताती कि वे किन्हीं सुनीता शर्मा को नम्बर बढ़ाने के लिए धमका रहे हैं, उनके व्यक्तिगत गोपन जीवन का भंडाफोड़ करने के लिए कुछ भी करने को तैयार हैं। देखें कि श्रीलाल शुक्ल

कहानी भर नहीं कहते पूरे परिवार के सदस्यों का एक व्यंग्य चित्र उभारते हैं। कहानी के लिए जो अवांछित हैं वह व्यंग्यकार का विनोद, आनंद है। इस आनंद विलास में सुनीता, शर्मिला हैं, पत्नी गीता देवी, मिसेज जी हैं, नौकरानी अनुसूया बाई लेडी मैकबेथ हैं और डाकिये की संज्ञा है मिस्टर गून। कहानी जैसे व्यंग्य लेख है—खेल और कौतुक है।

श्रीलाल शुक्ल की आगे की (सम्भवतः ८५-८८ के बीच की) कहानियां हैं: 'उमराव नगर में कुछ दिन' और 'कुंती देवी का झोला'। ये भी व्यंगय कथाएं हैं। उमराव नगर एक ऐसा गांव है जहां विकास नहीं पहुंचा है पर जिसे नियोजित विकास के लिए चुन लिया गया है। आजादी के बाद विकास के नाम पर बहु प्रचारित और वैध मान लिया गया भ्रष्टाचार यहां एक लम्बी व्यंग्य कथा का रूप लेता है।

'कुछ जमीन पर कुछ हवा में' इस चयन में संकलित वार्ताएं, टिप्पणियां व्यंग्य लेखक श्रीलाल शुक्ल के कई रूपों से परिचित कराती हैं। उनके व्यंग्य की ताकत कई बार अपने को व्यंग्य का लक्ष्य बनाने में है। कृत्रिम गम्भीरता की धज्जियां उड़ाते हुए साधारण और सामान्य से संवाद करते हुए श्रीलाल शुक्ल अपने गद्य का ठाठ रचते हैं। यह गद्य बहुतों को चिढ़ाता है, भद्रजनोचित नहीं जान पड़ता, बात से निकलती बात जैसा वागविलास है और इस तरह अरोचक है। रिडिकुलस। ऊलजलूल। शायद थोड़ा बहुत चिढ़ाना भी उद्देश्य में शामिल हो! पर अब याद करें वह पूरा फलक, जो श्रीलाल शुक्ल को उदात्त (Sublime) से हास्यास्पद और ऊलजलूल (Absurd) तक अपनी सर्जनात्मक क्षमता की थाह लेने के लिए अवसर देता है।

यह है श्रीलाल शुक्ल की दुनिया! धूल, धक्कड़, गर्द गुबार, ईंट पत्थर, कूड़े कचरे में धंसी हुई। बेडौल अनगढ़! जिसमें लघुता की महागाथा लिखने के कई सार्थक प्रयत्न हैं। कलात्मक नवाचार और परिष्कार उनका सरोकार नहीं है। एक वे लेखक हैं जो बचा-बचा कर लिखते हैं। एक सा कलात्मक। सुरुचिपूर्ण। गहन। बुनियादी। तात्विक। खराब वे लिख ही नहीं सकते। अच्छा-अच्छा लिखना ही जिनकी नियति है। कुछ ही विषयों पर लिखने वाले लेखक और भी हैं, जैसे तुरत फुरत क्रांति। नरमादा सम्बंध! खराब लिखना उनका आपद्धर्म है। कुछ अच्छे खराब से ऊपर हैं। कृत्रिम कलावाद के ढंग का जटिल अमूर्तन उनका ढंग है। श्रीलाल इनमें नहीं हैं। वे अपने समय के विराट मूल्य क्षय के लेखक हैं और तमाम व्यंग्यात्मक चुहल और छेड़छाड़ के बीच उसकी ट्रैजडी से अनजान नहीं हैं। उनके लेखन में वे विरल ऊंचाइयां नीचाइयां हैं जो बड़े लेखक में होती हैं। जो प्रेमचंद में हो सकती थीं। उनकी कथा का देशज ठाठ वस्तु, रूप और भाषा सभी स्तरों पर प्रकट है। उनकी जड़ें परम्परा में हैं पर विकास का वास्तविक आधार है— भयानक चुनौतियों से घिरा समय और समाज! यह वह जटिल, उलझा गड्ड मड्ड समय और समाज है जिसमें अति परिचित भी रहस्यमय है। अत्यंत ज्ञात भी संदिग्ध। कई बार अभेद्य। हमारे समय की खबरें जितना बताती हैं वह कम डरावना नहीं है। पर वे जो छिपाती हैं वह भी कम खौफनाक और कम त्रासद नहीं है। एक सर्जक लेखक के रूप में इस गुमनाम अंधेरे में धंसना श्रीलाल शुक्ल के साहस का ही नहीं, आलोचनात्मक समझ का भी प्रमाण है। व्यंग्य एक विशेष अर्थ में सामाजिक आलोचना भी है। श्रीलाल शुक्ल के लिए भूदान या ग्रामदान आंदोलन या जगमग विकास का अर्थ महज आंकड़ों तक सीमित नहीं है। उससे परिचित होना कई बार एक जटिल संजाल में फंसना है। यह जोखिम कम लेखक उठाते हैं। श्रीलाल शुक्ल जैसे लेखक के लिए उपन्यास प्रोजेक्ट लेखन की तरह है जो लम्बी तैयारी की मांग करता है। यह गहरे अर्थों में शोध है।

पुनर्विचार की आवश्यकता

मुरली मनोहर प्रसाद सिंह

शिक्षित समाज के लिए रची जाने वाली एक मुद्रित कला विधा के रूप में उपन्यास का विकास हिन्दी में अपने ढंग से विशिष्ट रूप में हुआ है। इस तथ्य को आंखों से ओझल कर पश्चिमी उपन्यास साहित्य के मूल्यांकन पर निर्भर कसौटियां हिन्दी में ज्यों की त्यों लागू करने की कोशिश के अंतर्गत निर्मल वर्मा का निबंध 'उपन्यास की मृत्यु और उसका पुनर्जन्म' पठनीय तो है, विवादस्पद भी कम नहीं है। उनका तर्क है कि 'व्यक्ति के स्वेच्छाचारी और अराजक संसार' से उपन्यास बंधा हुआ है। एक कला विधा के रूप में व्यक्ति जीवन की अराजकता को चित्रित करने की यह परवशता, बाध्यता अथवा कलात्मक प्रतिबद्धता उपन्यास को एपिक महाकाव्य या पुराने प्रकार के नैरेटिव से हीन कोटि की कला विधा में तब्दील कर देती है।

भारतीय उपन्यासकारों को प्रारम्भ में यूरोप का पूंजीवादी अथवा मध्यवर्गीय समाज अपने आस पास उस रूप में मिला ही नहीं। हिन्दी में उपन्यास लेखक के सामने मुख्यतः किसान जीवन अथवा देहाती जीवन पर निर्भर शहरी समाज की समस्या मुंह बाए खड़ी थी। उपन्यासकारों के आगे यही चुनौती मुख्य बन गयी, चूंकि अंग्रेजी राज के तहत औपनिवेशिक पीड़ा और उदीयमान भारतीय पूंजीवाद की विकलांग स्थिति सृजनशील लेखन की कार्यसूची पर पहले नम्बर पर थी। इसीलिए प्रेमाश्रम, रंगभूमि या गोदान में कथा के केन्द्र में पूंजीवादी समाज का व्यक्ति नहीं है बल्कि उत्पीड़ित और संघर्षशील किसान समुदाय के टाइप पात्र हैं।

श्रीलाल शुक्ल अपने उपन्यास लेखन का आरम्भ व्यक्ति पात्र की अंतरात्मा में उथल पुथल मचाती स्वेच्छाचारिता और अराजकता के चित्रण से नहीं करते। 'सूनी घाटी का सूरज' न तो अवचेतन के अन्वेषण की ओर उन्मुख है

और न रोमांटिक भटकन की ओर। राग दरबारी के पात्रों का संसार भी, स्वाधीन भारत की विकास नीति और शासन तंत्र की विकृतियों के बीच लूट, मक्कारी और बेईमानी को सामूहिक स्तर पर बेपर्द करता है। उनके नये उपन्यास 'बिस्रामपुर का संत' में अवश्य ही भूस्वामी वर्ग के एक पतित व्यक्ति के एकांत, उसकी लम्पटता और कामुकता का वर्णन किया गया है। पर कथा दिन्यास की सेटिंग्स में कांग्रेसी सरकार की अफसरशाही, व्यभिचारी राजनीति और भूस्वामित्व के नये उत्पीड़क रूपों को बड़े कलात्मक ढंग से गुम्फित किया गया है। अतः कुंवर साहब की कहानी पूंजीपति, भूस्वामी वर्ग के शासन की एक दिलचस्प (कतरन) के रूप में तो सामने आती है, पर उससे कहीं अधिक राजसत्ता के विकारग्रस्त ढांचे और उसकी सड़ांध पर अचूक टिप्पणी करती है।

श्रीलाल शुक्ल की रचना प्रक्रिया और तमाम दबावों से लड़ते हुए असंपृक्त बने रहने की उनकी कोशिश को नयी कविता, नयी कहानी, नयी समीक्षा, नवलेखन आदि के दौर में अलग से रेखांकित करने और समझने की आवश्यकता है। यह वह दौर है जब लेखकों के मस्तिष्क पर नेहरू माडल का दिवास्वप्न छाया हुआ है। श्रीलाल शुक्ल किसी भी प्रकार के रोमांटिक आशावाद की आग्रहशील भूलभुलैया अथवा भ्रांतियों में फंसे नहीं हैं। जिसे मोहभंग का साहित्य कहा जाता है, उसकी तब तक शुरूआत भी नहीं हुई थी। यह १९५३-५४ का जमाना था। बुंदेलखंड के राठ नामक एक पिछड़े कस्बे के डाकबंगले में सिविल सर्वेन्ट के नाते वे सपरिवार रह रहे थे। आकाशवाणी पर एक रोमांटिक नाटक के अंदर बलबलाते हुए धुंआधार भावप्रवाह को वे झेल नहीं पाये। इसकी प्रतिक्रिया में 'स्वर्णग्राम और वर्षा' शीर्षक एक व्यंग्य लेख उन्होंने लिखा और 'निकष' में प्रकाशनार्थ धर्मवीर भारती को भेज दिया। उनके व्यंग्य लेखन की यहीं से शुरूआत हुई। निर्मम तटस्थता और नयी तार्किक सूझबूझ से लैस उनके लेखन को सामान्यतया 'प्रोत्साहन और सद्‌भाव' से ग्रहण किया गया।

श्रीलाल शुक्ल अपने समकालीनों की तरह नव्य रोमांटिक आग्रह के शिकार न बने। यथार्थ को समझने में उन्होंने जिस बौद्धिक ईमानदारी का परिचय दिया, उसे सत्ता तंत्र कुंठित न कर पाया। परम्परा, अतीत, पुरातन संस्कार आदि पर भी नये ढंग के संदेहवादी रुख का परिचय दे कर चीजों को उनके ऐतिहासिक संदर्भों में परिभाषित करने में उन्हें कोई मुश्किल न हुई। 'परिमल' संगोष्ठी की मित्र मंडली से सम्बंध के बावजूद प्रगतिशील लेखक संघ या मार्क्सवाद से वैचारिक शत्रुता का विचार बीज उनकी चेतना में कभी अंकुरित हो ही नहीं पाया। उस समय प्रचलित दलों, वादों अथवा संगठनों में न तो समाजवादियों से उनका कोई लेना देना था, न कम्युनिस्टों से कोई वैर। उनकी रचनाशीलता के केन्द्र में उस जमाने का अपरिभाषित निरा यथार्थ छाया हुआ दिखाई देता है। उस यथार्थ को पकड़ने के लिए कला के पुराने परखे हुए, आजमाये हुए और घिसे हुए औजारों का वे इस्तेमाल ही नहीं करते।

उपन्यासकार के रूप में श्रीलाल शुक्ल के मूल्यांकन को ले कर अभी भी परेशानी ज्यों की त्यों बनी हुई है। कुछ समीक्षाएं उन्हें शिविरबद्धता के कारण ठीक से परख ही नहीं पातीं, जबकि कुछ समीक्षाएं उनके लेखन की व्यंग्यात्मकता के अभेद्य पर्दे तक जा कर रुक जाती हैं। आज जरूरत इस बात की है कि हम यह देखें कि उस कालखंड के भारत के बहुविध, नये, उभरते यथार्थ की आलोचनात्मक चेतना श्रीलाल शुक्ल में है या नहीं, वह कितनी तीव्र या मंद है तथा उसे अंकित करने में एक कलाकार के नाते उनका विशिष्ट योगदान क्या है। इन प्रश्नों के उत्तर ढूंढने के क्रम में ही पता चलेगा कि आशावादी घटाघोप के बीच बौद्धिक जड़ता तोड़ने, संदिग्ध अंशों की बखिया उधेड़ने और नये सवालों की संदर्भवत्ता प्रस्तुत करने में उनकी कथाकृतियों की भूमिका उद्‌भावनाशील है या नहीं?

अपनी पहली औपन्यासिक कृति 'सूनी घाटी का सूरज' (१९५७) में रामदास के चरित्र के माध्यम से सामंती

और पूंजीवादी व्यवस्था के दोहरे संदर्भों को श्रीलाल शुक्ल ने उभारने का प्रयत्न किया था। छठी कक्षा में पढ़ने वाला छः वर्ष का देहाती गरीब बालक रामदास अनाथ हो गया है। उसका बाप ठाकुर के हुक्म की तामील कर रहा था। दोनों हाथ कोल्हू के पाटों में कुचल गये। चक्का घूमा और दोनों हाथ पिस गये। शरीर का सारा खून निकल गया। अस्पताल पहुंचाने में काफी देर कर दी गयी। बिना दवा दारू के चल बसा और बिलखते बेटे से अंतिम शब्द कह गयाः "पढ़ाई न छोड़ना।" इस घटना पर बड़े ठाकुर की भावना क्या थी? "ये रामनाथ काका भी सिलबिल्ले हैं। जो काम एक बच्चा भी कर ले जाए, वह तक ये संभाल नहीं पाते। चारा काटने को कहो तो हाथ में गंड़ासा मार लें, पानी भरने जाएं तो घड़ा कुएं में गिरा दें। अब कोल्हू में ईख लगाने बैठे तो अपने हाथ पिच्ची कर डाले।" यही रामनाथ काका रामदास के पिता हैं। पिता की मृत्यु के बाद एक अनाथ बालक अपनी पूरी जिन्दगी के लिए बड़े ठाकुर पर निर्भर करता है। पर ठाकुर उसके बाप की बलि ले लेने के बाद रामदास से कहता है, "यह टुकड़खोर फीस के पैसे मांगता है। इसके बाप ने कमा कर दिया था? इन सालों पर हजारों रुपये गंवा दिये। अब यह भी छाती पर मूंग दलने को बैठा हुआ है। बेटा भैंस न चराएंगे। पढ़ेंगे और बालिस्टरी करेंगे। हमीं एक गधे हैं जो इनके बाप का बोझ ढोएंगे। मैं कहता हूं छोटका, इससे कह दो, शाम को यह हमारे सामने न पड़ा करे। इसका मुंह देख लेता हूं तो एक छटांक खून घट जाता है। फीस नहीं है तो नाम कटा ले, भीख मांगे, हल जोते। जैसे गांव में सब हैं, वैसे ही अपनी औकात से कुत्ते जैसा पड़ा रहे।"

स्वाधीन भारत की स्वदेशी कांग्रेसी सरकार भू स्वामित्व के उन्मूलन, सामंती व्यवस्था की समाप्ति, भूमि सुधार और देहाती जीवन में जनवादी रूपांतरण के सवाल को लगातार टालती चली गयी। कृषि क्रांति के कार्यभार को पूरा न करने के परिणामस्वरूप करोड़ों गरीब बच्चों के भविष्य के साथ जो खिलवाड़ किया गया; उसके ठोस उदाहरण के रूप में रामदास की कहानी कही गयी है। १९५० के दशक में सम्पूर्ण नवलेखन का आंदोलन शहरी मध्य वर्ग के जीवन तक सिमट आया था। अपनी पहली कथाकृति में ही इस सीमा से बाहर जा कर एक ऐसी आधुनिक प्रेमकथा कहने की उन्होंने प्रतिज्ञा की जो 'गुनाहों के देवता' से भिन्न थी; 'शेखरः एक जीवनी' तथा 'नदी के द्वीप' से भी भिन्न थी। इसमें एक दरिद्र किसान परिवार की अनाथ संतान की देखभाल, शिक्षा दीक्षा और भावी जिन्दगी का प्रश्न उठाया गया था। रामदास बड़े ठाकुर की नकेल के नीचे से छूटा तो स्कूल के हेडमास्टर मुंशी नवरतन लाल की तथाकथित 'दया कृपा' से उनके घर नौकर लग गया; पढ़ाई के साथ-साथ पूरी नौकरी। मुंशी जी उस अनाथ बालक से फरमाते हैं: "अपने को जो मिला है, उसकी बेकद्री कभी न करती चाहिए। तुम पहले भैंस चराते थे। बाद में ठाकुर के लड़कों की रखवाली में स्कूल आने लगे। मुझे तुम्हारी कोई जरूरत न थी। अमीन साहब ही के कहने से मैंने तुम्हें अपने घर रखा है। तुम्हारे खेत और पेड़ भर दे देने से तुम्हारा कर्ज नहीं पट पाया। मुझे अपनी जेब से पच्चीस रुपया लगाना पड़ा था।"

मुसद्दीलाल की दिन रात सेवा और हाड़ तोड़ घरेलू नौकर की जिन्दगी के बावजूद जब रामदास फर्स्ट डिवीजन से इम्तहान पास कर अगली पढ़ाई के लिए कानपुर जाने लगा तो मुंशी जी की पत्नी जड़ावन वाली ने अपने पति से कहा, "सब कुकुरिया जगन्नाथन जाएंगी तो पत्तल कौन चाटेगा?"

"जिस देश को अभी-अभी दो सौ साल की गुलामी के बाद आजादी मिली थी, उस देश में बड़े ठाकुर ज्यों के त्यों बने हुए थे", मुसद्दीलाल और उनके सुपुत्र नवरतन लाल भी बने हुए थे। ऐसे देश में लोकतंत्र, स्वाधीनता, समानता, भाईचारा, विश्वबंधुत्व और राष्ट्रीयता के मूल्यों को ठोस रूप में चरितार्थ करना था। ऐसे विराट राष्ट्रीय

परिप्रेक्ष्य में अपनी पराधीनता से बेखबर जड़ावन वाली गरीबों की संतान को कुत्ते से ज्यादा अहमियत नहीं देना चाहती। श्रीलाल शुक्ल के कथा लेखन के इन पक्षों को दृष्टि से ओझल कर सिर्फ व्यंग्य लेखन की बात वस्तुतः मूल प्रश्न को ढंकने का उपक्रम मात्र प्रतीत होती है।

आजाद हिन्दुस्तान के पूंजीवादी सामाजिक रिश्तों के बीच भी रामदास सबसे छला जाता है; अपने प्रोफेसर सिन्हा से, अपनी प्रेमिका सत्या से, अपने विश्वविद्यालय के विभागाध्यक्ष और कुलपति से भी। उसके लिए मानो पहले से ही कर्त्तव्य तय कर दिये गये हैं: "गांव में जाना। दलितों की शक्ति बनना। अशिक्षितों को विद्या देना। उनकी निराशा, उनकी मूर्च्छा को समाप्त करके उन्हें नयी चेतना देना।"

उल्लेखनीय है कि परिमल संगोष्ठी से संबद्ध लोगों ने साहित्यिक सृजनशीलता की कार्यसूची पर शहरी मध्य वर्ग की नव्य रूमानियत को पहले नम्बर पर रखा था। श्रीलाल शुक्ल इससे सहमत न थे। इसीलिए 'सूनी घाटी का सूरज' में प्रेमकथा के त्रिकोण को लगभग खारिज कर दिया गया है और कथा विन्यास के केन्द्र में गांव की मुक्ति की समस्या, दुराचार से मुक्ति की समस्या तथा कथनी करनी के बीच फासले को पाटने की समस्या को वृहत् परिप्रेक्ष्य में उठाया गया है।

कथा गठन की दृष्टि से सूनी घाटी का सूरज एक नयी तकनीक और प्रयोगशीलता का परिचायक बन कर आया था। पर सामाजिक, राजनीतिक दुराचारों और यथार्थ के अंतर्विरोधी पक्षों के वर्णन में तीक्ष्ण संवेदना और व्यंग्यात्मकता की पैनी धार का जैसा प्रौढ़ और विकसित रूप 'राग दरबारी' में देखने को मिलता है, वैसा उस काल के किसी अन्य रचनाकार की कथाकृति में दिखायी नहीं देता। वर्णनात्मक गद्य की यह अनूठी कला फणीश्वर नाथ रेणु, हरिशंकर परसाई, ज्ञानरंजन, मनोहर श्याम जोशी, कृष्ण सोबती आदि में अलग-अलग रूप ले कर खिली और पुष्पित हुई है। श्रीलाल शुक्ल के यहां आख्यान, प्रहसन और अचूक व्यंग्यात्मकता से युक्त वर्णन, ये तीनों पहलू आपस में घुल मिल गये हैं।

कोआपरेटिव यूनियन और कालेज पर प्रभुत्व को ले कर शिवपालगंज में संघर्ष छिड़ जाता है। सत्ताधारी पार्टी, अफसरतंत्र और स्थानीय स्तर के शक्तिशाली गुटों की कतारबंदी के वर्णन में ही इस आख्यान के सभी अध्याय समन्वित प्रभाव की सृष्टि करते हैं। स्वाधीन भारत में व्यक्तित्व निर्माण और सामाजिक प्रभुत्व की जो नयी शैली गढ़ी जा रही है, वह हर सूरत में प्राचीन और अर्वाचीन आप्त वाक्यों के बेईमान भाष्य को चूस कर परवान चढ़ती गयी है। यह दोगुंटी मक्कार जीवन शैली 'राग दरबारी' के गद्य में प्रहसन और व्यंग्य के रस से सराबोर हो कर खूब अच्छी तरह अंकित की गयी है। यहां तक कि वास्तविक जीवन पारदर्शी होकर उपन्यास के हर पहलू पर छाया हुआ है।

हर पात्र के व्यक्तित्व को उसकी भंगिमाओं के साथ पकड़ने और अंकित करने की दृष्टि से श्रीलाल शुक्ल ने बहुत ही सूक्ष्मग्राही प्रेक्षण कौशल का प्रमाण उपस्थित किया है। वर्णन की इस कला को उन्नत स्तर पर पहुंचाने के लिहाज से वे अपनी विशिष्टिता की छाप निःसंदिग्ध रूप में छोड़ते हैं। आख्यान के भीतर निहित द्वंद्वों को व्यक्ति पात्रों की खास-खास भंगिमाओं और पहचानों की मदद से पाठकों की चेतना में सम्प्रेषित करने वाला यह कथा शिल्प हिन्दी के लिए निश्चय ही नयी चीज है।

प्रसन्नता की बात यह है कि 'राग दरबारी' की रचना के तीस साल बाद श्रीलाल शुक्ल ने बिस्रामपुर का संत' में अपने कथा शिल्प को और भी मांजा, संवारा और निखारा है। यह भी एक सुखद तथ्य है कि कथा विन्यास

और चित्रण विधि में वे अपने को दोहराते नहीं हैं; पुनरावृत्ति या उसी सांचे पर उत्पादन, पुनरुत्पादन से वे सचेत हो कर बचते रहे हैं। इस निष्कर्ष का सिर्फ एक अपवाद यह है कि 'सूनी घाटी का सूरज' में रामदास अर्थशास्त्र की शिक्षा पा कर विश्वविद्यालय में लेक्चरर बनने के लिए उत्सुक है और 'बिस्रामपुर का संत' में विवेक दिल्ली विश्वविद्यालय के अर्थशास्त्र विभाग में प्रोफेसर के पद पर नियुक्त हो गया है। कथा प्रसंग के इस साम्य से घटना संयोजन या कथा विन्यास में कोई आवृत्ति नहीं होती।

वास्तविकता तो यह है कि 'बिस्रामपुर का संत' सही अर्थों में नयी कथा भूमि की तलाश का परिणाम है। भूदान आंदोलन के केन्द्रीय प्रश्नों और उस आंदोलन से जुड़े कार्यकर्ताओं के व्यक्तित्व की मुख्य समस्याओं को यह उपन्यास कथा साहित्य में पहली बार गम्भीरता से उठाता है।

'बिस्रामपुर का संत' क्या नहीं है। ताल्लुेदार है। गुलाम भारत में अंग्रेजी राज का स्तम्भ है; स्वाधीनता आंदोलन जब विजयी होता हुआ दिखने लगता है, तो वह कांग्रेस का स्तम्भ बन जाता है और स्वाधीन भारत की कांग्रेसी सरकार में राज्यपाल का पद पा लेता है।

और जब राजदूत का पद प्राप्त नहीं होता है तो नाराजगी प्रकट करने के लिए भी और सुंदरी के प्रति की गयी अपनी लम्पटता के पछतावे की प्रक्रिया में उसकी मृत्यु के बाद भूदानी संत बन जाता है। उसी बिस्रामपुर में, जहां सुंदरी ने अपना आश्रम आरम्भ किया था।

स्वाधीन भारत के शासन तंत्र को तह दर तह पूरी गहराई से जानने वाले द्रष्टा की आंख से राज्यपाल के कार्यालय का वर्णन आज के भारत की विडम्बना को दरसाता है। दरअसल उपन्यास का आरम्भ इसी घटना प्रसंग की झांकी से होता है। महामहिम हल्के बुखार में हल्के नाश्ते के बाद की नींद का दिवास्वप्न देख रहे हैं। अस्सी साल के हैं, पर उन्हें सुंदरी और जयश्री की कामनाएं बेचैन कर रही हैं। वे तय नहीं कर पा रहे हैं वह सुंदरी है या जयश्री जिसने उन्हें उमड़ कर अपनी बांहों में ले लिया है। "जो भी हो, उसकी सुडौल चिकनी देह सिर से पांव तक उनके अंग-अंग को पिघला रही थी।"

राजभवन के अधिकारियों के माध्यम से सुंदरी की मौत का तार उन्हें मिला। वही भूदानी लड़की जिसके स्तन को उन्होंने चुपचाप उसकी निद्रामग्न अवस्था में छुआ था। वही सुंदरी जिसे आलिंगनबद्ध करने की कोशिश उन्होंने की थी और उसके आगे विवाह का प्रस्ताव रखा था, जबकि उनकी उम्र और सुंदरी की उम्र में चालीस साल का अंतर था, जबकि उनका प्रोफेसर बेटा विवेक सुंदरी से प्यार करता था। उस सुंदरी ने उनकी लोलुप दृष्टि से बचने के उपक्रम में उस इलाके को ही छोड़ दिया था और वह बिस्रामपुर पहुंच गयी थी। वहां उसने भूदान के संकल्पों के अनुसार एक आश्रम आरम्भ किया था। उसी सुंदरी की मौत की खबर। कहीं गहरे में अनुभूति की एक अंतर्धारा उनके मन पर थपेड़े मार रही थी। उन्होंने यह ठान लिया कि वे बिस्रामपुर जाएंगे।

जयश्री के साथ भोग के दिनों में अतृप्ति और आवेग, भय और उन्माद का जो दौर चला उसके वर्णनों में यथार्थवाद का जितना पुट है, उससे कहीं अधिक प्रकृतिवाद का गाढ़ा रंग मिला हुआ है; चूंकि उन दोनों के बीच जो प्रेम पनपा वह ठेठ मांसलता और कारोबारी कामुकता का था। निवाड़ के बुने पलंगों से जो आवाजें निकली थीं, उन्हें रेलगाड़ियों की खटर पटर की लय के साथ प्रेम क्रीड़ा की चरम सीमा का दिग्दर्शन पाठकों के आगे रखते वक्त उपन्यासकार अश्लीलता और मर्यादा के प्रश्नों में उलझता प्रतीत नहीं होता।

जयश्री मर चुकी हैं। सुंदरी भी मर चुकी है। कुंवर साहब के लिए आश्रमवास के दौरान ये दोनों ही वर्जित

क्षेत्र में पहुंच चुकी थीं। उनसे जुड़ी हुई कोई भी श्रृंगारिक अनुभूति अब भ्रष्टाचरण जैसी जान पड़ने लगी। अब वे इस आश्रम को अपना कर अपने पुराने कदाचरण का प्रायश्चित कर रहे थे। वे अपने लम्पटतापूर्ण सपनों को लहूलुहान करना चाहते, अपने को व्यंग्य और उपहास का पात्र समझते। उन्हें अपने जुनून पर ग्लानि होती।

पुराने भू स्वामी, ताल्लुकेदार, आजाद भारत के लाट साहब अनाथाश्रम के गंदे कुरूप बच्चों के साथ कैसा सलूक कर सकते हैं? दुत्कार की वही सामंती मानसिकता बनी रहती है। छबलाल तो बिलकुल ही काला कलूटा था।

उस दिन शाम के वक्त जब कुंवर साहब बागीचे की ओर घूम रहे थे तो छबलाल उनके पीछे पड़ गया। पहले उन्होंने आंख के इशारे से घुड़का, फिर वे गुर्रा कर बोले, भाग जाओ। पर इस बीच छब लाल मुंह के बल गिर गया।

इस स्थिति में कुंवर साहब का जो चित्र खींचा गया है, वह एक महान कथाकार की कलात्मक क्षमता का अपूर्व उदाहरण है। कुंवर जयंती प्रसाद को चूंकि घुटनों में दर्द था इसलिए भी और चूंकि छबलाल को छूना पड़ता, अतः वे उसको उठाने के लिए झुके ही नहीं। उलझन यह थी कि इस क्षण और कोई मौजूद भी न था। तब तक क्या उस बच्चे को यों ही पड़े रहने दिया जाय?

"मजबूरी में घुटनों पर हाथ टेक कर वे नीचे झुके और छबलाल की कलाई पकड़ कर उसे ऊपर उठाया।

"अचानक उन्हें एक नये स्पंदन का अनुभव हुआ; ऐसा अनुभव जिसे वे बिलकुल ही भूले हुए थे। यह चमत्कार जैसा था। बिस्तर, कुर्सी, कागज, प्याला, गिलास छूने वाली मृतप्राय उंगलियों में स्वस्थ रक्तप्रवाह को उद्दीप्त करने वाला यह मानवीय स्पर्श का भूला बिसरा अनुभव था। उसके साथ ही सब कुछ अपने आप होने लगा।"

कुंवर साहब ने अपने रूमाल से छबलाल की आंसुओं और धूल से लिथड़ी आंखें पोछीं, उसकी पीठ को सहलाया और उसे पुचकाराः "अपने आप वे उसे बच्चों की तोतली बोली में पुचकारने लगे। यह एक सर्वथा भूली हुई बोली थी जो उनकी जबान पर उन्हें बिलकुल नयी जान पड़ी, उन्हें लगा कि यही उनकी मूल भाषा है, यही उनकी आदिम बोली है जो शताब्दियों बाद उनके मुंह से निकली है, जबान की नोक पर उन्होंने उसकी उत्तेजक मिठास का अनुभव किया, अब वे छबलाल से ही नहीं, वह बोली खुद अपने से भी बोल रहे थे।"

भूदान आंदोलन की सटीक समीक्षा के तौर पर रामलोटन की समस्या है, जिसकी जमीन दुबे के कब्जे में चली गयी थी यानी फर्जी रेहन की समस्या। सरकार के पास फरियाद, चिट्ठी पत्री, मुकदमा आदि से कुछ नहीं होता। समाधान तभी होता है जब रामलोटन और उसके अन्य किसान साथी सामूहिक संघर्ष की कतारबंदी के तहत खेतों पर चढ़ जाते हैं। खेत पर चढ़ने के सिलसिले में मारपीट होती है। कुंवर जयंती प्रसाद राम लोटन से पूछते हैं, "यह क्या तमाशा है?" रामलोटन कहता है, "दुश्मन को हमने खेतों से खदेड़ दिया है।" कुंवर साहब अपनी आंखों के सामने केंचुए को सांप की शक्ल में बदलता देख रहे थे। कुंवर साहब सोचते हैं कि इतिहास की यह कैसी विडम्बना है कि भूदान आंदोलन के नाम पर ३२ साल के पूरे वृत्त का चक्कर काट कर किसान फिर उसी बिन्दु पर आ गया है यानी "बिस्रामपुर के किसान फिर अपनी जोत के लिए हथियार तान कर खड़े हो गये हैं।"

रामलोटन की समस्या उपस्थित कर श्रीलाल शुक्ल ने दो टूक ढंग से यह भविष्यवाणी कर दी है कि हिन्दी का यथार्थवादी लेखन मध्य वर्ग के रोमांस के चित्रण से या उसकी कुंठाओं के अंकन से समृद्ध न होगा बल्कि कृषि समस्या अर्थात किसानों की मुक्ति की समस्या के समाधान की दिशा में हो रहे संघर्षों को वृहत् परिप्रेक्ष्य में प्रस्तुत करने से ही समृद्ध और वैविध्यपूर्ण होगा।

रामदास सिन्ड्रोम और प्रारम्भिक उपन्यास

सत्य प्रकाश मिश्र

श्रीलाल शुक्ल के प्रारम्भिक उपन्यास 'सूनी घाटी का सूरज' और 'अज्ञातवास' रचनाकार के सामाजिक बोध, और सृजनात्मक उत्तरदायित्व दोनों को उजागर करते हैं। यह उजागरण उनके उस समय के लिखे गये 'अंगद के पांव' के निबंधों से भी स्पष्ट है जिनमें अनेक संस्थानों की रूढ़ियों, गतिहीन प्रवृत्तियों और कर्मकांडों का उद्घाटन है। 'अंगद के पांव' का व्यंग्य गहरी बेचैनी और पीड़ा से उत्पन्न व्यंग्य है। वह गहरी बेचैनी संक्रामकता, अभिजात्य दया, कृपा, उपकार, धर्म, जाति, शिष्यता, अध्यापन, प्रेम, सहभागिता, मूल्यनिष्ठा, परिवर्तन, उलटफेर की आकांक्षा आदि को अनेक रूपों में उधेड़ती बुनती चलती है। इस उधेड़बुन से उत्पन्न मानवीय प्रश्नाकुलता का परिणाम है कि 'सूनी घाटी का सूरज' और 'अज्ञातवास' कृतियां मनुष्य की अंतः प्रवृत्तियों और यथार्थ के कारणों का उद्घाटन करती हैं। इन उपन्यासों की विशिष्टता यह है कि इनमें चरित्रों को स्थिर नहीं माना गया है बल्कि संधिकाल के अंतर्गत बनने वाले या बनते हुए सामाजिक मानस को ही चरित्रों के द्वारा रेखांकित किया गया है। सूनी घाटी का सूरज के प्रारम्भ में रामदास सोचता है: "यह संधिकाल है। न जाने किस अतल से कुछ उभरता सा है। तब नहीं जान पड़ता कि क्या हो रहा है पर जब सब कुछ धीरे-धीरे एक नये तत्व से ढंक जाता है तब जान पड़ता है कि जो पहले था वह अब नहीं रहा। तब लोग बाहर आते हैं और कहते है कि नया तत्व हम से पैदा हुआ है। पर वह न जाने किस अतल से आता है।"

'सूनी घाटी के सूरज' में हीरो का सर्वहाराकरण ही नहीं है बल्कि सर्वहाराओं के क्षेत्र में काम करने की विवशता भी है। उपन्यास वर्गों में बंटे हुए समाज को ध्यान में रख कर नहीं लिखा गया है परंतु अपनी बनावट

और सम्प्रेषणीयता में है वह वैसा ही है। विमर्श की दृष्टि से कहा जा सकता है कि यह ऐसे प्रश्नों और जिज्ञासाओं का उपन्यास है जो रामदास के अपने साक्षात्कार और संघर्ष से उपजे हैं। वे बौद्धिक विकास के रूप में ही नहीं बल्कि जीवनानुभव की प्राक्रिया में विकसित सामाजिक प्रश्न हैं। रामदास का प्रश्न है कि क्यों शिकार वहीं होते हैं शिकारी बदलते रहते हैं। क्यों उसी को सारे ज्ञान और प्रतिभा के बावजूद इन चैतुओं के बीच आना पड़ा? वही क्यों? इन प्रश्नों का उत्तर एक है क्योंकि वह गरीब था। इस उपन्यास में उस लोक का प्रत्यक्षीकरण है जो अपने लोक में प्रवेश करने की स्वीकृति मृत्यु पर ही देता है। शासक वर्ग कैसे सवर्ण जाति के भी गरीब और सर्वहारा को अपना सेवक ही देखना चाहता है। सर्वहारा चाहे जिस वर्ण का हो उसकी प्रगति के रास्ते में अनेक प्रकार की बाधाएं स्वाभाविक हैं। श्याम मोहन, कुंवर सुरेन्द्र प्रताप, राजधर आदि अपने वंश की प्रतिभा और क्षमता के सहारे बढ़ने वाले लोग उद्घाटनकर्ता, कलाप्रेमी और भारत विधाता बन गये और उन सबके द्वारा शोषित रामदास अंततः वहीं लौटता है जहां कोई नहीं जाना चहता है। उन्हीं चैतुओं के बीच में जो उसके अपने हैं। यह उपन्यास इस अर्थ में शोषण का व्यवस्थित समाजशास्त्र है। कहा जा सकता है कि श्रीलाल शुक्ल आजीवन इस रामदास सिन्ड्रोम से सफर करते रहे हैं। जिस 'मनुष्योचित' और ग्रामीणों की मानवीयता पर वे बल देते रहे हैं वह किसानों की स्वार्थबुद्धि के सामान्य निष्कर्ष में प्रायः समाप्त हो जाती है। यदि 'अज्ञातवास' के पश्चाताप प्रसंग को रचना से हटा दिया जाय तो लोकगीत प्रसंग पूरा का पूरा सूनी घाटी का सूरज की संवेदना का ही रूपांतरण लगता है। चैतुओं के सम्बंध में रामदास के कथन और बसंत का अपने गांव के लोगों को बारे में कथन अर्थ संकेत की दृष्टि से न केवल समान हैं बल्कि उस प्रवृत्ति पर व्यंग्य भी जो गरीबी का उपहास करती है और शोषण को बनाये रखना चाहती है।

रामदास सिन्ड्रोम जो श्रीलाल शुक्ल के उपन्यासों की संक्रामकता और सीमा दोनों का कारण है, को स्पष्ट करने के लिए कुछ उद्धरण दे रहा हूं।इन उद्धरणों की आंतरिक समानताएं और अभिव्यक्तिगत अंतर काफी महत्वपूर्ण हैं:

"जिस अभिशप्त देश में मैं खड़ा हूं वहां सब कुछ देखने के ही लिए है। यहां एक ओर आठ आने पैसे के पीछे कोई स्त्री सांप और बिच्छुओं को रौंदती हुई दो रोगी बच्चों के भविष्य की आशंका से कांपते हुए प्राणों के साथ मन-मन भर के पत्थर सर पर लाद कर पहाड़ियों की ऊंची नीची पगडंडियों पर टकराती चलती है। यहां अशिक्षा और दरिद्रता के क्रूर आतंक में मानव शरीर का अब भी दासों जैसा व्यापार होता है। रोगों के संक्रामक आघातों और प्राकृतिक विपत्तियों को झेलने के लिए सिवाय भाग्य के और कोई औषधि नहीं है। फिर भी यहां छः आने में अमृत बिन्दु मिलता है जिसने बीस वर्ष से मनुष्य को अमरों की श्रेणी में बिठा रखा है।" (सूनी घाटी का सूरज, पृ. ७२)

"नीची छतों वाले, भसकती मिट्टी के घर। खपरैल, जंगलों, पहाड़ियों के क्षेत्रों में छिपे हुए। अपने अस्तित्व से लज्जित। संसार के सब रोग, सब अपराध यहीं आ कर छिपे हैं। सारी असमर्थता, निराशा, मूढ़ता, इन्हीं खपरैलों के नीचे सिमट आयी है।

"सहमा हुआ, सिसकता हुआ, मुरझाता हुआ जीवन। शिकार सदैव वही रहता, शिकारी ही बदलते। सदैव इन्हीं शिकारियों में जमींदार, राजे, महाजन आते। चोर और डकैत आते। कन्या के विवाह में घर से दूध देने वाली भैंस खुला ले जाने वाले नये रिश्तेदार आते। सादे कागज पर अंगूठा लगाने के लिए बाध्य करने वाली असहायता की स्थिति आती। कभी भी अपनी स्थिति का बोध न होने वाली अविद्या आती। पत्थर जैसी छाती को पीस कर समस्त पुरुषार्थ को आंसुओं में बहा देने वाली निराशा आती। सब तरह से जीवन को जकड़ केवल पथराई आंखों

से सब कुछ देखते रहने वाली जड़ता आती। शिकार वही था। शिकारी अनेक थे।" (वही, पृ. ७५)

"यह नया सिद्धांत है.... अ धन ब का सम्मिलित वर्ग बराबर है। यह गणित सिद्ध है। यह सत्य है। पर यह कितना खोखला है। इसे जानने के लिए मैं दस वर्ष बिता चुका हूं। अ और ब का सम्मिलित वर्ग झूठी बात है। अ और ब का सम्मिलित वर्ग नहीं होता है। 'अ' का अपना वर्ग है। 'ब' का अपना वर्ग है। गणितज्ञ ने अपनी बात बुद्धि से इन्हें जोड़ दिया तो क्या? वे जुड़े नहीं। दो वस्तुएं जुड़ कर तीसरी वस्तु बन जाती हैं। यही उनका जुड़ना है। परन्तु अ अ रहा ब ब। इससे क्या कि जुड़ कर एक जगह दोनों दोहरे हो कर बैठ गये और फिर भी साथ में अपना वर्ग अलग-अलग बसाये रहे...।" (वही, पृ. ६)

'अज्ञातवास' में दलित बसंत का लड़का कहता है, "और मेम साहब, आप? आपको ये लोकगीत बहुत अच्छे लगते हैं न? आपने जेठ की तपन में झुलसता हुआ ईख का खेत देखा है कभी? उसी के सहारे एक पूरे परिवार का साल कटता। और यही फसल जल गयी।

"आप ये गीत क्यों सुनना चाहती हैं? हमारा कुछ भी तो आपको अच्छा नहीं लगता। तब हमारे ये गीत ही आपको क्यों अच्छे लगते हैं?

"आप हमारे बारे में कुछ भी नहीं जानतीं। यह घसीटे बनमानुषों की तरह झोपड़ी में पड़ा रहता है। दमा में हांफता है। जानती हैं आप? ये मंगरू, लालू, लोटन इनके घर दो-दो दिन के बाद चूल्हा चलता है। आप यह भी नहीं जानतीं। सिर्फ आपको ये गीत अच्छे लगते हैं? आप हमारा रोना नहीं सुन सकतीं। गाना ही क्यों सुनना चाहती हैं।" (अज्ञातवास, पृ. ५६)

"वे गा रहे हैं। उनकी जिन्दगी के सूखे पत्ते जैसे पतझड़ की हवा में तिरछे हो कर उड़ रहे हैं और उन्हीं की आंखों के सामने बरबादी के एक सुनहरे वातावरण की सृष्टि कर रहे हैं। गांव की जिन्दगी जिसमें पतझड़ की पत्तियों का सुनहरापन है। काई की, सिवार की हरियाली है। बंधी हुई झीलों का, निस्तरंग तालाब का पानी है, हवा बहती है, अमराइयों में अटक कर ऊसर में फैलती है। नदियों के सुनसान, कछारों में बालू को उकसाती है। मुर्झाई हुई शांति है। मटमैली चमक है, आतंकित सलोनापन है। कमल के नीचे कमलनाल पर उभरे हुए कंटीले रोएं हैं। रेशमी घास के नीचे ऊबड़ खाबड़ धरती है। मासूम चिड़ियों के घोंसले के आस पास सांपों के चक्कर हैं। सावन की जामुनी घटाएं, शरद की निष्कम्प चांदनी, वनफूलों की छायाबीथियों पर बिखरता हुआ उन्मुक्त फागुनी वातास, इनमें महामारियों के विस्फोटक हैं।" (अज्ञातवास, पृ. ४८)

ये उदाहरण उत्तर अज्ञेय और रेणु के काल के हैं जब देश आजाद हो गया था। जमींदारी प्रथा कानूनी तौर पर समाप्त हो गयी थी और सामाजिक परिवर्तन का चरित्र आजादी के चरित्र के साथ-साथ उजागर होने लगा था। सूनी घाटी का सूरज का रामदास इसी वातावण की उपज था। वह प्रेमचंद के हीरो का वंशज नहीं था परंतु परिणति अवश्य था। रामदास अपने संकल्प पर डटा था और अपने पिता को अपने ही भाई बंधुओं द्वारा पाखंडपूर्ण तरीके से अपमानित होता हुआ देखते रहने से उसके भीतर पढ़ने और पढ़ कर दासता से मुक्त होने की आकांक्षा एक प्रकार की धुन का रूप ले चुकी थी। सवर्ण जाति का होने के कारण उसे कुछ सुविधाएं औरों की तुलना में मिलीं। प्रथम श्रेणी का छात्र होने और क्षत्रिय होने के कारण कानपुर शहर में बाबू अम्बिकेश सिंह की कृपा से क्षत्रिय महासभा की छात्रवृत्ति आदि मिलने के कारण वह एम.ए. कर सका, लोगों को चमत्कृत करने वाली अर्थशास्त्र पर पुस्तक लिख सका, जो उसके नाम से नहीं छपी परंतु उसको आत्मतोष प्रदान ही की। फिर भी अंततः वह सबसे

अव्वल हाने के बावजूद चैतुओं के लिए खोले गये स्कूल में ही मास्टर हो सका। उपन्यास में वही क्यों ऐसी नियति के लिए चुना गया यह प्रश्न है? और उत्तर भी स्पष्ट है कि वह उसी निम्न वर्ग का है। वर्ग भेद को दूर किए बगैर यह सम्भव नहीं है। उसकी कई लोग मदद करते हैं, अमजद अली, मुंशी नवरतन लाल, ठाकुर अम्बिकेश सिंह, बाबू मुरलीधर, परंतु सभी उसको अपने साथ रखते हुए भी अलग, दूसरे वर्ग का, हेय मानते हैं। सब उसका इस्तेमाल करते हैं, पाखंड के साथ। प्यार करने वालों के भी संकोच हैं। उन्हें भी अपने वर्ग स्तर और भविष्य का ध्यान है। इस अर्थ में रामदास की स्थिति, उसकी मनोदशा होरी से भिन्न है। अपने जातीय संस्कार के कारण भी और शिक्षा के कारण भी वह जहां से हटना चाहता था वहीं उसे आना पड़ता है। इस विडम्बना का, नियति बोध का साक्षात्कार और मनोदशा ही रामदास सिन्ड्रोम है। यह दलित चेतना नहीं है बल्कि वर्ग चेतना है। इस दृष्टि से इसे वर्ग चेतना का भी उपन्यास कहा जा सकता है परंतु रामदास की अंतर्व्यथा इससे अधिक गहरी सामाजिक व्यथा है। सूनी घाटी का सूरज भारतीय समाज की अंतर्भूत अपरिवर्तनशीलता के कारणों का सधे हुए ढंग से संकेत करता है। रामदास का संस्मरण केवल रामदास का संस्मरण नहीं रह जाता है बल्कि रामदास के वर्ग का संस्मरण बन जाता है।

उपन्यास में अंतहीन शोषण और दबावों का वैविध्यपूर्ण संकेत भारतीय समाज के विशिष्ट पहलू का नहीं सामान्य विशेषता का संकेत करता है। मानवीयता और स्वार्थपरता की बुनावट का ही संकेत नहीं है उपन्यास में, उसकी बद्धमूल प्रवृत्ति का भी संकेत है। रामदास की सभी सहायता करते हैं और सभी उसका उपयोग करते हैं। मुंशी जी उसकी मदद करते हैं, उसे पैसे दे कर शहर भेजते हैं, पत्र लिखते हैं, परंतु अपने भाई के धूर्ततापूर्ण शोषण और पत्नी के ताने का विरोध करने के बजाय उसको स्वीकार कर लेने का उपदेश देते हैं। यह श्रीलाल शुक्ल के उपन्यासों की विशिष्टिता है। यह एक समग्र दृष्टि है। मनुष्य के देवत्व और दानवत्व को एक साथ उजागर करने की यह दृष्टि कम से कम इस उपन्यास में व्यंग्यात्मक नहीं है, विडम्बनात्मक है। राग दरबारी में यही व्यंग्यात्मक हो जाती है। श्रीलाल शुक्ल 'पाखंड विखंडन' के मास्टर लेखक हैं। वे स्वतंत्रता के बाद के मोहभंग और मूल्यभ्रंशता को गहरी वेदना के साथ खीझ के साथ नहीं व्यक्त करते हैं। पात्रों से श्रीलाल शुक्ल जिस प्रकार की विश्वसनीय दूरी बनाये रखते हैं वह भी उनके कथात्मक कौशल की विशेषता है। यह कौशल किसी व्यंग्य लेखक में ही हो सकता है कथा मात्र के लेखक में नहीं।

'अज्ञातवास' का शिल्प 'सूनी घाटी का सूरज' से भिन्न है। वह अपेक्षाकृत कमजोर रचना है। क्योंकि रचना में लेखक की अनेक टिप्पणिया हैं जो प्रभा के मुंह में ठूंसी हुई हैं।

बसंत के लड़के का क्रोध और तिरस्कार सम्पूर्ण मध्य वर्ग के प्रति है। अभिरुचि और संस्कृति पर व्यंग्य है। एक विशेष प्रकार की सौन्दर्याभिरुचि पर व्यंग्य है जो विनाश और संरक्षण पर बल देती है। दोनों ही उपन्यासों में निम्न वर्ग के उपयोग की भावना सामंती भावना से कम खतरनाक नहीं है। इन उपन्यासों में स्वतंत्रता के बाद विकसित नये मध्य वर्ग के उपयोग के दर्शन के पाखंड का उद्‌घाटन भी किया गया है। वर्ग स्वार्थ के उद्‌घाटन और काईयांपन तथा पाखंड को सधी हुई रेखाओं से रेखांकित करने के बावजूद ये उपन्यास किसी सांचे में संस्थित नहीं किये जा सकते हैं। 'सूनी घाटी का सूरज' में जमींदारी उन्मूलन की पीड़ा जमींदारों के लिए जमींदारी टूटने की पीड़ा नहीं बल्कि यह पीड़ा है कि कुछ समानता होने पर अब गंगापुर के पासी चमार तक महाराज हो जाएंगे। इस प्रकार की आवाज अज्ञातवास में नहीं है। गंगापुर रिसायत के महाराज सुरेन्द्र सिंह, राजधर, राजेश्वर सिंह, अम्बिकेश सिंह, सभी व्यवहार बातचीत में सामंती हैं। उनके भाव बोध भी वही हैं। सभी पात्र किसी न किसी प्रकार की रियासत

से जुड़े हैं। परंतु अज्ञातवास की दुनिया बदल गयी है। उसमें किसानों और चमारों के शोषण की नयी तरकीबें हैं। नये राजा महराजाओं का उदय है। राजनीति का एक चरित्र सूनी घाटी का सूरज में है और उसका परिणाम अज्ञातवास में है। समाज बदलने का संकेत बसंत के बेटे में वैसे ही है जैसे गोदान में गोबर का था। रजनीकांत स्वतंत्रता बाद की योजनाओं का विकास हैं। रजनीकांत भी एक प्रकार के वर्ग चरित्र हैं, नौकरशाही के। निम्न मध्यवर्गीय प्रवृत्तियों के चरम प्रतिनिधि। बचपन की ब्याही बीवी को छोड़ कर घूस के पैसे पर ऐय्याशी करने वाले और यश लूटने वाले। रजनीकांत के माध्यम से लेखक ने स्वतंत्र भारत के शासन तंत्र के यथार्थ को ही उद्‌घाटित किया है। विनायक की कै, रजनीकांत का हार्ट अटैक और पश्चाताप उपन्यास को बहुत मूल्यवान नहीं बनाता। यद्यपि अज्ञातवास का पश्चाताप एक प्रकार के पाप की स्वीकृति के कारण रजनीकांत को मुक्त अवश्य करता है परंतु दूसरे अन्य प्रकार के पापों के प्रति कोई पश्चाताप नहीं है। इस अर्थ में पाप स्वीकृति भी वैयक्तिक सुख की कामना के विस्तार का एक उपाय बन जाती है।

सूनी घाटी का सूरज में रामदास का अच्छाई मात्र पर से विश्वास उठ जाता है। राजेश्वर बाबू और सुरेन्द्र प्रताप के पत्रों को पढ़ कर उसे सभी सम्बंध स्वार्थ सम्बंध प्रतीत होते हैं। चैतुओं का स्नेह ही उसे अपना लगता है। उसका उनके पास लौटना विकल्पहीनता के भी कारण और अपनी किन्चित आस्था के विनाश के कारण भी है, इसे ही रामदास सिन्ड्रोम कहा जा सकता है। रामदास अपने सर्वहारात्व को स्वीकार करता है परंतु भारतीय समाज में सवर्णता के तर्क से वह पूर्णतः सर्वहारा भी नहीं बन पाता। इस दृष्टि से प्रारम्भिक उपन्यासों में इसी प्रकार का अजीब सा बोध मिलता है जिसे निश्चय ही निराशावादी भी नहीं कहा जा सकता। बल्कि रामदास के अंतिम कथन में तो एक प्रकार की अनुभव सम्पन्नता या दुनिया को समझ लिया है— मेरी नियति यही है— निष्कृति यही है का गंभीर बोध भी मिलता है। पाप बोध 'अज्ञातवास' में वैयक्तिक स्तर पर अवश्य है। उसे भी सामाजिक दृष्टि से बहुत महत्वपूर्ण नहीं माना जा सकता। उसमें किसी बड़े विचार या समझ का दर्शन नहीं होता है। सार्त्र की तरह से उद्‌घाटन या साक्षात्कार को यदि रचना का प्रमुख गुण माना जाय तो श्रीलाल शुक्ल के शुरुआती उपन्यास विशेषकर सूनी घाटी का सूरज निश्चय ही महत्वपूर्ण हैं।

श्रीलाल शुक्ल के इन उपन्यासों में अंग्रेजी शब्दों और वाक्यों का वर्ग स्थिति और स्वाभाविकता के लिए प्रयोग किया गया है। श्रीलाल शुक्ल की भाषिक सामर्थ्य और उस सामर्थ्य के व्यंजक प्रयोग को देखते हुए इस प्रकार का प्रयोग अनावश्यक लगता है। क्योंकि बिना किसी प्रकार के आंचलिक प्रयोग के सूनी घाटी का सूरज में मुंशी नवरतनलाल, उनकी पत्नी और अमीन साहब की प्रोक्तियों में अंतर है। छात्रों की बातचीत में शब्दों और वाक्यों का पेशा, स्तर, औकात, आकांक्षा, विचारधारा और नैतिक आचरण की दृष्टि से सूक्ष्म और सटीक प्रयोग है। रघुवीर सहाय ने श्रीलाल शुक्ल के रचनात्मक तनाव का उल्लेख करते हुए उनकी व्यंग्य रचनाओं के बारे में जो कहा है वह उनके इन दो उपन्यासों के बारे में अज्ञातवास के बारे में कुछ संकोच के बावजूद कहा जा सकता है: "श्रीलाल अपने रचनात्मक तनाव की रक्षा में नितांत आधुनिक हैं और यहीं पर उनकी भाषा आज की मुर्दा राजनीति के हाथों भाषा के निरंतर अवमूल्यन के बावजूद सार्थक हो जाती है। वह प्रतीकों और मिथकों से मुक्त रह कर टूटे शब्दों का ऐसे इंदराज करते हैं कि वे कभी अपने टूटे अर्थ स्थापित न कर पायें।" (यहां से वहां की भूमिका)

छुद्रताओं के महा वृत्तांत से महानताओं की छुद्रता तक

वीरेन्द्र यादव

स्वातंत्र्योत्तर हिन्दी उपन्यास में श्रीलाल शुक्ल सम्भवतः उन चंद इने गिने उपन्यासकारों में से एक हैं, जिन्होंने 'साहित्यिक' और 'लोकप्रिय' के अंतर को मिटाते हुए औपन्यासिक आस्वाद की मौलिक शैली विकसित की है। लेकिन यह करते हुए वे अकेले ऐसे उपन्यासकार हैं, जिन्होंने आलोचकों के समक्ष एक संकट व असमंजस की स्थिति भी पैदा की। शायद 'राग दरबारी' द्वारा हिन्दी उपन्यास में यह पहली बार हुआ है कि आलोचकीय हिचक व संशय के बावजूद महज पाठकों की प्रशंसा के बल पर किसी औपन्यासिक कृति ने अपनी स्वीकृति कुछ इस रह करायी है कि आज गम्भीर साहित्यिकों से ले कर समाजशास्त्रियों के बड़े समुदाय तक, यह अधिकांश की प्रथम कोटि की औपन्यासिक पसंद है। यद्यपि इस पसंद के अपने अलग-अलग कारण हैं, क्योंकि निर्मल वर्मा की 'कलात्मक' और डा. श्यामा चरण दुबे की 'समाजशास्त्री' पसंद के छोर भिन्न हैं। यदि उपन्यास की पसंद के इस ग्राफ में मार्क टुली जैसे प्रबुद्ध पाठकों को भी शामिल कर लिया जाय, जो इसे 'इंटरटेनिंग हिन्दी नावेल' करार देते हैं तो यह दायरा आम पाठकीय पसंद को भी छूने लगता है।

यहां यह तथ्य दिलचस्प है कि तीन दशक पूर्व राग दरबारी के प्रकाशन (१९६८) के तत्काल बाद श्रीपत राय ने अपने आलोचनात्मक लेख (कथा, सितम्बर ६९) में इसे 'बहुत बड़ी ऊब का महाग्रंथ' व 'अतिशय उबानेवाली कुरुचिपूर्ण और कुरचित कृति' करार देते हुए यह भविष्यवाणी की थी कि 'यह अपठित रह जाएगी'। नेमिचंद्र जैन ने इसे 'असंतुष्ट, क्षुब्ध व्यक्ति की बेशुमार शिकायतों और खीझ भरे आक्षेपों का अंतहीन सिलसिला' करार दिया था। आज तीन दशकों के अंतराल के बाद इन आलोचकीय मंतव्यों को झुठलाते हुए जब इस उपन्यास ने एक साथ

पाठकीय प्रशंसा, पठनीयता एवं साहित्यिक स्वीकृति के विरल कीर्तिमान स्थापित किये हैं तो श्रीलाल शुक्ल की कथा दृष्टि की विवेचना निश्चित रूप से एक जटिल व दुविधाजन्य कार्य है और इसीलिए चुनौतीपूर्ण भी। निर्विवाद पठनीयता व साहित्यिक मूल्यवत्ता के बावजूद 'राग दरबारी' को ले कर आलोचकीय दुविधा आज भी दरपेश है, जिससे टकराए बिना 'राग दरबारी' और श्रीलाल शुक्ल के 'फेनामेना' को समझा नहीं जा सकता।

'राग दरबारी' मूलतः नकारवादी मुहावरे की रचना है, लेकिन उसका नकारवाद व्यक्तिगत कुंठा व निराशा का परिणाम न हो कर उन सामाजिक विद्रूपताओं व कुरूपताओं का परिणाम है, जिनकी भारतीय समाज में गहरी जड़ें हैं। इनका उद्घाटन करने के लिए श्रीलाल शुक्ल छुद्र व साधारण की सामाजिक पड़ताल करते हैं। छुद्रताओं का महावृत्तांत रचते हुए ही वे तंत्र की विकृतियों की पहचान करते हैं। जिस राजनीतिक समय में 'राग दरबारी' की रचना हुई थी, वह सम्पूर्ण नकार का दौर था। राजनीति के स्तर पर जहां डा. राममनोहर लोहिया इस नकारवाद के मुखर प्रवक्ता थे, वहीं साहित्य के स्तर पर राजकमल चौधरी व धूमिल सहित युवा रचनाकारों की बड़ी जमात इसे अपनी रचनाओं में अभिव्यक्त कर रही थी।

नेहरू युग से राजनीतिक मोहभंग, व्यक्तिगत कुंठा, संत्रास और हताशा के इसी दौर में अकहानी, श्मशानी व भूखी पीढ़ी जैसी साहित्यिक हलचलों का उदय हुआ। अमरीकी बीटनिक पीढ़ी के साहित्यिक पुरोधा व परम्परा द्रोही कवि ऐलन गिन्सबर्ग की युवा हिन्दी साहित्यिकों के बीच नायक पूजा का दौर भी यही था। उत्तर नेहरूवाद के इस आरम्भिक दौर में जनतंत्र कटघरे में था, कांग्रेस का एकाधिकार समाप्त हो रहा था, केन्द्रीयताएं टूट रही थीं, नैतिकता, सदाचार, सच्चाई, कर्त्तव्यनिष्ठा, ईमानदारी, परोपकार जैसे मानवीय व सामाजिक मूल्यों के प्रति अवज्ञा एवं अनास्था का भाव प्रबल हो रहा था। 'राग दरबारी' ऐसे ही सर्वनकारवादी व अनास्था के दौर की उपज है।

व्यापक अर्थों में 'राग दरबारी' नेहरू युगीन जनतंत्र का कामिक शैली में रचा गया 'क्रिटीक' है। यदि कामदी तत्व को थोड़ा परे रख कर इसका पाठ किया जा सके तो जनतंत्र की समालोचना के रूप में श्रीलाल शुक्ल की कथा दृष्टि राजकमल चौधरी और धूमिल के आस पास कहीं टिकती है। जनतंत्र के बारे में धूमिल की यह काव्य चिन्ता 'जनतंत्र, जिसकी रोज सैकड़ों बार हत्या होती है और हर बार वह भेड़ियों की जुबान पर जिन्दा है' (संसद से सड़क तक, पृष्ठ ४८) और राजकमल चौधरी का 'मुक्ति प्रसंग' में यह उद्बोधन 'आदमी लिखे एबसर्डिटी का दर्शन विधान' 'राग दरबारी' में कथात्मक सम्पूर्णता प्राप्त करता है। व्यवस्था की सड़ांध, जनतांत्रिक मूल्यों का विघटन एवं नैतिक व सामाजिक अधःपतन का सर्वनकारवादी विमर्श राजकमल चौधरी, धूमिल व श्रीलाल शुक्ल की रचना दृष्टि में अंतर्धारा के रूप में उपस्थित है। लेकिन इस अंतर के साथ कि जहां धूमिल और राजकमल चौधरी 'एंग्री यंग मैन' की शैली में जनतंत्र की समालोचना करते हुए जिस 'एक अदद आदमी' को अपनी रचनात्मक सहानुभूति के केन्द्र में रखते हैं, वहीं श्रीलाल शुक्ल कौतुक मुद्रा अपनाते हुए अपने 'सिनिकल' मुहावरे में उसी 'एक अदद आदमी' को अपने व्यंग्य बाणों का लक्ष्य बनाने से नहीं चूकते। यहीं से श्रीलाल शुक्ल और धूमिल के सादृश्य समाप्त होते हैं और पार्थक्य बिन्दु प्रारम्भ होते हैं।

यहां यह विरोधाभास दिलचस्प है कि 'भदेस' और 'नागरिक' तत्व श्रीलाल शुक्ल और धूमिल के रचनात्मक मुहावरे में अंतर्सूत्र के रूप में लगातार उपस्थित हैं, लेकिन दोनों के संदर्भ भिन्न और विरोधी हैं। जहां धूमिल 'भदेस' को रचनात्मक शक्ति के रूप में इस्तेमाल करते हुए 'नागरिकता' को कटघरे में खड़ा करते हैं, वहीं श्रीलाल शुक्ल नागरिकता के धरातल पर खड़े हो कर 'भदेस' की कपाल क्रिया करते हैं। धूमिल 'दुनिया के व्याकरण के खिलाफ'

खड़े हो कर जहां यह बयान देते हैं कि 'जेल के बगल की नागरिकता/और बूचड़खाने के सामने की सज्जनता/मुझे विरासत में मिली थी' वहीं श्रीलाल शुक्ल नागरिक व्याकरण की उपेक्षा को कुछ यूं रेखांकित करते हैं: "सुअरों के झुंड सड़क पर निकलते समय आदमियों की नकल करते। वे दायें बायें चलने का ख्याल न कर के सड़क पर निकलने वाली हर सवारी के ठीक आगे चलते हुए नजर आते और आपसी ठेलठाल में कालिज के लड़कों को भी मात देते।" (राग दरबारी, पृ. ३७८)

श्रीलाल शुक्ल की कथा दृष्टि की सर्वाधिक चौंकाने वाली बात उसमें कई विरुद्धों के सामंजस्य की उपस्थिति है। आभिजात्य व भदेस, नागरिकता व गंवारूपन, सार्वदेशिकता व स्थानिकता जिस खिलंदड़ेपन के साथ उनकी कथा दृष्टि में विलयित है, वह उनकी अपनी विशेषता है। दरअसल सच तो यह है कि आभिजात्य, नागरिक और सार्वदेशिक तत्व ही उनकी कथा दृष्टि की रचना करते हैं भदेस, गंवई और देशज तत्व इस कथादृष्टि की विषयवस्तु भर हैं। 'राग दरबारी' को ले कर जो आलोचकीय दुविधा है, उसके मूल में दृष्टि और विषयवस्तु की यह फांक ही है। उनके दो अन्य उपन्यास 'पहला पड़ाव' और 'सूनी घाटी का सूरज' भी कमोबेश इसी दुविधा से ग्रस्त हैं। श्रीलाल शुक्ल के नवीनतम उपन्यास 'बिस्रामपुर का संत' को ले कर यह आलोचकीय संशय इसीलिए नहीं है कि इसकी कथावस्तु और लेखकीय कथा दृष्टि में पूर्ण समन्वय है।

यहां यह तथ्य बेझिझक स्वीकार किया जाना चाहिए कि 'राग दरबारी' की पाठकीय स्वीकृति व प्रशंसा 'हाई कामेडी' के जिस मुहावरे पर टिकी है, वही इस उपन्यास की सबसे बड़ी बाधा है। अवध की वाक्पटुता व व्यंग्य विनोद में रची पगी इस उपन्यास की भाषा 'हाई कामेडी' का ऐसा रूप ग्रहण करती है, जहां सब कुछ प्रहसन में बदल जाता है। उपन्यासकार जीवन की हर स्थिति व परिस्थिति में कामदी तलाशता है, भूख, गरीबी, भ्रष्टाचार, बेरोजगारी अशिक्षा, खान पान, पहनावा, आचार व्यवहार सभी कुछ उसके व्यंग्य विनोद के लक्ष्य हैं। जहां विनोदी स्थितियां नहीं है, वहां वह उन्हें गढ़ता है। इस प्रकार यह उपन्यास व्यंग्य विनोद का ऐसा प्रति-संसार रचता है, जहां दुःख, करुणा, सहानुभूति और सामाजिक सरोकार दृश्य ओझल हैं; यहां यह तथ्य भी ध्यान देने योग्य है कि 'राग दरबारी' मात्र रूप के स्तर पर प्रहसन न हो कर अपने कथ्य को भी प्रहसनात्मक बनाता है। उपन्यास में छोटे पहलवान और कुसहर प्रसाद प्रसंग (पृ. ११२-११६) में बेटे द्वारा बाप की पिटाई को 'परिवार के सनातन धर्म' के रूप में प्रतिष्ठित करना कथ्य को प्रहसन में तब्दील करने का एक उदाहरण है।

क्षोभ और आक्रोश पैदा करने वाली जीवन स्थितियों को भी हंसोड़ बनाती 'राग दरबारी' की शैली 'हाई कामेडी' में अंतर्निहित उस त्रासद करुणा का विलोप कर देती है, जो इसे सार्थक व सकारात्मक रूप देते हुए सामाजिक विसंगतियों को चिह्नित करने का सशक्त माध्यम बन सकती है। इसी संदर्भ में पुश्किन ने कहा था, "हाई कामेडी सिर्फ हास्य में ही नहीं होती, बल्कि यह चरित्रों के विकास में होती है और अक्सर यह त्रासदी के सन्निकट होती है।" गोगोल ने अपने उपन्यास 'डेड सोल्स' और चार्ली चैपलिन ने अपनी फिल्मों में इसी त्रासद हास्य का मुहावरा अपनाया है। प्रेमचंद के कथा संसार में भी हास्यजनित करुणा की भरपूर उपस्थिति है। होली के अवसर पर गांव में सारी रात चले व्यंग्य विनोद के बारे में 'गोदान' में प्रेमचंद यूं टिप्पणी करते हैं: "...इसी तरह नोखेराम और पटेश्वरी और दातादीन की बारी-बारी से सबकी खबर ली गयी और फबतियों में चाहे कोई नयापन न हो और नकलें पुरानी हों; लेकिन गिरधारी का ढंग ऐसा हास्यजनक था, दर्शक इतने सरल हृदय थे कि बेबात की बात में भी हंसते थे। रात भर भंड़ैती होती रही और सताए हुए दिल, कल्पना में प्रतिशोध पा कर प्रसन्न होते रहे।"

(पृष्ठ, १८२) दरअसल यही है वह सामाजिक परिप्रेक्ष्य जहां से 'हाई कामेडी' का सौन्दर्यशास्त्र निर्मित होता है। निराला के 'बिल्लेसुर बकरिहा' और 'कुल्ली भाट' के त्रासद हास्य का परिप्रेक्ष्य भी यही है, जहां बकौल डा. राम विलास शर्मा "हास्य में संयम है, अट्टहास नहीं है, अधिकतर होंठों पर खेलती हुई मुसकान है।" (निराला की साहित्य साधना-भाग-दो, पृ. ४८१)

'राग दरबारी' का हास्य संयमविहीन हास्य है, जहां उपन्यासकार स्थितियों को हास्य के अनुकूल बनाने में असमर्थ होने पर, भाषा से हास्य की रचना करता है। 'राग दरबारी' मे लहूलुहान चोट खाये विलाप करते बूढ़े का शब्द चित्र देखिए: "अचानक 'हाउ-हाउ' सामने आ गया। वह लगभग साठ साल का एक बुड्ढा आदमी था। देह से मजबूत। नंगे बदन। पहलवानी ढंग से घुटनों तक धोती बांधे हुए। उसके सिर पर तीन चोटें थीं और तीनों से अलग-अलग दिशाओं में खून बह कर दिखा रहा था कि यह एक तरह का खून भी आपस में मिलना पसंद नहीं करता। वह जोर-जोर से 'हाउ-हाउ' करता हुआ, दोनों हाथ उठा कर हमदर्दी की भीख मांग रहा था। .... 'हाउ-हाउ' अब द्रुत लय छोड़ कर विलम्बित की तरफ आने लगा और बाद में बड़े ही ठस किस्म की ताल में अटक गया। ऐसी बात गायकी की पद्धति के हिसाब से उल्टी पड़ती थी, पर मतलब साफ था कि वे उखड़ नहीं रहे हैं बल्कि जम कर बैठ रहे हैं।" (पृ. १११)

भाषा से उपजी संयमविहीन व्यंग्य की एक बानगी कुछ यूं है: "वे महिलाएं पाखाने की कार्रवाई को एकदम से स्थगित कर सीधी खड़ी हो गयीं और उन्हें 'गार्ड आफ आनर' जैसा देने लगीं। (पृ. २३३) यहां श्रीलाल शुक्ल की कथा भाषा मात्र संवाहक की भूमिका न अदा कर स्वयं में कथ्य बन जाती है, वह एक नया 'एक्टिविज्म' (सक्रियता) धारण कर लेती है। भाषा की यह अतिरिक्त सक्रियता लेखकीय अतिकथन की मांग करती है, जिसकी पूर्ति हेतु उपन्यासकार ने 'राग दरबारी' में रंगनाथ के रूप में सूत्रधार का सृजन किया है। लेखकीय अतिकथन की डोर जहां सूत्रधार के हाथ से छूटती दीखती है, वहां लेखक नेपथ्य में उपस्थित हो कर कथा सूत्र को स्वयं संभाल लेता है। यह प्रविधि उनके अन्य उपन्यासों में भी है। 'पहला पड़ाव' में सूत्रधार और लेखक का यह द्वैत समाप्त हो जाता है और उपन्यास का केन्द्रीय पात्र सत्ते उर्फ संतोष कुमार इन दोनों भूमिकाओं का निर्वाह एक साथ करता है। 'सूनी घाटी का सूरज' का रामदास तो उपन्यास लेखक की ही भूमिका में उतर कर आत्मकथात्मक औपन्यासिक वृत्तांत लिख डालता है। वास्तविकता तो यह है कि 'राग दरबारी' का रंगनाथ, 'पहला पड़ाव' का सत्ते और 'सूनी घाटी का सूरज' का रामदास ये तीनों ही औपन्यासिक पात्र के आवरण में लेखकीय उपस्थिति हैं। यह अकारण नहीं है कि ये तीनों ही अंग्रेजी के मुहावरे में रचे पगे और संस्कृत बोलने में सक्षम हैं और क्रमशः इतिहास, राजनीतिशास्त्र और अर्थशास्त्र में एम.ए. करने के बाद उच्च शिक्षाकांक्षी हैं।

इन तीनों कथानायकों की कल्पनाएं महत्वाकांक्षाएं व निराशाएं इतनी उच्च व वैश्विक हैं कि यह उनकी सामाजिक स्थिति व बौद्धिक संरचना से बेमेल है। रंगनाथ 'सोफिया लारेन और एलिजाबेथ टेलर का ध्यान' करता है (पृ. १०३), रविशंकर का संगीत सुनता है (पृ. १५६) और इंडोलाजी में शोध करते हुए 'मार्शल, कनिंघम, विण्टरनित्ज, कीथ, परसी ब्राउन, काशी प्रसाद जायसवाल व भंडारकर का अध्ययन करता है।' (पृ. १०६) 'पहला पड़ाव' का सत्ते यूं तो अपने झोले में 'भांग की पकौड़ी' नामक एक फटी हुई किताब रखता है जिसमें 'एक नाजनीं हसीना को भांग की पकौड़ी खिला कर उसके साथ की गयी लीलाओं का सचित्र वर्णन था' लेकिन वह उपमाएं नीत्से व कालिदास की देता है और शेक्सपियर के हैमलेट की तरह संशयालु होता है, "मैं अपना ही हैमलेट बन गया

और यह करूं या वह करूं या न करूं के झमेले में डूबने लगा।'' (पहला पड़ाव, पृ. ७१) ठेकेदार की मेटगिरी करते हुए भी सत्ते किसी आई.ए.एस. सरीखा व्यवहार करता है, ''मेरी कोशिश होती थी कि मैं.. उन्हें वैसी ही हिकारत से देखूं, जो एक नये आई.ए.एस. अफसर को किसी पुराने घिसे पिटे टेक्नोक्रेट के लिए दिखानी चाहिए।'' (वही, पृ. ३१) और उसे 'विदेशी कारों में ब्यूक, मर्सिडीज, क्रिसलर, टायोटा, डाटसुन आदि के नाम याद' थे पर उसने 'देखी सिर्फ एक ही गाड़ी थी, जिसका नाम इम्पाला था।' (पृ. १६४) सत्ते की कुंठाएं भी साधारण न हो कर आभिजात्य और भव्य थीं। सत्ते के ही शब्दों में, ''अपने पर बड़ी ग्लानि हुई। एक वे हैं जिनके बाप अस्सी साल की उम्र में गवर्नर बन जाते हैं, खुद प्लानिंग कमीशन की मेम्बरी हथिया लेते हैं, बीवी राज्यसभा की सदस्य हो जाती है। होटल की लकदक नौकरी करते-करते कोई मोहतरमा अचानक विधायक बन जाती हैं और उसी के दूसरे दिन मंत्री बन कर हमें देश की अखंडता और एकता की सीख देने लगती हैं। विलायत से लौटते ही कोई अचानक दिल्ली में किसी संस्था का चेयरमैन हो जाता है... इंडिया इंटरनेशनल सेन्टर में लंच खाते-खाते कोई कूद कर कहीं राजदूत बन जाता है...'' (पृष्ठ १५८) 'सूनी घाटी का सूरज' के रामदास की कुंठा है: ''अपने मित्रों में सब अपने-अपने वंश की प्रतिभा और क्षमता के सहारे बढ़ रहे हैं।.... श्याम मोहन की कंपनी की मोटरें दिन पर दिन बिकती जाती हैं... उसने ट्रैक्टरों की एक नयी एजेन्सी भी ले रखी है।'' ''राजधर अपने पिता की जनप्रियता से लाभान्वित हो कर विधानसभा में पहुंचने वाला है। मंत्रिमंडल में पहुंचने की आशा करता है।'' (पृ. १११) दरअसल रंगनाथ, सत्ते और रामदास की ये कुंठाएं एवं उच्च व आभिजात्यवर्गीय महत्वाकांक्षाएं पात्रों की अपनी सामाजिक स्थितियों का परिणाम न हो कर उपन्यासकार की अपनी वर्ग अभिव्यक्तियां हैं, जो इन पात्रों के माध्यम से अभिव्यक्त होती हैं। इन पात्रों की अति बौद्धिकता, सर्वज्ञता और सार्वदेशिकता के मूल में पात्रों के भीतर लेखकीय काया प्रवेश ही है। इसी लेखकीय काया प्रवेश का परिणाम है कि इन तीनों ही उपन्यासों में साहित्यिक संदर्भ, अंग्रेजी मुहावरे, वैश्विक सरोकार और आभिजात्य अभिव्यक्तियां जहां तहां बिखरी पड़ी हैं।

यहां यह स्वीकार करना होगा कि श्रीलाल शुक्ल अंग्रेजी मुहावरे के कथाकार हैं और उनकी पसंद आभिजात्यवर्गीय है। देशज यथार्थ के प्रति वे एक आलोचनात्मक दृष्टि रखते हैं, जो अंततः निन्दात्मक स्तर को छूने लगता है। आभिजात्यवर्गीय रुख अपनाते हुए अंग्रेजी मुहावरे में निन्दात्मक नकार के जिस धरातल पर खड़े हो कर वे भारतीय यथार्थ को देखते हैं वह रुड्यार्ड किपलिंग, ई.एम. फार्स्टर, नीरद सी. चौधरी और वी.एस. नायपाल के काफी कुछ सन्निकट है। श्रीलाल शुक्ल भारतीय यथार्थ के प्रति अपने इस दृष्टिकोण से अनभिज्ञ भी नहीं हैं। अपने इस दृष्टिकोण को कथात्मक तार्किकता देने हेतु ही वे 'राग दरबारी' के सूत्रधार रंगनाथ को इंडोलाजी के शोध छात्र के रूप में प्रस्तुत करते हुए यह टिप्पणी करते हैं: ''रंगनाथ का रवैया उन टूरिस्टों का सा हो गया था, जो सड़कें, हवा, इमारतें, पानी, धूप, देश प्रेम, पेड़ पौधे, कमीनापन, शराब, कर्मनिष्ठा, लड़कियां और विश्वविद्यालय आदि वस्तुएं अपने देश में नहीं पहचान पाते और उन्हें विदेशों में जाने पर ही देख पाते हैं।'' (पृ. १०६)

यहां यदि 'रंगनाथ', 'टूरिस्ट दृष्टि' तथा 'इंडोलाजी' का विखंडन किया जाय तो जिस 'ओरियंटल' दृष्टि की रचना होती है, उससे यह देश 'एन एरिया इन डार्कनेस', यहां की सभ्यता 'एन वुंडेड सिविलाइजेशन' और यहां का व्यक्ति 'अग्ली इंडियन' ही दिखेगा। नायपाल को इस बात का हमेशा मलाल रहा है कि उनकी निगाह जिस भारतीय यथार्थ पर टिकती है, ''उसकी चर्चा भारत में नहीं की जाती, उसके बारे में कभी लिखा नहीं जाता, उसका उल्लेख उपन्यासों, कहानियों में नहीं किया जाता, फीचर फिल्मों या वृत्त चित्रों में उन्हें कभी नहीं दिखाया जाता''

(एन एरिया आफ डार्कनेस, पृ. ७०) श्रीलाल शुक्ल नायपाल के इस मलाल को काफी हद तक दूर करतें हैं। यहां नायपाल और श्रीलाल शुक्ल के लेखन में निम्न सादृश्य काफी दिलचस्प और अर्थपूर्ण हैं: "सबके दिमाग पर जो समस्या सबसे ज्यादा हावी है, वह टट्टी है। उसके अनेक नाम हैं। दिसा, मैदान, जंगल झाड़ी, टट्टी। यानी जहां भी ओट मिल जाय उसी के पीछे मल विसर्जन कर दो।" (पहला पड़ाव, पृ. १०८)

वी.एस. नायपाल अपनी पुस्तक 'एन एरिया इन डार्कनेस' में इसी दृश्य को यूं प्रस्तुत करते हैं: "भारतीय हर कहीं मल विसर्जन करते हैं। अधिकतर वे रेल लाइनों के किनारे मल विसर्जन करते हैं। लेकिन वे इसे समुद्र तटों, पहाड़ियों, नदी किनारे और सड़कों पर भी करते हैं और कभी आड़ नहीं तलाशते।" (पृ. ७०) दोनों ही मल विसर्जन का रिश्ता कविता से जोड़ते हैं। नायपाल इसे उत्तर प्रदेश के एक उर्दू शायर के हवाले से यूं प्रस्तुत करते हैं: "हिन्दुस्तानी शायराना तबियत के लोग होते हैं, वे हमेशा खुला आसमान पसंद करते हैं क्योंकि वे प्रकृति प्रेमी होते हैं.... और अलस्सुबह नदी के किनारे खुले में उकडूं बैठने से ज्यादा शायराना चीज और क्या होगी।" (एन एरिया इन डार्कनेस, पृ. ७०) श्रीलाल शुक्ल इसे कुछ यूं अभिव्यक्त करते हैं: "... वह वीरान इलाका शुरू हो गया था जहां आदमी कविता, रहजनी और पाखाना तक कर सकता था। परिणामस्वरूप कई बच्चे कविता और राहजनी के मामले में असमर्थ, सड़क के दोनों किनारों पर बैठे हुए पाखाना कर रहे थे और एक दूसरे पर ढेले फेंक रहे थे।" (राग दरबारी, पृ. २३३)

भारतीय गांव और कस्बे को देखने का नजरिया भी नायपाल और श्रीलाल शुक्ल का लगभग एक सा ही है। 'राग दरबारी' में शिवपालगंज बाजार का वर्णन इस प्रकार है: "दूकान पर जलेबी, पेड़े और गट्टे रखे थे। उन्हीं की बगल में शीशे के छोटे-छोटे कंटेनरों में कुछ रूखे-सूखे लकड़ी के टुकड़े से पड़े थे जो बिस्कुट, केक और मस्क इत्यादि की परम्परा में बने हुए स्थानीय पदार्थ थे। जैसे शहर में, वैसे यहां पर भी, ये पदार्थ बता रहे थे कि पूरब पूरब है और पश्चिम पश्चिम है और दोनों मिठाइयों की मार्फत शिवपालगंज में मिलते हैं।" (पृ. ३१६) इसी संदर्भ में नायपाल की टिप्पणी इस प्रकार है: "...मिठाई की दूकानों पर शीशों के बंद केस रखने का नियम है, इसलिए शीशे के केस हैं भी, लेकिन वे खाली रहते हैं और बगल में मिठाइयों के ढेर खुले पड़े रहते हैं।" (एन.ए.आ.डार्क, पृ. ७६)

श्रीलाल शुक्ल और वी.एस. नायपाल की समान टिप्पणियों के विपुल उदाहरण इन दोनों के लेखन में भरे पड़े हैं। दरअसल विचारणीय है श्रीलाल शुक्ल की वह दृष्टि जो पूरब पश्चिम, गोरे काले, भद्र व भदेस का विमर्श करती हुई भारतीय यथार्थ पर यह वक्रोक्ति करती है: "रुडयार्ड किपलिंग का धड़ ऊपर और सिर नीचे लटका कर पूर्व और पश्चिम की संस्कृतियां विराट रूप से मिल रही थीं।" (राग दरबारी, पृ. ३०५) यथार्थ को देखने की यह दृष्टि भारतीय समाज में गंदगी, भ्रष्टाचार, अज्ञानता, निरक्षरता, गरीबी, धर्म, गंवई रंग ढंग सभी कुछ को असभ्यता, पिछड़ेपन और पूरब के विमर्श में ढाल कर सभ्यता और आधुनिकता के आवरण में आभिजात्य व पश्चिमी मूल्यों का उदात्तीकरण करती है। भारत जैसे पारम्परिक एवं कृषक समाज को देखने की यह सीमित और अपर्याप्त दृष्टि है। इसी ग्राम दृष्टि का परिणाम है कि मेले में जाती लोकगीत गाती स्त्रियों के बारे में उपन्यासकार की टिप्पणी यूं है: "वे सब मेले में जा रही थीं। भारतीय नारीत्व इस समय फनफना कर अपने खोल के बाहर आ गया था। वे बड़ी तेजी से आगे बढ़ रही थीं, मुंह पर न घूंघट था, न लगाम थी। फेफड़े, गले और ज़बान को चीरती हुई आवाज में वे चीख रही थीं और एक ऐसी चिचियाहट निकाल रही थीं जिसे शहराती विद्वान और रेडियो विभाग

के नौकर 'ग्राम गीत' कहते हैं।'' (पृ. १३४)

राग दरबारी को ग्राम्य उपन्यास के रूप में विश्लेषित करने की सबसे बड़ी दुविधा ग्राम्य जीवन के प्रति यह उपहास दृष्टि ही है। यह दुविधा तब और बढ़ जाती है जब 'भारतीय ग्राम' जैसी महत्वपूर्ण पुस्तक के लेखक प्रख्यात समाजशास्त्री डा. श्यामाचरण दुबे 'राग दरबारी' का उल्लेख करते हुए यह कहते हों कि ''विराट समाजशास्त्रीय कल्पना वाले बीस विद्वान ग्रामीण यथार्थ के बारे में जो नहीं कह सकते, वह इस उपन्यास में श्रीलाल शुक्ल ने कह दिया है।'' डा. श्यामाचरण दुबे के इस कथन के बावजूद 'राग दरबारी' स्वीकृत अर्थों में ग्राम केन्द्रित उपन्यास नहीं है। 'राग दरबारी' का कस्बाई वातावरण गांव व नगर का अंतर मिटाते हुए, उन कुप्रवृत्तियों को रेखांकित करता है, जो भारतीय जनतंत्र व विकास के माडल को खोखला बना रही हैं। यहां 'राग दरबारी' में प्रकाशित यह लेखकीय घोषणा दृष्टव्य है कि 'राग दरबारी का सम्बन्ध एक बड़े नगर से कुछ दूर बसे हुए गांव की जिन्दगी से है जो आजादी के बाद की प्रगति और विकास के नारों के बावजूद निहित स्वार्थों और अनेक अवांछनीय तत्वों के आघातों के सामने घिसट रही है। यह उसी जिन्दगी का दस्तावेज है।'' इस लेखकीय घोषणा के बावजूद सच यह है कि 'राग दरबारी' गांव की जिन्दगी का उतना बड़ा दस्तावेज नहीं है जितना उन 'निहित स्वार्थों एवं अवांछनीय तत्वों' का जो शहर और गांव का फर्क मिटाते हुए हर कहीं मौजूद हैं। इसे राग दरबारी के ही इस उद्धरण से बेहतर समझा जा सकता है: ''रंगनाथ को शिवपालगंज के बारे में ऐसा लगने लगा कि महाभारत की तरह, जो कहीं नहीं है वह यहां है और जो यहां नहीं है, वह कहीं नहीं है।'' (पृ. ६३)

श्रीलाल शुक्ल 'राग दरबारी' में एक ऐसे खल-समाज की रचना करते हैं जहां स्वतंत्रता, जनतंत्र, न्यायपालिका, विकास, पंचायत राज, सहकारिता तथा अन्य जनतांत्रिक संस्थाएं 'निहित स्वार्थों एवं अवांछनीय तत्वों' के हाथ की कठपुतली भर बन कर रह जाती हैं। भारत जैसे अर्ध सामंती और विकासशील देश में जनतंत्र को कैसे निहित स्वार्थों के लूटतंत्र में बदला जा सकता है, शिवपालगंज इस की छोटी-मोटी प्रयोगशाला है। अपनी सम्पूर्णता में यह उपन्यास नेहरू युग की 'माइक्रो आलोचना' है। स्वातंत्र्योत्तर भारत में 'वैद्यजी' सरीखे परजीवी वर्ग द्वारा जनतांत्रिक संस्थाएं एवं विकास योजनाएं किस प्रकार व्यक्तिगत हित साधान हेतु अपहृत कर ली गयीं, राग दरबारी इसकी मनोरंजक औपन्यासिक पैरोडी है। शिवपालगंज एक ऐसा 'प्रिज्म' है, जहां से आधुनिक जनतंत्र का विकृत यथार्थ सैकड़ों किरणों के माध्यम से अपने विरूपित व कुरूपित रूप में कभी दीखता है तो कभी विलुप्त हो जाता है। 'राग दरबारी' के केन्द्र में वैद्य जी की बैठक, छंगामल कालेज, कोआपरेटिव सोसाइटी एवं ग्राम पंचायत सरीखी संस्थाएं हैं, जिन पर स्वातंत्र्योत्तर भारतीय समाज के विकास की अवधारणाएं टिकी हैं। इन संस्थाओं की विकृतियों को चिह्नित करते हुए उपन्यासकार 'विलायती तालीम में पाये हुए जनतंत्र' को कटघरे में खड़ा करता है।

'राग दरबारी' में रचित शिवपालगंज के खल-समाज का नायकत्व वैद्य जी, उनके कुनबे और उनके संगी साथियों का है जो परजीवी बिचौलिया संस्कृति के प्रतिनिधि हैं, जो हर युग में रहे हैं। उपन्यासकार के ही शब्दों में, ''वैद्य जी थे, हैं और रहेंगे। अंग्रेजों के जमाने में वे अंग्रेजों के लिए श्रद्धा दिखाते थे। देशी हुकूमत में वे देशी हाकिमों के लिए श्रद्धा दिखाने लगे। वे देश के पुराने सेवक थे। पिछले महायुद्ध के दिनों में, जब देश को जापान से खतरा पैदा हो गया था, उन्होंने सुदूर पूर्व में लड़ने के लिए बहुत से सिपाही भरती कराये, अब जरूरत पड़ने पर रातों रात वे अपने राजनीतिक गुट में सैकड़ों सदस्य भरती करा देते थे। पहले भी वे जनता की सेवा जज की इजलास में जूरी और असेसर बन कर दीवानी के मुकदमों में जायदादों के सिपुर्दकार हो कर और गांव के जमींदारों

में लम्बरदार के रूप में करते थे। अब वे कोआपरेटिव यूनियन के मैनेजिंग डाइरेक्टर और कालेज के मैनेजर थे।'' (पृ. ३६) यह मात्र संयोग नहीं है कि श्रीलाल शुक्ल वैद्य जी के जिस कुनबे के माध्यम से इस परजीवी बिचौलिया वर्ग को उपस्थित करते हैं वह भारतीय सामंती वर्णाश्रमी व्यवस्था का उच्च पदस्थ कुलीन सवर्ण समुदाय है। यह परजीवी कुलीन सवर्ण समुदाय प्रकृति से कितना चालाक व धूर्त है, इसका वर्णन उपन्यास में निम्नवत है: ''उनका पूरा कर्मयोग सरकारी स्कीमों की फिलासफी पर टिका था। मुर्गी पालन के लिए लिए ग्रांट मिलने का नियम बना तो उन्होंने मुर्गियां पालने का ऐलान कर दिया। एक दिन उन्होंने कहा कि जाति पांति बिल्कुल बेकार की चीज है और हम बाभन और चमार एक हैं। यह उन्होने इसीलिए कहा कि चमड़ा उद्योग की ग्रांट मिलने वाली थी। चमार देखते ही रह गये और उन्होने चमड़ा कमाने की ग्रांट ले कर अपने चमड़े को ज्यादा चिकना बनाने में खर्च भी कर डाली .... उनका ज्ञान विशद था। ग्रांट या कर्ज देने वाली किसी नयी स्कीम के बारे में योजना आयोग के सोचने भर की देर थी, वे उसके बारे में सब कुछ जान जाते।'' (पृ. १८३)

प्रजातंत्र का मखौल उड़ाते 'जिसकी लाठी उसकी भैंस' के सिद्धांत का अनुपालन करते इस परजीवी वर्ग में सांमती अकड़ है तो वर्णाश्रमी व्यवस्था की ब्राह्मणवादी अंतर्धारा भी, स्वार्थी गिरगिटी प्रवृत्ति है तो रीढ़हीन केंचुआपन भी। बैद्यजी की बैठक इन सभी तरह की प्रवृत्तियों की जन्मस्थली और शरणस्थली है। वंशवाद, कुनबापरस्ती, जाति प्रेम, राजनीति का अपराधीकरण और अपराध का राजनीतिकरण आदि वे सभी विकृतियां जो आज भरतीय जनतंत्र के लिए एक बड़ी चुनौती बन गयी हैं, 'राग दरबारी' में उनकी पहचान की गयी है। वर्तमान राजनीतिक माफिया जिस उर्वर भूमि की उपज है, शिवपालगंज उसका एक लघु प्रतिरूप है। उपन्यास के रुप्पन के अनुसार ''सारे मुल्क में यह शिवपालगंज ही फैला हुआ है।'' (पृ. ३८८) और ''असली शिवपालगंज बैद्यजी की बैठक में था।''.... (पृ. ३५) बकौल उपन्यासकार ''बैठक का मतलब ईंट और गारे की बनी हुई इमारत भर नहीं है। न.१० डाउनिंग स्ट्रीट, व्हाइट हाउस, क्रेमलिन आदि मकानों के नहीं, ताकतों के नाम हैं।'' (पृ. ३६) 'राग दरबारी' इसी ताकत का विमर्श है जो चोरी, लूट, डकैती, भ्रष्टाचार, न्यायपालिका और कार्यपालिका के मनमाने दुरुपयोग पर टिकी है। 'राग दरबारी' के बैद्यजी, उनका कुनबा और उनके संगी साथी लूट तंत्र की इसी ताकत के प्रतिनिधि हैं। राजनीति की नकेल आज जिस अर्ध शिक्षित, अराजक, स्वार्थी तत्वों के हाथों में है: ''रुप्पन बाबू सरीखे 'एंग्री युवक' उसकी शैशवावस्था के प्रतिनिधि हैं।''

श्रीलाल शुक्ल के अन्य उपन्यासों में भी लूट तंत्र की इसी ताकत का विमर्श अंतर्सूत्र के रूप में उपस्थित है। 'सूनी घाटी का सूरज' का नन्हू सिंह ''घर पर रह कर किसानी का काम करता है। चुरा कर शराब बनाता है। छिपा कर चोरी की बंदूकें और पिस्तौल रखता है। डकैतों से और प्रतिष्ठित आदमियों से साथ-साथ मेल बढ़ाता है। गांव का मुखिया है। उसके दरवाजे सात जोड़ी बैल जुगाली करते हैं। हजार रुपये का घोड़ा भी बंधा है। ज्वार में उसकी इज्जत है। सत्तर जानवर पले हैं जो दूसरों की फसल खा कर जीते हैं। बीसों नौकर हैं। वे राहजनी और चोरी के सहारे पलते हैं।'' (पृ. ३२) 'पहला पड़ाव' उपन्यास में लूट तंत्र की यह ताकत शहरी परिप्रेक्ष्य लिए हुए है। इसके केन्द्र में है वकील, डाक्टर, इंजीनियर और ठेकेदार का वह परजीवी वर्ग जो 'कृष्ण को बलराम बनाने यानी काले पैसे को सफेद करने में हुनरमंद है।

शहरी परजीवी वर्ग के ये 'ताकतवर' प्रतिनिधि 'राग दरबारी' के बैद्यजी की ही तरह राजनीतिक सत्ता के भी मुखापेक्षी एवं कृपाकांक्षी है। 'पहला पड़ाव' के वकील परमात्मा जी 'इंदिरा जी के नूरेचश्म के अपने चुनाव क्षेत्र जाने'

के दौरान सड़क पर फाटक बनवाते हैं तो इंजीनियर साहब विश्व हिन्दू परिषद और इंका दोनों को चंदा दे कर साधते हैं। 'राग दरबारी' और 'पहला पड़ाव' दोनों ही उपन्यासों में लूट तंत्र के खलनायकों के चित्रण में श्रीलाल शुक्ल की जो दक्षता दीखती है, वह तंत्र के पीड़ितों के वर्णन में नहीं है। दरअसल आभिजात्य के जिस धरातल पर खड़े हो कर वे नकार की कामिक शैली अपनाते हैं उसमें खल पात्रों की ही उत्कृष्ट रचना हो सकती है। यही कारण है कि ग्राम्य पृष्ठभूमि के बावजूद 'राग दरबारी' में होरी, धनिया, गोबर, दुखी चमार, घीसू, माधव, शंकर, हल्कू सरीखे दुखी व उत्पीड़ित पात्र नहीं हैं। 'राग दरबारी' का किसान पं. कालिका प्रसाद सरीखा है जिसका पेशा "सरकारी ग्रांट और कर्जे खाना था। वे सरकारी पैसे के द्वारा सरकारी पैसे के लिए जीते थे।" (पृ. १८२) स्वयं उपन्यासकार के शब्दों में "कालिका प्रसाद प्रेमचंद के उन कथा नायकों में न थे जो लगान वसूलने वाले अमीन को देखते ही घर के भीतर घुस जाते थे और बीवी से घबराहट में कहने लगते थे, 'दरवाजे पर सहना खड़ा है।' वे उनमे थे कि हजार रुपये की कुर्की लिए अमीन चबूतरे के नीचे खड़ा हुआ खुशामद कर रहा है और वे चबूतरे के ऊपर बैठे हुए निश्चिन्त भाव से कह रहे हैं, "आपको कार्रवाई रोकने में दिक्कत हो तो कहिए ऊपर से लिखा लाऊं।" (पृ. १८२)

यहां यह समझने की भूल न करनी चाहिए कि गोदान के होरी व 'पूस की रात' के हल्कू का स्वातंत्र्योत्तर भारत में 'राग दरबारी के 'कालिका प्रसाद' के रूप में कायांतरण हो गया है। सच तो यह है कि प्रेमचंद के होरी व हल्कू की संतानें आज भी विपन्नता की मार व दमन शोषण के दुष्चक्र से मुक्त नहीं हैं। अंतर इतना है कि प्रेमचंद के रचना संसार में होरी व हल्कू के साथ-साथ 'राग दरबारी' के कालिका प्रासाद के पूर्वज पंडित दातादीन सरीखे लोग भी थे, 'जिन्होंने लगान की एक पाई न दी थी, कुर्की आती तो कुएं में गिरने चलते मगर असामियों को सूद पर रुपये उधार देते।' (गोदान, पृ. १०५) 'गोदान' के पंडित दातादीन के साथ यदि इसी उपन्यास के लाला पटेश्वरी को मिला दिया जाय तो 'राग दरबारी' के बैद्य जी का चित्र मुकम्मल हो जाता है। इसी तरह यदि 'राग दरबारी' के बैद्य जी और गयादीन बनिया के चरित्र को मिला दिया जाय तो 'गोदान' के लाला पटेश्वरी का चित्र उभर आता है, जो "गांव में पुण्यात्मा मशहूर थे। पूर्णमासी को नित्य कथा सुनते, पटवारी होने के नाते खेत; बेगार में जुतवाते थे, सिंचाई बेगार में करवाते थे। सारा गांव उनसे कांपता था। गरीबों को दस-दस पांच-पांच कर्ज दे कर उन्होंने कई हजार की सम्पत्ति बना ली थी। फसल की चीजें असामियों से ले कर कचहरी और पुलिस के अमलों की भेंट करते रहते थे। इससे इलाके में उनकी अच्छी धाक थी। ...परमार्थी भी थे। बुखार के दिनों में सरकारी कुनैन बांट कर यश कमाते थे...." (गोदान, पृ. १०६)

यहां प्रेमचंद और श्रीलाल शुक्ल का यह अंतर स्पष्ट है कि प्रेमचंद के रचना संसार में राग दरबादी के बैद्यजी, पं. कालिका प्रसाद, गयादीन और रुप्पन सरीखे परजीवी वर्ग के खल पात्र तो मौजूद हैं, लेकिन श्रीलाल शुक्ल के रचना संसार में होरी, धनिया, मनोहर, बलराज, झिनकू, सूरदास सरीखे संघर्षशील दुखी उत्पीड़ित पात्र लगभग नदारत हैं। इसीलिए 'राग दरबारी' ग्राम्य जीवन की अधूरी तस्वीर है। समूचे 'राग दरबारी' में लंगड़ एक मात्र ऐसा चरित्र है, जो संघर्षशील होने का आभास देता है, उपन्यास में उसके दलित पृष्ठभूमि के होने का संकेत भी है। लंगड़ "भगत आदमी है। कबीर और दादू के भजन गाया करता था। गाते गाते थक गया तो बैठे ठाले एक दीवानी का मुकदमा दायर कर बैठा" (पृ. ४५) बैठे ठाले दीवानी का मुकदमा दायर करने वाला लंगड़, निराला के उस 'चतुरी चमार' से भिन्न है जो 'किसानों पर एक साल के हरी भूसे को तीन साल की बाकी बना कर' जमींदार द्वारा दायर किये गये मुकदमे की मार झेलता है। निराला चतुरी चमार के माध्यम से ग्राम्य समाज में दलित की सम्पूर्ण सामाजिक

स्थिति को उद्‌घटित करते हैं, जबकि 'राग दरबारी' के लंगड़ का दलित होना महज एक संयोग है। 'मुकदमे की नकल प्राप्त करने का उसका संघर्ष अत्यंत प्रहसननुमा है, क्योंकि इसके मूल में किसी अन्याय या शोषण के प्रतिकार व प्रतिरोध का संकल्प न हो कर 'लंगड़ और नकल बाबू के बीच (घूस के रेट पर) चलने वाला धर्मयुद्ध' है। "नकलनवीस चिड़ीमार निकला, उससे पांच रुपये मांगे। लंगड़ बोला रेट दो रुपये का है, इसी पर बहस हो गयी .... लंगड़ को भी गुस्सा आ गया। उसने अपनी कंठी छू कर कहा: "जाओ बाबू, तुम कायदे से काम करोगे तो हम भी कायदे से ही काम करेंगे। अब तुमको एक कानी कौड़ी न मिलेगी। हमने दरख्वास्त लगा दी है, कभी न कभी तो नम्बर आयेगा ही।" (पृ. ४५) यानी चतुरी चमार के मुकदमे की तरह लंगड़ के लिए यह अस्तित्व का संकट न हो कर महज एक सनक है। लंगड़ का 'धर्मयुद्ध' चतुरी चमार के संघर्ष की तरह किसी सामाजिक अंतर्विरोध का उद्‌घाटन न कर के निम्न स्तर की अदालती संस्कृति व घूसखोरी को उद्‌घाटित करता है, जिसके लिए लंगड़ के दलित होने की कोई औपन्यासिक जरूरत नहीं है। लेकिन इसके बावजूद यह स्वीकार करना होगा कि उपन्यास में लंगड़-अदालत प्रसंग व्यवस्था के समक्ष आम आदमी की लाचारी की गहरी अर्थ ध्वनियां देता है जो अपने आप में कम महत्वपूर्ण नहीं है।

यहां यह प्रश्न भी विचारणीय है कि ग्रामीण पृष्ठभूमि के उपन्यास होने के बावजूद 'राग दरबारी' और 'सूनी घाटी का सूरज' उपन्यासों में दलित व किसान जातियों की केन्द्रीय भूमिका क्यों नहीं है? सम्भवतः इसके मूल में यह विडम्बना ही अंतर्निहित है कि श्रीलाल शुक्ल नेहरू युग का आलोचनात्मक भाष्य नेहरूवादी धरातल से ही करते हैं। लोहिया का 'सिनिकल' नकारवादी मुहावरा अपनाने के बावजूद नेहरूवादी धारणाएं उनका पीछा नहीं छोड़तीं। लोहिया 'हल की मूठ बनाम जनेऊ' के विमर्श के माध्यम से भारतीय समाज में जाति व्यवस्था की जकड़न को रेखांकित करते थे, जबकि नेहरू के दर्शन में इस विमर्श का कोई स्थान नहीं था। लेकिन यह श्रीलाल शुक्ल की सीमा न हो कर स्वातंत्र्योत्तर भारत के उस आदर्शवादी वैज्ञानिक चिन्तन का परिणाम है,जो युग दर्शन का ही रूप ले चुका था।

'सूनी घाटी का सूरज' उपन्यास में श्रीलाल शुक्ल नेहरूवादी अवधारणा को अपनाते हुए वर्ण भेद की अनदेखी करते हैं और दलित व पिछड़ों की त्रासद नियति को ठाकुर परिवार में जन्मे रामदास सिंह की दुर्दिन गाथा से प्रतिस्थापित करते हैं, जिसमें हलवाही, गुलामी, गोबर उठाना, बैल चराना, चारा काटना, पानी खींचना व मालिश करने से ले कर बेगारी की मार झेलते-झेलते कोल्हू में ईख लगाते समय बाप द्वारा अपने दोनों हाथ गंवा देना तक शामिल है। यह अजब विडम्बना है कि जहां 'राग दरबारी' ग्राम पृष्ठभूमि के बावजूद 'गांव की जिन्दगी' की कहानी नहीं बन पाता, वहीं 'सूनी घाटी का सूरज' गांव की जिन्दगी के भरपूर चित्रण के बावजूद ग्रामीण जीवन का प्रतिनिधि यथार्थ नहीं बन पाता, क्योंकि ठाकुर रामदास के रमदस्सा बनने की कहानी नागार्जुन के उपन्यास 'बलचनमा' में बालचंद्र से बलचनमा बनने की कहानी की तरह विश्वनीय ग्राम्य यथार्थ नहीं है। 'बलचनमा' की नियति और यातना भारतीय ग्राम्य समाज की वर्णाश्रमी सामंती व्यवस्था में जी रहे कमोबेश हर दलित व पिछड़े की यातना कथा है। जबकि ठाकुर बाप-बेटे रामनाथ और रामदास की दुर्दिन कथा एक परिवार की अकेली त्रासदी है। यहां इतिहासकार कपिल कुमार के अवध केन्द्रित अध्ययन का यह निष्कर्ष प्रासंगिक हैं कि "समाज में खेतिहर मजदूर गिरे हुए वर्ग के रूप में सिर्फ इसलिए नहीं माने जाते थे कि उनका पेशा उन्हें निचले आर्थिक धरातल पर रखता था, बल्कि जाति संरचना के कारण भी। ग्रामीण सर्वहारा की वृहत्तर संख्या उन 'नीची जातियों' से आती थी जो सदियों से सामंती

आभिजात्य द्वारा भूमि एवं खेती के अधिकारों से वंचित किये जाते रहे थे ताकि मजदूरों की आपूर्ति बनी रहे। वे निर्धन और गुलाम ही नहीं थे, बल्कि 'अछूत' भी थे।" (एस्सेज इन कालोनियल हिस्ट्री— रिकास्टिंग वुमेन, पृ. ३३९) दरअसल भारतीय ग्राम्य समाज की जटिल संरचना को महज धनी व निर्धन के विमर्श से नहीं समझा जा सकता।

यहां यह स्पष्ट करना आवश्यक है कि श्रीलाल शुक्ल भारतीय ग्रामीण समाज की वर्णाश्रमी सांमती संरचना से बेखबर नहीं हैं उनकी औपन्यासिक रचनाओं में जहां तहां यह विमर्श हाशिए की टिप्पणियों के रूप में आता रहता है, निम्न उद्धरणों से जिसकी पुष्टि भी होती है:

"टिनेन्सी एक्ट लग गया है। अब कोई बेदखल नहीं हो सकता। अब गंगापुर के पासी चमार तक महराज हो जाएंगे। खराब दिन आये हैं।".....(सूनी घाटी का सूरज, पृ. ६३)

"बेटा जा कर अपनी भैंस दूहो और बैलों की पूंछ ऐंठो। शेली और कीट्स तुम्हारे लिए नहीं है।" (राग दरबारी, पृ. ३०)

"लंगड़ दरवाजे पर आ गया। शास्त्रों में शूद्रों के लिए जिस आचरण का विधान है, उसके अनुसार चौखट पर मुर्गी बन कर उसने वैद्यजी को प्रणाम किया । इससे प्रकट हुआ कि हमारे यहां आज भी शास्त्र सर्वोपरि है और जाति प्रथा मिटाने की सारी कोशिशें अगर फरेब नहीं हैं तो रोमांटिक कार्रवाइयां हैं।" (वही, पृ. ४३)

यहां यह स्पष्ट है कि श्रीलाल शुक्ल दलित विमर्श को केन्द्रीयता न प्रदान करते हुए भी प्रभुत्ववादी अवधारणाओं के बीच से ही अपना क्रिटीक तैयार करते हैं। वे वर्णभेद और जातिगत उत्पीड़न का सीधे विमर्श न कर कुलीनवर्गीय जातिगत गौरव को कटघरे में रखते हुए भारतीय समाज में जाति की उपस्थिति को रेखांकित करते हैं: यही कारण है कि 'सूनी घाटी का सूरज' उपन्यास में जो रामदास अपने 'खानदानी' ठाकुर के उत्पीड़न का शिकार हो कर बंधुआ मजदूरी की यातना झेलता है, वही अपनी क्षत्रिय पृष्ठभूमि के कारण क्षत्रियों का कृपापात्र होकर विपन्नता के दुश्चक्र से मुक्त होता है। उपन्यास के उत्तरार्द्ध में रामदास की टिप्पणी है: "जीवन में पहली बार मैंने जाति प्रथा की जी भर कर प्रंशसा की। यही एक बंधन था जो मुझे ठाकुर अम्बिकेश सिंह के पुत्र पद पर आरूढ़ किये हुए था। (सूनी घाटी का सूरज, पृ. १०४) दरअसल यह उपन्यास पर यथाथवाद की जीत है, वर्ग भेद लेखक का अभीष्ट है, जबकि जाति गौरव कुलीन समाज का यथार्थ। लेकिन इसके बावजूद रामदास 'किसानों की कर्ज समस्या' पर शोध करता है और अंत में अपने गांव वापस जाता है, 'दलितों की शक्ति बनने' 'अशिक्षितों को विद्या देने' हेतु।

'सूनी घाटी का सूरज' का यह आर्दशवाद नेहरूयुगीन वह स्वप्न गाथा है जो ' राग दरबारी' के बदरंग यथार्थ से टकरा कर ऐसी वास्तविकता से साक्षात कराता है, जहां सब 'छुद्र' और 'छिप्र हो कर 'उत्तर आधुनिक' होने को बेचैन है। यहां सच्चाई, ईमानदारी, नैतिकता आदि के महावृत्तांत तिरोहित हो जाते हैं और बचा रह जाता है, शिवपालगंज का वह बदरंग यथार्थ जहां "आदमी का सम्मान उसकी अच्छाई के कारण नहीं उसकी उपयोगिता के कारण होता है" (पृ. २११) जहां यह अनबूझ पहेली है कि "सच्चाई किस चिड़िया का नाम है ? और यह बताना मुश्किल है कि क्या सच है, क्या झूठ है ?" (पृ. १०२) जहां नैतिकता कुछ यूं परिभाषित की जाती है: "नैतिकता समझ लो कि यही चौकी है। एक कोने में पड़ी है। सभा सोसाइटी के वक्त इस पर चढ़ कर लेक्चर फटकार दिया जाता है। यह उसी के लिए है।" (पृ. १२३) "इंसानियत का प्रयोग शिवपालगंज में उसी तरह चुस्ती और चालाकी का लक्षण माना जाता था, जिस तरह राजनीति में नैतिकता का।" (पृ. १०३)

सच, नैतिकता, ईमानदारी, इंसानियत और प्रजातंत्र को धता बताकर लोभ, मोह, उपयोगितावाद और ताकत लाठीतंत्र की प्रतिष्ठा का यह 'दरबारी राग' भ्रष्ट सत्ता तंत्र का 'माइक्रो स्तर' पर विखंडन है, क्योंकि उपन्यासकार की मान्यता है कि "दिल्ली से ले कर शिवपालगंज तक काम करने वाली देसी बुद्धि सब जगह एक सी है" (पृ. ३६) 'राग दरबारी' का महत्व और मौलिकता इस भ्रष्ट सत्ता तंत्र की विकृतियों की देशज कथात्मक प्रस्तुति में है। निश्चित रूप से स्वाधीन भारत में नेहरू युग का यह निर्मम निन्दात्मक कथात्मक आख्यान है। 'सूनी घाटी का सूरज' का नेहरूवादी मोह 'राग दरबारी' तक आते आते लोहियावादी अनास्था में तबदील हो जाता है। इस अंतर के साथ कि जहां लोहियावादी अनास्था सत्ता तंत्र को लक्ष्य करते हुए लंगड़, सनीचर और 'सिर पर गंदी सी पोटली रखे काली कलूटी औरत' की दुर्दशा और गरीबी के प्रति सहानुभूति रखती थी, वहीं 'राग दरबारी' की अनास्था सत्ता तंत्र की विकृतियों को लक्ष्य करने की प्रक्रिया में अपने इन दुर्दशाग्रस्त पात्रों को भी नहीं बख्शती।

श्रीलाल शुक्ल 'वेदना का फोटोग्राफ नहीं बल्कि वेदना का कार्टून' (राग दरबारी, पृ. ५०) रचते हैं। इसी रचना दृष्टि के चलते सनीचर का शब्द चित्र निर्मित करते हुए उनकी निगाह कुछ यूं टिकती है, "उसका अंडरबियर कुछ महत्वपूर्ण स्थानों पर फट गया था, बदन नंगा था, पर बालों में कड़वा तेल चुचुवा रहा था और चेहरा प्रसन्न था। पता लगना मुश्किल था कि उसका मुंह ज्यादा फटा हुआ है या अंडरवियर।" (पृ. १८५)

दरअसल यहीं उठता है सौदर्य दृष्टि का प्रश्न और इसीलिए प्रेमचंद ने कहा थाः "सुंदरता की कसौटी बदलनी होगी।" यहीं श्रीलाल शुक्ल का प्रेमचंद की परम्परा से पार्थक्य है। उनकी अभिजात्य सौन्दर्य दृष्टि का ही परिणाम है कि 'पहला पड़ाव' की ईंट गारा ढोने वाली जसोदा का नख शिख वर्णन वे इस तरह करते हैं: "मेमसाहब का दिल ही मुलायम नहीं था, उनमें और भी बहुत कुछ था। उनकी आंखें बड़ी-बड़ी और बेझिझक थीं, भौंहें बिलकुल वैसी जैसी फैशनेबुल लड़कियां बड़ी मेहनत से बाल प्लक कर के और पेन्सिल की मदद ले कर तैयार करती हैं। रंग गोरा, गाल देखने में चिकने छूने में न जाने और कितने चिकने होंगे, कद औसत से ऊंचा, पीठ तनी हुई, और दांत, जो मुझे खासतौर से अच्छे लगते— उजले और सुडौल। उनके बाल कुछ भूरे थे। मेमसाहब की उपाधि उन्हें अपनी बातचीत के हाकिमाना अंदाज से नहीं, गोरे चेहरे और इन लम्बे घने बालों के कारण मिली थी।" (पहला पड़ाव, पृ. ३२) यानी श्रीलाल शुक्ल मजदूरनी में भी अभिजात्य सौन्दर्य प्रतिस्थापित करते हैं। जसोदा भिन्न है निराला की 'तोड़ती पत्थर' की उस मजदूरनी से 'जो मार खा रोयी नहीं' निराला की आंख भी उसके 'श्याम तन, भर बंधा यौवन' को देखती है, लेकिन उनकी 'दृष्टि' देह की मांसलता का अतिक्रमण करते हुए 'नत नयन प्रिय/कर्म रत मन/गुरु हथौड़ा हाथ' पर टिकती है, इसीलिए वे कविता का अंत इस प्रकार करते हैं: 'ढुलक माथे से गिरे सीकर/ लीन होते कर्म में, फिर ज्यों कहा— मैं तोड़ती पत्थर।' निराला की अपने कथ्य, परिवेश और चरित्र के प्रति गहरी संलग्नता और सहानुभूति से पूर्ण रचना दृष्टि के विपरीत श्रीलाल शुक्ल की खिलंदड़ी दृष्टि उन प्रभुत्ववादी मूल्यों से निःसृत है जो श्रमिक समुदाय, हाशिए के लोगों व दलित जन के प्रति सहानुभूति के स्थान पर मनोविनोद का भाव रखती है। यह मनोविनोद जब स्त्री केन्दित हो तो पुरुषवादी रतिक दृष्टि स्वाभाविक ही है। 'राग दरबारी' और 'पहला पड़ाव' दोनों ही उपन्यासों में इस रतिक दृष्टि को जहां तहां देखा जा सकता है।

श्रीलाल शुक्ल की कठिनाई यह है कि वे अपनी आभिजात्य सौन्दर्य दृष्टि, पुरुष रतिकवाद और वर्ग स्थिति का अतिक्रमण नहीं कर पाते। यद्यपि जब तब वे ऐसे प्रयास करते दीखते अवश्य हैं। उपन्यास 'पहला पड़ाव' में अपनी वर्ग स्थिति के 'लौह जाल तोड़ने की' उनकी बेचैनी दीखती है, लेकिन वे लौट-लौट कर फिर अपनी उसी

जमीन पर खड़े दीखते हैं। अपने वर्गीय लौह जाल को तोड़ने की प्रक्रिया में वे असंगठित मजदूरों व बेरोजगार युवा पीढ़ी को 'पहला पड़ाव' का कथ्य तो बनाते हैं, लेकिन दृष्टि के बंधन के कारण इसी वर्ग को कटघरे में भी खड़ा करते हैं। 'राग दरबारी' में जिस दृष्टि के चलते वे यह कहते हैं कि, "यह वही तेली है, जो शहर में खरीदे हुए मशीन के तेल को कोल्हू में पेरा हुआ शुद्ध सरसों का तेल कह कर देहात में बेचता है।" (पृ. ४०५) उसी दृष्टि की पुनर्प्रस्तुति करते हुए समाज के असंगठित पेशा वर्गों के प्रति वे 'पहला पड़ाव' में निम्न टिप्पणियां करते हैं: "अब मानसिंह, मलखान सिंह जैसे डकैत रायफल ले कर नहीं घूमते, इन नयी कालोनियों में बढ़ई, प्लम्बर, इलेक्ट्रीशियन के रूप में औजारों का झोला ले कर चलते हैं।" (पृ. १८) "सीधे साधे आदमी को नौ साल का छोकरा तक बकरा बना कर खम्भे में बांध सकता है। दस पैसे की धनिया तक खरीदो तो कोई तुम्हारे हाथ में सड़ी पत्तियों का गुच्छा पकड़ा कर चलता बनेगा। कुछ बोलो तो गाली गलौज छूरेबाजी तक की नौबत।" (पृ. २५)

उपन्यास के नायक सत्ते की उपरोक्त टिप्पणियां उपन्यासकार की वर्ग सीमा का ही उद्घाटन करती हैं जिसके चलते वह मध्यवर्गीय सोच को निम्नवर्गीय सोच में तब्दील करता है। वर्ग दृष्टि की इन सीमाओं के बावजूद यह तथ्य स्वीकार किया जाना चाहिए कि 'पहला पड़ाव' अपेक्षाकृत रूप से वैचारिक सम्पन्नता का उपन्यास है। श्रीलाल शुक्ल की यह वैचारिक विकास यात्रा भी है लेकिन इसकी सबसे बड़ी सीमा इसका 'राग दरबारी' की छाया से मुक्त न हो पाना है। यह छायाग्रस्तता भाषा शैली और पात्रों के चित्रण तक कुछ इस तरह से विस्तृत है कि कई बार वे 'राग दरबारी' के प्रसंगों को ज्यों का त्यों दुहराते दीखते हैं। 'राग दरबारी' में सरफरी बोली 'किर्फिस सर्फाले ने यर्फहां कर्फाटें गर्फाड़े हैं' (पृ. २८३) का रूपांतरण 'पहला पड़ाव' की 'पस्पेक ता बीन मा ने बस्सा, ओदेत ना के पुसीत' (पृ. ३५) में होता है। 'राग दरबारी' में नकल बाबू और लंगड़ के बीच घूस के रेट को ले कर छिड़ा 'धर्मयुद्ध', 'पहला पड़ाव' में 'एक घूसखोर क्लर्क और टिकिया चोर वकील' के बीच घूस वापसी से शुरू हो कर बाबुओं और वकीलों की हड़ताल में बदल जाता है। (पृ. ६७)

भ्रष्टाचार की यह अंतर्धारा 'पहला पड़ाव' में 'राग दरबारी' की ही तर्ज पर कथावस्तु में उपस्थित है। यहां यह तथ्य ध्यान देने योग्य है कि नवप्राच्यवादी विमर्श में भारत की जो तस्वीर विश्व के पैमाने पर प्रस्तुत की जाती है, भ्रष्टाचार उसका प्रमुख तत्व है। 'राग दरबारी' और 'पहला पड़ाव' में सरकारी दफ्तरों से ले कर नागरिक समाज तक जिस तरह घूस की व्याप्ति को दर्शाया गया है, वह सामाजिक विकार के रूप में कम सामाजिक चलन के रूप में अधिक प्रस्तुत होता है। यह सामाजिक चलन घूस का सिद्धांतीकरण भी करता है, जैसे, "जहां घूस चलती है, वहां सिफारिश नहीं चलेगी" (पहला पड़ाव), "दीर्घगामी रिश्ते भलमनसाहत और एहसास के तो रहे नहीं, घूस या लेन देन के भले हों" (वही, पृ. १५४), 'घूस लेना भी अब बड़ी जलालत का काम है। इसमें कुछ बचा नहीं है। लेने वाले और न लेने वाले अब समझ लो, बराबर ही हैं। सबकी हालत खराब है।' (राग दरबारी, पृ. १५१) यानी रिश्ते नाते, आशा आकांक्षा, कुंठा निराशा सभी कुछ केन्द्रित है घूस के मुद्दे पर। सारी व्यंग्यात्मकता और शैली की वक्रता के बावजूद 'राग दरबारी' और 'पहला पड़ाव' की ये निष्पत्तियां भारतीय समाज में घूस की वर्ण और वर्ग से मुक्त सर्व स्वीकृति को रेखांकित ही करती हैं। यह करते हुए वह उस वृहत्तर नागरिक समाज (सिविल सोसायटी) की अनदेखी करती है, जहां घूस और भ्रष्टाचार के प्रति अभी भी सम्मान व स्वीकृति का भाव नहीं है। 'सिविल सोसायटी' के इस प्रतिपक्ष की अनुपस्थिति व भ्रष्टतंत्र में व्यक्ति व व्यवस्था का सहमेल भारतीय समाज में सब कुछ समाप्त हो जाने जैसा निराशाजनक भाव पैदा करता है। यद्यपि 'राग दरबारी' के लंगड़ और 'पहला

पड़ाव' के सत्ते सीमित संदर्भों में प्रतिरोध का प्रतीक अवश्य बनते हैं।

सत्ते 'लौहजाल तोड़ने' के अपने संकल्प के प्रति संशयालु भी होता है, लेकिन यहां उपन्यासकार अपनी वर्गीय दृष्टि के लौहजाल को तोड़ते हुए उसे संशय मुक्त कर समाज की बेहतरी की लड़ाई के लिए संकल्पबद्ध करता है। 'पहला पड़ाव' का यह अंत श्रीलाल शुक्ल के नकारवादी मुहावरे का अंत होने के साथ-साथ नया वैचारिक प्रस्थान बिन्दु भी है, 'बिस्रामपुर का संत' जिसका अगला पड़ाव है।

कई दृष्टियों से 'बिस्रामपुर का संत' श्रीलाल शुक्ल द्वारा अपनी ही रचनात्मक रूढ़ियों से मुक्ति का उत्कृष्टतम उदाहरण है। इस उपन्यास का सतर्क पाठ करते हुए जो बात चौंकाने व सर्वाधिक आकृष्ट करने वाली है वह उपन्यासकार का अपनी पूर्व औपन्यासिक परम्परा से मुक्त होना है। यहां यह तथ्य भी महत्वपूर्ण है कि श्रीलाल शुक्ल की औपन्यासिक परम्परा के निर्धारण में 'राग दरबारी' और 'पहला पड़ाव' की केन्द्रीय भूमिका है। इन उपन्यासों में ताकत का जो विमर्श भ्रष्टाचार और तंत्र की अन्य विकृतियों तक सीमित है, 'बिस्रामपुर का संत' में वह सत्ता विमर्श तक पहुंचता है। कुंवर जयंती प्रसाद सिंह इस सत्ता विमर्श में यदि अंतर्सूत्र के रूप में विद्यमान हैं तो भूदान आंदोलन इसकी पृष्ठभूमि के रूप में उपस्थित है। विषयवस्तु की इस नवीनता के साथ एक और अंतर यह भी है कि जहां 'राग दरबारी', 'पहला पड़ाव' और 'सूनी घाटी का सूरज', व्यक्ति, तंत्र और समाज के बहिरंग तक सीमित है। वहीं 'बिस्रामपुर का संत' इसके अंतरंग का भी भेदन करता है।

'बिस्रामपुर का संत' का उनके पूर्व उपन्यासों से एक पार्थक्य बिन्दु यह भी है कि यह बदले कथा मुहावरे व समन्वित औपन्यासिक दृष्टि का उपन्यास है। सर्वाधिक महात्वपूर्ण तथ्य तो यह है कि उनके पूर्व के उपन्यासों में जो विसंगतियां रचनात्मक कमजोरी के रूप में रेखांकित हो कर चर्चित होती रही हैं; इस उपन्यास में श्रीलाल शुक्ल उनमें से अधिकांश से मुक्त हो कर उन्हें अपनी रचनात्मक शक्ति के रूप में इसतेमाल करते हैं। उन्मुक्त व्यंग्य और आभिजात्य सौन्दर्य दृष्टि का परित्याग इस उपन्यास की सबसे बड़ी शक्ति है। 'राग दरबारी' की तरह न यहां व्यंग्य का उन्मुक्त ठहाका है और न 'वेदना का कार्टून'। व्यंग्य यहां अतिकथन में न हो कर इस तरह के मित-कथनों में है: 'उस मौसम में इस गांव ने लगभग आधा दर्जन रिक्शाचालकों का निर्यात किया' (पृ. १२५) '...अब यह आश्रम राजभवन में तब्दील होने जा रहा है।' (पृ. ६१) यहां व्यंग्य सिर्फ भाषा तक सीमित न हो कर स्थितियों एवं व्यक्तियों के अंतर्विरोधों तक विस्तृत है। उपन्यास में सामाजिक परिप्रेक्ष्य की सकारात्मकता भी है।

'राग दरबारी' की तर्ज पर यहां वेदना की अभिव्यक्ति 'कार्टून' के रूप में न हो कर काव्यात्मक संवेदना की ऊंचाइयों को छूती है: "...आज तीस वर्षों बाद जब उनकी गोद में फटी बिवाई वाले किसानों की ज़िन्दगी पर सुंदरी की किताब खुली पड़ी है, सुंदरी की एड़ियों की त्वचा की तरह उनका मन भी दरक रहा है, दर्द की आड़ी तिरछी रेखाएं एक दूसरे को काट रही हैं।" (पृ. १३६) श्रीलाल शुक्ल का यह संवेदनात्मक परिकार 'राग दरबारी' की रचना भूमि से एक लम्बी छलांग है। यह उनकी सौन्दर्य दृष्टि में गुणात्मक बदलाव का भी सूचक है। यह सुखद विरोधाभास है कि 'राग दरबारी' और 'पहला पड़व' में वे जिस आभिजात्य सौन्दर्य दृष्टि को अपनाते हैं, 'बिस्रामपुर का संत' में उसी को लक्ष्य करते हुए वे कहते हैं: "बहुतों के मन में सामाजिक विषमता और लाचार व्यवस्था के खिलाफ आक्रोश नहीं पैदा होता, उन्हें देखते ही सबसे पहले हमारे सौन्दर्य बोध को चोट लगती है।" (पृ. ११३) यह अनायास नहीं है कि बिस्रामपुर के 'संत' कुंवर जयंती प्रसाद को 'फूहड़पन के किसी भी प्रदर्शन से उनकी सुरुचि को पहले जैसा आघात न पहुंचता था।' (पृ. १५३) उपन्यास में कुवर जयंती प्रसाद सिंह का 'सौन्दर्य विषयक' समस्याओं

से एक झटके से मुक्ति पाना भले ही उतना सहज व स्वाभाविक न बन पड़ा हो, लेकिन वह उपन्यासकार की दृष्टि में आये सकारात्मक परिवर्तन को अवश्य इंगित करता हैं।

उपन्यासकार की सौन्दर्य दृष्टि का यह बदलाव सामाजिक व आर्थिक विषय वस्तु तक ही केन्द्रित नहीं है यह सौन्दर्य दृष्टि का सम्पूर्ण बदलाव है, नारी विषयक प्रसंगों में अब उपन्यासकार की निगाह 'सलूके के खुले बटनों' पर न टिक कर 'पैर में फटी बिवाइयों' को देखती है। यह 'राग दरबारी' और 'पहला पड़ाव' की सौन्दर्य दृष्टि का लेखकीय प्रत्याख्यान है। 'पहला पड़ाव' का मजदूरनी जसोदा की मेमसाहबी छवि की तुलना भद्र सुसंस्कृत भूदान कार्यकत्री सुंदरी की इस श्रमिक छवि से करने पर यह बदलाव लक्षित किया जा सकता है:

''सुंदरी के चेहरे से उसके पावों के सुनहरेपन और सुकुमारता का जो ख्वाब बनता था, महीनों से चला आने वाला धूल और मिट्टी का संसर्ग उसे निर्दयता से चकनाचूर कर रहा था। एड़ियां काली पड़ गयी थीं, उनमें झलकती हुई लकीरें बिवाइयों की शुरुआत का पता दे रही थीं। ये पांव दिन भर खेतों में खटनेवाली किसी अधेड़ मजदूरनी के थे।'' (पृ. २६) निराला का 'तोड़ती पत्थर' और प्रेमचंद का 'उलझे हुए बालों, पपड़ियां पड़े हुए होठों और कुम्हलाए हुए गालों' का सौन्दर्य बिम्ब यहां पूर्णता प्राप्त कर रहा है। सुंदरता की बदली हुई कसौटी यही है।

कथा दृष्टि सम्बंधी उपरोक्त परिवर्तन जहां श्रीलाल शुक्ल को उनकी अपनी ही कथा रूढ़ियों से मुक्त करते हैं, वहीं उनकी कुछ अन्य कथा रूढ़ियां सकारात्मक संदर्भों के साथ 'बिस्रामपुर का संत' में नयी अर्थ छवियां पैदा करती हैं। 'राग दरबारी', 'पहला पड़ाव' और 'सूनी घाटी का सूरज' की तरह अंग्रेजी मुहावरा यहां भी यत्र तत्र उपस्थित है, लेकिन इस अंतर के साथ कि यहां 'ओरियंटल' दृष्टि की सुखद अनुपस्थिति है। यह तथ्य भी दिलचस्प है कि जब तब इस अंग्रेजी मुहावरे का इस्तेमाल लेखक ने पश्चिम का उपहास करने के लिए किया है। सुंदरी के साथ कुंवर साहब के कामुक प्रसंग का यह वर्णन कुछ ऐसा ही है: ''सुंदरी के साथ बत्तीस साल पहले की वह घटना इतनी पुरानी हो गयी थी कि उन्हें जान पड़ने लगा था, वह उनके साथ नहीं किसी दूसरे के साथ घटी है। उसे ले कर अब उनका मन यह मानने के लिए भी तैयार हो गया था कि वह कोई गम्भीर घटना नहीं, स्वभाव के हलकेपन का क्षणिक प्रदर्शन भर था जिसे पश्चिम के सभ्य समाज में हंस कर और 'नो हार्ड फीलिंग्स' कह कर भुलाया जा सकता था।'' (पृ. १५७) एक अन्य प्रसंग कुछ यूं है: ''.....तब योग की जगह 'योगा' शब्द की ईजाद नहीं हुई थी, इसलिए इन क्रियाओं के साथ ध्यान, मनन और चिन्तन के भी कुछ तत्व जुड़े थे''। (पृ. ११४)

उपन्यास में जहां तहां अंग्रेजी मुहावरे का प्रयोग अंग्रेजी मुहावरे के ही रूप में किया गया है। जैसे 'मैं पीछे के सारे पुल तोड़ता आया हूं...' 'अपनी सारी नावें जला चुका हूं', 'पुटिंग योर बेस्ट फुट फारवर्ड', 'यह चाय का प्याला मेरे लिए नहीं है' (दिस इज नाट माई कप आफ टी) आदि। इन अंग्रेजी मुहावरों का प्रयोग उपन्यास की विषयवस्तु में बेमेल इसलिए नहीं लगता कि या तो ये आभिजात्य पृष्ठभूमि के पात्रों द्वारा बोले गये हैं या लेखकीय वर्णनात्मकता के हिस्से हैं। 'बिस्रामपुर का संत' उपन्यास की सफलता की सबसे बड़ी कुंजी यही है कि यहां लेखकीय आभिजात्य पात्रों के आभिजात्य से घुल मिलकर 'आभिजात्यवादी' दृष्टिकोण के प्रति अति सजग है। इस लेखकीय अति सजगता का ही परिणाम है कि कुंवर जयंती प्रसाद सिंह का व्यक्तित्वांतरण या बच्चे छबिलाल के प्रसंग (पृ. १४५) में अति मानवीयकरण कभी-कभी लेखकीय प्रक्षेपण सरीखा लगने लगता है। लेकिन यदि उपन्यासकार की तर्ज पर अंग्रेजी मुहावरा इस्तेमाल करने की छूट ली जाय तो कहा जा सकता है कि लेखक ने ''गल्ती सही पाले में की है।''

'बिस्रामपुर का संत' कथा की एक-रैखिकता के बावजूद कई उप कथाओं की केन्द्रीयता लिए हुए है। इस कथा में कई युग्म हैं; कुंवर जयंती प्रसाद-जयश्री, जयश्री-सुंदरी, सुंदरी-सुशीला। इन सभी युग्मों का कोई न कोई तार कुंवर जयंती प्रसाद सिंह और भूदान आंदोलन से जुड़ा हुआ है। और भूदान व कुंवर साहब के बीच जो एक समानधर्मी तत्व है वह है पाखंड। सत्ता, लिप्सा, धन, भूमि, लम्पटता की यह पाखंड कथा बंद सी दीखने के बावजूद खुले अंत की कथा है, क्योंकि उपन्यासकार ने कुंवर जयंती प्रसाद सिंह की लिप्सा गाथा का जो उदात्तीकरण आत्महत्या की प्रायश्चित गाथा के माध्यम से किया है वह प्रायश्चित न हो कर नेमेसिस (प्राकृतिक प्रतिशोध) सरीखा है। 'बिस्रामपुर का संत' के रूप में कुंवर जयंती सिंह का चरित्र अलग-अलग प्रसंगों में टाल्सटाय के 'पुनरुत्थान' (रिसरक्शन) के नेख्लुदोव एवं 'मैला आंचल' के तहसीलदार हरगौरी सिंह का स्मरण करा जाता है। इन तीनों ही संदर्भों में जिन दो तत्वों की सम्मिलित उपस्थिति है वे हृदय परिवर्तन एवं भूमि सम्बंध हैं। नेख्लुदोव और कुंवर जयंती प्रसाद सिंह में एक सादृश्य और भी है वह है सुंदरी की तरह मास्लोवा द्वारा नेख्लुदोव के विवाह प्रस्ताव का इंकार। अंतर बस इतना है कि जहां नेख्लुदोव को बाइबिल के पृष्ठों में प्रायश्चित का संतोष प्राप्त होता है, वहीं कुंवर जयंती प्रसाद सिंह को गीता के पृष्ठों के बीच वह पत्र प्राप्त होता है, जो उनके जीवन का नेमेसिस (प्रतिशोध) सिद्ध होता है।

यूं तो 'बिस्रामपुर का संत' की प्रायश्चित गाथा के केन्द्र में सुंदरी, विवेक और कुंवर जयंती प्रसाद का त्रिकोण है, लेकिन सत्ता और भूमि सम्बंधों का विमर्श जिस गहरी अंतर्दृष्टि के साथ इस उपन्यास में उपास्थित हुआ है, वह इसे अतिरिक्त महत्व प्रदान करता है। उपन्यास के अंतिम प्रसंगों में कुंवर जयंती प्रसाद सिंह के चरित्र में लेखकीय आरोपण एवं किन्चित नाटकीयता के बावजूद महानता की यह पतन-गाथा श्रीलाल शुक्ल की रचनात्मकता का उत्कृष्टतम है। कई अर्थों में यह 'राग दरबारी' और 'पहला पड़ाव' से आगे की औपन्यासिक यात्रा है। 'राग दरबारी' यदि स्वांत्र्योत्तर भारतीय समाज की भदेस गाथा थी, तो 'बिस्रामपुर का संत' सत्ता के भद्र जनों की पतन गाथा है। छुद्रताओं के महा वृत्तांत से ले कर महानताओं की छुद्रता तक विस्तृत श्रीलाल शुक्ल की यह औपन्यासिक यात्रा जिस अगले पड़ाव तक पहुंचनी है, लगता है उसका सूत्र 'बिस्रामपुर का संत' के इस अंतिम वाक्य में अंतर्निहित है, "ट्रैजडी को ले कर अब मुझसे कभी ऐसी हलकी बात मत करना।"

कहीं यह रेणु के 'तीसरी कसम उर्फ मारे गए गुलफाम' के हीरामन की तरह श्रीलाल शुक्ल के रचनाकार द्वारा व्यक्ति श्रीलाल शुक्ल को दिलायी गयी कसम तो नहीं!!!

बिस्रामपुर में दरबारी हूरें

मैत्रेयी पुष्पा

स्वतंत्रता के बाद 'भारतीय विकास' के सुनहरे सपने और योजनाओं का तुरत फुरत क्रियान्वयन। परिणाम आने शुरू हुए तो समाज का ऐसा चेहरा सामने आया ज्यों उषा काल के आसमान में सुनहरे सूरज की जगह गोल काला धब्बा उदित हुआ हो।

मोहभंग की यह स्थिति साहित्य में फणीश्वरनाथ रेणु के मेरीगंज का 'मैला आंचल' बनी तो राही मासूम रजा की साबुत गंगौली का 'आधा गांव'। इन दोनों कृतियों की सजीवता इस बात में है कि वहां लगाव की पीड़ा और अथाह प्रेम के दर्द की छटपटाहट पन्ने दर पन्ने बिखरी पड़ी है।

... इसी मोहभंग की दास्तान ले कर जब श्रीलाल शुक्ल का 'शिवपालगंज' साहित्य के पन्नों का 'राग दरबारी' बना तो वह न तो किसी लगाव भरी पीड़ा का मोहताज हुआ और न ही उसने किसी भावुक क्षण को भाव दिया। धारदार तेवर और पैने व्यंग्य के औजारों से बेरहम शल्य क्रिया करते हुए समाज को फांक-फांक काटा और रेशे-रेशे छीला। शिवपालगंज विकासशील देश का ऐसा कस्बा है, जिसे चीरने फाड़ने से पहले सुन्न कर दिया गया।

सामने था खून खच्चर सपनों का कोलाज!

शून्य में था विलाप— हाय, हमने तो हर वृद्ध को संत और हर नौजवान को सत्यनिष्ठा का पालनहार माना था। इसी दम पर ईमानदार बच्चों की फसलें उगाने का संकल्प लिया था। भारत मां बोली— मेरी नादान औलाद, तू क्यों भूल गयी कि फिरंगियों से सौदा करने वाले भी मेरे ही सपूत हैं, जो तुम्हारे बंधु बांधव हैं। तुम से ज्यादा चतुर कौशलवान प्रजातंत्र के प्रहरी पहचानकर्त्ता... वे पिछले जमींदार ताल्लुकेदार ही तो खद्दर की टोपी धोती

पहन कर पहले ही चुनाव में ताजपोशी करा गये। भगवान की कृपा से उनकी वंशबेल बढ़ी, फली फूली और अमरबेल की तरह फैल गयी। उनके पुत्र पौत्र प्रपौत्र 'डेवलपिंग कंट्री' के मद में खर्च होने वाले धन के परिश्रमी और ईमानदार सट्टेबाज हुए। जांबाज ताकतवर 'दादा-सरगना' हुए।

(विलाप) मां! तुम क्या कह रही हो? हमने तो माना था कि आजादी ऐसी गंगा है जिसमें नहा कर हर बगुला हंस हो जाएगा।

उन्हीं हंसों बगुलाओं की दास्तान है राग दरबारी। जिसमें जोर है, उसके पास लाठी है; अतः उसी की भैंस होगी के सिद्धांत का व्यंग्यात्मक प्रतिपादन करता हुआ, खोखले आदर्शों का मखौल उड़ाता हुआ अपना परचम लहराये हुए है। उसी पड़ाव से चलते हुये वे 'बिस्रामपुर का संत' तक आये हैं। यह बात मैं पहले ही साफ कर दूं कि इस लेख में श्रीलाल जी की दो ही कृतियां शामिल हैं; 'राग दरबारी' और 'बिस्रामपुर का संत'। किसी भी रचनाकार का नजरिया, मूड और परिवेश के प्रति लगाव उसकी रचनाओं में लगभग एक सा देखा जा सकता है, भले ही उसके कोण अलग-अलग हों। वह अपने कौशल को ताकत के रूप में प्रयोग कर के खुद को दूसरों में आत्मा की तरह स्थापित करने का माद्दा भी जुटाता है। वह ताकत ध्वनि, लय और धूप छाया बन कर जीवन के रूपों में पन्नों पर फैलती है। हां कुछ व्यक्तिगत अंतर हो सकते हैं, जो अनुभवों और अभिव्यक्तियों को संकीर्ण व विस्तृत करते हैं। और फिर उसी से तय होता है कि क्या ये बूंदें धारा बन कर जल को प्रवाहमान बना सकती हैं? या ये मामूली से कण पहाड़ों में तब्दील हो सकते हैं? 'राग दरबारी' के बारे में दो राय नहीं कि वह ऐसी उग्र धार है जो पर्वतों को अपने साथ बहा कर ले जा सकती है। मैं समझती हूं इस उपन्यास की ऐसी पचीसियों समीक्षाएं आयी होंगी, सैकड़ों टिप्पणियां हुई होंगी। उस कोण से इसे रेखांकित करने में न तो कोई नयी बात पैदा होगी और न ही इस लेख का यह केन्द्रीय मुद्दा है।

'राग दरबारी' के सत्ता सम्पन्न अहंकारी समाज के वर्चस्व की कथा में दबे कुचले लोग हैं, जो इस्तेमाल करने के लिये पाले जा रहे हैं, हारे हुए जुझारू अपंग हैं, जो अपने हक की लड़ाई में हार रहे हैं, बेसहारा भी हैं, जो गलत सही का भेद करना सीख रहे हैं— समय की क्या मांग है रचनाकार बाकायदा समझता है। इसीलिए वह स्त्री है, जो हजारों साल से गुलामी झेल रही है और मुक्ति के लिये छटपटा रही है। यह दीगर बात ठहरी कि आजादी के बाद का पुरुष उसे कुछ इस तरह देख रहा है— एक बाला, जिसका नाम बेला, गृह कार्य में दक्ष, सुंदर स्वस्थ मगर भोली भाली! रामायण का पाठ स्त्रियों की दिनचर्या से जुड़ना चाहिए, इसलिए पढ़ी है। शयन समय में 'रम्भा' का रोल निभाना है इसलिये मनोहर कहानियों की नायिकाओं के चरित्र का मनन करती है। उसका जन्म केवल विवाह के वास्ते हुआ है, इसलिए पिता का फर्ज है, जब जन्म हुआ, तबसे बर की खोज चालू रखे। इस अंतराल में चलायमान मन के पुरुष उससे प्रेम करके रसरंग में गोते मारें क्योंकि बेला तबियत और जिस्म दोनों से प्रेम करने लायक है। इसीलिए रुप्पन बाबू उसे प्रेम करते हैं और यह बात वह जानती तक नहीं। कौन न मर जायें इस मासूमियत पर...।

घर में विधवा बुआ है, बूढ़ी है इसलिए अनुभवी है, लड़की हो कर विधवा रही है। बहुत कुछ जानती है इतना आसान नहीं है बेला को फांसना। बेला के माथे के नीचे ही नहीं, सिर के पीछे भी दो आंखें लगी हैं, गड़बड़ आदमी देख कर तुरंत रास्ता बदल लेगी या मुस्कुरा कर पास बुला लेगी। अब बेला मासूम हुई कि रुप्पन बाबू? बेचारे, रोज रात को, सोने से पहले उसके शरीर का ध्यान करते हैं, वह भी बिना कपड़े के शरीर का (औरत उसी रूप

में सबसे ज्यादा निरीह निर्बल मानी गयी है)। वे उसे प्रेमपत्र लिखते हैं (जिसके पकड़े जाने पर लड़की की ही बदनामी होती है)। हाय, रुप्पन बाबू तुम ताकतवर ही होते तो ऐसे दांवपेच खेलते!

बेला, कुआंरी लड़की! कुंआरापन ऐसा छुट्टल मैदान है, जहां प्रेमी ही नहीं, रिसर्च करने और तंदरुस्ती बनाने आया रंगनाथ भी कबड्डी खेलने लगता है। पढ़ाई लिखाई भूल कर बेला के बारे में इतना सोचता है कि 'हर नाप के हर वजन के सैकड़ों स्तन और नितम्ब उसके दिमाग में उभरने और अस्त होने लगते हैं। वे जोड़ों में प्रकट होते हैं, गुच्छों की शक्ल में फूले और एक दूसरे को धक्का दे कर भाग जाते हैं। रंगनाथ कितना जूझा कि एक भरी पूरी लड़की की तस्वीर निकल आये, पर वैसा हुआ कहां? उसकी कल्पना एक बार पूरे धड़ को पकड़ लेती है, पर उससे कुछ न हुआ, क्योंकि उसका चेहरा गैरहाजिर बना रहा। कुछ देर में उसके दिमाग में कुछ छूटे हुए स्तनों के गोल दायरे भर रह गये... (तंदुरुस्ती बनाने की नाकामयाब कोशिश) वह हर हालत में समूची औरत को पकड़ना चाहता है और अपनी असमर्थता (सुरुचि) को बार-बार ललकारता है... पर सिर अलग, धड़ अलग— कटी हुई औरत!

निर्बल रंगनाथ, बेला खुद ही आ गयी! उसने अपना एक हाथ रंगनाथ के दूसरी ओर टिका लिया। छाती पर दो स्तनों का गहरा दबाव— गर्म और विस्फोटक दबाव— गाल पर चिकने और रेशमी गाल का आ टिकना... एक क्षण के लिए उसकी छाती पर टिके स्तनों के अंदर की धड़कन जैसे बंद हो गयी। नारी पत्थर की हो गयी! वाह रे गौतम ऋषि! बेला हंस रही है। बेचारा रंगनाथ, भारतीय कला में डाक्टरेट लेने के बजाय सुर सुंदरी पोज वाले दो जीवन्त स्तनों का सहारा पा लेने को महान उपलब्धि मान रहा है।

रुप्पन हों या रंगनाथ, यह समझने में असमर्थ हैं कि बेला मनुष्य योनि की जीव है, जो सोच भी सकती है और समझने की ताकत भी रखती है, नहीं तो प्रेमपत्र में सिनेमा के वे गाने कैसे लिख देती है, जिनसे किसी प्रेमी को आसानी से मूर्ख बनाया जा सकता है?

शिवपालगंज के युवकों ने यही माना कि बेला दरबार की हूर, जिसका जन्म और जीवन सुख के लिए नाचने भर को है। शास्त्रों में संकेत है कि स्त्री बदनामी की मौत मरे या अपनी मौत, मरेगी पुरुष के लिए ही। ज़िन्दा रहेगी तो आनंद देनें के लिए— पैंतालीस वर्ष की बुड्ढी, काली कलूटी, चेहरा मुरझा गया— परवाह नहीं। नीचे निगाह फेकेंगे तो भरा पूरा मैदान मिलेगा। उसे अपने सलूके के खुले बटनों का ध्यान रहे न रहे, हम रखेंगे और पहली ही निगाह में आराम से प्राकृतिक दृश्य देख कर रंगनाथ जैसे शिक्षित लोग स्वास्थ्य लाभ करेंगे।

बहरहाल, 'राग दरबारी' अपने परिवेश और अपने समय से मुठभेड़ करता है, जिसने स्वतंत्रता के बाद देखे गये दिवास्वप्नों की धुंध की छंटाई करके लोकतंत्र में विकास की पोल का खुलासा किया है। दुरूहता, क्लिष्टता और शास्त्रीय परम्परा का बड़बोलापन कहीं नहीं। देशज मुहावरों, ठेठ बोली बानी के साथ समय के पत्थर पर घिस कर रचना को अच्छी तरह पैनाया है, मगर एक ओर से। उसका दूसरा पक्ष इसलिए छोड़ दिया कि उधर जंग आज से नहीं, सदियों से लगी हुई है, क्या फर्क पड़ता है?

दिक्कत यह है कि आज वह अनदेखा अवरोध धारा में उग आये टीले की मानिन्द उभर कर खड़ा हो गया है, नजरअंदाज कैसे किया जाए? माना कि 'राग दरबारी' के लिखे जाने तक भारतीय संस्कारों के हिसाब से स्त्री को या तो गांधारी की पीढ़ी में डाल कर आदरणीय और सम्मानजनक दूरियों के हवाले कर दिया, या फिर अपनी आदिम तलब के लिये इस्तेमाल कर कुल्टा, वेश्या, गणिका जैसे नामों के साथ समाज से बहिष्कृत होने के लिए अभिशप्त रखा। यों सोचे तो आजादी की लड़ाई में महिलाओं का योगदान उपेक्षणीय नहीं था। भले ही वे भद्र घरानों

से आयी गरिमामई देवियां थीं, पर स्त्रियां तो थीं। उससे आगे भी बात जाती है; औरत जात के लिए शिक्षा का द्वार खुल गया था और वे दिन प्रतिदिन चौखट लांघ कर पुरुष क्षेत्र में दखल देने लगीं थीं।

परंतु बेला दरबार की हूर थी। हूर का भविष्य खूंटे पर बंधी भैंस के मुकाबले अंधेरा था।

यह साल १९६८ नहीं, १९९८ है। छः का अंक उलट गया। उसने नौ की शक्ल ले ली। यह किसने सोचा था कि बेला की नियति का आतंक अपने विस्फोटक रूप में आ कर समाज को तहस नहस करने लगेगा? शक्ति सम्पन्न और निरंकुश पुरुष सत्ता चुनौती की नोंक पर टांग दी जाएगी? सपने की तरह यह झूठी बात... अरे, हजारों साल की गुलामी ने तो औरत को इस तरह कुचल डाला था कि वह मनुष्य से जानवर में तब्दील हो गयी। हर सूरत में किसी के खूंटे बंध कर खुश थी। सुरक्षित जीवन की आकांक्षा ही, जीने की लालसा थी। इसीलिए जिन्दा रहने के लिए उसने अपना हर व्यवहार पुरुष की खुशी, उसके सुख के हिसाब से निर्धारित कर लिया। चुप रहना सीख लिया। सिर झुका कर चलना उसके शिष्ट संस्कार की निशानी है। हर आज्ञा का पालन करना सौम्य होने की सनद। उसे आसानी से हांका जा सकता था।

कहते हैं कि मनुष्य अपने होने को आसानी से नहीं छोड़ पाता। भैंस बदहवास हो उठी, असंयत और पागल! दरबार की हूर की तबियत और जिस्म ऐंठने लगे— कमबख्त कटीली झाड़ियों और डरावने जंगलों को रौंदने लगी। अब तक जिनसे लहूलुहान और क्षत विक्षत होती रही, उस सबका डर भी नहीं! पुरुष मुंह बाये खड़ा है, उसका लिहाज नहीं! हाय, प्रियदर्शिनी, ओ रिझाने उकसाने वाली रूपसी, तू राक्षसी रूप में! हे त्यागमई, करुणामई, बलिदान की मूर्ति माता... तुम ही सुनो। 'सपनेहु आन पुरुष मन नाही' को जीवन का सार मानने वाली पत्नी तेरी यह मजाल! अरी, तबियत और जिस्म दोनों से प्रेम करने लायक बेला... तू किसके भरमाये भरम गयी? आ जा; देख ऐसी दगा नहीं करते। अपना धरम छोड़ने वाली नारी की कहीं गति नहीं।

किससे कह रहे हो? बेला ने तो कब का चोला छोड़ दिया। तुम हो कि बेला-बेला पुकार रहे हो!

हैऽ! मसखरी दिल्लगी न करो। गम्भीर बात को हंसी में न उड़ाओ। हम रसिकों को रेत में न खिचेड़ो। चोला छोड़ेगी तो अपने पति के संग ही। उससे पहले नहीं मरेगी। औरत बड़ी सख्तजान होती है। सती भी कहां होना चाहती है, वह तो धरम करम का कोड़ा पड़ता है, नहीं तो...। वैद्य जी रुआंसे हो कर बोले, अजी अब कहां धरम करम, सती धर्म की ऐसी तैसी हो गयी। पति मरते ही रोजगार को भागती है। कुसहर ने कहा, चुप रहो वैद्य जी। हां, खुद ही तो कह रहे हो कि राड़ें रोती नहीं। और तुम खुद पुरानी राड़ों की तरह रो रहे हो। बुलाओ अपने सनीचर फटीचर को, बड़ा गंजहा बना फिरता था, साले की कमर पर लात मार कर बेला शिवपालगंज की प्रधान बन गयी। सपने में भी ऐसा सोचा था? यह बुरा समय देखने को ही तुम उम्र का सैकड़ा पार कर गये।

प्रभु माया! वैद्य जी कराहे। लड़की कभी गली तक में नहीं निकली थी। कुसहर हंसा, वैद्य जी हां, रुप्पन और रंगनाथ छतों-छतों आ कर ही चूस लिए।

-अरे भइया, उस साले गयादीन की बदमाशी है, लौंडिया को आगे खड़ी करके माथा उठाना चाहता है। भंगी चमारों की तरह आजकल बेटी का बाप भी सीना फुला कर चलने लगा है।

-वैद्य जी, सच्ची बात बताऊं? नंगा आदमी नंगई पर खुल्लमखुल्ला आ गया है, बेला को खूंटे से छुड़ा कर क्या ले गया, पूरा सत्त निचोड़ कर पी रहा है। आगे बढ़ कर बोला, बेला, प्रधानी हथिया ले, सम्भाल मैं लूंगा। जैसे तुझे सम्भाल लिया।

शिवपालगंज की गलियों में भारत माता की जय के नारे नहीं, बेला के लिए गालियां गूंजने लगीं, हाय नकटी, तू ऐसी निर्लज्ज हो गयी! कहां बदनामी के कारण घर में दुबकी रोया करती थी, शरम के मारे ठोड़ी गर्दन से लगाये रहती थी। अरी तू बाहर गयी कब? द्वार पर तो बुआ पहरा देती थी।

बेला का महीन पर दृढ़ स्वर, बुआ की आंखों में मोतियाबिन्द उतर आया, उसे औरत समझ कर किसी ने इलाज नहीं कराया, बुआ अंधी हो गयी। लोगों ने जयजयकार की, गांधारी का अवतार हुआ। मुझे तो बाहर निकलना ही था फिर।

-चुप रह री! बहुत बोलने लगी है। ओ रंगनथवा, तू पढ़ा लिखा है बता यह गजब कैसे हुआ?

-मैं क्या बताऊं मामा, मुझे तो अजब बीमारी लग गयी है, लड़कियों के स्तनों का ध्यान करते ही पेट में पानी हो जाता है। मुझे तो बाहरी दुनिया का कुछ पता नहीं, दिन रात संडास में बैठे गुजरते हैं।

बद्री पहलवान ढीले होठों से हंसे, जा साले, तू भी हमारी पीढ़ी को लगता है। मंगू चकार की लौडिया कूल्हे मटका कर चलती है, हमारी निगाह बरजोर ठहरी। पर हूर आंखें काढ़ने लगी, हमने कहा, तुझे पा कर मानेंगे। हम वे घोड़े हैं जो बुढ़ापे में भी जवानी की हिनहिनाहट भरते हैं, आजकल के लौंडे नहीं; साले घोड़े की लीद। कमाल है साहब, दहेज जनानियों को चबा रहा है, मर्यादा भड़क कर चपेटती हुई पटक रही है, मर्द जात भी पीछे पांव नहीं खींच रहे, फिर भी औरतों के काफिले बढ़े चले आ रहे हैं। कुल्टाएं पैदा हो रही हैं, असल कलियुग तो अब आया है। एक जमाना था, जब मेले ठेले, ब्याह काज, जश्न उत्सवों में रंगीनी दिखाने के वास्ते जनानी जात शामिल हो जाती थीं, अब तो गजब हो रहा है; कोर्ट कचहरी, थाने कोतवाली, रेल अस्पताल में औरतें घुसी पड़ी हैं।

रंगनाथ संडास में से कराहा, बद्री भइया तब से सम्बंध व्यवस्था पूरी तरह गड़बड़ाने लगी, जब से बेला ने एक अदद पति पाने की खातिर अपने जीवन का फैसला दूसरों के हाथों सौंपने से इनकार कर दिया।

बेला का इनकार और बिस्रामपुर का संत!

भूदान आंदोलन से जुड़ी पढ़ी लिखी, बौद्धिक स्तर पर सजग और जीवन में कुछ कर गुजरने वाली स्त्री का उदय हुआ। और ऐसी स्त्री से साक्षात्कार होता है कुंवर जयंती प्रसाद के माध्यम से। वे उम्र में अस्सीवें वर्ष के आसपास हैं। गवर्नरी का दौर खत्म हो रहा है; हो गया। आगे किसी पद की उम्मीद नहीं, प्रतिष्ठा की आस बुझ गयी। लेकिन अंदर से हुमकती आकांक्षाओं का क्या करें, जिन्हें वे ऐसी ऊर्जा का स्रोत समझ बैठे हैं कि उसी के सहारे आदिवासियों को लोक कला के साथ, खेतिहर मजदूरों को प्रजातंत्र के सतर्क प्रहरी के रूप में और शोषित महिला वर्ग को भविष्य की क्रांतिदर्शी चेतना बना कर देख सकते हैं और उनकी समस्याओं से आसानीपूर्वक निगाह फेर सकते हैं। कुंवर जयंती प्रसाद उर्फ बिस्रामपुर के संत छत के कोने में रखी हुई बड़ी चौकी पर केवड़ा डाल कर सजायी गयी बाल्टियों भरे पानी, संदल के चर्बीहीन सुगंधित साबुन से नौकरों द्वारा अपनी काया को धुलवा मलवा

कर जिस्म का तापमान नीचा करते रहते हैं। उसके बाद अपनी कमर, नितम्ब, शिश्न और गुदा आदि पर लिपटी हुई गीली धोती से पानी टपकाते हुए धीरज सिंह के कंधे का सहारा ले कर खड़े हो जाते हैं और पिछली जिन्दगी पर निगाह डालते हैं।

बेला या सुंदरी! जिसके माया मोह को ले कर संत अभी तक जीवित ही नहीं, ढीली त्वचा, लटकते मांस और झूलती स्थूलता के बावजूद भरपूर जवानी के 'अहसास' के साथ खड़ा है। रगों में काम की तरंगें ठाठें मार रही हैं। आंखों के सलेटी धुंआ पर लालामी उतर आती है— लालामी आग की सिद्धि है— वे सुंदरी को कमरे की उमस में सोती हुई देख रहे हैं। दिल धड़क उठा! धड़कन अपने कानों सुन रहे हैं। सुंदरी! सुंदरी कि जयश्री? बहुत साल पहले बिलकुल ऐसे ही जयश्री के कमरे की ओर गये थे, रात के अंधेरे में चोर की तरह कई बार गये थे...। कमरे के अंदर देख नहीं पाये, बाहर ताला पड़ा था। .... पर जयश्री के सूखते कपड़ों को देख कर उनकी धड़कन तेज हो गयी... चोली को झिझकती उंगलियों से छुआ, जैसे खुली छत पर उसके खुले जिस्म को छू रहे हों। कपड़ों को सूंघा, ब्लाउज को सहलाया। साड़ी को अपने बदन पर लपेट कर हवा में उड़ने दिया। इस उत्तेजक खेल को वे नींद और जागी हुई आंखों से देखते हुए दिन रात खेलते रहे। अचानक जयश्री अंतर्ध्यान हुई और उन्होंने अपने आपको सुंदरी के कमरे के द्वार पर खड़ा पाया... स्वचालित रोबो की तरह पलंग के पास पहुंच गये... ऊपर झुक आये ... उनकी दांयी हथेली सुंदरी के उरोजों पर थी ... हथेली का दबाव बढ़ गया, उंगलियां सक्रिय हो गयीं। सुंदरी ने तभी जोर से सांस छोड़ी और करवट बदली... भयानक उत्तेजना का अनुभव उन्हें बाहर की खुली हवा में हुआ। अपने खिलाफ कटुता, हीनता और बदनामी का डर ... मगर क्षणिक स्पर्श की याद के रूप में आज पुरुषत्व हासिल कर रहे हैं।

बेला से जयश्री, और जयश्री से सुंदरी तक स्त्री ने देह स्तर से बौद्धिक स्तर तक आ पहुंचने की यात्रा तय की, मगर कुंवर जयंती प्रसाद देह से देह तक के सफर में भटकते रहे, तभी तो अपने सम्पन्न पिता का घर त्याग कर भूदान आंदोलन में जीवनदानी बनने का संकल्प ले कर आयी सुन्दरी, लगन और आस्था से ओतप्रोत नवयुवती, जिसकी शिक्षित, सभ्य और बौद्धिक कुशलता के बरक्स खड़े कुंवर जयंती प्रसाद उर्फ बिस्रामपुर का संत अपने संस्कारों में कुछ अंधविश्वास पाले रहे (शायद जानबूझ कर) इसलिए सोचते रहे; जिन्दगी में अब कुछ होने वाला है, शायद इसीलिए सुंदरी कहीं और नहीं, उनके गांव में, उनकी कोठी के एक हिस्से में आ कर रहने लगी है।

'सुंदरी ... जो जयश्री भी हो सकती थी!' वे स्त्री की सुडौल और चिकनी देह देख कर अंग-अंग से पिघल रहे हैं। स्त्री के पथरीले वर्तुल स्तन उनकी छाती में विस्फोटक ऊष्मा के साथ गड़ रहे हैं। जागते में उनकी ढीली ढाली काया इस समय अचानक धधकते हुए कोयलों में बदल गयी। अनूठी उत्तेजना उन्हें सुन्न करती जा रही है।

कौन कहता है कि बेला ने चोला छोड़ दिया? वह सनीचर को हटा कर प्रधान पद पर बैठ गयी— सफेद झूठ। भैंस के रूप में देखी परखी जाने वाली बेला ने अच्छे कपड़े पहन लिये और जयश्री हो गयी। क्या नंगा आदमी धनी हो गया, सो उसकी पत्नी रेशम पहनने लगी? नंगा आदमी ही क्यों, हर आदमी अब धनिक होने की बदहवास दौड़ दौड़ रहा है। खैर वही रेशमी साड़ी वाली स्त्री अपने पति की गैरहाजिरी में सास ससुर के साथ रहती हुई मौका निकाल-निकाल कर नवयुवक जयंती प्रसाद के साथ सम्भोग कर उन्हें अनुग्रहीत करती रही और उनके मन बस गयी। ऐसी मन बसी कि सुंदरी को देख कर भी वे उसी की छवि से घिर गये। जयश्री-जयश्री का जाप ... आंखें खोलीं और उन्हें जिसके दर्शन हुए वह ढो अदद स्तनों, कटावदार कमर और तनिक कम भारी नितम्बों की मालकिन

जयश्री ही तो थी। जयश्री सुंदरी, सुंदरी जयश्री।

दिन तिथि और सन् बदले पत्राओं कलेण्डरों में। ऋतुओं के मिजाज़ में सर्दी गर्मी आयी, मगर आजाद भारत के एडवोकेट जनरल कुंवर जयंती प्रसाद के भीतर से रुप्पन बद्री और रंगनाथ हुमक-हुमक कर बाहर आने का एक भी मौका हाथ से न जाने देते। क्यों जाने दें? अपना जन्मसिद्ध अधिकार छोड़ना आजाद नागरिक को शोभा नहीं देता। मन में एक ओर शिवपालगंज के इन गंजहों का वासा तो दूसरी ओर सरकारी सिंहासन पर बैठे अफसर की महत्वाकांक्षाएं। अमेरिका योरोप की यात्राओं का उच्च रक्तचाप सा बढ़ता आनंद, फिर मनमानी अवधि तक जिद्दी बीमारी के मानिन्द ठहरे रहना और बुखार की तरह उतरना तो बदपरहेजी रोगी की तरह सुंदरी की तलब। साधिकार चेष्टा— यहीं बुला लाओ।

-सुंदरी का जिस्म अब फोकस में था- आंखें, सुडौल दांत, होंठ ... और उसका आकर्षक वक्ष, कमनीयता का मनचाहा चित्र!

स्वतंत्रता के बाद क्या बदला, यह कुंवर जयंती प्रसाद फाइलों के आंकड़ों के जरिए खूब जानते थे। अब इन आंकड़ों में स्त्री के बदलने की बात थी या नहीं, उन्होंने नहीं जाना कि भारतीय शास्त्रवेत्ता संत का अनबदला मन ही आड़े आ गया.... सोती हुई सुंदरी के साथ जेल जाने लायक अपराध कर बैठे। कहते हैं कि उनको ग्लानि हुई, आत्मभर्त्सना जागी, सालती रही...। पर कितने दिन? संत आदमी ठहरे, सब कुछ धो पोंछ डालने की क्षमता प्राप्त करके सुंदरी को बाहों में भर लिया। अब सुन्दरी मुझे देखो, नजदीक से, और नजदीक से...

बेला गंवई लड़की थी, माना कि सामाजिक तौर पर बहुत कमजोर थी, पर देह से मजबूत थी, कोई बताये न बताये, लिखे न लिखे पर यह सिद्ध होता है कि रंगनाथ के गाल की उसने चटनी बना दी थी।

... लेकिन सोफेस्टीकेटेड जयश्री और नाजुक बदन सुंदरी... सभी जीवंतता खो कर वस्तु की तरह संत की गिरफ्त में बंधी रही (धन्य है संत का बाहुबल) और वे काम कला के भेद खोलने लगे, प्लीज सुंदरी/नहीं/बैठ जाओ प्लीज/आप नार्मल हो जायें/मैं तुम्हारे साथ खेल रहा हूं? नहीं, खेल तो मासूमियत से जुड़ा होता है/बैठ जाओ सुंदरी... तुमसे जरूरी बात/मैं जा रही हूं/मुझे गलत मत समझो.. मैं तुम्हारे बिना नहीं रह सकता..मैं तुमसे शादी करना चाहता हूं/तो अभी जो हुआ, शादी का रिहर्सल था?/तुम्हें मेरी उम्र से ऐतराज है?/नहीं, यह नामुमकिन है।

'नामुमकिन' में ताकत थी। बेला ने सुंदरी का अवतार ले कर तर्कपूर्ण साहस दिखाया। अब आजादी और आंदोलनों के संत ऋषियों को कोई क्या करे, उन्होंने इस साहस को पहले तो काबिले गौर नहीं समझा। जब साहस जिद बन कर अड़ गया तब उन्होंने बेहद शांति से काम लिया, सुंदरी को भस्म कर दिया तो भविष्य में हाथ आने वाला मौका भी खो जाएगा। पत्थर होने का शाप दिया तो जीती जागती, मान मनुहार करती औरत कहां से आएगी? वे जानते थे औरत पढ़ी लिखी है और उनके प्रभामंडल से प्रभावित भी है; चरणों में जगह दे दो। संत की महिमा अनंत होती है। सुंदरी जाने के पहले उनके चरण छूने आ गयी। अब मर्जी संत की कि कुंवारी सुंदरी से चरण छुआये या उसके कुंवारेपन पर हमला करे। अब इसको क्या कहिए कि ज्ञान चक्षु झूठे पड़ गये। सुंदरी चरण छूने आयी थी कि छुटकारा पाने?

सत्यानाश हो ऐसी औरतों का... एक बार मन ऐसे ही मचल उठा था, वे जयश्री के घर रुकने की खातिर दिल्ली जाने का कार्यक्रम बना बैठे थे। एक-एक संयोग साधा। जयश्री का पति तक दूसरे शहर दौरे पर भेज दिया। अतीत को एक रस और ठोस सम्पन्न स्वादहीन वर्तमान में थरथराती उत्कंठाओं के साथ आरोपित करने की

पुरजोर कोशिश।

हाय मुकद्दर, वे डाल-डाल तो जयश्री पात-पात! बेमुरव्वत ने बिजली के स्विच को छुआ और बड़ी आत्मीयता से कहा, सबेरे कुछ देर से उठती हूं। आपको बैड टी की जरूरत हो तो इस स्विच को दो बार दबाइए, खानसामा आ जाएगा।

फिर भी उन्हें प्यार आ गया, हाथ पकड़ लिया, तुम कैसी हो? प्रौढ़ और जीवन को गुन चुकी स्त्री ने हाथ छुड़ाया न हटने की जल्दबाजी की। रुक कर उनकी ओर देखती रही पर कुंवर जयंती प्रसाद को गफलत रास आ रही थी अपने अहं को दबा गये। जयश्री की नजर में उदासी है (शायद मुझसे बिछुड़ कर) जयश्री क्या दुश्मनी निभा रही थी? कोमल स्वर में 'गुडनाइट' बोली। वह क्या जाने, या सब कुछ जानती थी... कुंवर जयंती प्रसाद के तन बदन में आग लग रही है।

-मैं जल रहा हूं! एक मौन फुफकार मारी, फिर भी जयश्री का कुछ न बिगड़ा तो जी भर कर बद्दुआएं दीं, तू मेरी नहीं हुई तो तेरा यहां रहना मुझे गवारा नहीं। तू सात समुंदर पार चली जाए। तेरा दाम्पत्य जीवन तहस नहस हो जाये। तू पियक्कड़ किस्म की औरत के रूप में बदनाम हो। अब ज्यादा सहन नहीं होता...तेरी मौत हो जाए।

पता नहीं जयश्री के साथ ऐसा हुआ या नहीं हुआ परंतु संत ने यह घोषणा कर दी, वह निम्फोमैनिक और पति उसकी आदतों से आजिज आ गया था। एक दुघर्टना में उसकी मौत हो गयी, जिसके षडयंत्र का सेहरा उसके पति के सिर है। वही जिसके प्रति पतिपरायणा होने की उन्हें बू आयी थी और अपने पुरुषत्व की तौहीन से अहं फनफना उठा था।

बेला से जयश्री, जयश्री से, सुंदरी तक की देह गाथा के आरोह अवरोह... संत जयंती प्रसाद की अपनी मजबूरी या ताकतवर मर्दानगी का वर्चस्व? क्या इसी कारण सुंदरी के जीवनदानी के रूप में संघर्ष क्या थे, वे नहीं उजागर किये? उसकी भूमिका का व्यवहारिक स्वरूप कहीं नहीं दिखता। बेतवा के बीहड़ क्षेत्र में शिक्षा, बाल कल्याण, महिला उद्योग की संस्थाएं चलाने की सूचना भर उसे भूदान और सर्वोदय से जोड़ती है; और एक उच्छ्वास, हमारा समाज कुछ सही ढंग का होता तो उनकी (सुंदरी) शक्ति पूरी तौर पर विकास योजनाओं में लगती और तब क्षेत्र की शक्ल कुछ और होती।

कहना चाहिए कि पुरुष मन कुछ सही ढंग का होता तो सुंदरी का बौद्धिक स्तर व्यावहारिक रूप में उतरता। हमें तो केवल दो स्तन और नितम्ब वाली सुंदरी दिखाई देती है, जिसे संत सूचनाओं की डोरी पर साध-साध कर नटिनी की तरह चला रहे हैं।

हां उनकी पीढ़ी से एक पीढ़ी बाद का उनका पुत्र विवेक स्त्री शरीर के स्तर से कुछ ऊपर उठा है। हालांकि इश्क का ज्वार यहां भी है, जिसे हम मनुष्य मन की कमजोरी या ताकत के हवाले करके आगे की बात सोच सकते हैं: "रात-रात भर मैं किताबें खोले बैठा रहता हूं। आंखें छपे पन्नों पर होती हैं और सोचता तुम्हारे बारे में हूं। इससे अच्छा है कि हम शादी कर लें।"

माना कि साथ रहने की शर्त विवाह ही तय करता है और साथ ही गांधीवाद और मार्क्सवाद के सैद्धांतिक मिलन की दुहाई देता है लेकिन उसके भीतर स्त्री को देह के साथ नहीं, बुद्धि के साथ जोड़ कर देखने का विवेक है। वह स्त्री को जकड़ता नहीं, स्वतंत्र छोड़ कर उसकी राय जानना चाहता है और ठंडे मन से सुनता है; कोर्टशिप,

विवाह, यह सब मेरे एजेण्डा में नहीं।

-यह संयोग ही था कि अपने आप से झिझकते हुए जब विवेक के प्रस्ताव को स्वीकार करने का मन बना रही थी, तभी विवेक के पिता ने उसे अचानक अपनी बाहों में बांध कर घोषणा की थी, मैं तुमसे विवाह करना चाहता हूं। उसके बाद सुंदरी के निर्मम भविष्य का फैसला सुंदरी के हाथों में नहीं रहा।

संत लोगों के चलते आनंद ही जीवन का हासिल है, वे किसी स्त्री को बंजर में तब्दील करके उत्सव मना सकते हैं। जयश्री और सुंदरी भी इस बात का उदाहरण हैं। ऐसी स्त्री को मृत्यु का वरण करना होगा, जो अपनी ऐसी इच्छा को महत्व देगी, जो पुरुष के खिलाफ पड़ेगी। दोनों की दोनों कुछ देर के लिए अपनी देह की मालकिन होने का गुमान पाल कर उसे संत को सौंपने से इनकार कर गयी।

काश यह 'इनकार' साहस के साथ जीवित रहता! मगर ऐसा हुआ नहीं, क्योंकि अभी तो संतों की पीढ़ी इतनी ताकतवर है कि विवेक जैसे पचाससाला युवाओं को चबा कर थूक दे। आजाद भारत के महंत वैचारिक तौर पर कुछ भी कहें, व्यवहारिक रूप से मनुस्मृति के खांचे में पैठे हुऐ हैं। वे उसी खांचे में से निकली औरत की मूर्ति के सिवा किसी ऊलजलूल तस्वीर की बला को क्यों देखें?

"यह सुंदरी की नहीं, मेरे अधूरे आहत अतीत की मौत है" संत सोचता है। बेतवा में कूद कर खुद भी मृत्यु का वरण करता है (मृत्यु का उपयोग) ... लेकिन यह बात और है कि सुंदरी की मौत उनके अधूरे आहत अतीत की मौत नहीं थी उनके उजले भविष्य का भी अंत था। यह विवेक के शादी न करने और वंश बेल के जल जाने का मर्मान्तक शोक ज्यादा था, विवेक और सुंदरी के बीच व्यवधान बनने का प्रायश्चित कम।

संत तो मन के राजा हैं। उन्होंने अपने हिसाब से शास्त्रों को उलटा पलटा और अपने कृत्य का समानांतर उपाय निकाल लिया। वे क्लेश, शोक और पापिष्ठा स्त्री की मृत्यु से बच कर निकल कर आध्यात्मिक दुनिया में प्रवेश कर गये। केवल एक सूक्त वाक्य, जो दो तीन बार दोहराया उन्हें वैतरणी पार करा ले गयाः

'जैसे पृथ्वी और आकाश न डरते हैं, न क्षीण होते हैं, वैसे ही मेरे प्राण तुम न डरो न क्षीण हो।'

अब उनके सामने अपने आपसे शर्मिन्दा होने की जरूरत थी न सुन्दरी की मौत से विचलित होने की मजबूरी। अपने प्राचीन के प्रति गर्वित पुरुष तुरंत मुखरित होकर बोलाः "या मैः।"

कुंवर जयंती प्रसाद मौत के आतंक से छुटकारा पा गये। कि दो गुने भयभीत हो कर विक्षिप्तावस्था को प्राप्त हुए? बहरहाल माना तो यही गया कि उन्होंने अपने प्राण इच्छा शक्ति से अमृत तत्व में विलीन कर दिये। इच्छा मृत्यु स्वर्गद्वार। संत के मरण का मंगल उत्सव— सामान्य साधारण प्राणी चमत्कृत है।

... यह दीगर बात ठहरी कि जीते जी आकर्षित करने वाली हूरों, मनुहार चाहने वाली मानिनियों, सम्मोहन में बांधने वाली उर्वशियों ने उन्हें तरसा-तरसा कर भटकाते हुए जीवित रखा और अपने मरने के बाद उन्हीं चुड़ैलों ने खौफनाक तरीके से बेतवा की मृत्यु धारा के बीच खींच लिया....।

तंत्र से मुठभेड़ की कहानियां

रेखा अवस्थी

कहानीकार के रूप में श्रीलाल शुक्ल हिन्दी आलोचना के आगे एक गम्भीर समस्या पेश करते हैं। सम्भवतः इसलिए कि वे न तो नयी कहानी आंदोलन के बीच से उभर कर आये, न प्रगतिशील आंदोलन के बीच से। साठोत्तरी कथा साहित्य के प्रवर्त्तन का दावा उन्होंने कभी किया नहीं। इस तरह साहित्यिक आंदोलन की शिविरबद्धता के चौखटे में वे कभी शामिल नहीं हुए। उपन्यासकार और व्यंग्यकार के रूप में उनकी चर्चा कहानियों के वस्तुपरक आकलन के संदर्भ में खामोशी का रुख बनाये रखने के लिए एक ओट भी प्रदान करती है।

नयी कहानी आंदोलन, नवलेखन और साठोत्तरी कथा आंदोलन आदि की घोषित पहचानों और सीमाओं का अतिक्रमण करने वाले कहानीकार के रूप में श्रीलाल शुक्ल के विशिष्ट योगदान की विवेचना, उपर्युक्त विवादों एवं उलझनों के कारण आज अत्यावश्यक कार्यभार के रूप में है, अर्थात एक चुनौती की तरह है।

हिन्दी की मार्क्सवादी समीक्षा के प्रतिमानों को अस्त व्यस्त करने में एक कवि की हैसियत से मुक्तिबोध और रघुवीर सहाय ने जैसी पेचीदा समस्या पेश की है, उससे कम जटिल प्रश्न श्रीलाल शुक्ल ने पेश नहीं किया।

कम होने के बावजूद उनकी कहानियां पिछले ४०-४५ वर्षों के स्वातंत्र्योत्तर भारत के यथार्थ के भिन्न-भिन्न प्रमुख पहलुओं को बारीकी और गहराई से उभारती हैं; शासक वर्ग के पाखंड और उसकी मक्कारी के उद्घाटन में कथाकार के नाते उन्हें कहीं कोई दुविधा या झिझक नहीं होती।

वे अपने प्रारम्भिक व्यंग्य लेखन को 'तट पर बालू के साथ किया गया खिलवाड़ भर' मानते हैं। और 'अपर्याप्ति की इस छटपटाहट का एहसास होते ही कुछ गहराई में जाना अनिवार्य हो जाता है। और वहीं से खतरे

की शुरुआत होती है।' (अपने बारे में, यह घर मेरा नहीं, पृ. ११६-११७)

श्रीलाल शुक्ल की यह गहराई नयी कहानी या साठोत्तरी कहानी के यथार्थ बोध से भिन्न है। उनके यहां चरित्रों, घटनाओं के माध्यम से मानवीय सम्बंधों या अनुभूतियों और स्थितियों का उद्घाटन नहीं है, बल्कि देश दशा की वास्तविकता के साक्षात्कार के क्रम में श्रीलाल शुक्ल उन ताकतों या वर्गीय शक्तियों पर कहीं भी आवरण नहीं डालते जो राष्ट्र निर्माण में उठाईगीरी की भूमिका निभा रही हैं।

श्रीलाल शुक्ल की कहानियों की अंतर्वस्तु का विवेचन करने से पूर्व हमें यह जान लेना चाहिए कि स्वयं वे विषयवस्तु और लेखक की भूमिका के बारे में क्या सोचते हैं? हिन्दी कहानी के सामाजिक यथार्थवाद विषय पर उनकी मान्यता है कि "भारतीय समाज भुखमरी, बेरोजगारी, अशिक्षा, रोग, जनसंख्या विस्फोट, मूढ़ता, साम्प्रदायिकता आदि के पंक में आज भी घिसट रहा है और पश्चिम में साहित्य की उद्देश्यपरक मान्यताओं में जो भी बहस हो रही हो, यहां का साहित्यकार यहां की स्थिति को अनदेखा नहीं कर सकता। योरोप में समाजवाद को जो भी झटके लगे हों, अपने समाज के संघर्षों से जुड़े हुए भारतीय साहित्यकार की जगह वहीं है जहां वह अब तक था। उसकी नियति इस दैन्यपूर्ण समाज के सामूहिक संघर्ष से जुड़े रहने की है।" (अगली शताब्दी का शहर, पृ. ५०)

लेखक की यह संवेदनशीलता ही उनकी कहानियों की मूल अंतर्धारा के रूप में अंतर्ग्रथित मिलती है। 'सुरक्षा' कहानी में श्रीलाल जी ने सेवानिवृत्त नौकरशाह मि. टंडन और उनके परिवार के माध्यम से जन जीवन से अलग थलग अपनी ही निजी दुनिया में डूबे रहने वाले उच्च मध्यवर्गीय लोगों की सोच और जीवन शैली को निर्ममतापूर्वक चित्रित किया है। कहानी के प्रारम्भ में मि. टंडन देर रात पपलू खेल कर घर लौटते हैं। श्रीमती टंडन यानी उषा जी का मोटापे से थुलथुल शरीर और मोटे डनलप के गद्दों में पड़े-पड़े शास्त्रीय संगीत के शौक से पाठकों का विशिष्ट परिचय ही इस प्रकार होता है कि वे उन लोगों के प्रति सचेत और चौकन्ने हो जाते हैं। इन कुलीनों का 'चहारदीवारी के उस पार की दुनिया' से कोई तालमेल नहीं है। अपनी सुख सुविधा, ऐशो आराम में डूबा यह वर्ग केवल अपनी 'सुरक्षा' के लिए व्याकुल है: "हरामी के पिल्ले! साले! शरीफों का रहना मुश्किल कर दिया है।" अपने ही भय से 'सुरक्षा' के मनोभाव पर लेखक ने बड़ी सटीक टिप्पणी की है: "टंडन परिवार अब अजनबी आदमी की नहीं खुद अपने आतंक की गिरफ्त में छटपटा रहा था।" कहानी का यह बिन्दु पूरी कहानी को उलट देता है। बिजली आने के बाद उस अजनबी की हत्या की सूचना पाठक की बौद्धिक चेतना और तार्किकता को उद्दीप्त करती है। जो हर तरह से अरक्षित हैं उसकी कोई सुरक्षा नहीं। कथा शैली की विशिष्टता यह है कि लेखक कहीं भी कहानी में इन प्रश्नों और स्थितियों का जिक्र नहीं करता। कहानी में मि. टंडन के बंगले के बाहर अंधेरे में बीड़ी पीते नौजवान के खड़े होने और एक दिन उनकी बेटी से समय पूछ लेने मात्र से उठे बवंडर का इस प्रकार वर्णन और विवरण है कि पाठक की चेतना में समानांतर एक दूसरी कहानी उभरती सी प्रतीत होती हैं।

हिन्दी कविता और कथा दोनों में रूमानी भाव बोध और रूमानियत पर बहुत बहसें हुई हैं। पुराने भाव बोध और नये भाव बोध को ले कर भी बहुत कुछ लिखा गया है। आश्चर्य होता है कि कहानी समीक्षकों ने श्रीलाल शुक्ल की भावुकता विरोधी वर्णन भंगी और वस्तुनिष्ठ निर्लिप्तता की नोटिस क्यों नहीं ली? उन्होंने अपनी कई कहानियों में रूमानियत और रूमानी भाव बोध को मूल अंतर्वस्तु का इस प्रकार उपजीव्य बनाया है कि वह रूमानी भावबोध या तो उपहास का मुद्दा बन जाता है या निहित स्वार्थ का उद्घाटक। इस दृष्टि से 'मेरी भाभी', 'छुट्टियां', 'एक लुढ़कता पत्थर', 'यह घर मेरा नहीं' जैसी बहुत महत्वपूर्ण कहानियों पर विस्तार से लिखा जाना अपेक्षित है।

आलोचक देवी शंकर अवस्थी ने 'सन् साठ के बाद की हिन्दी कहानी' पर लिखा है कि "चौथे पांचवें दशकों के लेखक 'यथार्थ का सृजन' करते थे, तो पचास के लेखक 'यथार्थ को अभिव्यक्त' करते थे पर एकदम नया समकालीन कहानीकार यथार्थ को खोजता है।" इस उद्धरण के माध्यम से मैं सन् ६४-६५ में हो रही कहानी की बहसों का हवाला नहीं देना चाहती। पर उन्हीं दिनों के दो तीन साल पहले 'यह घर मेरा नहीं' और 'एक लुढ़कता पत्थर' प्रकाशित हो चुकी थी। उस समय बहस के केन्द्र में यह कहानी 'यह घर मेरा नहीं' आ पाती तो विवाद के मुद्दे और भी प्रखर और साफ होते। इस कहानी में तत्कालीन मानवीय अनुभूतियों और मानवीय सम्बंधों की धारणाओं की नयी व्याख्याओं को पहचानने का प्रयास किया गया है। सामाजिक जीवन में आ रहे परिवर्तनों को लक्ष्य करके भी पिता पुत्र के तथाकथित मर्यादावादी ढांचे में कहानी लिखी गयी है। कहानी में पिता पुत्र के सम्बंधों में नयी 'खोज' करने का कोई उद्यम दृष्टिगत नहीं होता। पर विकृत मानवीय आकांक्षाओं और निहित स्वार्थों का उद्घाटन खुले तौर पर इस प्रकार किया गया है कि पाठक स्पष्ट संकेतों को ग्रहण कर सके। नयी पीढ़ी के रूप में त्रस्त पुत्र का भविष्य मृत्यु है। लड़का लिखता है कि "फिर वही फरेब! जो वर्तमान के ऊपर छाये हैं, भविष्य पर उन्हीं के प्रेत मंडराएंगे। यह युग मेरा नहीं होगा।" (यह घर मेरा नहीं, पृ. ३०)

नयी पीढ़ी किससे त्रस्त है? किसके दबाव से घुट कर मर रही है? आजाद हिन्दुस्तान में हम किस मूल्य व्यवस्था को पनपा रहे हैं? कहां गये आजादी के मूल्य? पिता अपने पुत्र को कितनी बेशर्मी से समझा रहा है, "वे जमाने लद गये जब सातवीं कक्षा पास आदमियों के पास नौकरी का फरमान अपने आप आता था। आज संघर्ष का युग है। जरा चूके नहीं कि गये। समझे। जो बाजी मार ले गया, वह मार ले गया। समझे? उसके बाद उसी की तरक्की, उसी की फर्स्ट क्लास शादी, मोटा दहेज; सब कुछ उसी का। बाकी सब आधी-आधी उम्र तक मक्खियां मारा करते हैं। समझे कुछ? बड़ा कठोर संघर्ष है आज के जीवन में। कुछ आया समझ में?" (वही पृ. २७)

श्रीलाल शुक्ल अपनी प्रत्येक कहानी में यथार्थ के नये-नये रूपों के चित्रांकन से देश की शासन व्यवस्था के भ्रष्टाचार और अराजक स्थितियों पर अपना ध्यान केन्द्रित करते हैं। 'उमराव नगर में कुछ दिन' जैसी लम्बी कृति में खुले तौर पर किस्सागोई, संस्मरण और जांच कमीशन की रिपोर्ट की शैली का एक नया मिश्रित विधान देखा जा सकता है। इस कहानी के अधिकांश शीर्षक प्रतीकात्मक या संदर्भयुक्त हैं। 'बकरी, मुर्गी, फटी कमीजें', 'खैनी तम्बाकू और कम्प्यूटर ट्रेनिंग' से ले कर 'कुम्भीपाक से असिपत्र की ओर' तक को आप जनता जनार्दन (भेड़ बकरी) से सामंतवाद, पूंजीवाद, साम्राज्यवाद एवं राष्ट्रीयकरण से उदारीकरण तक को मिला कर देख लीजिए; पूरा तारतम्य बैठता चला गया है। आजादी के बाद के हिन्दुस्तान का कोई भी महत्वपूर्ण मुद्दा ऐसा नहीं है जिसकी सांकेतिक व्यंजना इस कहानी में न हो। उमराव नगर एक गांव है जिसे आजादी के बाद विकास कार्य के लिये चुना गया है। विकास कार्यों के नाम पर लूट है, फरेब है, मक्कारी और धूर्तता के साथ-साथ धर्म का पाखंड धंधे के रूप में खूब फैल रहा है। धार्मिक अनुष्ठान हों या राजनीतिक क्रियाकलाप; स्त्री का शोषण सर्वत्र एक जैसा ही है। यह कहानी दूरदर्शन के सीधा प्रसारण कार्यक्रम अथवा आंखों देखा हाल की वृत्तांत वर्णन शैली में लिखी गयी है। अतः वह रचना शिल्प की 'च. नवीनता के साथ अपनी वस्तुपरकता में अद्वितीय है।

'एक लुढ़कता पत्थर' कहानी का यथार्थबोध दिन प्रतिदिन की जरूरतों के साथ जुड़ा हुआ है। महंगाई के कारण कथानायक 'मैं' अब कार से अपने कार्यालय नहीं जा सकता। शुरू में उसे बस की लाइन में खड़े होने में संकोच होता है, काला चश्मा लगाता है। पर यह संकोच, और धैर्य समाप्त होने लगता है जब बसें कम होने के

कारण अत्यधिक भीड़ भरी बसें आती हैं, एक दो लोगों को चढ़ा कर बसें आगे बढ़ जाती हैं। मजबूरी में कथानायक भी सम्भ्रांतता का लबादा उतार कर चलती बसों में झपट्टा मार कर चढ़ने वालों में शामिल हो जाता है। कथानायक जानता है कि वह गलत कर रहा है। अपराध बोध भी है पर व्यवस्था ने विवश कर दिया है, झपट कर दूसरों का हक छीनने के लिए। व्यक्ति के जीवन मूल्यों के पतन का यह ग्राफ केवल लुढ़कते पत्थर जैसा ही बनेगा।

इन तीन कहानियों के विवेचन का उद्देश्य यह है कि सातवें दशक के प्रारम्भ में कहानी, नयी कहानी और समकालीन कहानी के बीच यथार्थ चित्रण को ले कर जो बहसें हुईं थीं उनमें मानवीय अनुभूतियों, सम्बंधों और स्थितियों के नये बोध को पहचान कर यथार्थ की खोज को रेखांकित किया गया था। उनकी 'दुनिया को छोटा मानते हुए भी अधिक प्रामाणिक' माना गया था। उसी समय 'एक लुढ़कता पत्थर' और 'यह घर मेरा नहीं' जैसी कहानियों के माध्यम से श्रीलाल शुक्ल अनुभूति में आये बदलाव को, सम्बंध में आये बदलाव और स्थिति में आये बदलाव को अत्यंत विश्वसनीय और प्रामाणिक ढंग से उभार रहे थे। इस त्रिआयामी बदलाव के मूलाधार की पहचान अर्थात राजनीतिक सामाजिक व्यवस्था में हो रहे परिवर्तन की पहचान बहुत कम लोगों में दिखाई पड़ती है। यथार्थ के इस नये रूप को अर्थात अपने समय की राजनीतिक चेतना की आहट को तत्कालीन अनेक लेखकों और आलोचकों ने अनसुना कर दिया था। इसी संदर्भ में श्रीलाल शुक्ल की यथार्थ दृष्टि की विलक्षणता का अलग से ऐतिहासिक महत्व स्वीकार किया जाना चाहिए।

श्रीलाल शुक्ल की कहानियों के आरम्भिक पाठ से बर्तोल्त ब्रेश्ट की आख्यान शैली का आभास मिलता है। उनकी कहानियां पाठक को अपने पात्रों में 'रिड्यूस' नहीं करतीं। अर्थात पाठक और कहानी के पात्रों का अंतर बराबर बना रहता है। इस प्रकार वे साधारणीकरण के सिद्धांत को अनुपयोगी बना देते हैं। वे कहीं भी भाव विह्लता, भावोच्छवास या आंसुओं का परनाला नहीं बहाते। दृश्य विधान, घटना वर्णन, स्थिति परिस्थिति और पात्रों के वर्णन क्रम में वे सचेत रूप से कथा की अंतर्वस्तु का चित्रण इस प्रकार सम्पन्न करते हैं कि पाठक की आलोचना दृष्टि का विस्तार हो तथा उसके संवेदन विचार से उद्दीप्त हों। यथार्थ की पहचान के लिए कथा शैली और वस्तु विधान से पाठक की यह दूरी उनका अभिप्रेत भी प्रतीत होती है। 'लेखनी विलास उर्फ लिखने की मजबूरी' में उनका स्पष्ट विचार है कि "लेखक को समझना अपने पालतू कुत्ते को समझने के मुकाबले ज्यादा महत्वपूर्ण कार्य है।" (यह घर मेरा नहीं, पृ. ७३)

उपर्युक्त उद्धरण श्रीलाल जी की कहानियों को ही नहीं उनके सम्पूर्ण साहित्य को समझने की दृष्टि प्रदान करता है। लेखकीय संवेदना को विचलित करने के लिए देश की वास्तविकताएं और उनसे उत्पन्न चुनौतियां ही मुख्य स्रोत होती हैं। इसलिए लेखक को समझना वास्तव में अपने देश, समाज और उसके पर्यावरण यानी विचार शक्तियों को समझना ही है। लेखन उनके लिए कल्पना या भाव विलास एवं मनोरंजन या ब्रह्मानंद सहोदर नहीं है। बल्कि एक 'सशक्त' और 'सार्थक' साहित्य के लिए "आज का लगभग प्रत्येक रचनाकार अपने परिवेश के प्रति जागरूक और उद्वेलित है।" (१० अक्तूबर, १९९२ जयपुर, उद्घाटन भाषण, जलेस)

श्रीलाल जी की यह शक्ति और सार्थकता विचार के स्तर पर सोद्देश्यता मात्र नहीं है। उनकी सृजनात्मक प्रक्रिया में यह जनोन्मुखता और वैचारिक पक्षधरता अंतर्निहित है। इसी से उनकी कथा सर्जना की मूल अंतर्वस्तु का गठन होता है। सोद्देश्य यथार्थपरकता के संस्पर्शों से भरपूर कहानी लेखन की जो शुरूआत उन्होंने १९४५-४६ में 'सर का दर्द' और 'अपनी पहचान' से की थी उसका रंग 'शिष्टाचार' (१९९४) तक आते-आते और भी गहरा

और प्राणवान हो गया है।

श्रीलाल शुक्ल की अंतर्वस्तु को ले कर एक जटिल समस्या का सामना करना पड़ता है कि वे सामाजिक वास्तविकता का सीधा या प्रत्यक्ष वर्णन नहीं करते बल्कि अप्रत्यक्ष तरीका अपनाते हैं। वे उन स्थितियों, घटनाओं, नीतियों और चरित्रों को अपना आलम्बन बनाते हैं जिनके कारण गरीबी, भुखमरी, बेरोजगारी, अवसरवाद और भ्रष्टाचार फैल रहा है। आम जनता का शोषण हो रहा है। 'गिरफ्तारी' कहानी का नायक 'मैं' एक भूतपूर्व नेता है। विरोधी पार्टी का एक जुझारू नेता, पर अब बुर्जुआ राजनेता की तरह सक्रिय राजनीति से संन्यास ले चुका है। कहानी एक साथ दो स्तरों पर खुलती है। एक स्तर पर सत्ता पक्ष ओर प्रतिपक्ष की चालों, कानूनी दांव पेंच, न्यायपालिका की न्याय प्रणाली और नौकरशाही की भूमिका अत्यंत निस्पृहता के साथ परत दर परत खुलती जाती है। "अभी हम लोग सिर्फ रस्मी कार्रवाई करेंगे। आपकी यहीं पर गिरफ्तारी दिखा कर जमानत लिए लेते हैं। कप्तान साहब ने आपको कहा ही होगा, कानून अपनी राह चलेगा ही। आप दो जमानतों का इंतजाम कर लीजिए।" (सुरक्षा तथा अन्य कहानियां, पृ. ३५) दूसरी तरफ आम जनता के विरुद्ध नौकरशाही की मिलीभगत की सही तस्वीर भी पाठक के दिमाग में अंकित होती है: "बिजली के तारों के मामले में असावधानी बरतने का मुकदमा ढाई साल की घिस-घिस के बाद मेरे पक्ष में खत्म हो गया, इसलिए कि मुर्दा मिस्त्री के बारे में कोई कुछ नहीं बता पाया।" (वही, पृ. ३६)

'संपोला' कहानी में व्यवस्था के इसी यथार्थ को नितांत भिन्न रूप में चित्रित किया गया है। जोगी बाबू अर्थात डा. योगेश चंद्र गुप्ता चिकित्सा विभाग के अफसर थे और इस समय अपने विभाग में दवाओं की खरीद वाले प्रखंड के निदेशक थे। इस प्रखंड में पूरे राज्य के सरकारी अस्पतालों के लिए दवाओं की केन्द्रीकृत खरीद होती थी और साल में चार पांच सौ करोड़ रुपयों का कारोबार होता था। इस कारोबार की अलिखित प्रक्रिया में टेण्डर खुलने के बाद जोगी बाबू को एक नयी गाड़ी की चाभी और कागजात उपहार स्वरूप मिल जाते थे। अब तक जोगी बाबू को चार गाड़ियां मिल चुकी थीं जो वे अपने दामादों बेटों को दे चुके थे। इस बार की गाड़ी उनके अपने लिए थी। पर इस बार कुछ झमेला हुआ और जोगी बाबू के खिलाफ सतर्कता विभाग की जांच शुरू हो जाती है। जोगी बाबू इस जांच के लिए बालिगा से कानूनी मदद ले रहे हैं। बालिगा "किसी समय राज्य सरकार का कानूनी परामर्शदाता और न्याय सचिव रह चुका था। सरकारी नौकरों के खिलाफ होने वाली प्रशासनिक और न्यायिक कार्रवाईयों का विशेषज्ञ था।" राजधानी के लगभग सभी अमीर अफसरों का वह रक्षा कवच था। वे उसे मोटी फीस देते थे और उसके कानूनी और कभी-कभी गैर कानूनी परामर्श में बचत की राह खोजते थे जो कि उन्हें बाद में पता चलता; एक नहीं दर्जनों हैं।" (वही, पृ. ३८) इस सीधे समतल खुलासे के बाद श्रीलाल जी अपनी वर्णन भंगी को बदलते हैं। कहानी क्रमशः फैन्टेसी का शिल्प ग्रहण करती है और जोगी बाबू भय, संदेह और प्रतिकार की ग्रंथियों का समुच्चय बन जाते हैं। हल्की बारिश में चढ़ आया केंचुआ क्रमशः संपोला मान लिया जाता है। बार-बार झाड़ने पोंछने के बावजूद 'संपोला' के कार में ही होने का संदेह उनके मन में बैठ गया है। सरकारी तंत्र में पद के दुरुपयोग से अनाप शनाप धन कमाने के बाद यह उनके असुरक्षित होते जाने की कहानी है। ऊपर वाले अधिकारी से बदला न ले सकने की अवस्था में अपने पी.ए. से बदला लेना चाहते हैं। पी.ए. जांच के दौरान उनके झूठ में भागीदार नहीं बनता है। सड़क पर उसकी हत्या का विचार आते ही एक साइकिल सवार को ही अपना पी.ए. मान कर उसको कुचलने की योजना जोगी बाबू को कार सहित पटरी पर उतार देती है और बिजली के पोल से टकरा कर वे दुर्घटनाग्रस्त हो जाते हैं। घूस में मिली कार पिच्ची हो जाती है। सड़क पर चर्चा का विषय यही है कि "इतनी चौड़ी

सड़क होते हुए भी वह गाड़ी को उतार कर पटरी पर क्यों चला रहा था।" इसी तरह इस खूंखार व्यवस्था का चेहरा 'सपने' और 'बच जाएंगे' में देखा जा सकता है।

'परीदीन की प्रेमकथा' प्रारम्भिक सामंती निर्ममता के रूपांकन के साथ प्रेम की निश्छलता की एक करुण गाथा है। इसके विपरीत 'छुट्टियां' कुलीन वर्ग के विकारग्रस्त कुंठित प्रेम को चित्रित करने वाली तथा धूर्तता और लम्पटता की कथा है। दोनों कहानियों की संवेदना समान स्तर पर दिखाई देती है अर्थात इनके मूल में स्थित बौद्धिक चेतना तर्क प्रधान तो है ही, भावुकता विरोधी भी है।

श्रीलाल शुक्ल की कहानियां पढ़ने के बाद एक प्रश्न स्वाभाविक रूप से उठता है कि उन्होंने अपनी अधिकांश कहानियों के लिए प्रतिलोम स्थितियों को क्यों चुना और मुख्य चरित्र खलनायक या प्रतिनायक ही क्यों हैं? प्रेमचंद की विरासत और प्रेमचंद की परम्परा की बात बहुत की जाती है पर यथार्थ के विकारग्रस्त रूपों को प्रस्तुत करने वाली जिस नयी चित्रण भंगी का विकास 'पूस की रात' या 'कफन' में किया गया था, उसे अपनी समकालीन वास्तविकता के परिप्रेक्ष्य में पल्लवित श्रीलाल शुक्ल ने ही किया। इस तथ्य को पूरे विस्तार से प्रस्तुत करने की यहां गुंजाइश नहीं है पर इतना बताना मैं आवश्यक समझती हूं कि स्वातंत्र्योत्तर भारत के कथाकारों में श्रीलाल शुक्ल ने जितना ध्यान खलनायकों के चित्रण और सृजन पर दिया है, उतना किसी ने भी नहीं दिया। इस तकनीक के रहस्य को खोल कर रखना और समझना आवश्यक है। सम्भवतः यथार्थ के अवांछित रूपों, यथार्थ की विकृतियों और मनुष्य के आंतरिक स्तर पर आये नकारात्मक परिवर्तनों को प्रस्तुत कर ही श्रीलाल शुक्ल भारत के समकालीन जीवन की दिशा की तस्वीर खींचना चाहते हैं। मौजूदा भारत में अथवा तीसरी दुनिया के किसी भी नव स्वाधीन देश में सत्ताधारी वर्ग द्वारा अपनायी गयी नीति के तहत किस प्रकार प्रतिभा, ईमान, परिश्रम, सच्चरित्रता, देशप्रेम आदि को हाशिए के बाहर धकेल दिया गया है और किस प्रकार भ्रष्ट, प्रभुता सम्पन्न लोगों की बन आयी है; इस परिप्रेक्ष्य को उन्होंने बहुत ही प्रभावशाली ढंग से उभारा है। चोर उचक्कों और उठाईगीरों के निर्भय स्वेच्छाचारी समाज का यह चित्रण श्रीलाल जी को समकालीन कथाकारों के बीच विशिष्ट बना देता है। व्यवस्था के प्रति गहरी वितृष्णा और उपहास की भावना उनकी कहानियों को बहुअर्थी व्यंजनाओं और अनुगूंजों से भर देती है; उन्हें सजीव बना देती है। परोक्ष अनुगूंज और व्यंजनाओं की यह शैली उनकी रचना को अचूक और विश्वसनीय बनाती है। शत्रु पक्ष की पहचान करा कर ही वे जनसाधारण के हितों के प्रवक्ता बन जाते हैं।

जहां तक उनकी कहानियों की गद्य शैली में अंतर्निहित व्यंग्य की सरसता और सजीवता का प्रश्न है उसे एक विशेष संदर्भ में समझने की आवश्यकता है। श्रीलाल शुक्ल इस तकनीक का उपयोग विशेष संदर्भों को सोदाहरण प्रस्तुत करने के लिए या कहानी में कथा, घटना और विवरणों के रिक्त स्थान की पूर्ति के लिए करते हैं। साथ ही व्यंग्य की यह तकनीक सम्भावित अनेक निहितार्थों को भी व्यक्त करती है। व्यंग्य का यही इस्तेमाल उनकी कहानियों में निजी संदर्भों की भी सृष्टि करता है। उसके माध्यम से सामाजिक अवस्थाओं और सम्बंधों को उद्‌घाटित करता है। लेखक के विचार एवं दृष्टि में बलाघात उत्पन्न करता है। इस दृष्टि से परीदीन की प्रेम कथा, वे बच जाएंगे मगर ..., उमरावनगर में कुछ दिन, कुंती देवी का झोला, मम्मी जी का गधा और छुट्टियां उल्लेखनीय कहानियां हैं।

भारतीय जनतंत्र का यथार्थवादी पाठ

लीलाधर मंडलोई

श्रीलाल शुक्ल की कहानियों में मध्य वर्ग का ऐसा संसार है, जिसका एनकाउंटर सफल ओर सम्पन्न वर्ग से है, जो या तो स्वयं उच्च वर्ग की ओर मुखातिब है या फिर मध्य वर्ग में रहते हुए स्वयं को अभिशप्त पाता है। यह अभिशप्ति सामाजिक, राजनीतिक और आर्थिक कारणों से है। जीवन का एक खास तरह का खुरदुरापन है जिसकी नोकें रह-रह कर चुभती हैं। रोजमर्रे की अवसरवादिता और लाभ लोभ हैं। ऊपर जाने के समीकरण हैं। आदर्श का तिरोहण है। समझौतेवादी प्रवृत्तियों का उठान है। बाजार की एक अपरिहार्य भूमिका है जिसमें यह वर्ग एक सशक्त मोहरा है और सत्ता के इशारे पर नाचता है और उसका शोषण करता है। कालांतर में यह वर्ग उसी दुष्चक्र में आ घिरता है और उनका आखेट बनता है। स्वातंत्र्योत्तर भारतीय समाज का वाह्य और आंतरिक यथार्थ इन कहानियों का लक्ष्य है।

श्रीलाल शुक्ल को पढ़ते हुए कहीं यह चेतना में था कि उनकी कहानियों को व्यंग्य का फोर्स प्रभावित कर रहा होगा किन्तु व्यंग्य की अंतर्धारा अथवा प्रत्यक्ष दबाव इन पर नहीं है और यह आश्चर्य की हद तक जाता सुख है। कहानियां दुनिया के एक हिस्से के अवलोकन तक सीमित होने के बावजूद, एक बड़ी दुनिया में अपने को खोलती हैं। दरअसल श्रीलाल शुक्ल मध्य वर्ग के कुछ चरित्रों के माध्यम से आजाद भारत के सत्तालिप्त चेहरे को अनावृत्त करते हैं। उनकी दृष्टि में स्वप्नभंग और स्वप्नहीनता में डूबा मध्य वर्ग है और एक समानांतर मध्य वर्ग है जो मोहभंग का शिकार है। यह समानांतर मध्य वर्ग वही है जिसे कथाकार 'बिलांग' करता है। इसे हम नेहरू युग से मोहभंग को जोड़ कर देख सकते हैं। वस्तुतः कहानियों में नैतिक संक्रांति और पतनशीलता की रचनात्मक पड़ताल अधिक

है। परिवेश की मात्र तफसील न हो कर, उसके भीतर सक्रिय शक्तियों का अनावरण है, जड़ता है, परख है और अंतर्विरोध है, विरोधाभास है। इन शक्तियों के माध्यम से उन बन रही स्थितियों का विश्लेषण है, जो आजाद भारत के जनतंत्र को दीमक की तरह चाट रही हैं और कोई इलाज सम्भव नहीं दिखता है। एक विचित्र सी विकल्पहीनता में उपजा दुख, श्रीलाल शुक्ल कहानियों में आद्यंत उपस्थित है।

श्रीलाल शुक्ल की कहानियां स्थितियों के निरूपण में एक सामाजिक विमर्श रचती हैं और रचनात्मक मूल्य संदर्भों की अनुपस्थिति को ले कर सरोकारों की तरफ गमन करती हैं। लेकिन स्थितियां अवसाद, असहायता, क्षोभ और अशक्तता की हैं, जहां समूचा उद्यम विफलता को प्राप्त होता है। श्रीलाल शुक्ल की एक कहानी है 'एक लुढ़कता हुआ पत्थर', जिसे हम कमोबेश उनकी सारी कहानियों के भीतर बीज रूप में पाते हैं। कहीं विचार, कहीं दृष्टि तो कहीं सरोकार के स्तर पर। 'लुढ़कता पत्थर' यदि एक प्रतीक है तो वह मध्य वर्ग का है। पत्थर इसलिए लुढ़कता है कि आधारहीन है। वह थमता है तो उसके आस पास बड़े पत्थर हैं जो थाम लेते हैं। थामने वाली वही सत्ता है जो शक्ति का केन्द्र है। जब तक इन पत्थरों की हैसियत है, सम्बंधों का प्रभाव है, दबाव है; व्यक्ति सुरक्षित है। सत्ता के केन्द्र से हटते ही 'सुरक्षा' का भय है, आतंक है और क्रमिक घेरने वाले सवाल। चाहे वह 'मैं' के लिए हों अथवा मि. टंडन, डा. योगेश चंद्र गुप्ता, कुंवर साब, डी.आई.जी. लेखराज आदि के लिए। सोचने की बात यह है कि श्रीलाल शुक्ल की कहानियां इन्हीं चरित्रों के आस पास केन्द्रित क्यों हैं? देखा जाए तो 'परीदीन की प्रेम कथा', 'सपने' और 'दुराचरण' मात्र ऐसी कहानियां हैं जहां कथाकार मध्य वर्ग की कथावस्तु से कुछ हट कर निम्न वर्ग की जिन्दगी की तरफ घूमता है। हालांकि वहां भी सिर्फ शेड्स ही हैं। यह बात चिन्ता पैदा करती है। इसके कारणों में जाएं तो लगता है कि कथाकार अपनी विशेष सोच के आलोक में कदाचित ऐसा करता है। मुमकिन है कथाकार ने मध्य वर्ग के ऐसे पतनशील चरित्रों को अधिक नजदीक से देखा है और उन्हें एक्सपोज करने के लिए चुना है। इस चुनाव के पीछे शायद आजादी के बाद के प्रशासन तंत्र और राजनीतिक चरित्र को समझना और पाठकों को समझाना है। यकीनन यह पतनशील चरित्र आज कहीं अधिक साफ है, कहीं अधिक जीवन को बदसूरत बनाता हुआ। जनतंत्र की देह में घुन की मानिन्द घुसा और खोखला करता हुआ...। वस्तुतः जिस तथाकथित नौकरीपेशा बिकाऊ मध्य वर्ग ने सत्ता में केन्द्रीयता अर्जित की और अपने वर्चस्व से देश के आर्थिक और सामाजिक आधारों को खोखला किया है, जब तक उसका छद्म उजागर नहीं होता, जनतंत्र पंगु बना रहेगा। श्रीलाल ने अपनी निगाह उसी एक जगह संकेन्द्रित की है। कदाचित कहानियों में इसी वजह से निम्न वर्ग के प्रति एक दूरी दीखती है। यह और बात है कि प्रकारांतर से ये कहानियां उसी जन सामान्य के पक्ष में हैं, प्रत्यक्षतः जिनसे दूर दिखाई देती हैं।

'सुरक्षा' का प्रश्न संग्रह में धुरी तत्व की तरह है। अर्थात 'असुरक्षा' का भाव वर्ग विशेष में है। यह वर्ग कोई और नहीं वही नौकरीपेशा मध्य वर्ग है जो सर्वाधिक असुरक्षा अनुभव करता है। जबकि वह अवसरवादी, भ्रष्ट और बिकाऊ है। यह वृत्ति उसे उस हद तक ले जाती है जहां देश, मूल्य, आदर्श, समाज के प्रश्न गौण हो जाते हैं। यही वह धरातल है जहां से दूसरी सामाजिक असुरक्षा शुरू होती है अर्थात अंतिम व्यक्ति की। जिसे यह नियामक मध्य वर्ग अपने हितों के तहत लगातार इग्नोर करता हुआ, उस अवस्था को ले जाता है, जहां वह जनतंत्र में एक हथियार की तरह सिर्फ इस्तेमाल किया जाता है। यह जो अंतिम व्यक्ति है 'असुरक्षा' इसी से है। वह बेरोजगार है। उसके अधिकार रेहन रखे हैं। उसकी ताकत कहीं बंधक है। जब यह आपे से बाहर होता है तो तथाकथित मध्य वर्ग भय का अनुभव करता है जैसे कि 'सुरक्षा' कहानी के टंडन साहब।

श्रीलाल शुक्ल की कहानियों में परिवेश से सीमित सम्पृक्ति है। हां... परिवेश से जुड़ने के सर्जनात्मक चिह्न दिखाई देते हैं जैसे 'दुराचरण' में। जैसे नेतराम और उसके मामा (जो दलित चरित्र हैं) को ले कर जब कहानी शुरू होती है तो लगता है श्रीलाल शुक्ल इस जीवन के अनछुए पहलुओं को खोलेंगे। वहां इस जीवन की दारुणता के चिह्न दिखते हैं। संघर्ष की ओर इशारा है। लेकिन यह कहानी राजनीति की दुनिया की तरफ घूमती है जहां नेतराम एक मंत्री पद पा जाता है और उसके आस पास भी एक भीड़ इकट्ठा होने लगती है। परिवेश की सघन संवेदना जो आरम्भ में दिखती है क्रमशः डाइल्युट होती हुई, विलीन हो जाती है। 'दंगा' कहानी भी इसी तरह की सम्भावना का पता देती हुई, उसी मध्य वर्ग की करतूतों में खो जाती है। कहानियां इस तरह काल बोध के स्तर पर भी एक काल खंड से आगे नहीं जातीं, यह और बात है कि प्रशासनिक और राजनीतिक चरित्र के स्थायित्व के चलते, वे आज भी प्रासंगिक हैं।

इस तरह श्रीलाल जी की ये कहानियां 'वर्तमान की पुनर्रचना' हैं। स्थितियों, घटनात्मकताओं में साकार होती हुईं। एक वर्ग विशेष के चरित्रों का उद्घाटन करती हुईं। इन कहानियों का कोई ऐसा स्वायत्त ढांचा नहीं है जिसे कथा परम्परा में अलग से रखा जा सके। वस्तुतः ये कहानियों कुत्सित यथार्थ के प्रति सचेत प्रतिक्रियात्मक कथा व्यवहार हैं, जिनमें कथाकार का नैतिक दायित्व बोध, प्रतिबद्ध चेतना और अभिव्यक्ति दबाव सक्रिय रहा है। इन कहानियों का महत्व इस बात में ज्यादा है कि आजादी के बाद का भारतीय समय, उसके जनतंत्र का भाष्य इनमें सशक्त रूप से आया है। श्रीलाल शुक्ल चालाक प्रभुसत्ता का मंतव्य समझ सके हैं। उसका प्रतिवाद किया है। सजग दृष्टा की तरह जड़ों तक पहुंचे हैं और उन्हें बचाने की विकल चेष्टा में रहे हैं। सुधार और परिवर्तन वे वहां चाहते हैं, जहां सर्वाधिक सड़ांध है। दिलचस्प यह है कि उनकी मुद्रा न तो नाटकीय है, न निर्देशकीय। एक गहरा नागरिक बोध उनकी कथा शक्ति है।

श्रीलाल शुक्ल अगर कथा शिल्प में किसी भव्य उत्खनन के पीछे नहीं है तो विजातीय संरचनात्मक मोह से ग्रस्त भी नहीं। जैसा, जितना और जो कुछ है, जातीय है। यह निजता सुखद है। उनकी भाषा यथार्थ का सेतु बनती है, यथार्थ भाषा का नहीं। यथार्थ कई बार भाषा को सहज दबोच लेता है और कथा व्यतिक्रम को प्राप्त होती है। इन कहानियों में मुद्रित पाठ से बाहर भी दिशाएं हैं और वहीं श्रीलाल शुक्ल हैं जिन्हें खोजना होगा।

आधुनिक सत्ता का प्रतिपक्ष

उर्मिल कुमार थपलियाल

व्यंग्य इन दिनों साहित्य की न सही, समाज की केन्द्रीय विधा है। यह व्यंग्य हास्यास्पद होते हुए यदि कभी फूहड़ और अश्लील होने को अभिशप्त है तो यह स्वतंत्र भारत की नियति का पाप फल है। व्यंग्य लिखने, कहने, खेलने, देखने और उसकी समीक्षा करने के सभी उपकरण अब उबाऊ हो चुके हैं। व्यंग्य अब सामाजिक जीवन में इतना रच बस गया है कि हम अपनी खाल पलट कर नहीं देख सकते। पिछले पचास वर्षों में जीवन के सभी पक्षों में इतनी विडम्बना, विसंगति, आडम्बर और छल कपट आया है कि किसी अतिरिक्त 'व्यंग्य' की पहचान कठिन है। कहानी, कविता व उपन्यासों ने भी जीवन के आडम्बर उजागर किये हैं। असहमति और विरोध के हमारे साहित्य में 'व्यंग्य' की उपेक्षा का कारण भी यही रहा कि वह दुहराव और इतनी एकरसता से भरा था कि उसमें 'मनोविनोद' या 'गुदगुदी' डाल कर उसे एक विधा या शैली के नाम पर मान्यता देने की अनुनय की जा रही थी। अपने इसी दीन हीन आचरण से समकालीन या आधुनिक व्यंग्य स्वयं इतना विसंगत हो गया कि या तो वह अपरिभाषित रहा, या अतिपरिभाषित। दोनों ही स्थितियों में उसे उन साहित्यिक प्रवृत्तियों में स्वीकृत नहीं किया गया, जिसके आधार पर उसे एक प्रतिष्ठित विधा या शैली के रूप में स्वीकारा जा सके।

ऐसी स्थितियों में किसी स्थापित व्यंग्यकार के कृतित्व के बारे में कुछ कहना कठिन लगता है। श्रीलाल शुक्ल ने अपने निबंधों, कथाओं व उपन्यासों में जो कुछ दर्ज किया है, उनमें केवल 'व्यंग्य' खोजने में दिक्कतें हैं।

श्रीलाल शुक्ल की कमी यह रही कि 'विचारधारा' से नत्थी नहीं रहे। कम से कम रचनाओं में भद-भद करती करुणा और वेदना के सायास प्रयत्न नहीं हैं उनके यहां। सच ये है कि वास्तविक स्थितियों और असहनीय यथार्थ

में सुधार लाने के उनके जनहितकारी उद्देश्यों के पीछे उस अनुपस्थित आदर्श की परिकल्पना रही है, जिसके न रहने के कारण सामाजिक विद्रूप उभरे हैं और मनुष्य के लिए नारकीय स्थितियां लगातार बढ़ती गयी हैं। श्रीलाल शुक्ल उन अनुपस्थित आदर्शों के लिये केवल समय, समाज, धर्म, राजनीति और व्यवस्था को दोषी नहीं मानते बल्कि व्यक्तिगत आचरण और सामान्य आचार व्यवहार के कुत्सित रूप को भी उघाड़ते हैं।

श्रीलाल शुक्ल ने समाज से ले कर सचिवालय तक को बड़ी सूक्ष्मता से देखा परखा है। कबीर और भारतेन्दु की व्यंग्य परम्परा में जो समाज केन्द्र में है श्रीलाल शुक्ल तक आते-आते वह और विकृत हो गया है। उनकी रचनाएं सधुक्कड़ी स्वभाव की नही हैं। न वहां साखी है न उपदेश न सूक्ति। वहां तो परसाई जैसा अक्खड़ फक्कड़पन भी नहीं है। उनके व्यंग्य में बारीकी है, नफासत है। सलीका है। लंतरानी, बतकही और बेंतबाजी से अलग वहां बातों के लच्छे भी नहीं हैं। इसीलिए उनमें भाषा का शालीन संस्कार है। सूक्तियुक्त टिप्पणियों या टकसाली मुहावरों से श्रीलाल शुक्ल सतर्क रहे हैं। वे चौकन्ने रहे हैं कि उनका कहा कोरा स्टेटमेण्ट न लगे। दरअसल वे अपने समय, समाज और परिवेश के ऋणी हैं, जो उनकी रचनाओं को कच्चा नहीं, बल्कि पका पकाया माल देता है। उनके पास तो केवल परोसने की कला का कौशल है। वे व्यंग्य को न्योता नहीं देते। वह बेशरम उनकी रचनाओं में खुद चला आता है। बिन बुलाये।

यदि श्रीलाल शुक्ल के लेखन में मुंह बाये यथार्थ को उलट कर उसे आदर्श का स्वरूप देने की चेष्टाएं हैं तो एक अन्वेषक के तौर पर वे गलती नहीं करते ऐसा नहीं है। उनमें, हास, परिहास और उपहास से बचने के पीछे कहीं न कहीं सतही व्यंग्यकार न कहलाने की सतर्कता भी है। खांटी मनोविनोद को तजने के प्रयत्न में वे जटिल भले हो जाएं, लेकिन आरोपों से साफ बच निकलने का कौतुक उनमें है। उनका अकेला 'राग दरबारी' अपने आरोहों अवरोहों समेत पूरे देश के तथाकथित विकास, सामंतशाही का भेदसपन और बदलते ग्रामीण आचरण का निचोड़ रस है। पूरी निष्पत्ति के साथ। उनके पास सबसे बड़ा बल है: भाषा, शब्दों का चयन और जातीय गुण। उनके शब्द अपने अर्थ से ज्यादा अपना मर्म उपस्थित करते हैं। इसीलिए श्रीलाल शुक्ल बाह्यमुखी और 'लाउड' व्यंग्यकार नहीं हैं। उनकी रचनाओं के अंर्तमुखी स्वरूप का कोई भी 'कटाक्ष' भोथरा नहीं है। उनके पास एक गैर सरकारी डिटेक्टिव की आंख है, जिसका सूक्ष्मभेदी गुण, और चौकन्नापन स्थितियों और घटनाओं की जांच परख करता हुआ 'अपराधी तत्व' को जैसे चिमटी से पकड़ लेता है। वे लक्षणा व्यंजना के व्यायाम में नहीं पड़ते बल्कि दैनिक जीवन में घट रहे व्यंग्य की वारदातों पर अपने शब्दों और वाक्यों की रपट दर्ज कर देते हैं। श्रीलाल शुक्ल इसीलिए पाठकों के लिए लगभग सुगम और आलोचकों के लिये कठिन हैं।

श्रीलाल शुक्ल की 'श्रेष्ठ व्यंग्य रचनाएं', 'कुछ जमीन कुछ हवा में', और 'आओ बैठ लें कुछ देर' में उनके चुनिन्दा व्यंग्य निबंध तथा कुछ संजीदा रचनाएं भी हैं। उनका क्रम पचास के दशक से ले कर वर्तमान दशक तक का है, लेकिन यह उनके लेखकीय विकास का पैमाना नहीं है। उनके अनुभवों में भारत की बजाय 'महाभारत' है। इस 'होनहार बिरवा' के चिकने पातों की रपटन 'स्वर्णग्राम और वर्षा' से दिखनी शुरू हो गयी थी, जो 'निकष' के पहले अंक में छपी और जिसके लिए वे तत्कालीन 'आकाशवाणी की रूमानी गिचिर पिचिर' के एहसानमंद हैं, जिसने उन्हें 'ध्वंसात्मक विरोध' करने का मौका दिया। वे स्वयं मानते हैं कि 'राग दरबारी' को आद्योपांत व्यंग्य विधा में लिखा गया हिन्दी का पहला बड़ा उपन्यास कहा गया, लेकिन उनके दूसरे उपन्यास 'मकान' में व्यंग्य न शैली है न विधा। वह रचना का एक अंतर्निहित तत्व बन कर उपन्यास में समाहित है। उनके अनुसार: ''मकान तक

आते आते मैंने व्यंग्य को आधुनिक जीवन और आधुनिक लेखन के एक अभिन्न अस्त्र (शस्त्र नहीं?) और एक अनिवार्य शर्त के रूप में पाया हैं।"

श्रीलाल शुक्ल के पास उस 'व्यंग्य' को भी पकड़ लेने का हुनर है, जो हमारे इर्द गिर्द रहते हुए भी हमारी दृष्टि से ओझल रहता है। रचना पढ़ने समझने के बाद उस व्यंग्य की पुष्टि होती है और हमें हतप्रभता हाथ लगती है। ये इसलिए भी है कि उनका 'व्यंग्य' दिल की भड़ास नहीं निकालता। वो चिकोटी, चुटकी, टीप से भी अलग है। उसमें बड़बोला कटाक्ष भी नहीं है तो भटकाने वाला विनोद भी नहीं है। वह इतना तरल और पारदर्शी है कि न उत्तेजित करता है, न खिजाता है। हंसाता रुलाता भी नहीं— बस अचानक छू लेता है। बिना भावुक अतिक्रमण के। यही व्यंग्य बाद में उनकी रचनाओं की 'वृत्ति' बन गया। चूंकि उनके लेखन में यह व्यंग्य, परिमार्जित हो कर आता है अतः 'क्रूड' नहीं रहता। श्रीलाल शुक्ल की सहजता ही, उनका आक्रामक हथियार है, अतः लफ्फाजी से वे दस कदम दूर हैं और लंतरानी से बीस कदम। उन्हें बातों के सिक्के उलटने का शौक जरूर है, जो उनके 'विट' की 'शार्पनेस' का पता देता है। यही कारण है कि वे 'व्यावहारिक' व्यंग्य के पक्षधर हैं, शास्त्रीय और सैद्धांतिक व्यंग्य के नहीं। श्रीलाल शुक्ल को, पाठ्यक्रम में नहीं पढ़ा जा सकता। पढ़ाया तो जा नही सकता। उन्हें 'शेयर' करना होता है।

श्रीलाल शुक्ल जीवन की तहें और सलवटें इसीलिए खोल लेते हैं कि वे नितांत अनायास प्रयत्नों से जीवन व्यवहार व आचरण में 'इनहेरेन्ट' हो गयी वक्रता को बीन तलाश कर उसकी शल्य चिकित्सा कर लेते हैं। वे इसमें निपुण हैं। उनके पास दूर-दूर तक छिछोरा और लम्पट व्यंग्य नहीं मिलता, जिसकी इन दिनों बेहद मांग है। उनकी रचनाएं, क्लाइमेक्स की भी मोहताज नहीं रहतीं। उन्हें जिन दोषों पर उंगली रखनी होती है, रख कर चल देते हैं। इसीलिए उनकी कई रचनाओं में घटनाओं, स्थितियों और विवरणों और चरित्रों की बुनावट के बजाय उनकी व्यंग्य टिप्पणियां देर तक 'हांट' करती हैं: "बहुत बोलने के कारण जो विचारशील कहे जाते हैं, उनके मुंह से निकली कोई भी आवाज विचार बन जाती है।" इसी तरह 'कुत्ते के पिल्ले की नसीहत' दरअसल आदमी के कुत्तेपन की रिपोर्ट है, जिसमें आदमी यथार्थ है और कुत्तई आदर्श।

अपनी खरी बात कहते-कहते स्थानीय से अंतर्राष्ट्रीय विषयों पर आ जाना श्रीलाल शुक्ल की फितरत है, जो चौकन्नी रह कर चौतरफी मार करती है। इस 'मार' को व्यंग्य की अंतर्दृष्टि या अंडर करंट कहने में कोई हर्ज भी नहीं है किन्तु जहां-जहां उनकी रचनाओं में यह करबद्ध प्रार्थना आयी है कि "कृपया मुझे कोरा व्यंग्यकार न समझें, मैं संजीदा भी हूं, वहां-वहां वे बोझिल भी हुए हैं। उन्होंने यह कहीं स्वीकारा भी है कि कुछ निजी कारणों से वे सम्पादक नहीं बन सके। उनकी रचनाओं में अतिशयोक्ति और अतिरंजना नहीं है। उनका व्यंग्य ही उनका विरोध है। वह आधुनिक सत्ता का शालीन प्रतिपक्ष है।

श्रीलाल शुक्ल के व्यंग्य में किसी को आहत या क्षत विक्षत करने का दम्भ नहीं है। मंशा भी नहीं, लेकिन बात की टेढ़ी (त्रिभंगी) मुद्रा प्रत्येक रचना में है। कभी-कभी तो लगता है कि शर्त लगा कर वे किसी से भी पंगा ले सकते हैं। आशु व्यंग्य भी आखिर एक लोककला है। कहीं-कहीं उन्होंने अपनी रचना को परम्परागत 'क्लाइमेक्सनुमा' अंत भी दिया है। (घुड़सरी का कवि सम्मेलन) उनकी नजरों का पैनापन खुर्दबीन जैसा नहीं है कि 'विद्रूप' बड़े आकार में दिखाई दें। वे जस के तस हैं। श्रीलाल शुक्ल उन्हें केवल रेखांकित करते लगते हैं। व्यंग्य उनका स्वभाव है। यदि आज दरोगा ईमानदार होता, सरकार में सदाचार होता, डाकू, संत हो जाता तब भी वे आदर्श के आडम्बर

और ढोंग की खाल खींचते नजर आते। मानवीय मूल्यों के ह्रास और दुर्लभ होते जा रहे जीवनादर्शों की पीड़ा से प्रसूत 'व्यंग्य' किसी भी प्रकार की चिढ़, ईर्ष्या या चिड़चिड़ापन नहीं उपजाते। उनमें जीवन की एकपक्षीय आलोचना नहीं होती और वे अकस्मात हृदय परिवर्तन के औजार भी नहीं होते। श्रीलाल शुक्ल में लोकप्रियता के प्रति यदि सम्मोहन नहीं है तो केवल इसीलिए कि जिन चीजों से वे असहमत हैं, या जिनके विरोध में हैं, निजी कारणों से नहीं है। उनके 'व्यंग्य' तो उनके जन, उनके पाठकों की पीड़ा के प्रतिनिधि हैं। वे अवसाद या हताशा नहीं देते। देते हैं तो अपना गरेबां चाक करके देखने का अवसर देते हैं। अब तो 'व्यंग्य' इतना है जीवन में कि हम उसका निर्यात कर सकते हैं। श्रीलाल शुक्ल की रचनाएं वाचाल नहीं हैं। समाज की दुखती रग पर हाथ रखे हुए वे 'सेडिस्ट' भी नहीं लगते। उनमें संवेदना का स्पर्श है।

यह बात गौर करने लायक है कि तथाकथित राष्ट्रीय विकास के तामझाम के सामने श्रीलाल शुक्ल के ग्रामीण पात्रों की हैसियत 'होरी' जैसी है, जैसे यह विकास उनके लिए न हो। उनकी एक निजी शैली है, अपनी बात कहने की कि वह घटनाओं और रूपकों की मिमिक्री नहीं लगती। वहां जरूरी नहीं कि पात्रों के साथ कोई बंधा बंधाया कथानक भी हो। उनके ज्यादातर 'किस्सों' में हो चुकी वारदातों का 'रिइनेक्टमेण्ट' है। अनुकरण या अनुकृति से अलग उनमें पुनर्सृजन की मौलिकता है। वे विगलित करुणा का सहारा इसीलिए नहीं लेते कि कहीं उनके 'व्यंग्य' अतिरिक्त 'महिमायुक्त' न हो जायं।

सम्भवतः किन्ही अंदरूनी कारणों से ज्यादातर वे विषय नहीं संदर्भ चुनते हैं। वे अंतर्विरोधों के रेफरी हैं क्योंकि 'व्यंग्य' उनका 'इंटेन्शन' नहीं है। अतः उनका लक्ष्य केवल 'भेदना' नहीं है बल्कि पाठकों को अपने समय और स्थितियों की समीक्षा में शामिल करना है। वे उन दुर्लभ रचनाकारों में हैं, जिनके लेखन से साहित्य में व्यंग्य को विधा नहीं, एक शैली मानने का आग्रह बढ़ा।

उनकी रचनाओं में सामाजिक कुरूपता से सामना होता है। इस समाज की संवेदनहीनता से वे विक्षुब्ध हैं। नब्बे के दशक के लेखन में श्रीलाल शुक्ल विषयों व संदर्भों के विस्तार में गये हैं और अक्सर दैनिक खबरों की छानबीन करते लगते हैं कि देखो इनमें छेद यहां है। यूं कई जगह उनका लेखन, व्यंग्य की पगडंडी छोड़ कर सम्पादकीय सा भी हुआ है जहां वे प्रचलित मुद्दों और घटनाओं पर अपनी निजी और गम्भीर टिप्पणी करने में व्यस्त हो जाते हैं। (ईश्वर नहीं होगा/पर भूत रहेंगे/त्रेता से भी पहले/विलियम गोल्डिंग और मैं/एक राजनयिक प्रसंग)।

कदम-कदम पर गुदगुदी चाहने वालों को वे निराश करते हैं। वे किसी की निन्दा नहीं करते पर बख्शते भी नहीं। 'धूप छांह' की भूमिका में अपने गांव का परिचय देते हुए वे सारे गांवों का परिचय देते हैं। अच्छे खासे चल रहे विवरण या कहानी में, हलकी चपत मार देना उनकी विशिष्टिता है: "गाड़ी के ऊपर गुड़ भरा हुआ है। कुछ दूर दो छोकरे खड़े हैं। इसी गांव के हैं। जिस वजह से गाड़ी पर मक्खियां भिनक रही हैं,उसी वजह से छोकरे भी गाड़ी के पास जमे हैं। वे मक्खियों से ज्यादा समझदार हैं। चुपचाप खड़े हैं। मौके की ताक में हैं। मौका पहचानते हैं। राजनीति में जाने लायक हैं।" अब कथक के व्याकरण में कहें तो यह पूरा विवरण एक चक्करदार परन है, जो 'राजनीति में जाने लायक हैं' पर 'धा' मार कर अपना सम दिखाता है। श्रीलाल शुक्ल के व्यंग्य में यही लयकारी है। व्यंग्य के लोकगीतों व नृत्यों से बहुत दूर श्रीलाल शुक्ल ने व्यंग्य के जिन लोक नृत्यों की रचना की है उनमें 'शिवपालगंज' एक निराली ही बानगी लिए हैं। सरकारी संस्कृति द्वारा गांव के अपहरण की यह अपराध गाथा, अधिक अन्न उपजाओ और मलेरिया उन्मूलन अभियानों के पाखंड को उजागर करती है। 'शिवपालगंज' वहां स्वयं

व्यंग्य है। व्यवस्था वहां एक ढोंगी पात्र है। उनकी रचनाओं में ग्रामीण परिवेश इसीलिए ज्यादा हैं कि वह लेखक की 'कंडीशनिंग' और 'कैमिस्ट्री' से मेल खाता है। श्रीलाल शुक्ल अपने कृतित्व में गांवों के दुखों, उपेक्षा, तिरस्कार, शोषण और पतित होती जा रही स्थितियों के अधिकृत प्रवक्ता हैं। उनके संस्मरणों में दूसरी जगहें भी हैं। अपनी स्मृति में १६४५ को खंगालते हुए जब वे कहते हैं: "तब विश्वविद्यालयों में विद्यार्थी को देखते ही लफंगा मानने का चलन नहीं हुआ था" तो वे आज की लफंगई को लावण्यमय नहीं बनाते। पिछले विद्यार्थियों को कोसते हैं। छात्रों की अनुशासनहीनता कैसे रोकी जाय में उन्होंने जो व्यंग्यात्मक सुझाव दिये हैं, वे पहले ही अध्यादेश की तरह लागू हैं। यही वह कहना भी चाहते हैं कि क्या लफंगई के लिए सुझावों की जरूरत है? शुक्ल जी जब दुखती रग पर हाथ रखते हैं तो वे वीरोचित मुद्रा में नहीं होते। वे सिर्फ नरेटर हैं जो खिन्न भाव से व्यंग्य कर रहा है।

उनके कुछ शीर्षकों में भी कटाक्ष का कौशल है, जैसे: 'आधुनिक कविता में भक्तिकाल'। फर्जी बौद्धिकों और साहित्य के ऐतिहासिक धुरंधरों की गोपनीयता को भंग करते हुये, उन्हें निर्वस्त्र करने में श्रीलाल शुक्ल को अतिरिक्त श्रम नहीं करना पड़ता। 'मनीषी जी की एक रात' में पात्र स्वयं को नंगा करने के लिए प्रस्तुत है। श्रीलाल शुक्ल की प्रसंग आने पर नुकीली टिप्पणियां जड़ने में रुचि है: "जुए में दस-दस पैसे जीत्ने के लिये बांभन और चमार एक साथ कंधे से कंधा मिला कर मेहनत करते हैं।" यहां चूंकि 'जुआ' खेला जा रहा है अतः जाति, धर्म, वर्ग के भेद गायब हैं अनैतिक कार्य करने के लिए 'मेहनत' करने में। श्रीलाल शुक्ल का मंतव्य केवल वाणी मिठास नहीं है। वे तो सच का बटन दबाते हैं। उनके बोझिल व्यंग्य का नमूना 'बया बंदर रिसर्च स्कालर' जैसी रचनाएं हैं। वहां सारा खेल 'फुटनोट्स' का है। जटिल होने के बावजूद वह एक व्यंग्य प्रयोग है और शोधकार्यों की शुद्धता और प्रामाणिकता की छीछालेदर को सामने लाता है। 'अंगद का पांव' एक विनोदी रचना है। वहां पाठक, विदा देने आये व्यक्ति की तरह बड़ी 'एम्बेरेसिंग पोजीशन' में खुद को आइडेन्टीफाई करता है। यहां एक ऐसा सामाजिक सीन है, जिसमें हर कोई कभी न कभी शामिल जरूर रहता है। यद्यपि श्रीलाल शुक्ल को गांव ही अपने व्यंग्य की प्रिय लीलास्थली लगता है, किन्तु सरकारी ओहदे ने उन्हें सचिवालयी संसार और धूर्त व्यवस्था को देखने, छूने, परखने और भोगने के अवसर दिये। उन्होंने छल, कपट और सरकार के दैनिक भ्रष्टाचार को बहुत करीब और कायदे से देखा है। शायद वे इसी 'पाखंड' को देखने के लिए सरकारी अफसर बने हों। वे प्रशासक रहे, लेकिन अपने भीतर के परिवेश को नहीं बदला। उनकी जीवन शैली बदली मगर गुस्सा नहीं बदला। उन्होंने पद बदले पर प्रतिबद्धता नहीं बदली। गांवों और देहातों की दुर्दशा की पीड़ा का बखान उन्होंने 'भारतमाता ग्रामवासिनी' गा बजा कर नहीं किया। उन्होंने कुछ आदर्शों की कल्पना की और यथार्थ में उन्हें न पा कर क्षुब्ध हुए।

अपनी चिन्तन (विचार) धारा के प्रति श्रीलाल शुक्ल सचेत हैं। किसी खेमे में न होने की घोषणा करते हुए वे 'चिन्तनधारा' को एतराज के स्तर पर खारिज करते हैं। यूं उन्होंने अपने चिन्तन के लिए रेगिस्तान का उपमान चुना है, जिसमें वे गोते लगाते हैं, तैरते हैं, दौड़ते हैं। कभी-कभी नखलिस्तान भी पहुंच जाते हैं। रेगिस्तान की ठंडक में सो भी जाते हैं और दिन की तपिश में फिर चीखने लगते हैं। (मेरी चिन्तनेधारा) उनके शब्दों में: "मेरे चिन्तन की यही तस्वीर है। इसमें से अलग रेशे निकाल कर अपने विचारों की व्याख्या करना मेरे लिए उतना ही मुश्किल हो सकता है, जितना दूसरों के लिए मेरे उपन्यासों और कहानियों के घटाटोप में मेरे विचारों और मान्यताओं को बाहर खींच कर उन्हें नियोजित ढंग से पेश करना।" चिन्तन की कोई स्वतंत्र सत्ता है भी नहीं। वह जीवन व्यापार और सामाजिक रिश्तों की परिभाषा भर है। अपने बारे में भी उनका आकलन यही है: "सामाजिक असंगतियों और

जीवन की विकृतियों की बिना किसी लाग लपेट के शल्य क्रिया करना मुझे ज्यादा पसंद रहा है। .... इससे साहित्य के एक सामाजिक उद्देश्य की पूर्ति होती है। इसीलिए मेरी रचनाएं अधिकतर व्यंग्य विधा में हैं।'' श्रीलाल शुक्ल के अनुसार व्यंग्य विधा एक आनुषांगिक विधा है। इसे उसी स्तर पर विधा नहीं माना जा सकता जैसे कि कविता की विधा। जो भी हो, व्यंग्य लेखन प्रसंग में कभी-कभी साहित्य के उद्देश्य को नये सिरे से परखने की जरूरत जान पड़ती है। खास कर जब उसे हाशिया दिया जा रहा हो।

श्रीलाल शुक्ल ने सच कहा है कि, अखबारों और रेडियो वार्ता के संकलनों में उनके लेखन का 'पुरातात्विक कौतुहल' ही बचा है। रेडियो में तो यूं भी व्यंग्य को दंत नख विहीन हो कर जाना होता है। वहां 'सेफ सब्जेक्ट' चुने जा सकते हैं। ये बात दीगर है कि कुछ रचनाओं में श्रीलाल शुक्ल ने रेडियो के अंकुश को धता बता कर मनचाही टीपें मारी हैं। अपनी एक रेडियो वार्ता में उन्होंने हास्यकार को महाआनंद का प्रतीक माना है: ''मैंने पाया कि मैं दूसरों से ज्यादा नाराज रहता हूं और उन्हें हंसाने की जिम्मेदारी मेरी नहीं है। मेरा काम स्थितियों की तल्खी को, उनके कंटीलेपन को बराबर उभारते रहना है। इस आभार रहित साहित्यिक प्रक्रिया को विद्वान आलोचक व्यंग्य लेखन की संज्ञा देते हैं।'' श्रीलाल शुक्ल भी मानते हैं कि हास्यकार की दृष्टि भी सतही न हो कर सूक्ष्म और अंतर्भेदी हो सकती है, पर उस दृष्टि का कलात्मक उपयोग करने में एक सम्भ्रांति और एक प्रकार की राजनयिक औपचारिकता डिप्लोमेटिक प्रोटोकाल की जरूरत मानी जाती है, जो अभिव्यक्ति की सहजता और सदाशयता के खिलाफ पड़ती है। उनका कहना है: ''हास्यकार की चिरंतन भूमिका मुझे अपील नहीं कर पाती।'' यूं वर्षों पहले डा. नगेन्द्र ने हिन्दी में हास्य की कमी को खोज करके बता दिया था कि हिन्दी का गम्भीर होना व्यंग्य के लिये बांझ होना है। श्रीलाल शुक्ल को स्मित, हास्य से बैर या एलर्जी नहीं है। हिन्दी दिवस पर हिन्दी की हास्यास्पद स्थिति से ही उनकी यह व्यंग्योक्ति उभरी है: ''यह एक ऐसा ऐतिहासिक दिन है जब हिन्दी साहित्यकार मांग और पूर्ति के सिद्धांत पर दुर्लभ जंतु की श्रेणी में आ जाता है। जैसे, पितृपक्ष या नवरात्र में पुरोहित।'' 'शिक्षक दिवस' में भी चतुर्दिक मार का माहौल है।

हिन्दी व्यंग्य में श्रीलाल शुक्ल के कृतित्व को अलग रख कर जोशी, त्यागी, परसाई का भी अवदान नहीं आंका जा सकता। अपने लेखन में वे किसी नैतिक आचार संहिता के अभाव का रोना नहीं रोते, केवल अपनी बेचैनी प्रगट करते हैं। उनका तीखा व्यंग्य ही उन्हें गम्भीर बनाता है।

व्यंग्य लेख बनाम लेखों में व्यंग्य

अमिताभ खरे

स्थल	:	रेलवे स्टाफ कालेज बड़ोदरा
कालखंड	:	ईस्वी सन् १९९६ का उतरार्द्ध
पात्र	:	अखिल भारतीय सिविल सेवा परीक्षा उत्तीर्ण परिवीक्षाधीन अधिकारी
पात्र परिचय	:	इंजीनियरिंग, विज्ञान, चिकित्सा, कला (कुछेक साहित्य से भी), चिकित्सा आदि भिन्न-भिन्न शैक्षिणिक पृष्ठभूमि वाले युवक व युवतियों का बैच जो विभिन्न सेवाओं हेतु चयनित हो कर इस समय आधार प्रशिक्षण (फाउंडेशन कोर्स) के लिए बड़ोदरा में उपस्थित है।
सूत्रधार	:	प्रोफेसर प्रेमपाल शर्मा (स्वयं एक सुपरिचित कथाकार)
प्रसंग	:	साहित्यिक अभिरुचियों के सम्बंध में एक सर्वेक्षण
विषय	:	हिन्दीतर शैक्षणिक पृष्ठभूमि के युवा अधिकारियों के बीच सर्वाधिक लोकप्रिय हिन्दी पुस्तक।
उत्तर निष्कर्ष	:	राग दरबारी

शैली पर न जाएं। उपरोक्त विवरण पूर्णतः वास्तविक एवं यथार्थ है। इस प्रकार गैर हिन्दी शैक्षणिक पृष्ठभूमि वाले छात्रों के बीच श्रीलाल शुक्ल सर्वाधिक लोकप्रिय हिन्दी साहित्यकार माने गये और उनकी ख्याति का आधार हुआ 'राग दरबारी'। वर्षों पूर्व जब हम लोग भी कालेज में पढ़ते थे तब भी 'राग दरबारी' को हम सहपाठियों के बीच एक आप्त (Cult) ग्रंथ का 'स्टेटस' प्राप्त था। हमारी जबानों पर 'राग दरबारी' की स्थितियां व संवाद चढ़े रहते थे और अक्सर आपसी चर्चाओं और हंसी ठट्ठों में उसी के प्रसंगों को दोहराया जाता था। श्रीलाल शुक्ल

ने 'राग दरबारी' के अलावा क्या कुछ लिखा है। इसकी जानकारी हम लोगों में अधिकांश को नहीं थी।

जबकि वास्तविकता यह है कि 'राग दरबारी' के अतिरिक्त भी श्रीलाल शुक्ल का रचना संसार बहुत बिशद है। इसमें अन्य उपन्यासों के साथ— साथ उनके फुटकर लेखों व कहानियों का बहुत बड़ा योगदान है। उनके रचना जगत के इस पहलू का परिचय प्राप्त करने में इधर कुछ निम्नलिखित संकलन देखने का अवसर मिलाः

१. मेरी श्रेष्ठ व्यंग्य रचनाएं (१६७८) २. उमराव नगर में कुछ दिन (१६८६) ३. कुछ जमीन पर कुछ हवा में (१६६०) ४. आओ बैठ लें कुछ देर (१६६५) ५. अगली शताब्दी का शहर (१६६६) आदि।

इनमें 'उमरावनगर में कुछ दिन' कहानी संग्रह है। कुछ 'जमीन पर कुछ हवा में' तथा 'आओ बैठ लें कुछ देर' विभिन्न पत्र पत्रिकाओं में प्रकाशित उनके स्तम्भ लेखों तथा आकाशवाणी लखनऊ इलाहाबाद से प्रसारित उनकी वार्ताओं के संकलन हैं। अपनी प्रकृति के अनुरूप ही इनमें अधिकांश समसामयिक महत्व के विषयों पर लेखक की संक्षिप्त टिप्पणियां है। 'मेरी श्रेष्ठ व्यंग्य रचनाएं' तथा 'अगली शताब्दी का शहर' उनकी नयी पुरानी विविध रचनाओं के संग्रह हैं।

इन संकलनों के अध्ययन से कुछ भ्रम टूटे तथा कुछ बातें साफ हुईं। सबसे बड़ा भ्रम यही टूटा कि श्रीलाल शुक्ल एक व्यंग्य लेखक हैं और ये संकलित रचनाएं व्यंग्य लेख हैं। इनके पाठ का प्रारम्भ तो इसी प्रात्याशा से किया था कि व्यंग्य लेख पढ़ने जा रहा हूं। कुछ दूर तक पाठजन्य प्रतिक्रिया तथा इस प्रात्याशा में तालमेल बैठाने का भी प्रयास निरर्थक सिद्ध होने लगा। यह बात सामने आयी कि ये सारी रचनाएं 'व्यंग्य लेख' नामक एक श्रेणी में वर्गीकृत नहीं की जा सकतीं। मूलतः ये या तो निबंध हैं या कहानियां, संस्मरण व व्यक्ति चित्र हैं या यात्रा वृतांत। और अचम्भे की बात यह कि इनमें से कई रचनाएं बहुत गम्भीर लेखन का नमूना हैं, विषयवस्तु के चयन में गम्भीर, अपनी प्रस्तावना व आशय में गम्भीर तथा अंतिम विवेचना में भी गम्भीर। इस प्रकार श्रीलाल शुक्ल मुख्यतः एक क्रियेटिव गद्यकार के रूप में सामने आते हैं, मात्र सीमित व्यंग्यकार के रूप में नहीं। यह बात व्यंग्य तत्व की उपस्थिति या प्रधानता को नकारने के लिए नहीं कही जा रही, अपितु एक भ्रम के निवारण मात्र हेतु स्पष्ट की जा रही है। इन सभी रचनाओं में व्यंग्य उपस्थित है, अधिकांश तो व्यंग्य प्रधान रचनाएं ही हैं और इस प्रकार व्यंग्य तत्व की अनिवार्य उपस्थिति इन सभी विविध विधाओं में लिखी गयी रचनाओं को एकसूत्रता प्रदान करती है। परन्तु यहां व्यंग्य एक नजरिये, एक तकनीक तथा एक शैली के रूप में सामने आता है, एक स्वतंत्र विधा के रूप में नहीं।

इन संकलनों से श्रीलाल शुक्ल के रचना जगत की विविधता का भी विहंगम परिचय मिलता है। विधा व शैली चयन के संदर्भ में उपन्यास, कहानी, निबंध, संस्मरण व यात्रा वृत्तांत का उल्लेख ऊपर किया जा चुका है। आत्मवृत्त, पुस्तक समीक्षा, अनुवाद, शोध प्रबंध, शैली आदि के उल्लेखनीय उदाहरण इन संकलनों में सामने आते हैं। मेरी कथायात्रा के कुछ मोड़ में वे स्वयं कहते हैं, "अब यह न पूछिए कि उन दिनों मैंने क्या लिखा! पूछिए कि क्या नहीं लिखा! कविता छोड़ कर सब कुछ लिखा।" विषयवस्तु की दृष्टि से भी श्रीलाल शुक्ल का रचना जगत बहुत वैविध्यपूर्ण है। सलमान रशदी की मौत के फतवे जैसा अंतर्राष्ट्रीय मुद्दा हो या कांग्रेस का सूरजकुंड अधिवेशन, राजीव गांधी की पंचायती राज योजना या अयोध्या विवाद जैसे ज्वलंत समसामयिक राष्ट्रीय मसले; राजनीति, प्रशासन तंत्र व नौकरशाही में फैला भ्रष्टाचार व अकर्मण्यता हो; या सामाजिक क्षेत्र में; गांवों से शहरों को पलायन, दहेज, परीक्षाओं में नकल या मध्य वर्ग का मिथ्या आडम्बर व प्रदर्शनप्रियता आदि जैसे छोटे बड़े तमाम विषय, हर जगह यथार्थ से साक्षात्कार तथा यथार्थ का उद्‌घाटन उनका आग्रह रहा है।

(२)

उन्होंने हिन्दी साहित्य विषयक अनेक आलेख, टिप्पणियां व संस्मरण लिखे हैं। विभिन्न संकलनों में बिखरी यह सामग्री श्रीलाल शुक्ल की अपनी साहित्यिक धारणाओं व उनकी रचना यात्रा को स्पष्ट करती है। जैसे कि उन्हें कविता की रूमानियत, छायावादी, आदर्शवादी, यथार्थ के परे का भावुकता पूर्ण चित्रण सख्त नापसंद है। अपने खास व्यंग्यात्मक लहजे में इस प्रवृत्ति को वे 'सुबुक सुबुकवाद' की संज्ञा देते हैं।

उनकी रचना यात्रा की शुरुआत भी इसी 'सुबुक सुबुकवाद के' के विरोध में वर्ष १६५४ में 'स्वर्णग्राम और वर्षा' नामक निबंध से हुई थी। यह निबंध बुंदेलखंड के एक अत्यंत पिछड़े इलाके, राठ में तैनाती के दौरान, आकाशवाणी से प्रसारित वर्षामंगल के एक कार्यक्रम की प्रतिक्रिया स्वरूप लिखा था। बकौल श्रीलाल शुक्ल उस कार्यक्रम में एक "गांव का दृश्य था गांव में हरियाली थी, पवन पुरवाई थी, ऊदे-ऊदे बादल थे, हिंडोले थे, खिलखिलाती युवतियां थीं, बांके रंगीले, पर निहायत शरीफ छैले थे, ग्रामगीत थे, घुंघरू और कंगनों की खनक थी, देश और मल्हार के आलाप थे। गांव था पर वहां गरीबी नहीं थी, अभाव नहीं थे, अत्याचार और शोषण नहीं था, गंदगी, बीमारी, कुरूपता, हताशा, उदासी, कुछ भी नहीं थी। इस इकतर्फा तस्वीर ने मुझे उकसाया और मैंने बरसात में गांव की दुर्दशा पर 'स्वर्णग्राम और वर्षा' नामक एक व्यंग्य कथा लिख डाली! उसी से मैं लेखक बन गया।"

यथार्थ का यह कठोर धरातल उनकी वैचारिक एवं रचनात्मक यात्रा का एक स्थायी आधार रहा है। इसकी तलाश, इसकी पड़ताल तथा इसकी अभिव्यक्ति के लिए उपयुक्त शैली, भाषा, यहां तक कि चुनिन्दा शब्द भंडार की खोज की जद्दोजेहद उनकी रचनाओं में निरंतर देखने को मिलती है।

अपने पूर्ववर्ती साहित्य को देखने परखने में भी वे इसी दृष्टि का इस्तेमाल करते हैं। तभी वे वृंदावन लाल वर्मा के बहुचर्चित उपन्यासों की अपेक्षा १६३१-३२ में लिखे गये 'कुंडलीचक्र' का अधिक उल्लेख करते हैं, जिसमें दो चरित्र 'पैकू' और 'बुद्धा' प्रगतिशील लेखक संघ के गठित होने से पहले ही सर्वहारा दल के दो प्रौढ़ व कमजोर रंगरूटों की तरह सामने आते हैं। एक भयानक गर्म रात में "अपनी विषाक्त पीड़ा के साथ बार-बार प्रकट होने वाले और बार-बार अलक्षित हो जाने वाले अस्थिमात्र प्रेतों की तरह के ये दो चरित्र बार-बार हमारी सामाजिक चेतना पर हथौड़ा सा मारते हैं।" इसी दृष्टिकोण के चलते वे छायावादी, रहस्यवादी व मंचीय हालावादी रचनाकारों को एक साथ वर्गीकृत कर यह स्थापना देते हैं कि इन्हें छोड़ कर, १६४७ में भारत को आजादी मिलने तक के अधिकांश हिन्दी लेखक या तो आर्दशोन्मुखी यथार्थवादी रहे हैं या जाने अनजाने सामाजिक यथार्थ के पक्षधर। सामाजिक यथार्थ के प्रति यही आग्रह उन्हें प्रेमचंद का प्रशसंक बनाता है। वे मानते हैं कि "प्रेमचंद हिन्दी साहित्य जगत की एक पूर्व दृष्टांत रहित, अभूतपूर्व और विस्मयकारी घटना थे। हिन्दी का सौभाग्य है कि अपने आधुनिक विकास के आरम्भिक चरणों में से उसे प्रेमचंद जैसा रचनाकार मिला।" इन उद्धरणों से यह न माल लिया जाए कि वे प्रेमचंद के अंधभक्त हैं। दरअसल उनकी जैसी बुनावट का व्यक्ति किसी का अंधभक्त हो ही नहीं सकता। प्रेमचंद के रचना संसार को भी उन्होंने क्रिटिकल निगाह से भी देखा है।

यथार्थ के प्रति उनकी सुविचारित पक्षधरता की पृष्ठभूमि में अज्ञेय, निर्मल वर्मा, नरेश मेहता जैसे साहित्यकारों के सम्बंध में उनकी यह टिप्पणी स्वाभाविक ही है कि ये लेखक "सुपरिचित यथार्थपरक परिवेश में भी अपनी दुरुह

चिन्तना से पाठक को कभी-कभी एक अस्पष्ट, अपरिचित रास्ते में पहुंचा देते हैं। उनके और साधारण पाठक के बीच एक दीवार सी है, वह ज्ञान और अज्ञान के बीच की नहीं जनसाधारण के दैनंदिन संकटों और सूक्ष्म दार्शनिकता की है, जो एक को दूसरे से काटती है।" (हिन्दी कथा साहित्य और सामाजिक यथार्थ)

श्रीलाल शुक्ल ने कई महत्वपूर्ण साहित्यकारों पर संस्मरणात्मक समीक्षात्मक लेख भी लिखे हैं जिनमें उनकी सूक्ष्म अंर्तदृष्टि तथा गहन विश्लेषण क्षमता का साक्षात्कार होता है। उन्होंने इन साहित्यकारों की रचनाओं को खूब पढ़ा है, गहराई से पढ़ा है और आत्मसात किया है, फिर अपने स्पष्ट नजरिए और प्रौढ़ अभिव्यक्ति के सहारे इन साहित्यकारों के व्यक्तित्व व कृतित्व की बारीकियों को संतुलित, सधे ढंग से हमारे सामने लाये हैं। हिन्दी साहित्य के अध्येताओं के लिए श्रीलाल शुक्ल की ये मूल्यांकन बोध युक्त संक्षिप्त टिप्पणियां महत्वपूर्ण सिद्ध हो सकती हैं। वृंदावन लाल वर्मा, अमृत लाल नागर, भगवती चरण वर्मा, देवी शंकर अवस्थी पर लिखी गयी, उनकी टिप्पणियां विशेष रूप से उल्लेखनीय हैं।

(३)

समकालीन भारतीय समाज के सामने उपस्थित तमाम-तमाम ज्वलंत समस्याओं और उलझे हुए सवालों के विश्लेषण में श्रीलाल शुक्ल अपनी यथार्थपरक पैनी नजर, अध्ययनशील प्रकृति और गम्भीर चिन्तन क्षमता का बखूबी इस्तेमाल करते हैं। इसका उत्कृष्ट उदाहरण 'एक बैचन रिश्ता : सत्ता और संस्कृति' (कुछ जमीन पर कुछ हवा में) नामक लेख में देखने को मिलता है, जिसमें एक अत्यंत संवेदनशील व विवादास्पद मामले की विचारोत्तेजक समीक्षा की गयी है। सत्ता तंत्र और संस्कृति के बीच कैसा रिश्ता हो! रिश्ता हो भी या एकदम न हो! इस प्रश्न के एक छोर पर जहां टी.एस. इलियट की यह धारणा उद्धृत है कि "संस्कृति का विकास मानवीय हस्तक्षेप द्वारा नहीं, उसकी मूल प्रकृति के अनुकूल स्वयंचालित होना चाहिए", वहीं दूसरी ओर स्टेटिज्म की बढ़ती प्रवृत्ति, प्रचार माध्यमों, कानूनों और कार्यकारी नीतियों के सहारे नागरिक जीवन के हर पहलू में राजसत्ता के बढ़ते हस्तक्षेप के परिप्रेक्ष्य में नौकरशाही द्वारा कला बाजार में दलाल की हैसियत से, 'इम्प्रेसारियों' की तरह दखलंदाजी, मूल्यांकन व श्रेणी निर्धारण जैसे आये दिन की फूहड़ हरकतों का भी उल्लेख है। इन प्रसंगों में नौकरशाही की मूर्खता और धूर्तता के दुष्परिणामों की तरफ तो श्रीलाल शुक्ल इंगित करते ही हैं, साथ ही वे एक छिपे हुए बड़े खतरे की ओर भी ध्यान आकृष्ट करते हैं। वे बताते हैं कि सत्ता तंत्र कोई भी काम केवल 'कारणीयता के कारण ही कार्य है' के सिद्धांत पर नहीं करता। उसके हर काम के पीछे स्पष्ट राजनैतिक, आर्थिक व सामाजिक उद्देश्य होते हैं। संस्कृति के एक बड़े, व्यापक दायरे को सरकारी इलाके में खींचने और उसे सत्ताविरोध या विपक्ष का हथियार बनने से बचाने, तथा निहित राजनैतिक स्वार्थों की पूर्ति के लिए दूरदर्शन व आकाशवाणी का दुरुपयोग आदि इसके प्रत्यक्ष उदाहरण हैं। वस्तुस्थिति की व्यावहारिकता उन्हें इस प्रश्न का हल, इन दो परस्पर विरोधी विपरीत ध्रुवों के बीच खोजने के लिए प्रेरित करती है।

भारी संख्या में लोगों का गांवों से शहरों की ओर प्रस्थापन आज हमारे देश की एक प्रमुख समस्या है, जो नगरों में अनियंत्रित दिकास, झुग्गी झोपड़ी से ले कर कानून व्यवस्था तक के अनेक सामजिक व नागरिक प्रश्न पैदा कर रही है। 'गांवों से शहर की ओर क्यों क्या महत्वाकांक्षा के कारण' शीर्षक लेख में श्रीलाल शुक्ल इन्हीं प्रश्नों से दो चार होते हैं। पहला प्रश्न तो यह कि शहरों की ओर भागने वाले ग्रामीण कौन हैं, किस वर्ग के हैं? इनमें सबसे

पहले तो बढ़ती हुई आबादी और छोटी होती जोतों के चलते भूमिहीन होते जाते किसान तथा बेरोजगार खेतिहर मजदूर हैं, जो मजबूरी में जीवन यापन के लिए शहर को भागते हैं। दूसरा वर्ग आलसी रईसों का है, जिनकी सम्पत्ति खत्म हो चुकी है। गांव में इनकी दुकान का दीवाला पिट चुका है। एक और वर्ग वर्तमान नवशिक्षितों का है जो ग्रामीण शिक्षालयों की देन है। इनका मन गांव से बिचक चुका है। घर पर रह कर अपने पारिवारिक व्यवसाय में अपनी शिक्षा को प्रयुक्त करने की बजाय इन्हें शहर में सिनेमाघर में द्वारपाल का कार्य करना ज्यादा गौरवपूर्ण जान पड़ता है। दूसरा सवाल इनके शहर में खपने का है। ये तो शहरों में आ जाते हैं, दो वक्त की रोटी भी जुटा लेते हैं, पर मन से वहां विस्थापित जैसे ही रहते हैं। अगला प्रश्न इन अजनबी आगंतुकों के प्रति शहर के रवैये का है। शहर के आर्थिक जीवन में तो ये खप गये हैं, रिक्शा चलाते हुए या दूध बेचते हुए, परंतु वहां के सामाजिक जीवन ने इन्हें स्वीकार नहीं किया। और ये शहर में एक सामाजिक असंगति बने रह जाते हैं।

'होरी और उन्नीस सौ चौरासी' (कुछ जमीन पर कुछ हवा में) में ग्रामीण ऋणग्रस्तता जैसी व्यापक समस्या के विभिन्न पहलुओं का विशद विश्लेषण है। तकनीक के तौर पर इस लेख में प्रेमचंद के 'गोदान' तथा जार्ज आरवेल के '१६८४' का रूपकों की तरह प्रयोग किया गया है। १६३४-३५ में प्रेमचंद के होरी की ऋणग्रस्तता के दुष्परिणाम कम भयावह न थे, परंतु परिचित सामाजिक पृष्ठभूमि में वह उतनी छद्म व दोहरी चोट नहीं करती थी, जितनी आज के होरी के सामने मुंह बाए खड़ी द्वैध ऋणग्रस्तता। आज की ग्रामीण ऋण व्यवस्था दो पायों पर खड़ी है। एक ओर खेतिहर ऋण है जिसे विकासपरक ऋण भी कहा जाता है, और जो बीज, सिंचाई के साधन, पशुपालन या कृषि उपकरणों की खरीद के लिए शिविर लगा कर, जरूरत, बेजरूरत ग्रामीण किसानों व खेतिहर मजदूरों के सर मढ़ दिया जाता हैं, जिसमें से दो तिहाई ग्रामसेवकों, विकास अधिकारियों, शाखा प्रबंधकों की जेब में चला जाता है 'जिससे वे ट्रक खरीदते हैं और शहर में कोठियां बनाते हैं' और शेष होरी जैसे अभागों को ऋणी बनाने के काम आता है। दूसरा असली ऋण बिरादरी में बेइज्जती से बचने के लिए, मुंडन, छेदन, ब्याह, गौना, दसवां, तेरही आदि रस्मों को निपटाने के लिए हर हालत में लेना पड़ता है, परंतु जिसके लिए बैंकों व सरकारी संस्थाओं में कोई व्यवस्था नहीं है, और जिसके लिए मजबूरन होरी को फिर से दुलारी सहुआइन, पं. दातादीन और मगरू साह की संतति के पास जाना पड़ता है। पर ये नये साहूकार अब गांव में नहीं रहते, वहां के सामाजिक जीवन का अंग नहीं हैं। डकैतों के डर से ये शहर में आ गये हैं, साहूकार मोहल्ले में भव्य मकान बना कर रह रहे हैं और उनकी शर्तें मगरू साहू की शर्तों से भी ज्यादा भयानक हैं।

'राजनीतिज्ञों की पंचायत' (कुछ जमीन पर कुछ हवा में) में स्वतंत्र भारत में अराजनीतिक, विकासपरक नेतृत्व की शुरुआत करने वाली पंचायतों को निष्क्रिय बनाने में सत्तारूढ़ पार्टी के ग्रामीण कार्यकर्ताओं तथा निरंकुश, नौकरशाही की मिलीभगत और ग्रामीण विकास के क्षेत्र में पंचायतों के माध्यम से स्थानीय पहल व भागीदारी के स्थान पर बैंक मैनेजर, सरकारी दलाल, लाभार्थी के तिगड्डे के सहारे फैलते भ्रष्ट सत्तातंत्र के शिकंजे जैसे उलझे हुए पहलुओं की गम्भीर विवेचना की गयी है।

(३)

श्रीलाल शुक्ल वस्तु, व्यक्ति, विचार या स्थिति के आवरणों की पर्त दर पर्त हटाते हुए उसके मर्म तक पहुंच जाते

हैं। यह यथार्थ आग्रही, उद्घाटन प्रवृत्ति रचनाकार के रूप में उनकी सबसे बड़ी पहचान है। और उनके व्यंग्य को समझने की भी महत्वपूर्ण कुंजी है। ऊपर 'स्वर्णग्राम और वर्षा' का उल्लेख किया जा चुका है। उससे स्पष्ट है कि अपनी रचना यात्रा के प्रारम्भ से ही वे किसी भी प्रकार के छद्म आवरण या पाखंड के सख्त खिलाफ रहे हैं। फिर हमारा आज का भारतीय परिदृश्य तो न जाने कितनी तरह के पाखंडों, मुखौटों, छद्म वाग्जालों का गोरखधंधा बना हुआ है, जिसके हर क्षेत्र में सही, गलत, कैसा भी, समर्थ हो, सामूहिक संसाधनों का लहू चूस-चूस कर स्वस्थ, समृद्ध, सम्भ्रांत और सुंदर बनता जा रहा है। ऐसा परिदृश्य हो, श्रीलाल जी की जैसी बुनावट वाला चितेरा हो और उनके जैसा अनुभव, अध्ययन संपन्न हो तो उसके 'पैलेट' में खीझ और नाराजगी के चटख रंग तथा उसकी तूलिका के प्रत्येक स्ट्रोक में व्यंग्य की तीखी, चोटीली चमक मिलना स्वाभाविक है। वे स्वयं कहते हैं: ''व्यंग्य आधुनिक जीवन और आधुनिक लेखक का एक अभिन्न अस्त्र और अनिवार्य शर्त है।''

अब इस प्रसंग में यह जानना महत्वपूर्ण हो सकता है कि आधुनिक जीवन के वे कौन से विशिष्ट पक्ष हैं जो अपनी विसंगतियों के चलते श्रीलाल शुक्ल को व्यंग्य के प्रति प्रेरित करते हैं। यह सवाल हमें उस धरातल पर ले जाता है जहां, स्वतंत्र भारत की अस्सी से पचासी फीसदी आबादी गांवों, कस्बों और छोटे शहरों में रहते हुए सत्तातंत्र के निम्नतम (द्विअर्थी प्रयोग) पायदानों से प्रत्यक्ष रूप से दो चार होती है। आम नागरिक के दैनंदिन जीवन में बढ़ते सरकारी हस्तक्षेप के माहौल में स्थानीय नेता, नौकरशाह व बाबू लोगों की बन आयी है। हर ओर भ्रष्टाचार और अकर्मण्यता का बोलबाला है। इस तंत्र की विकृतियों के उद्घाटन में श्रीलाल शुक्ल के व्यंग्य की सूक्ष्म प्रेक्षण क्षमता का बेमिसाल नमूना देखने को मिलता है।

धुंधलके में समाज सेवा (कुछ जमीन पर कुछ हवा में) के जज साहब, मां आनंदमयी, पवहारी बाबा, राम शंकर शास्त्री एम.ए. (राज ज्योतिषी), डी.के. कश्यप (योगिक थिरेपी इंस्टीट्यूट के डायरेक्टर), जस्टिस करामत हुसैन, मिथिलेश्वरी देवी (बेवा और अमीर सास) और उनकी कन्या भुवनेश्वरी देवी (बहू जी) के भक्त थे। उनका चेहरा योग और विवाहित आनंद की चलती फिरती होर्डिंग था और उनके डैडी ने समझाया था कि ''अगर बाथरूम घर से बाहर हो तो वहां जाने के पहले भी टाई लगा लेनी चाहिए।''

इसी तर्ज पर 'कुत्ते और कुत्ते' शीर्षक व्यंग्य कथा (मेरी श्रेष्ठ रचनाएं) में इनकमटैक्स महकमे के एक ऊंचे अफसर, असली नाम जी. प्रसाद, असली रूप घिर्राऊ प्रसाद उर्फ एक डाग लवर हैं। वे दस साल पहले तक सिर्फ अपने दफ्तर की बात करते थे या अपने ससुर की, जो रेलवे में ऊंचे ओहदे पर थे; पर बाद में अचानक, एक बुद्धिमान, उद्यमी, युवा व्यापारी के चक्कर में आ कर कुत्तों की बात करने लगे और 'डाग लवर' बन बैठे। वह युवा व्यापारी बड़ा चतुर सुजान था उसे मालूम था कि 'अफसरों के यहां फूल पौधों, पिछली रात क्लब में सुनी गयी कव्वालियों, बाबा बेबी की अंग्रेजी कविताओं, कब्जियत की दवाओं, पपलू और फ्लश के दांव पेंचों, फौज से कम कीमत पर उड़ायी गयी स्काच व्हिस्की की बोतलों, जमाना बड़ा खराब लगा है और ईमान की मौत की तोता रटंत आवृत्तियों और बंगले की पालतू कुत्ते बिल्लियों की बात करने पर उसे घर का आदमी शुमार किया जाएगा। इस चतुराई का बखूबी इस्तेमाल करते हुए उसने जी. प्रसाद की आरम्भिक अनिच्छा को बड़े धैर्य, संयम और लगनशीलता से तोड़ दिया और उन्हें एक उम्दा कुत्ता भेंट कर दिया, फिर उसकी कुतिया हर दूसरे महीने पिल्ले पैदा करने लगी जो जी. प्रसाद जी के घर आने लगे और वहां से उनके परिचितों, मित्रों, रिश्तेदारों के यहां भी पहुंचने लगे। देखते-देखते श्री जी. प्रसाद कुत्तों के विशेषज्ञ बन गये, सभा सोसाइटियों में व्याख्यान देने और श्वान

प्रतियोगिताओं में पुरस्कार देने जाने लगे। एक प्रकाशक व्यापारी ने एक 'घोस्ट राइटर' एवं अपनी सुंदर स्टेनो की व्यवस्था कर दी और जी. प्रसाद की कुत्ता विषयक प्रतिभा कलमबद्ध हो कर, छप कर, सजिल्द एक 'डाग लवर' के नाम से बाजार में आने लगी।

यह व्यंग्य कथा जहां हमें गुदगुदाते हुए नौकरशाही की सम्भ्रांतता के आवरण में छिपी टुच्ची लोलुपता और मुफ्तखोरी पर तीखी चोट करती है; वहीं 'मियां की जूती मियां के सर' (मेरी श्रेष्ठ व्यंग्य रचनाएं) तथा 'उमराव नगर में कुछ दिन' रचनाएं नगर विकास प्राधिकरणों के बहाने शहरातू बस्तियों के बसने और जंगल दफ्तरों के बहाने जंगलों के विनाश जैसे बड़े गोरखधंधों की पोलपट्टी का खुलासा करती हैं। 'उमराव नगर में एक दिन' एक अत्यंत महत्वपूर्ण एवं अलग से स्वतः सम्पूर्ण विवेचना की अपेक्षा रखने वाली उल्लेखनीय रचना है जो अनेक उप शीर्षकों के जरिए किस्सा दर किस्सा विस्तार पाने वाली, अरेबियन नाइट्स की कथा शैली का प्रयोग करती है। इसमें सरकारी नियोजन के चलते, तरह-तरह के विभागों और नये-नये कारपोरेशनों के खुलने बढ़ने, कृत्रिम, परोपजीवी कस्बों नगरों के उठ खड़े होने और उनमें पनपने वाले, बिचौलियों दलालों की संस्कृति में रंगे मध्यम वर्ग द्वारा सामूहिक राष्ट्रीय संसाधनों के निरंतर नियमित दोहन के गहरे छिपे, बेहद जटिल, संश्लिष्ट सूत्रों की विस्मयजनक पड़ताल एक सर्जन की बारीकी और सफाई के साथ की गयी है।

ये दो छोर हैं श्रीलाल जी के व्यंग्य संसार के। एक ओर कोमल नर्म हास्य की परतों के सहारे पाठक को गुदगुदाते हुए समकालीन समाज की विसंगतियों पर कटाक्ष है, तो दूसरी ओर व्यंग्य की क्रमशः तीखी होती हुई धार व्यापक व्यवस्था के दूर-दूर तक फैले प्रकट व छद्म पायों को, उनके घातक षडयंत्रों को बेनकाब करती है। श्रीलाल शुक्ल की व्यंग्य यात्रा भी उनकी रचना यात्रा के साथ साथ अधिकाधिक विश्लेषणपरक और खीझ भरी होती गयी है। वे स्वयं स्वीकार करते हैं कि उन्होंने प्रारम्भ में कुछ हास्य रचनाएं लिखी थीं परन्तु धीरे-धीरे हास्य की शिष्टता और नर्मी से उनका मोहभंग होने लगा क्योंकि जिस व्यवस्था की पड़ताल वे कर रहे थे उसकी विद्रूपताएं कहीं अधिक हिंस्र और घातक थीं। उनके रचनाकार में क्रमशः खीझ और नाराजगी के तत्व बढ़ते गये हैं अब वे हंसाते नहीं, उफनते और चोट करते हैं। सीधी चोट। श्रीलाल शुक्ल के ही शब्दों में "हास्यकार के मनोदेश का सहज सुख एक व्यंग्य लेखक की कलम से घबड़ा कर, कुछ दिन मेरे पास रह चुकने के बाद, अजनबी रास्तों से निकल गया है। मेरे चारों ओर सिर्फ नाराजगी और खीझ का माहौल बचा है।" व्यंग्य की पाश्चात्य शास्त्रीय परम्परा के संदर्भ में विचार करने पर, रोमन सैटायर के दो महास्तम्भों होरेस और ज्यूवेनल के बीच फैले विशाल व्यंग्य क्षेत्र में वे ज्यूवेनल के अधिक निकट बैठते हैं। ज्यूवेनल भी अपने समय के समाज के अधोपतन और टुच्चेपन से सख्त खफा था और कठोर अनुशासनज्ञ की भांति हर विकृति के लिये चाबुक फटकारता खड़ा मिलता था।

पंडित श्रीलाल शुक्ल

रवीन्द्र कालिया

मैं हिन्दी के उन खुशनसीब लेखकों में हूं, जिसने श्रीलाल जी के साथ जम कर दारू पी है, डांट खायी है और उस से कहीं ज्यादा स्नेह पाया है। जाने मुझ पर क्या भूत सवार होता था कि दूसरे पेग के बाद ही मैं 'परिमल' का प्रसंग छेड़ देता। मेरी मान्यता है कि 'परिमल' ने हमेशा कथा साहित्य को द्वितीय श्रेणी की विधा माना है। 'परिमल' के कहानी सम्मेलन से यह बात स्पष्ट भी हो गयी थी। मेरे यह कहते ही कि श्रीलाल जी पर परिमल का गहरा प्रभाव रहा है, उनके तमाम मित्र परिमलियन थे, वे उन्हें हमेशा जीवन से कटे हुए जासूसी उपन्यास लिखने को प्रेरित करते रहे और जब 'राग दरबारी' प्रकाशित हुआ तो तमाम परिमलियनों ने उपन्यास को खारिज कर दिया। श्रीलाल जी के तन बदन में आग लग जाती। उनके हाथ में डंडा नहीं होता था, वरना वह मुझे पीट देते। इसी क्रम में वह मुझसे बहुत बुरा भला भी कह जाते। श्रीलाल जी में मुक्त कंठ से जितनी प्रशंसा करने की उदारता है उससे कहीं अधिक फटकारने की भी। हम दोनों कुतर्कों पर उतर आते। एक सीमा के बाद मैं सिर्फ चुप रह सकता था, श्रीलाल जी के प्रति मन में एक सराहना का भाव भी था, उर्दू का सहारा लिया जाए तो कहा जा सकता है कि मैं उनका मुद्दाह था। दारू के नशे में मैंने कभी छोटे बड़े की भी परवाह नहीं की थी, मगर श्रीलाल जी की भोली उत्तेजित सूरत के आगे मेरी बोलती बंद हो जाती। शराब के नशे में शायद ही कभी ऐसा हुआ हो कि मैं चुप रह जाऊं। एक बार तो नरेश सक्सेना के यहां उन्होंने जी भर कर फटकारा और बगैर खाना खाये विदा हो गये। नशे में हुए तकरार अक्सर मुझे सुबह तक याद नहीं रहते थे। सुबह तक मैं सामान्य हो जाता और सोचता श्रीलाल जी भी इस प्रसंग को दुःस्वप्न की तरह भूल चुके होंगे! मगर ऐसा नहीं होता था। मेरे इलाहाबाद लौटते ही कुछ दिनों बाद श्रीलाल जी का स्नेह

भरा पत्र प्राप्त होता कि उम्मीद है मैंने उनकी बात का बुरा न माना होगा, वगैरह-वगैरह।

मगर यह नोक झोंक कभी हमारे सम्बंधों में आड़े नहीं आयी। हम लोग जब-जब मिले, सामान्य रूप में ही। 'बिस्रामपुर का संत' उपन्यास के कुछ अध्याय श्रीलाल जी ने इलाहाबाद में ही लिखे, हमारे घर के पास ही आवास विकास के एक गेस्ट हाउस में। श्रीलाल जी के माध्यम से मेरा परिचय उनके मित्र एस.एन. वाजपेयी से हुआ। उन्हें राग दरबारी जैसे आज भी कंठस्थ है। वह एक उच्च अधिकारी हैं, मगर अपने को रंगनाथ से कम नहीं समझते। उन्हें श्रीलाल जी की कोई बात पसंद न आती तो कहते, मुझे आशा नहीं थी कि रंगनाथ का सर्जक ऐसा व्यवहार करेगा। वाजपेयी जी आज भी श्रीलाल जी के मित्र हैं, रंगनाथ आज भी उनकी नस-नस में प्रवाहित है और रंगनाथ अपने सर्जक से प्रायः खफा भी हो जाता है। रंगनाथ कभी ऐसा समझौता न करता, या रंगनाथ से ऐसी उम्मीद नहीं की जा सकती थी, अपनी बात वह रंगनाथ के चरित्र के माध्यम से ही स्पष्ट करते। इलाहाबाद में श्रीलाल जी वाजपेयी जी के मेहमान थे। गिरिजा जी भी उनके साथ आयी हुई थीं। लखनऊ में किसी पारिवारिक उलझन से क्षुब्ध हो कर मियां बीवी इलाहाबाद चले आये थे। गिरिजा जी पक्षाघात के हल्के से झटके से उन्हीं दिनों उबरी थीं। वह दिन भर विश्राम करतीं और श्रीलाल जी उपन्यास में जुटे रहते। शाम को गिरिजा जी को सहारा देते हुए वह टहलने निकलते तो प्रायः हमारे यहां भी चले आते। श्रीलाल जी एक शिशु की तरह गिरिजा जी की देखभाल करते। कभी कभार ममता, मैं, वसु, यश आदि गेस्ट हाउस में चले जाते। श्रीलाल जी के सान्निध्य का आनंद उठाते और साहित्य, जीवन, जगत, नौकरशाही, राजनीति पर उनकी बेबाक टिप्पणियां सुनने को मिलतीं। श्रीलाल जी अपने 'फार्म' में हों तो उनसे बेहतर साहचर्य की कल्पना नहीं की जा सकती।

'सृजन के सहयात्री' में मेरा श्रीलाल जी पर भी एक संस्मरण प्रकाशित हुआ है। उस संस्करण की शुरुआत कुछ इस प्रकार होती है:

"लखनऊ में मेरे एक आई.ए.एस. मित्र हैं, एक बार उनसे मिलने उनके निवास स्थान पर गया। बाहर एक चौकीदार तैनात था। मैंने उससे पूछा, "साहब हैं?"

"हां हैं।"

"क्या कर रहे हैं?"

"शराब पी रहे हैं।" उसने निहायत सादगी से जवाब दिया। श्रीलाल शुक्ल जब इलाहाबाद नगर निगम के प्रशासक थे, तो अक्सर उनसे भेंट होती थी, उनका चौकीदार भी कुछ-कुछ लखनऊ के मित्र के चौकीदार जैसा था। एक बार उनसे मिलने गया और चौकीदार से यह पूछने पर कि श्रीलाल जी घर पर हैं या नहीं, उसने बताया, "साहब हैं।"

"क्या कर रहे हैं?" मैंने पूछा।

"बाहर बागीचे में बैठे हैं और टकटकी लगा कर चांद की तरफ देख रहे हैं।" उसने बागीचे की ओर संकेत करते हुए कहा।

इसी प्रकार लखनऊ में श्रीलाल जी के एक अन्य पड़ोसी से भेंट हुई थी। वे भी वरिष्ठ प्रशासनिक अधिकारी थे। श्रीलाल जी की तरह ही मस्त मलंग। शाम को छह सात बजे घर से गाड़ी ले कर निकले और रात बारह बजे तक न लौटे। परिवार के तमाम लोग परेशान हो उठे। उनके मित्रों के यहां फोन किये गये लेकिन उनका अता पता नहीं मिल रहा था। तमाम रेस्तरां और 'बार' देख डाले, निराशा ही हाथ लगी। आखिर पुलिस को सूचना दी गयी।

पुलिस भी सक्रिय हो गयी। वायरलेस से तमाम थानों को इसकी सूचना प्रेषित कर दी गयी। खबर मिलते ही कुछ पत्रकार भी उनके निवास पर पहुंच गये। रात भर अटकलों का बाजार गर्म रहा। कुछ लोग किसी माफिया सरगना का नाम ले रहे थे कि जब वे गृह मंत्रालय से सम्बद्ध थे तो एक माफिया सरगना को पकड़वाने में अहम भूमिका निभायी थी। कुछ लोग उसे किसी प्रेम प्रसंग से जोड़ रहे थे। रात भर प्रशासन परेशान रहा, पुलिस सक्रिय रही। भोर होने पर पाया गया कि उनका गैरेज खुला है। गैरेज में कार भी है और कार में वह भी हैं। स्टीयरिंग पर माथा टेके इत्मीनान से सो रहे हैं।

''जब जब श्रीलाल जी का ख्याल आता है, ये दोनों घटनाएं जेहन में कौंध जाती हैं।''

संस्मरण प्रकाशित होते ही श्रीलाल जी का एक पोस्टकार्ड मिला। मुझे हमेशा उनका पोस्टकार्ड ही मिला है। लगता है हिन्दी के तमाम व्यंग्य लेखक पोस्टकार्ड का ज्यादा इस्तेमाल करते हैं। रवीन्द्र नाथ त्यागी का पत्र भी हमेशा पोस्टकार्ड पर ही मिला है। और भी अनेक लेखकों की पोस्टकार्ड पर अनन्य आस्था है, उनकी लम्बी फेहरिस्त है। गनीमत यही है कि श्रीलाल जी ने अपने नाम पते की रबर स्टैम्प नहीं बनवा रखी वर्ना कई लेखक तो अपठनीय रबर स्टैम्प चस्पां किये बगैर पत्राचार नहीं कर पाते। शायद वे थोक में पत्र लिखते हों। श्रीलाल जी का उक्त पोस्टकार्ड मेरे आसपास नहीं है वरना मैं यहां उद्धृत करता। उस पोस्टकार्ड का लब्बोलुबाब यह था कि मैंने श्रीलाल जी की शील रक्षा की कसरत अनावश्यक ही की, अगर मैं उनके काल्पनिक मित्र की आड़ न ले कर सीधे-सीधे ये प्रसंग उनके नाम से लिख देता तो उनकी छवि पर कोई बट्टा न लग जाता।

वास्तव में श्रीलाल जी हिन्दी के उन लेखकों में हैं, जिन्हें अपने प्रति कभी कोई गलतफहमी नहीं रही। इस दृष्टि से अपने प्रति उनका दृष्टिकोण अत्यंत वस्तुपरक है। मैंने पाया है कि जरूरत से ज्यादा तारीफ से भी वह क्षुब्ध हो जाते हैं और आलोचना से भी। वह खुद ही अपना मूल्यांकन करते रहते हैं। लखनऊ में पहल सम्मान के अवसर पर मैंने इस बात को रेखांकित किया था कि उनकी यथार्थपरक गहरी समझ के बावजूद प्रगतिशील और रूपवादी दोनों खेमों के समीक्षकों ने 'राग दरबारी' के साथ न्याय नहीं किया था। श्रीलाल जी को समीक्षकों का पूर्वाग्रह नहीं, मेरी बात खल गयी। उन्होंने अध्यक्षीय भाषण में कहा, ''रवीन्द्र कालिया मुझे जितना उपेक्षित लेखक मान रहे हैं, उतना मैं हूं नहीं।'' मेरा कदापि आशय यह नहीं था कि श्रीलाल जी हिन्दी के इतने उपेक्षित लेखक हैं कि इन्हें 'पहल' सम्मान दिया जाना चाहिए।

वास्तव में जिन दिनों राग दरबारी प्रकाशित हुआ था, उन्हीं दिनों अनायास इलाहाबाद में खुसरोबाग के निकट मेरी उनसे प्रथम भेंट हुई थी। इस बात को भी तीस बरस हो चुके हैं। उन दिनों 'राग दरबारी' चर्चा में आया ही था और उस पर तरह-तरह की विचित्र किस्म की समीक्षाएं प्रकाशित हो रही थीं। मार्कण्डेय ने 'कथा' में श्रीपत राय की समीक्षा प्रकाशित की, जिसका शीर्षक था 'बहुत बड़ी ऊब का महाग्रंथ'। श्रीपत जी ने उपन्यास के परखचे उड़ा दिये थे। मैं उन दिगों अश्क जी के यहां रहता था। अश्क जी ने उपन्यास पढ़ने के लिए मुझे दिया। मैं रात भर जग कर पूरा उपन्यास पढ़ गया। बदलते हुए भारतीय गांव का ऐसा सटीक चित्रण इससे पूर्व न हुआ था। लंगड़ की त्रासदी देर तक मन को सालती रही। मैंने छूटते ही श्रीलाल जी से उपन्यास की भूरि-भूरि प्रशंसा की। वे आश्चर्यचकित से मेरी तरफ देख रहे थे, क्योंकि उनके मित्रों और 'परिमल' के सदस्यों की राय ठीक इसके विपरीत थी। उनके लिए शायद 'परिमल' के सदस्यों की राय अधिक महत्वपूर्ण थी। वस्तुतः 'परिमल' मूल रूप से कवियों की संस्था थी, जहां गद्य लेखन को दूसरी कोटि का साहित्य कर्म माना जाता था। शायद यह 'परिमल' के मित्रों का

ही परामर्श था कि बीच में श्रीलाल जी जिन्दगी से कटे हुए जासूसी उपन्यास भी लिखने लगे थे। जहां तक 'राग दरबारी' का प्रश्न है, वह समकालीन यथार्थ से कुछ इस प्रकार सम्बद्ध था और ऐसी सफाई से उतरा था कि 'परिमल' के गले से नीचे नहीं उतर रहा था।

श्रीलाल जी मेरी राय जान कर बोले, ''क्या सचमुच ऐसा महसूस करते हो?''

''मेरा तो आपसे परिचय भी नहीं था न कोई स्वार्थ है, जो मैं झूठमूठ आपकी तारीफ करूं।''

बाद में देखा गया, ज्यों-ज्यों उपन्यास के खिलाफ समीक्षाएं प्रकाशित होती गयीं, उपन्यास स्थापित होता गया। यह एक नयी तरह का विरोधाभास था। श्रीलाल जी आलोचकों के बल पर आगे नहीं बढ़े, पाठकों ने उन्हें पहले मान्यता दी। आलोचकों समीक्षकों द्वारा प्रक्षेपित बहुत से लेखक अपने समीक्षकों की साहित्यिक मौत के साथ मर जाते हैं। पाठकों का प्रिय लेखक एक लम्बे अरसे तक पारी खेलता है।

वास्तव में श्रीलाल जी का व्यक्तित्व और लेखन बहुत पेचीदा नहीं है। उसका सौन्दर्य उसकी सहजता और मौलिकता में है। श्रीलाल जी में अफसरी बू भी बहुत कम है, नहीं के बराबर, अवकाश प्राप्ति के बाद तो एकदम नहीं है। यह दूसरी बात है कि उनके ही मित्र कई बार यह कहते सुनायी देते हैं कि श्रीलाल जी अफसरों के बीच साहित्यकार और साहित्यकारों के बीच अफसरों का सा व्यवहार करते हैं। यह आरोप गोविन्द मिश्र, अशोक वाजपेयी, गिरिराज किशोर वगैरह पर भी लगते रहे हैं। अधीनस्थ कर्मचारी (पाठक वर्ग?) उन पर ऐसे बेबुनियाद आरोप लगा कर प्रायः अपनी कुंठा को ही उजागर करते हैं। श्रीलाल जी और गिरिराज की वेशभूषा से ऐसा भ्रम फैल सकता है; कोट, पतलून, टाई और चमचमाते जूते। मैंने श्रीलाल जी को धोती कुर्ते में भी देखा है, तब उनकी छटा ही निराली होती है। इस लिबास में भी वह साहित्यकार कम बिगड़े हुए नवाब अधिक लगते हैं।

श्रीलाल जी का कई भाषाओं पर अधिकार है; अवधी, हिन्दी, संस्कृत, उर्दू, अंग्रेजी आदि पर। इनमें से किसी भी भाषा में फर्राटे से बातचीत कर सकते हैं। मगर उनका गद्य हिन्दी का विशुद्ध गद्य है, उसमें उर्दू अथवा अंग्रेजी की घुसपैठ नहीं हो सकती। महादेवी जी और नरेश मेहता के गद्य की यह विशेषता थी, मगर श्रीलाल जी के बाद इस प्रकार का विशुद्ध हिन्दी गद्य शायद ही बाद की किसी पीढ़ी के किसी लेखक में मिले। विशुद्ध भाषा में व्यंग्य लेखन करना टेढ़ी खीर है। वह जीवन की विसंगतियों और यथार्थ की विडम्बनाओं और परस्पर विरोधी स्थितियों की परतें उघाड़ते जाते हैं जबकि परसाई, शरद जोशी और रवीन्द्रनाथ त्यागी बीच-बीच में उर्दू का तेवर अख्तियार कर अभिव्यक्ति को पैना करते दिखायी पड़ते हैं। भाषा शैली की भांति उनका व्यक्तित्व भी 'क्लासिकी' है, कभी-कभी ठीक इसके विपरीत बज्र 'देहाती' भी। अवकाश प्राप्ति के बाद वह और उन्मुक्त हुए हैं। पहले से कहीं अधिक लिख रहे हैं। हिन्दी लेखकों की एक जमात ऐसी भी है जो अवकाश प्राप्ति के बाद साहित्य पर पिल जाती है। ऐच्छिक अवकाश ग्रहण कर पूर्ण रूप से लेखन को समर्पित एक लेखक की कहानी पढ़ कर भैरव प्रसाद गुप्त ने टिप्पणी की थी कि आप लेखन की बजाय नौकरी करते रहते तो साहित्य और समाज का अधिक कल्याण कर सकते थे। श्रीलाल जी पर यह जुमला चस्पां नहीं किया जा सकता। श्रीलाल जी पहले से कहीं अधिक लिख रहे हैं, प्रासंगिक लेखन कर रहे हैं, मगर यह उनकी त्रासदी है कि वह जाने सिर्फ 'राग दरबारी' से जाते हैं। श्रीलाल जी की ही नहीं तमाम लेखकों की कोई न कोई रचना उनका 'ट्रेड मार्क' बन जाती है, चाहे वह लाख उससे बेहतर लिख लें। कृष्णा सोबती की तरह बहुत कम लेखक होते हैं, जिनका 'ट्रेड मार्क' बदलता रहता है। 'ऐ लड़की' ने उन्हें 'मित्रों परजानी' के शाप से मुक्त कर दिया। 'जिन्दगीनामा' से 'दिलो दानिश' तक उनका अभूतपूर्व सफरनामा है। ज्ञानरंजन आज

तक 'बहिर्गमन' की कारा से मुक्त नहीं हो पाये। इस चक्कर में उनका कहानी से ही बहिर्गमन हो गया। श्रीलाल जी ने 'राग दरबारी' के बाद 'मकान', 'पहला पड़ाव' और 'बिस्रामपुर का संत' तीन उपन्यास और लिखे। प्रत्येक उपन्यास अलग मनोभूमि पर खड़ा है। प्रत्येक उपन्यास में वे अलग, एकदम अछूते विषय उठाते हैं, मगर उनके कालर पर आज भी 'राग दरबारी' का तमगा झिलमिला रहा है। मुझे अनेक बार श्रीलाल जी की नयी कृतियों के अंश सुनने का अवसर मिला है। हिन्दी के कम उपन्यासों में ही गद्य का ऐसा लालित्य देखने को मिलेगा। वह अपनी रचनाओं का पाठ भी अद्‌भुत करते हैं। बीच-बीच में शेर की तर्ज पर दाद देने की इच्छा होती है। इस कला में शरद जोशी का कोई सानी नहीं था। कवि सम्मेलनों में उनका गद्य बाजी मार ले जाता। श्रीलाल जी भी काव्य की तरह गद्य की अदायगी करते हैं। वह देर तक आपको एकाग्रचित्त रख सकते हैं। अपनी बात कहने का उनका निराला अंदाज है। 'राग दरबारी' की रचना प्रक्रिया पर वह कुछ इस अंदाज में अपने विचार प्रकट करते हैं:

"किताब लिखना दिमाग के लिए कठोर और शरीर के लिए कष्टप्रद कार्य है। इससे तम्बाकू की लत पड़ जाती है। काफीन और डेक्सेड्रीन का जरूरत से ज्यादा सहारा लेना पड़ता है। बवासीर, बदहजमी, अनवरत् दुश्चिन्ता और नामर्दी पैदा होती है। फिर राग दरबारी, इसने मुझे लगभग छह साल बीमारी की हालत में रखा। उन गंवार चरित्रों के साथ दिन रात रहते हुए मेरी जबान खराब हो गयी। भद्र महिलाएं खाने की मेज पर कभी-कभी मुझे भौंहें उठा कर देखने लगीं, मैं परिवार से परिवार मुझसे कतराने लगा। मेरी मुसीबत यह है कि किताब लिखने के लिए कोई जगह वाजिब ही नहीं जान पड़ती। अतः अपना मकान, बीवी, बच्चों, रिश्तेदारों, कृपाकांक्षियों आदि के लिए छोड़ कर अलग से दूसरा फ्लैट लिया। वीराने में मोटर खड़ी करके उसकी सीट का महीनों इस्तेमाल किया, दूर-दूर के डाकबंगलों के चक्कर काटे (यानी वह सब किया जो जिम्मेदार गृहस्थ कोई प्रेमिका रख कर उसके लिए करते हैं)।"

श्रीलाल जी का व्यक्तित्व अत्यंत पारदर्शी है। कोष्ठक वाले 'जिम्मेदार गृहस्थ' की भूमिका निभाने की उनकी इच्छा होती है तो वह इसे छिपाते नहीं, अपने आत्मीय जनों के बीच इसका खुला इजहार कर सकते हैं। एक जमाने में तो उनकी दृढ़ धारणा थी कि जिस लेखक की 'मिस्ट्रेस' में आस्था नहीं है वह अच्छा लेखक हो ही नहीं सकता। बात करते-करते वह अचानक पूछ सकते हैं, "अमुक महिला को मिस्ट्रेस रख लिया जाए तो कैसा रहे?" वह अपने अधीनस्थ डाक्टर को तलब करके यौन समस्याओं का खुलासा कर सकते हैं। कोई लेवेंस्की उनको ब्लैकमेल करने को प्रयत्न करती तो वह बिल क्लिंटन की तरह क्षमायाचक न हो जाते, कोई आश्चर्य नहीं, विवाद छिड़ने से पूर्व ही वह इस्तीफा दे कर अलग हो जाते और उनके पेपर्स लेवेंस्की से अधिक विस्फोटक और रोचक होते। मगर वह उन्हें प्रकाशित न कराते। सच उनके यश की गंगा के समानांतर अपयश की गटर गंगा कभी प्रवाहित नहीं हुई। उनके भीतर एक पुरातनपंथी धर्मभीरु ब्राह्मण भी आलथी पालथी लगा कर विराजमान रहता है। जब तक वह सरकारी सेवा में रहे, सरकारी कायदे कानून का उन्होंने निष्ठापूर्वक पालन किया। वह हर काम को विधि संगत रूप में करने के पक्षधर हैं, वरना 'राग दरबारी' के प्रकाशन की सरकार से अनुमति लेने की कोई विशेष अनिवार्यता नहीं थी। उन्होंने स्वयं ही उपन्यास की पांडुलिपि प्रशासन को प्रस्तुत कर दी। यह एक दिलचस्प विरोधाभास है कि सरकार ने उन्हें वर्षों तक 'राग दरबारी' के प्रकाशन की अनुमति नहीं दी और वह प्रकाशित हुआ तो सर्वप्रथम प्रतिष्ठान की प्रमुख एजेंसी साहित्य अकादमी ने ही उसे पुरस्कृत किया। आज सरकारी अधिकारियों की व्यवस्था विरोधी कृतियां बगैर किसी रोक टोक और अनुमति के प्रकाशित होती हैं। हो सकता है तब दूसरे नियम रहे हों। बहरहाल,

श्रीलाल जी ने अपनी सरकारी सेवा से भी बहुत अनोखे अनुभव प्राप्त किये और उन्होंने कच्चे माल की तरह इस अनुभव सम्पदा का उपयोग किया। शासन के वरिष्ठ अधिकारी होने के नाते अनेक मुख्यमंत्रियों, विधायकों और उनके दलालों का अध्ययन करने का उन्हें अवसर मिला। यही कारण है कि एक से एक दिग्गज राजनेताओं की जन्मपत्री उनके पास है। उनकी योग्यताओं, अयोग्यताओं, आशाओं, आकांक्षाओं और उनके अंतर्विरोधों को वह बखूबी समझते हैं। 'राग दरबारी' में ही नहीं, उनके नवीनतम उपन्यास 'बिस्रामपुर का संत' में भी उनके अनुभव झलकते हैं। ये रचनाएं सिविल सेवा से ही सम्भव हो सकती थीं। आज के राजनीतिक माहौल और प्रशासन तंत्र का भी कच्चा चिट्ठा उनके पास है। तंत्र की भृगुसंहिता उन्हीं के पास है।

श्रीलाल जी पाठक भी बहुत अच्छे हैं। एक बार ममता के यह पूछने पर कि वह खाली समय कैसे बिताते हैं, श्रीलाल जी कहा, "उनके पास कोई खाली समय नहीं होता (तभी पुत्री विनीता कह उठती है कि पापा पढ़ते बहुत हैं।) तालस्ताय, टामसमान, सौल बैलो उनके प्रिय लेखक हैं वह नये से नये लेखकों की कृतियां पढ़ने की फिराक में रहते हैं। आज तक कभी ऐसा नहीं हुआ कि मैंने या ममता ने कोई पुस्तक भेंट की हो या भेंट न की हो, उन्होंने न पढ़ी हो। इस दृष्टि से गिरिजा जी भी उनसे पीछे नहीं थीं। वह आप की कोई पुस्तक पढ़ कर अचानक लखनऊ से फोन घुमा सकते हैं और उस पर देर तक बातचीत कर सकते हैं। गिरिराज किशोर की उतनी पुस्तकें मैंने नहीं पढ़ी होंगी, जितनी श्रीलाल जी ने पढ़ रखी हैं, जबकि गिरिराज मेरी पीढ़ी के रचनाकार हैं। उन्हें पुस्तक का नाम ही नहीं, पात्रों के नाम तक याद रहते हैं। अभी हाल में ममता ने अपना नया कथा संकलन श्रीलाल जी के पास भिजवाया। पुस्तक प्राप्त होते ही उन्होंने फोन किया और पढ़ कर लिखाः "बच्चा कहानी नोबल प्राइज स्टफ है। वाह! वाह!! सुभान अल्लाह!!!" श्रीलाल जी का पत्र पढ़ कर ममता ने बड़ी मासूमियत से मुझसे पूछा, "श्रीलाल जी दाद दे रहे हैं या मजाक उड़ा रहे हैं?"

यह श्रीलाल जी का अंदाज है। अश्क जी के बाद श्रीलाल जी ही इतने मुक्त भाव से प्रशंसा कर सकते हैं। रचना पसंद न आये तो वह यह भी कह सकते हैं कि यह दो कौड़ी की रचना है और चूल्हे में फेंकने लायक है।

श्रीलाल जी प्रशासक हो कर इलाहाबाद आ गये तो मुझे उनसे सत्संग के अधिक अवसर मिलने लगे। मदिरापान हम दोनों का मिलन बिन्दु था। उनके पुराने मित्रों में विजय देव नारायण साही का निधन हो चुका था, केशव जी ने दाढ़ी बढ़ा ली थी और सूफियाना अंदाज में जीने लगे थे। भारती जी बहुत पहले शहर से बहिर्गमन कर चुके थे। हर मदिरा प्रेमी की तरह हमप्याला दोस्तों में अनौपचारिक रिश्ते सहज ही कायम हो जाते हैं। इलाहाबाद के अधिसंख्य कथाकारों को इससे परहेज नहीं था। गर्ज यह कि पहली फुर्सत में हम एक दूसरे के यहां आया जाया करते थे। अन्य लेखकों से उनका औपचारिक सम्बंध ही बना रहा। केशव जी उनके बाल सखा रहे हैं, जबकि मुझे केशव जी और श्रीलाल जी एक दूसरे के विलोम ही लगते हैं। व्यंग्य और संगीत में दोनों की समान रुचि है। अफसरों के प्रति इलाहाबाद में केवल उन लेखकों की रुचि रहती है जो लघु पत्रिकाएं प्रकाशित करते हैं और विज्ञापन पाने की जुगाड़ में रहते हैं। ऐसे सम्पादकों से भी उनकी दूरी बरकरार रही। वैसे ही इलाहाबाद के लेखकों में दिल्ली के लेखकों की तरह सुविधाओं के पीछे भागने की होड़ नहीं है। अधिसंख्य लेखक फकीराना अंदाज में रहते हैं। बहुत से ऐसे लोग हैं जिन्होंने जीवन में कभी जम कर नौकरी नहीं की, अगर की भी तो किसी छोटी मोटी नौकरी में जिन्दगी बिता दी। पारिवारिक जिम्मेदारियों का निर्वाह सबको करना पड़ता है। श्रीलाल जी को किसी लेखक की मजबूरी का एहसास होता तो वह नेपथ्य से सहायता अवश्य करते।

उन्हीं दिनों हिन्दी के एक बहुचर्चित कथाकार की बिटिया की शादी थी। अपने समस्त स्रोतों को जुटाने के बाद भी वे असमर्थ अनुभव कर रहे थे। मैंने श्रीलाल जी से इसकी चर्चा की। उन्होंने तुरंत सहायता का आश्वासन दिया और कहा, "देखो उनसे इसका भूल से भी जिक्र न करना कि मैंने कुछ सहायता की है।"

"आपका जिक्र क्यों न करूं?" मुझे जिज्ञासा हुई।

"अव्वल तो जरूरत नहीं है। दूसरे मैं नहीं चाहता कि अकारण किसी को अपने एक टुच्चे एहसान से लाद दूं।"

मुझे एक से अधिक बार 'दूरदर्शन' लखनऊ की परिचर्चाओं में श्रीलाल जी के साथ भाग लेने का अवसर मिला है। 'दूरदर्शन' लखनऊ की यह परम्परा है कि अगर रिकार्डिंग ग्यारह बजे निश्चित हुई है, तो कोई न कोई ऐसा व्यवधान आ जाएगा कि रिकार्डिंग तीन चार बजे से पूर्व संपन्न न होगी। वे लोग पहला काम यह करते हैं कि ग्यारह बजे आपका मेकअप जरूर कर देंगे। अब आप मुंह पर उबटन का लेप किये बैठे रहिए। अक्सर ही श्रीलाल जी ऊब कर मुंह धो लेंगे और कहेंगे, "चलिए जरा तर ही हो आयें। थोड़ा मिष्ठान्न का सेवन कर लिया जाए।" उस समय बीस बरस पहले के ज्ञानरंजन की याद आना स्वाभाविक है। एक जमाने में ज्ञान का मन इसी प्रकार गर्भवती महिलाओं की तरह खट्टी मिट्ठी चीजों पर मचला करता था। एकाध घंटे के बाद लौटने पर पता चलेगा कि अभी कैमरे तैयार हो रहे हैं और इस बीच दो एक लेखक और आ गये हैं और उबटन मल कर बैठे हुए हैं।

परिचर्चा में भाग लेने के लिए श्रीलाल जी पूरी तैयारी के साथ आते हैं। छोटी-छोटी पर्चियों पर बिन्दु लिखे रहते हैं। किसी भी चर्चा को भक्तिकाल और रीतियुग की ओर मोड़ने में उन्हें ज्यादा समय नहीं लगता। वे अपनी बात की पुष्टि में एक के बाद एक उद्धरण प्रस्तुत करते जाएंगे। एक बार चर्चा के दौरान मैंने दाद देने की गुस्ताखी कर दी। गुस्ताखी इसलिए कहूंगा कि हिन्दी के कथाकार दाद के आदी नहीं हैं, वे सोचते हैं कि दाद दे कर उनकी टांग खींची जा रही है। वैसे कई बार दाद इसलिए दी भी जाती है कि विषय से भटका हुआ वक्ता विषय की तरफ लौट आये। श्रीलाल जी दाद से खिन्न हो जाते हैं। वे नोट्स पर से आंख उठा कर असहमति में आपकी ओर कुछ इस प्रकार देखेंगे जैसे कह रहे हों, नहीं चाहिए आपकी दाद, क्या आप कृपापूर्वक चुप रह सकते हैं? वैसे मैंने प्रायः अनुभव किया कि वे घर से होमवर्क करके नहीं आते, तो अधिक उन्मुक्त हो कर बातचीत करते हैं, वरना बातचीत की गुंजाइश कम होती है। आप चुपचाप उन्हें सुनते जाएं और उनकी पूरी बात समाप्त होने पर जो चाहें कहें।

श्रीलाल जी कई बार लेखन और एकांतवास के लिए पहाड़ पर भी जाया करते हैं। पिछली बार तो बरेली से लौट आये। पूछने पर पता चला कि उन्हें एहसास हुआ कि यह एक महंगा सौदा है। उन्होंने बताया: "रास्ते भर मैं सोचता रहा कि नैनीताल तक आने जाने और दो एक महीने रहने में चार छह हजार रुपये खर्च हो जाएंगे। अब अगर उपन्यास लिखने में सफल हो गया तो जानते हैं रायल्टी में क्या मिलेगा, वही चार छह हजार। बंधुआ मजदूर की तरह जो परिश्रम किया, वह बेगार में बदल जायेगा। मैंने बरेली उतर कर वापिस लखनऊ की गाड़ी पकड़ ली। आराम से अपने घर में रहेंगे, जी चाहा लिखेंगे, नहीं जी चाहा, नहीं लिखेंगे।" लेखन का एक और पक्ष भी है। श्रीलाल जी को लेखन से उतनी रायल्टी न मिली होगी, जितनी राशि के पुरस्कार मिल चुके हैं। साहित्य अकादमी का पुरस्कार उन्हें बहुत पहले मिल गया था। उसके बाद तो जैसे पुरस्कारों की झड़ी लग गयी। मुझे तो लगता है कि हिन्दी में अगर कोई एकाध पुरस्कार उन्हें मिलने से रह गया है तो वह भी मिलने ही वाला होगा। हिन्दी में पुरस्कार प्राप्त करने वालों की एक अलग ही श्रेणी बनती जा रही है। आज श्रीलाल जी उसी पंक्ति में खड़े हैं।

लगातार पुरस्कार ग्रहण करते हुए धीरे-धीरे श्रीलाल जी पुरस्कारों की चयन समितियों में भी शामिल हो चुके हैं। यश:प्राप्ति लेखकों की जमात उनकी घेराबंदी करने में जुट सकती है, मगर श्रीलाल जी ने व्यूह में घिरना सीखा ही नहीं। लखनऊ जरूर उनकी कमजोरी है। अपनी सीमाओं का अतिक्रमण करना वह जानते हैं। ऐसा न होता तो श्रीलाल जी अब तक उसी कोष्ठक वाले 'जिम्मेदार गृहस्थ' की ही भूमिका में सीमित हो कर रह जाते।

श्रीलाल जी वय में भी मुझसे लगभग पंद्रह बरस बड़े हैं लेकिन उनसे बात करते हुए हमेशा यही महसूस हुआ है जैसे किसी हमउम्र दोस्त से बात कर रहा हूं। उनकी बातों में लाग लपेट नहीं रहती, एक खुलापन रहता है। उनसे प्रेम प्रसंग पर ही नहीं, काम सम्बंधों पर भी चर्चा की जा सकती है। कई बार तो एक शिशु सा भोलापन भी महसूस होता है। एक बार मैं लखनऊ गया था तो उस रोज गिरिजा जी बाहर से लौटने वाली थीं। गिरिजा जी ने घर में प्रवेश किया तो श्रीलाल जी ने एक शिशु की तरह चहकते हुए उन्हें बताया, "गिरिजा, नैनीताल से हम लोग जो पौधा लाये थे, उसमें अंकुर निकल रहे हैं।" और पति पत्नी पौधे के पास बैठ कर देर तक उस अंकुरित पौधे को निहारते हुए प्रसन्न होते रहे।

श्रीलाल जी नियम धर्म का भी बहुत विचार करते हैं। उन्हें कुंवारी कन्याओं और विधवा स्त्रियों से भी अधिक व्रत करते हुए देखा जा सकता है। नवरात्रि में वे और कुछ तो क्या पानी भी पीते होंगे या नहीं, यह बताना मुश्किल है।

श्रीलाल जी के साथ बितायी एक दोपहर तो भुलाए नहीं भूलती। गिरिजा जी एकदम असहाय, असमर्थ और चेतना शून्य हो चुकी थीं। श्रीलाल जी पूर्ण समर्पण के साथ उनकी तीमारदारी में मशगूल थे। दिसम्बर का महीना था। अखिलेश, रमेश दीक्षित और मैं गिरिजा जी को देखने इंदिरानगर गये। बाहर लान में गुनगुनी धूप के बीच गिरिजा जी का बिस्तर लगा था। सफेद शफ्फाक चादर बिछी थी। शायद स्पंज के बाद उनके कपड़े बदले गये थे। ऐसा लग रहा था, वह अभी-अभी नहा कर धूप में सुस्ता रही हैं। उनकी देखभाल के लिए दो नर्सें तैनात थीं। पास ही कुर्सी पर श्रीलाल जी बैठे थे। बहुत उदास, बहुत अकेले। हमें देख कर अचानक उनका ध्यान टूटा। हमें पास पा कर उन्हें बहुत राहत मिली। चेहरा सामान्य हुआ। गिरिजा जी की खाट पर झुकते हुए बोले, "गिरिजा देखो रवीन्द्र आया है इलाहाबाद से।"

गिरिजा जी जैसे गहरी नींद में थीं।

"गिरिजा रवीन्द्र आया है तुम्हें देखने।"

गिरिजा जी उसी प्रकार शांत, मौन और निश्चल।

"गिरिजा तुम ने ममता का बेघर पढ़ा था। याद है वह प्रसंग? देखो वह कितनी दूर से चल कर आया है।"

गिरिजा जी अधखुली भावशून्य आंखों से जैसे इस नश्वर संसार का जायजा ले रही थीं।

"गिरिजा जी नमस्कार!" मैंने भर्रायी हुई आवाज में कहा।

"सुनो गिरिजा रवीन्द्र तुम्हें नमस्कार कर रहा है।" श्रीलाल जी ने हम लोगों की ओर मुड़ कर कहा, "देखो पहचान रही हैं, तुम देख रहे हो रवीन्द्र, हल्की सी मुस्कराहट आ गयी है गिरिजा के चेहरे पर।" मैं देख रहा था, अखिलेश देख रहा था, रमेश देख रहा था। होंठों पर खिंची वह अदृश्य मुस्कराहट केवल श्रीलाल जी देख पा रहे थे। मुझे लगा गिरिजा जी के चेहरे पर आयी उस मुस्कराहट को केवल श्रीलाल जी ही देख पा रहे थे। वह मोनालिजा की दिव्य, मायावी और रहस्यमयी मुस्कराहट थी। त्यानादों के बाद की अनेक पीढ़ियां आज तक उस मुस्कराहट

की व्याख्या में हजारों पन्ने स्याह कर चुकी हैं।

हम लोग भीतर ड्राईंगरूम में चले गये। श्रीलाल जी के बालसखा उपाध्याय जी पहले से विराजमान थे। इस कठिन समय में उनका साथ देने के लिए ही शायद वह फतेहपुर से आये हुए थे। उन्हें देख कर लग रहा था, वह चुपचाप जैसे विष्णु सहस्रनाम का पाठ कर रहे हैं। श्रीलाल जी देर तक गिरिजा जी के स्वास्थ्य का ब्योरा देते रहे। वह एक बदले हुए श्रीलाल थे। आज मस्त, मलंग और बेफिक्र रहने वाले श्रीलाल उद्वेलित थे। गिरिजा जी की बीमारी ने उनकी दिनचर्या ही बदल डाली थी। महीनों से शराब नहीं छुई थी। नशे में नींद लग गयी तो गिरिजा को कौन देखेगा? वह कहते। इस समय उनकी एक ही मुराद थी कि किसी तरह गिरिजा जी स्वस्थ हो जाएं। गिरिजा जी को देख कर लगता था कि वह जैसे पहले ही विदा ले चुकी हैं। एक औपचारिकता शेष है। इस समय श्रीलाल जी लेखक थे न आरामपसंद अवकाश प्राप्त अधिकारी, वह मात्र पति थे, प्रेमी थे, दोस्त थे। पास ही मेज पर कई दिनों के समाचारपत्र और पत्र पत्रिकाएं पड़ी थीं। लगता था, समाचारपत्रों की तह भी नहीं खुली। एक कोने में लावारिस सी डाक पड़ी थी।

श्रीलाल जी का समर्पण भाव मेरे लिए एकदम नया अनुभव था। मैं उन्हें मूल रूप से एक रसिक व्यक्ति ही मानता था। कई बार तो श्रीलाल जी से बात करके उस भौरे की याद आ जाती थी, जो किसी पुष्प वाटिका में उन्मुक्त विहार कर रहा हो। एक बार लखनऊ दूरदर्शन पर हिन्दी उपन्यास पर आयोजित एक परिचर्चा में डा. शिव प्रसाद सिंह, कामतानाथ, गिरिराज और मैं भाग ले रहे थे। हस्बेमामूल हम लोग चेहरों पर उबटन मल कर सहायक केन्द्र निदेशक उदयभानु मिश्र के कमरे में बैठे थे। उदयभानु मेरे पुराने मित्र हैं। कभी दिल्ली में हम लोग साथ थे और रोज रात को रीगल से अंतिम बस में साथ-साथ घर लौटा करते थे। उस समय मिश्र जी के कमरे में देश की राजनीति पर धुआंधार चर्चा चल रही थी। इसी बीच मुद्राराक्षस भी आ गये। वे सांप्रदायिकता के प्रश्नों को ले कर उत्तेजित थे। मैंने लक्षित किया, श्रीलाल जी किसी चर्चा में भाग नहीं ले रहे हैं और शायद ऊब रहे हैं। मैं सोच ही रहा था कि श्रीलाल जी अभी नरही चल कर मिष्ठान्न सेवन करने का प्रस्ताव रखेंगे लेकिन उन्होंने अचानक प्रस्ताव रखा कि कुछ नहीं रखा इन फिजूल की चर्चाओं में अगर बात ही करनी है तो नायिका भेद पर बात कीजिए। बहुत हो चुका मंडल-कमंडल। श्रीलाल जी अगर मूड में होंगे तो अंग्रेजी, हिन्दी, उर्दू, संस्कृत साहित्य के बीसियों रोमांटिक पद सुना सकते हैं। गीत गोविन्द सुना सकते हैं, कालिदास का कोई अत्यंत रागात्मक उद्धरण प्रस्तुत कर सकते हैं। कई बार तो लगता है उनके जीवन में अगर कोई अभाव है तो केवल एक ठो प्रेमिका का। उसके बगैर जीवन अधूरा है, निष्प्रयोजन है। कई बार तो वे इस हद तक उदार हो जाएंगे कि कहेंगे, "प्रत्येक लेखक को एक मिस्ट्रेस रखनी चाहिए, किसी पर्वतीय क्षेत्र में लेखन की सुविधा होनी चाहिए। यह क्या कि पसीना बहे जा रहा है और आप झक मार रहे हैं।"

आज रीतिकाल से उतर कर श्रीलाल जी वर्तमान के शुष्क वीरान टीले पर खड़े थे।

"रवीन्द्र तुमने बहुत अच्छा किया जो चले आये।" वह कुछ देर रुक कर बोले, "तुम्हारे आने से बहुत राहत मिली है, कुछ हो जाना चाहिए।"

उन्होंने जेब से पर्स निकाला। सौ-सौ के कुछ नोट रमेश को देते हुए बोले, "एक जिन ले आओ और अमुक रेस्तरां से खाना पैक करा लाओ।"

रमेश पैसा लेने में संकोच कर रहे थे, "मैं ले आता हूं।" "नहीं, नहीं", श्रीलाल जी ने उसकी जेब में रुपये

ठूंस दिये और खाने का मीनू बताने लगे। अखिलेश और रमेश रवाना हो गये। श्रीलाल जी बाहर गिरिजा जी के साथ पास जा कर बैठ गये। मैं उपाध्याय जी से बतियाता रहा।

"आज कुछ ज्यादा ही परेशान हैं।" उपाध्याय जी ने बताया, "इधर महीनों से, जब से गिरिजा जी की यह हालत है, मदिरापान से परहेज ही रखते रहे। जाने आज क्या चक्कर हो रहा है।"

रमेश, अखिलेश लौटे तो श्रीलाल जी उनके साथ ही भीतर आये। पानी, ग्लास और बर्फ की व्यवस्था हुई। नींबू काटे गये। श्रीलाल जी ने बोतल खोल कर रमेश को थमा दी, "डालो।"

हम लोगों ने ग्लास टकराये और सत्र शुरू हो गया, "उपाध्याय कुछ सुनाओ।"

उपाध्याय जी अतीत में चले गये। पुराने संस्मरण सुनाने लगे। गांव, देहात और श्रीलाल से सम्बंधों का एक सिलसिला। एक ताबील सफर। कोई भी बात जम नहीं रही थी— न साहित्य, न राजनीति, न नायिका भेद। श्रीलाल जी बीच-बीच में उठ कर बाहर जाते और गिरिजा जी को देख कर लौट आते। कमरे में जैसे गिरिजा जी की बीमारी के बादल घिर आये थे। या कोहरा छा गया था। सिवाय 'जिन' के कुछ भी आगे नहीं बढ़ रहा था। तूफान से पहले की खामोशी व्याप्त थी। जिन कब तले में लग गयी पता ही न चला।

अचानक जैसे हम लोग तूफान में घिर गये। सहसा श्रीलाल जी ने गिलास खाली किया और फफक कर रोने लगे। मेज पर खाना लग चुका था। किसी की हिम्मत न हुई कि श्रीलाल जी से मुखातिब होता। यह सम्भव ही न था। वह उठे और जा कर बेडरूम में लेट गये। मैं सहमा-सहमा पीछे गया। तब तक उन्होंने सर तक रजाई ओढ़ ली थी। लग रहा था तकिया तर हो रहा है।

मेज पर खाना लगा था। श्रीलाल जी की पसंद का मीनू। मगर एक भी कौर निगलना मुहाल था। महफिल उखड़ गयी थी। बाहर धूप में गिरिजा जी उसी करवट लेटी थीं। चेहरे पर कोई शिकवा, कोई शिकायत नहीं। एकदम जैसे कोई शिशु निर्विकार लेटा हो। दोनों नर्सें वैसे ही तैनात थीं। हम लोग उपाध्याय जी से विदा ले कर बस अड्डे की तरफ चल दिये। मुझे अब पहली उपलब्ध बस से इलाहाबाद लौटना था।

लेखकीय नियति के बीच

रवीन्द्र वर्मा

श्रीलाल जी जिन साहित्यिक मसलों पर अक्सर चुटकी लेते हैं, उनमें से एक 'गर्दिश के दिन' के अंतर्गत लिखा गया लेखन भी है। उनके तर्क का अभिप्राय यह होता है कि जिस भारतीय समाज में लगभग आधा भाग अभाव के अंधेरे में हो, उसमें एक मध्यवर्गीय लेखक का उजले आधे में आ कर अंधेरे आधे में बिताये अपने समय को 'गर्दिश के दिन' कहना एक विडम्बना है। अधिसंख्य हिन्दी लेखकों की तरह श्रीलाल जी ने भी अपने हिस्से का अंधेरा समय जिया है, जिसका वे बहुत कम जिक्र करते हैं, वह भी किसी विशेष संदर्भ में ही। यही वस्तुपरक सम्यक दृष्टि उनके व्यंग्य का पुष्ट आधार है।

उनका जन्म और आरम्भिक शिक्षा लखनऊ के पास एक गांव में हुई थी, जहां वे अभी भी जाते रहते हैं और उनके रिश्तेदार और गांव के लोग अक्सर उनके पास आते रहते हैं। मिट्टी का सिलसिला कभी नहीं टूटा। यह उनके रचनात्मक मुहाविरे की असली जमीन है। यह बात दीगर है कि 'राग दरबारी' लिखने के दौरान वे अक्सर छुट्टियों के दिन गाड़ी ले कर घर से दूर चले जाते थे ताकि उन्हें घर में मेहमानों से दूर लिखने का एकांत मिल सके।

उनके मिट्टी के सिलसिले से जुड़ा एक तत्त्व और भी है जो अभावुक, बेबाक और थोड़ा सा खिलंदड़ा है। इसी ने शुरू में ही गांव के रूमानी प्रकृति वर्णन की पोल खोली थी। श्रीलाल जी की साहित्यिक शुरुआत यही मानी जाती है, जिसमें उन्होंने 'अहा, ग्राम्य जीवन भी क्या है!' की यथार्थवादी पृष्ठभूमि उजागर की थी। राग दरबारी का विकट यथार्थ बोध इसी का विकास था। 'राग दरबारी' और श्रीलाल शुक्ल अब पर्यायवाची हैं।

मगर श्रीलाल जी एक सफल प्रशासक भी रहे हैं। सामान्यतः वे एक बेहद शालीन और कुछ अभिजात छटा भी बिखेरते हैं। यूरोप पलट हैं। शराबों और फूलों की प्रजातियों पर भी उनसे कोई बात कर सकता है। इन सिलसिलों को वे अपने अतीत के किसी अनुभव से जोड़ सकते हैं, "जब मैं फैजाबाद में तैनात था...।" फिर कभी वे टेलीफोन पर आपसे बात करते हुए अचानक एक नौकरशाह की तरह अपना वाक्य पूरा करके फोन रख देंगे और दूसरे सिरे पर आप चोंगा हाथ में लिए ताज्जुब करते रहिए।

शायद एक नौकरशाह और लेखक के द्वंद्व का नाम भी श्रीलाल शुक्ल है। लेकिन एक दृष्टा रचनाकार की तरह उनकी संवेदना व्यापक है। जब आप एक वरिष्ठ नौकरशाह पर ताज्जुब कर रहे हों, तभी वे आपसे कह सकते हैं, "चलो, दूसरे कमरे में चलें। यहां साबू (उनका नौकर) टी.वी. देख रहा है।" उनका अपने नौकर से व्यवहार साहबी बिल्कुल नहीं होता।

यह उन मध्यवर्गीयों की नियति है जो अपनी जड़ों से गहरा रिश्ता कायम रखते हैं। उन्हें अपने नौकरों और चपरासियों में कभी-कभी अपने रिश्तेदार या अपना ही विगत अंधेरा समय नजर आ सकता है। अभाव का वर्ग या वर्ण नहीं होता। निम्न मध्यवर्गीय अनुभूतियों का व्यास बहुत बड़ा होता है। बिजली की यह चमक मानवीय अनुभव के आकाश भरे बादलों को चीरती हुई निकल जाती है। इसका दायरा नौकर से साहब तक ही नहीं है— यह राज्यपाल तक फैला है। यदि ऐसा न होता, तो 'बिस्रामपुर का संत' कैसे सम्भव होता।

श्रीलाल जी बैठक से नौकर को बाहर जाने के लिए नहीं कहते— जो सपरिवार टी.वी. देख रहा है। वे खुद मेहमान के साथ बैठक के बाहर चले जाते हैं। वे नौकर परिवार के टी.वी. सुख में कोई व्यवधान नहीं डालना चाहते। यह वही संवेदना है जो 'पहला पड़ाव' के विस्थापित छत्तीसगढ़ी मजदूर संसार की रचना करती है और जिसने तीन दशक पूर्व 'राग दरबारी' में ग्रामीण संसार की परतें खोली थीं।

मैंने अस्सी के दशक के पूर्वार्द्ध में डा. रामविलास शर्मा को आगरा की अपनी कोठी में अपनी पत्नी के साथ अकेले रहते देखा था। मैं महीने में एक दो बार उनसे मिलने जाता था। उनकी पत्नी अस्वस्थ रहती थीं। डाक्टर साहब इसीलिए सिर्फ एक बार दिन में सुबह घूमने घर से बाहर निकलते थे। दिन भर घर में ही काम। शायद शाम को कभी-कभी खाना भी बनाते थे। तीन साल में मैंने दो तीन बार ही उन्हें दिन में किसी सभा में देखा। यह आश्चर्यजनक निष्ठा उनकी अनुशासित छवि के अनुकूल ही थी। श्रीलाल जी अपने काम के बाहर उन्मुक्त यारबाशी के लिए भी जाने जाते हैं। वे वक्त आने पर अपनी पत्नी के लिए रामविलास जी की तरह ही निष्ठावान हो जाएंगे, यह देखना मेरे लिए एक सुखद आश्चर्य था। एक ठेठ भारतीय की तरह, उनकी पत्नी उनके लिए एक जीवन मूल्य थीं। जिन लोगों ने मेरी तरह उन्हें अपनी पत्नी गिरजा जी का एक शिशु की तरह ध्यान रखते देखा है, वे इस जीवन मूल्य को समझेंगे। मेरी लेखिका पत्नी शीला (रोहेकर) और मैं लखनऊ में जब उनकी पत्नी को देखने श्रीलाल जी के घर जाते, उन्हें बहुत अच्छा लगता था। एक बार शैय्याग्रस्त गिरजा जी ने शीला के हाथ की किसी चूड़ी की प्रशंसा की। शीला ने वह चूड़ी उन्हें पहना दी। वे मुस्करायीं। श्रीलाल जी की आंखें चमकी थीं। मुझे वह चमक याद है।

स्व. गिरजा देवी की संगीत में बहुत रुचि और गति थी। श्रीलाल जी भी संगीत प्रेमी रहे हैं (याद करें उनके उपन्यास 'मकान' का सितारवादक नायक)। वे गिरजा जी के अंतिम वर्षों में अपनी पुरानी संगीत की साझा स्मृतियों को दुहराते। एक बार उन्हीं के बीच मैंने सुनाः "गिरजा, मैंने इस नौकरी में बहुत समय बर्बाद किया।"

मेरे कान खड़े हो गये। नौकरीपेशा रचनाकार की विडम्बना की खलिश अपनी जगह थी। नौकरशाह उसको

दबा नहीं पाया था। किसी भी सच्चे रचनाकार की तरह श्रीलाल जी अपने समय को सिर्फ रचना का समय बनाना चाहे थे। लेकिन एक पारिवारिक की जरूरतें और हिन्दी लेखन की व्यावसायिक सीमा अपनी जगह थी, जबकि श्रीलाल जी सफलतम लेखकों में से हैं।

जो लोग श्रीलाल जी के निकट रहे हैं वे जानते हैं कि उनकी जिजीविषा का आयतन असाधारण है। उसी प्रकार उनकी दिलचस्पियां विविध हैं। 'राग दरबारी' का लेखक 'सीमाएं टूटती हैं' और 'आदमी का जहर' जैसे उपन्यास भी लिखे, यह कुछ लोगों को अजीब लग सकता है। लेकिन वे शायद एक क्षेत्र में थक कर दूसरे क्षेत्र में चले जाते हैं, 'सैर के वास्ते थोड़ी-सी जगह और सही'।

कोई साहित्यिक जो उनसे पहली बार मिले, उनका कोई विनम्र संवाद सुन कर धोखा खा सकता है। वे किसी युवा लेखक से भी कह सकते हैं कि मैं एक साधारण लेखक हूं। आज युवा पीढ़ियों में विनम्रता का चलन ज्यादा नहीं है, वैसे शायद कभी नहीं होता। पर श्रीलाल शुक्ल अभी भी एक सच्चे रचनाकार की तरह विनयशील हैं। 'विस्रामपुर का संत' की रचना के वर्षों में मैं लखनऊ में ही था और उनसे अक्सर भेंट होती थी। वे इस उपन्यास को ले कर अक्सर अपना असमंजस बयान करते। तब वे 'राग दरबारी' के प्रतिष्ठा मंडित लेखक नहीं लगते थे। बल्कि बहुधा वे ऐसे लेखक लगते थे जो अपना पहला उपन्यास लिख रहा हो और न जानता हो कि वह क्या लिख रहा है। अब जबकि इस उपन्यास को आलोचक (जिनमें मैं भी शमिल हूं) उनका परिपक्वतम उपन्यास मान रहे हैं, तो शायद अचरज करने वालों में श्रीलाल जी खुद भी हों। रचना यात्रा में क्रमशः विकास वह भी उनकी पीढ़ी के उपन्यासकारों में, विरल है। श्रीलाल जी इसके एक उदाहरण बने हैं।

जो लोग श्रीलाल जी को जानते हैं और उनके उपन्यास 'मकान' के सितारवादक नायक नारायण को पहचानते हैं, वे शायद मुझसे सहमत होंगे कि सम्भवतः नारायण अपने सर्जक का ही एक प्रतिरूप है जो अपनी प्रेमिकाओं के बीच भटकता हुआ, दूसरे शहर में रह रहे अपने परिवार के लिए बिसूरता है और रेडियो स्टेशन पर जब अपना टेप सुनता है तो अपने सितारवादन के चरम पर कहता है: "मैं यही हूं। मैं यही हूं।"

जैसा मैंने उन्हें जाना

कृष्ण राघव

यह सन् १९८५ की बात है। दिल्ली के एक होटल में बैठ कर हम लोग खाने पर दूरदर्शन धारावाहिक बनाने की बात कर रहे थे। मेरे मुंह से उस समय 'राग दरबारी' पर धारावाहिक बनाने की बात निकली। 'राग दरबारी' ने उस समय मुझे तंग कर रखा था। उसका एक-एक दृश्य मेरा पीछा करता रहता था। इसका कारण यह था कि सारा राग दरबारी मेरे घर में ही उपस्थित था। जिले अलीगढ़ के एक छोटे से गांव में कभी हमारी जमींदारी थी जो तब जाती रही जब सबकी चली गयी थी; किन्तु हमारे बाबा बेताज जमींदार ही बने रहे। 'वैद्य जी' की तरह वे ब्राह्मण तो नहीं थे और 'नवयुवकों की नामर्दी का शर्तिया इलाज' भी नहीं बेचते थे किन्तु 'छंगामल विद्यालय इंटरमीडिएट कालेज' की तर्ज पर गांव के एकमात्र स्कूल के स्वयंभू मैनेजर अवश्य थे। आपस में लोगों को भिड़वाने, मुकदमे लड़ने लड़वाने और तहसील तथा ब्लाक में अपने अठ्ठे पंजे लगाने के सभी गुर उन्हें आते थे। 'राग दरबारी' के एक और चरित्र 'कोआपरेटिव सुपरवाइजर' भी हमारे घर में ही मौजूद थे और वह थे हमारे सगे चाचा जी। गबन कैसे किया जाता है और करने के बाद उसके इल्जाम से साफ-साफ बच कर अपनी उस शूरवीरता का सरेआम बखान करके, अपनी गर्दन तान कर चलने में उन्हें खास महारत हासिल थी। 'सनीचर' हमारे घर में भांग तो नहीं घोटते थे किन्तु घर के बाकी सारे काम करने के बाद, नीम के नीचे हाथी के खूंटे के पास (हाथी बहुत पहले ही बिक चुका था, खूंटा ही बचा था) धोक लगा कर धराशायी हो जाया करते थे और चुटकी में भर कर, जांघों के बीच, आंखें मूंद कर, खुजलाने का आनंद लेने से एक दिन भी नहीं चूकते थे। बाबा के मुंह लगे थे सो हम छोटे बड़ों को जब चाहे तब डांट सकते थे। एक 'रतीराम पहलवान' भी पले हुए थे हमारे यहां जो कुश्ती जीतने

पर हनुमान जी के पुराने कलेण्डर को पुचकार-पुचकार का लड्डू खिलाने का प्रयास करते थे और हार कर आने पर अपनी कोठरी में घुसने से पहले ही अपनी पनही उतारते और अंदर घुसते ही, उसी कलेण्डर पर जूतों की बौछार के साथ ही साथ गालियों का अम्बार भी लगा देते थे। बचे हम, तो हम 'रुप्पन' और 'रंगनाथ' का मिश्रण थे। सो 'राग दरबारी' से पहले ही हम 'राग दरबारी' का खेल, खेल चुके थे। 'गयादीन' लाला की जगह पंडित श्रीराम ठेकेदार ने ले रखी थी और कालेज से ले कर पंचायत तक के सारे मुकदमों की सारी पेचीदगियां हमने अपने बाबा और इनसे बचपन ही में सीख ली थी। सो 'राग दरबारी' जब पढ़ा तो लगा कि हो न हो इस उपन्यास के लेखक की आत्मा हमारे घर में विचरती रही है और उन्हें यहां तक भी पता है कि हमारे बाबा के नाजायज सम्बंध किन-किन कारणों से कितनों के साथ रहे हैं (बिचारे क्या करते, ऐसा न करते तो गांव की इज्जत को बट्टा लग जाता, न जाने कितनी गांव छोड़ कर भाग जातीं।) इसीलिए जैसे 'बद्री पहलवान' अपने पिता ही नहीं, खानदान की भी बखिया उधेड़ते थे, वैसे ही कुछ पात्र हमारे यहां भी थे। गरज यह कि बार-बार यही लगा कि 'श्रीलाल जी' ने यह उपन्यास तो हमारे घर और गांव से चुराया है।

इस संशय का निराकरण किया स्वयं श्रीलाल जी ने, जब हम लखनऊ उनका साक्षात्कार करने पहुंचे। यह साक्षात्कार हमने इसलिए फिल्माया था ताकि लेखक अपने उपन्यास के बारे में दर्शकों को जरा ठीक से समझा सके जिससे कम से कम यह भ्रांति तो दूर हो कि यह उपन्यास वह 'राग दरबारी' नहीं है जिसे तानसेन ने अकबर को खुश करने के लिए ईजाद किया था। उसी साक्षात्कार में श्रीलाल जी ने जब अपनी सफाई देते हुए कहा, "दरअसल गांव वालों को हंसते खेलते, जीवन की कठिनाइयों को झेलने की आदत तो होती ही है, उन्हें अपने आप पर हंसना भी खूब बाता है।" उन्होंने यह भी कहा कि राग दरबारी में उन मूल्यों की ओर इशारा भी है जिनका स्वाधीनता के बाद उत्तरोत्तर विकास होने के बजाय निरंतर ह्रास होता जा रहा है। शिवपालगंज में जिस 'कच्चे माल' को उन्होंने देखा था और सारे भारत में जो इफरात से फैला हुआ था (है) वही हमारे गांव और घर में भी था। शुक्ल जी के बयान से हमारी आंखें खुलीं और यह भ्रम दूर हुआ कि राग दरबारी केवल हमारे घर की कहानी है वरन् हमने यह तथ्य ठीक से जाना कि यह गांव-गांव, घर-घर की कहानी है। श्रीलाल जी ने समाज में जिस अवमूल्यन और कदाचरण की ओर इशारा किया था वह निरंतर बढ़ता ही जा रहा है और इसीलिए राग दरबारी काल की सीमाओं को पार कर गया है।

बहरहाल हम वहीं दिल्ली के होटल की उसी मेज पर लौट कर आयें जहां हम १९८५ में खाना खा रहे थे। हमारे साथ दूरदर्शन के उस समय के एक प्रमुख अधिकारी भी थे जिनके हाथ से धारावाहिकों का स्वीकृत होना न होना बंधा था। राग दरबारी का नाम लेते ही मानो वे उछल पड़े। उन्होंने कहा, "यदि 'राग दरबारी' बनाने की आप हिम्मत करें तो उसकी मंजूरी दिलाने में मैं आपकी भरसक सहायता करूंगा। हां, मगर शर्त यह है कि आप उसे वहीं जा कर फिल्मायें जहां का वह है और राग दरबारी का मुखड़ा गीत आप पंडित भीमसेन जोशी से गवाएं।" हमने दोनों चुनौतियां स्वीकार लीं और उन्होंने अपना वादा निबाह दिया। अब बारी थी 'राग दरबारी' के अधिकार लेने की। हम श्रीलाल जी को जानते नहीं थे। पता चला कि वे लखनऊ में थे। हमें उनका फोन नम्बर तक न पता था। अपने एक सम्बंधी के जरिए हमने उनका नम्बर पता कराया और दिल्ली से फोन पर ही बात की। बिना किसी हील हुज्जत के उन्होंने हमें लखनऊ बुला लिया। एक सादा से कागज पर हाथ से लिख कर मैंने उनसे अनुमति मांगी, उन्होंने क्षण मात्र में दी और हम मन ही मन अवाक रह गये। यहां से हुई उस रिश्ते की शुरुआत जो आज

भी कायम है। यह रिश्ता है आशीर्वाद, आदर और स्नेह का जिसके रास्ते में आने को तो कई व्यवधान आये किन्तु इसका बिगाड़ कुछ नहीं पाये। 'राग दरबारी' के प्रारम्भिक दिनों में जब मैं उचित चित्रांकन स्थलों एवं पात्रों की तलाश में था, इतना ही नहीं लखनऊ में कितने ही सहकर्मी भी चाहिए थे तो उन सबको ढुंढ़वाने, मनाने, मेरे साथ काम में लगाने एवं मेरा मार्ग प्रशस्त करने में इनका दिन रात का साथ रहा। दिनों दिन हम लखनऊ से ले कर मोहनलालगंज तक गांव-गांव न जाने कहां-कहां घूमते रहे और श्रीलाल जी निःस्वार्थ भाव से सदा हमारे साथ रहे। मेरी आदत है कि शूटिंग प्रारम्भ करने से पहले मैं अपनी पटकथा को यत्नपूर्वक तैयार कर लेता हूं। मैंने वह पटकथा शुक्ल जी को दिखायी, कृपा करके उन्होंने उसकी न जाने कितनी त्रुटियां दूर कीं। शूटिंग में लगभग हर दिन साथ रहे, कभी-कभी सपरिवार भी। मैं तो ठीक से उनकी आवभगत भी नहीं कर पाया किन्तु फिर भी जैसी भी, जिस तरह से भी वे मेरी मदद कर सकते थे, उन्होंने की।

उनके साथ रह कर मैंने उनके फक्कड़, मस्त और रंगीन मिजाज के भरपूर दर्शन किये और उस पर्दे के पीछे एक ऐसा जिज्ञासु, सधा हुआ, नपा तुला, जहीन, महीन और तेज तर्रार इंसान पाया जिसने जितना पढ़ा है उससे हजार गुना ज्यादा गुना है। कोई भी विषय ऐसा नहीं लगा जिस पर शुक्ल जी बोल न सकते हों अथवा अपना सही मत न व्यक्त कर सकते हों। आजकल लिखने का शौक तो सभी फरमाते हैं और अपने आपको बड़े से बड़ा लेखक मानने और मनवाने में कोई कसर नहीं उठा रखते, जबकि लिखने से पहले (क्षमा करें), उन्होंने पढ़ा कुछ भी नहीं होता। श्रीलाल जी तो पता नहीं क्या-क्या घोट कर पी गये हैं। उनके सान्निध्य में आने वाले तो उनकी विद्वता एवं तार्किकता का लोहा मानते ही हैं, हमारा तो यह भी मानना है कि 'राग दरबारी' अपने मिजाज में गांव की दास्तान होते हुए भी अंतर्राष्ट्रीय और सार्वभौमिक जामा इसलिए पहने हुए है कि श्रीलाल जी की दृष्टि से कोई विषय, साहित्य हो कि संस्कृति, ज्ञान अथवा विज्ञान, राजनीति, कूटनीति, राष्ट्रीय, अंतर्राष्ट्रीय कुछ भी छूटा नहीं है। मजाल है कुछ भी उनकी दृष्टि से बच कर निकल जाय। तभी न राग दरबारी ऐसा बहुआयामी और कालातीत बन पाया है। उनकी पढ़ाई का उनकी लिखाई में बहुत योगदान है। इसीलिए वैद्यजी की हवेली, १०, डाउनिंग स्ट्रीट, व्हाइट हाउस और क्रैमलिन से टक्कर लेती है। एक ही सांस में वे प्रेमचंद के 'गोदान' और विमलराय की 'दो बीघा जमीन' फिल्म की बात करते हैं। नितांत आंचलिक भाषा की 'फुट्टफैरी' करते हैं तो संस्कृतिनिष्ठ शब्दों, कविता विज्ञान और अदालती तथ्यों की साधिकार चर्चा करते हैं।

'क्राइसिस आफ कांशस' और 'क्राइसिस आफ फेथ' जैसी अंग्रेजी बीमारियों की व्याख्या करते-करते आहार, निद्रा, भय, मैथुन पर भी टिप्पणी कर डालते हैं। प्रिंसिपल एवं रुप्पन जैसे पात्रों के लिए भी उनके पास ऐसे कारण है कि दूसरे उन्हें करुणा की दृष्टि से देखने पर मजबूर हो जायें। 'अहा ग्राम्य जीवन भी क्या है' को गांव की पैरोडी बना कर, रंगीन कांच के पर्दे से गांव की खूबसूरती निहारने वाले का रंगीन कांच अपने शब्दों से चकनाचूर करके गांव की दुर्गति का सही दर्शन करा देते हैं। कौन कहता है, राग दरबारी निरा व्यंग्य है। इसके 'पलायन संगीत' ने जहां भारत के तथाकथित अतीत और उसके गौरव की धज्जियां उड़ायी हैं वहीं वर्तमान की अवसरवादिता का ऐसा निरूपण किया है कि व्यक्ति घबरा जाता है। वह वास्तव में अपने आप से दूर भागने का प्रयास करने लगता है, दिशाहीनता का मर्मान्तक आभास ले कर। यही वह चौराहा है जहां से प्रारम्भ हो कर राग दरबारी जहां समाप्त भी होता है और मानो रंगनाथ दर्शकों से ही पूछता है, "आप बता सकते हैं, मैं कहां जाऊं?"

हमने अपने धारावाहिक में इसी को मुखर करने का प्रयास किया था।

दरअसल राग दरबारी हमें ठीक से बनाने ही नहीं दिया गया। केवल १३ खंडों में बांट कर ऐसे महा उपन्यास के साथ न्याय करना नितांत असम्भव है। कुसहर प्रसाद जैसे न जाने कितने महत्वपूर्ण पात्र तो छुए ही नहीं जा सके। काश! दूरदर्शन हमें छूट देता तो हम उन लोगों की शिकायत का मौका न देते जिन्हें लगा कि 'राग दरबारी' में कुछ और भी होना चाहिए था। खेद यही है कि जहां एक ओर लेखक को अपनी इच्छानुसार कितना भी विस्तार दे कर लिखने की स्वतंत्रता रहती है, फिल्मकार को नहीं रहती। फिर भी हमारा प्रयास जारी है और 'राग दरबारी' को, 'राग दरबारी' की तरह प्रस्तुत करने का अरमान अभी भी हमारा बाकी है।

हमारे लिए तो हिन्दी भाषा में 'सोद्‌देश्य व्यंग्य' से भी ऊपर 'ब्लैक ह्यूमर' 'राग दरबारी' से प्रारम्भ होकर 'राग दरबारी' पर ही समाप्त हो जाता है। उसी तरह श्रीलाल जी को समझने, उनसे बात करने और उनसे खरी-खरी सुनने की जब इच्छा होती है तो फिर से 'राग दरबारी' पढ़ना प्रारम्भ कर देते हैं।

राग दरबारी के निर्माण के समय उन्होंने एक बार कहा था कि आवश्यक नहीं कि हम और आप कल भी उतना ही जल्दी-जल्दी मिलें जितना कि आज क्योंकि आज राग दरबारी हमारे और आपके बीच सूत्र है, कल आप कोई और काम करेंगे तो उसमें लीन होंगे, तब कदाचित हमारी मुलाकातें इतनी जल्दी न हों और अनुभूति की तीव्रता भी शायद इतनी न हो। किन्तु ऐसा हो नहीं पाया। कम से कम हमारी ओर से तो नहीं। शुक्ल जी के साथ, राग दरबारी या बिना राग दरबारी, जो समय बीता उसके कई क्षण बड़े अनमोल हैं। उनसे शुक्ल जी जो छवि उभरती है वह उस मर्द की है जो भरपूर जीवन जीने की कामना रखता है। खाने पीने से ले कर सुंदरता तक, सभी के वे गुण ग्राहक हैं किन्तु उनकी दृष्टि हमेशा सर्वश्रेष्ठ पर ही जा कर रुकती है। शुक्ल जी के ये रूप, उनके साथ संगत कर रहे मित्रों को बिना यत्न किये भी दिखते रहते हैं, मुश्किल है उन्हें इसके पार देख पाना। जहां वे अचानक विगलित हो जाते हैं, बालक हो जाते हैं। कभी-कभी बालकों जैसी जिज्ञासा, किलकारियां और मनुहार, देखते ही देखते, एक वीतरागी में बदल जाते हैं। कभी ऐसा भी लगता है कि कुछ समझाते-समझाते रुक गये... मानो सुनने वाले को समझाना आवश्यक न रह गया हो अथवा शून्य में ताकते-ताकते जैसे कुछ बोध हुआ और अचानक एक विस्मृति सी। बस उसके बाद विषयांतर। फिर भी उनके भीतर का शिशु हमेशा जीत जाता है। उनका शिशुवत आग्रह, हठ एवं भोलापन देखने, समझने एवं सहेजने का है। अधिक मदिरापान (मैं तब की बात कर रहा हूं जब मैं उनसे मिलता था) उनमें अपराध बोध जगाता रहा है। बाद में पूछते भी कि अमुक समय तक तो याद है फिर क्या हुआ। किन्तु मुझे कभी भी उनका कहा किया बुरा नहीं लगा। अपने संस्कारों के कारण किसी की पूरी तरह खाल खेंचना उनके संकोची स्वभाव के बस की बात नहीं। मन के कष्ट को उधेड़ कर बता पाना वे सूखे-सूखे नहीं कर पाते। मदिरा पान के बाद वह संकोच वह भय हट जाता और अच्छे-अच्छे तुर्रम खां का अभिमान चूर-चूर करने, उसके कुकर्मों का चिट्ठा खोलने एवं उसकी अज्ञानता की धज्जियां उड़ाने में उन्हें कोई देर न लगती।

उनके एक पत्र के कुछ वाक्य अवश्य उद्‌धृत करना चाहूंगा। पहले प्रसंग सुन लीजिए। राग दरबारी को दोबारा से जनता के बीच पहुंचाने की मेरी बड़ी इच्छा थी। तब जैन टी.वी. नया-नया खुला था। उन्होंने एक नया धारावाहिक मेरे द्वारा बनवाने का झांसा दे कर राग दरबारी को दिखाने के अधिकार मुझसे मुफ्त में ले लिये। मैं मानता हूं कि यह मेरी जल्दबाजी थी और लालच भी। लालच इसलिए कि मैंने सोचा आम के आम गुठलियों के दाम राग दरबारी एक बार फिर से देखने वालों का मन मोह सकेगा और नया धारावाहिक भी बनाने को मिल जाएगा। स्वार्थपरता तो थी किन्तु ऐसी नहीं कि लाभ केवल मुझको ही हो। अगले धारावाहिक की बातचीत भी शुक्ल

जी के अन्य लेखन पर आधारित होते हुए ही थी। शुक्ल जी को यह बुरा लगा। मैंने उन्हें समझाने का प्रयास किया। वे कितना समझे यह तो मुझे नहीं पता किन्तु उनके पत्र की कुछ पंक्तियां अवश्य पढ़ लीजिए, "राग दरबारी जैन टी.वी. पर देख कर मैं दो ही काम कर सकता था। एक तो यह कि मैं अदालत जाता दूसरा यह कि मैं चुप रह जाता, सो मैंने दूसरा ही काम किया..." इससे और अच्छी तरह मैं श्रीलाल जी के बारे में क्या बताऊं।

राग दरबारी धारावाहिक पर दिल्ली के हाईकोर्ट में मुकदमा भी दाग दिया गया। गिरीश रस्तोगी ने फरमा दिया कि धारावाहिक तो उनके नाटक पर आधारित है। वह नाटक जो आदरणीय श्रीलाल शुक्ल के 'राग दरबारी' पर आधारित है। लिहाजा दूरदर्शन से जो माल मैं लूट रहा हूं उसमें उनका भी हिस्सा होना चाहिए। लोगों ने मुझे समझाया, उकसाया और नाम ने लेने की शर्त पर ही बताया कि यह सब श्रीलाल शुक्ल का ही हंगामा है। उन्होंने स्वयं ही उन रस्तोगी को पट्टी पढ़ायी है और यह मुकदमा ठुकवाया है। मेरे ये सारे हितैषी किसी न किसी रूप में श्रीलाल जी के बेहद नजदीकी मित्र थे, कुछ तो मेरे भी। किन्तु इनमें से एक को भी पता न था कि श्रीलाल जी मेरे मुकदमे की पैरवी खुद करने के लिए, अपने किराये से, लखनऊ से दिल्ली आये, अपने दामाद के यहां रुके, साक्ष्य जुटाने के लिए मुझे अपने साथ सुश्री शीला संधू और उनके राजकमल प्रकाशन ले गये जहां से राग दरबारी की 'रायल्टी' से सम्बंधित बरसों पुराने दस्तावेज निकलवाये, प्रतिलिपियां बनवायी, सही स्थानों पर उनमें निशान लगाये और अदालत भी मेरे साथ गये। खैर अंत में यह हुआ कि बैंच के दोनों न्यायाधीश महोदय स्वयं राग दरबारी देखते थे सो वादी के वकील को केवल इतना कह कर उन्होंने दफा किया कि "एक ही तो कायदे का सीरियल चल रहा है दूरदर्शन पर, उसे भी आप बंद करवाना चाहते हैं?"

अदालत में घुसने से पहले श्रीलाल जी ने मेरे बाल संवारने के लिए अपना सफेद जेबी कंघा दिया क्योंकि उस समय मेरी जेब में कंघा न था। वह कंघा आज भी मेरे पास स्मृति चिह्न की भांति रखा है। वहीं, बहुत सारे दस्तावेजों को रखने के लिए श्रीलाल जी चमड़े का एक बहुत ही सुंदर 'बैग' (जो शायद स्वीडन या कहीं बाहर का था) लाया करते थे। मुझे वह बड़ा अच्छा लगा और बेलाग भाव से मैंने उस थैले की तारीफ कर दी। नितांत निस्पृह भाव से, अत्यंत आत्मीयता के साथ, उन्होंने वह 'हैंडबैग' उसी समय मेरे हवाले कर दिया। वह आज भी मेरे पास है। मैं उसे इस्तेमाल नहीं करता।

उनकी इतनी प्यारी चीज मैंने हथिया ली किन्तु उनकी सबसे प्यारी चीज जो भगवान ने छीन ली है। उसे क्या वे उतने ही निस्पृह भाव से ले पाते होंगे, यह जानने की मुझे जिज्ञासा है।

आप समझ गए होंगे कि हमारा इशारा उनकी दिवंगता पत्नी की ओर है जो हम सभी की भाभी भी थीं। शुक्ल जी उन्हें जब चाहते झिड़क देते किन्तु उनके बिन एक पल भी रह न पाते। वे इनकी केवल पत्नी ही नहीं थीं। क्या थीं? कभी गया तो पूछूंगा किन्तु वे बताएंगे अथवा शून्य में ताकते रह जाएंगे, बता नहीं सकता। क्योंकि श्रीलाल शुक्ल जी से मेरी हर मुलाकात एक अर्धविराम पर समाप्त होती है। उस अर्धविराम के इधर उधर भी बहुत कुछ घटता रहता है। व्यक्त न हो पाता हो, यह दूसरी बात है किन्तु अव्यक्त की भी अपनी एक अभिव्यक्ति होती है। मन ही मन रचना और रचनाकार के पठन, मनन एवं चिन्तन के रूप में वह अभिव्यक्ति सतत प्रक्रिया के रूप में होती रहती है और जीवन के बहुआयामी प्रश्नों, समस्याओं, सम्बंधों एवं समाज को समझने में सहायता करती रहती है।

हमें विश्वास है कि यह अर्धविराम, विराम में न बदलेगा, न बदल सकता है।

विरुद्धों का सहमेल

विद्यानिवास मिश्र

श्रीलाल जी से मेरा परिचय लगभग अर्द्धशताब्दी का है। वे मुझसे उम्र में थोड़े से बड़े, पर पढ़ने में बजरिए मिडिल स्कूल माध्यमिक शिक्षा में आने के कारण थोड़े पीछे थे। इलाहाबाद विश्वविद्यालय से मैंने भी बी.ए. किया था। हमारी उनकी मिलने की समान भूमि संस्कृत है या फिर गांव में जन्म और लालन पालन है। वैसे हम दोनों के बीच इतना अंतर है कि उस अंतर को पाटने में इतनी लम्बी अवधि का मैत्री भाव और समान साहित्यास्वादी भाव ही समर्थ हो सकता है। उनसे विशेष घनिष्ठता तब से हुई जब मैं सूचना विभाग में था और वे डिप्टी कलेक्टर हो चुके थे। उनके व्यंग्य निबंध अपनी एक पहचान बना चुके थे। निबंधों में संस्कृत का गहरा योगदान था, इसीलिए उन्होंने मुझे और अधिक प्रभावित किया। भारतीय ज्ञानपीठ से 'अंगद के पांव' छप चुका था, उसके निबंधों में जो ताजगी थी वह आज भी मेरी समझ में ताजगी ही बनी हुई है। ऐसे संयत, शिष्ट और गहरी मार करने वाले निबंध बहुत ही कम लिखे गये हैं। बंकिमचंद्र चट्टोपाध्याय के 'कमलाकांतेर दफ्तर' संग्रह की याद श्रीलाल जी के निबंधों को पढ़ कर आती है। यद्यपि दोनों की शैली और वस्तुविन्यास में काफी अंतर है। बंकिम में विस्तार अधिक है, श्रीलाल जी का व्यंग्य संक्षिप्त और अधिक संयत है। कभी-कभी लगता है कि श्रीलाल जी में भावोच्छ्वास है ही नहीं। वे जीवन के प्रति अत्यंत निस्संग हैं। राग दरबारी से ले कर बिस्रामपुर का संत तक की रचना यात्रा मानवीय स्थितियों की निस्संग व्याख्या को और धार देने वाली यात्रा है। श्रीलाल शुक्ल बड़े पढ़ीस रहे हैं, देशी विदेशी सभी प्रकार का साहित्य पढ़ा है। और जितना पढ़ा है, उसको अपने हिसाब से खतियाया भी है, यद्यपि उनका खतियाना अध्यापकीय सा या शोधकर्ताओं जैसा खतियाना नहीं है। उनका खतियाना ठीक उसी प्रकार है जिस प्रकार बच्चे बड़ों का मकान

देख कर घर बनाते हैं। छोटे बच्चे घर के परिवेश का चित्र बनाते हैं।

वे कितने भी निस्संग क्यों न हों, उनकी रचना उनको बार-बार आवेगों की दुनिया में ढकेलती रहती है। इसीलिए उनकी रचना में कौतूहल पैदा करने की क्षमता बराबर बनी रहती है। राग दरबारी पर्त दर पर्त छीलने वाला उपन्यास है, इसके बावजूद यह पठनीय ही नहीं है, अत्यंत प्रभावोत्पादक भी है। कुछ लोग ऐसा समझते हैं कि उसका प्रभाव केवल नकारात्मक है, पाखंडों के तिरस्कार पर बल है, अपने अतिरिक्त सबको नैतिकता से शून्य मानने वाला है परंतु ध्यान से पढ़ने पर स्पष्ट हो जाएगा कि श्रीलाल जीवन की निर्मल्यता और पारदर्शिता के पक्षधर हैं।

श्रीलाल जी के लिए मेरे मन में सबसे अधिक आत्मीय भाव इसीलिए है कि वे अनेक व्यवसनों के बावजूद मूलतः एक ऐसे घरू भाव वाले हैं कि उन्हें कोई व्यसन हथिया नहीं सकता। मैं तो यही समझता हूं कि उन्होंने इतना विशाल साहित्य जो लिखा उसमें घर वाला भाव प्रमुख उत्तेजक भाव है। यह भाव मोहासक्ति नहीं है क्योंकि श्रीलाल अपने गांव का स्मरण मोहासक्ति के रूप में नहीं करते। 'बिस्रामपुर का संत' में जो अंत में संत बने व्यक्ति के मन में संत जैसी ग्लानि होती है वह ग्लानि भी प्रकारांतर से घर से भटकने की ग्लानि है। तथा वह ग्लानि भीतर से बाहर तक देहरी दीपक की तरह प्रकाश की संधि रेखा बनाने वाली ग्लानि है। श्रीलाल जी जहां पाखंडों के खंडन में निर्मम हैं वहीं वे अध्यात्म के लिए बेचैन भी हैं। अध्यात्म से मेरा अभिप्राय ब्रह्मचिन्तन मात्र से नहीं है। मैं अध्यात्म का प्रयोग व्यापक अर्थ में कर रहा हूं। वह अध्यात्म जीवन का स्वभाव है। पानी का स्वभाव नीचे की ओर लुढ़कना है। अनंत की तलाश के लिए ऊंचाई से उतरना है। श्रीलाल शुक्ल की रचनाएं भी उसी तरह से ऊंचाई का दावा नहीं करतीं, अध्यात्म के शिखरों का गुणगान नहीं करतीं बल्कि ठीक उनके भीतर जो अंतर्विरोध की विडम्बनाएं हैं, उन पर कस कर प्रहार भी करती हैं। तो भी श्रीलाल सहज ही बने रहने में या सहज न हों तो सहजता की ओर लौटने में क्या बाधाएं हैं, उनको समझने की कोशिश करते हैं। और उनको समझने के लिए क्या साधन हो सकता है इसका विमर्श करते रहते हैं। सामान्य बातचीत में भी श्रीलाल खुले रहते हैं। वे किसी खेमे के आतंक से पीड़ित नहीं हैं, इसलिए किसी खेमे में वे अपने को असहज नहीं पाते हैं। जहां कहीं भी उन्हें यह लगता है कि जिन लोगों के बीच में हूं वे आस्थाहीनता में ही मनुष्य की गरिमा पाते हैं और अपने जड़ कटे अस्तित्व को गर्व की बात समझते हैं, वहां श्रीलाल शुक्ल अपनी आस्था को व्यक्त करते हुए किसी संकोच का अनुभव नहीं करते हैं। वे मनुष्य की दुर्बलता को दया के भाव से नहीं देखते, उसे अपरिहार्यता के रूप में देखते हैं और उसके प्रति सचेत रहने में मनुष्य का धर्म मानते हैं। यह सचेतनता उस आध्यात्मिक ज्वार से भिन्न है जो अधिक मुखर रूप में सामने आ रही है। यह आस्था उनके लिए दुर्बलताओं का आवरण नहीं है, कवच की तो बात ही नहीं। यह आस्था उनकी भीतरी आवश्यकता है, इसीलिए अभी हाल में जिस बेलौस ढंग से अज्ञेय के कथा साहित्य पर उन्होंने तीन व्याख्यायन दिये वे लीक पर चलने चलाने वाले व्याख्यान नहीं हैं। वे उनकी गहरी और ऐसी समझदारी का प्रवाह हैं जो दूसरे के गतावगतों से अपने को मार्गनिर्देशित नहीं करना चाहती। उन्होंने कुछ दिन पहले रेडियो के लिए पुरा संग्रह हेतु मुझसे अनेक प्रश्न किये, उन प्रश्नों से लगता था कि उन्होंने मेरी रचनाएं बहुत रस ले कर पढ़ी हैं। मित्र की रचना है इसके लिए पूरा प्रशंसा भाव नहीं था, उन्होंने जो भी प्रश्न किये वे प्रश्न मेरे साहित्य से निकल रहे थे। उन्होंने कोई भी आरोपित प्रश्न नहीं किया था। इन्हीं कारणों से श्रीलाल मुझे इतना अधिक भाते हैं। श्रीलाल का साहित्य और अधिक भाता है। मैं समग्र दृष्टि से कहना चाहूंगा कि श्रीलाल सबकी बात करते हैं, छोटे से बड़े—सभी की बात करते हैं।

श्रीलाल शुक्ल और राग दरबारी

विश्वनाथ त्रिपाठी

आदरणीय श्रीलाल शुक्ल से मेरा परिचय नहीं के बराबर है। लेकिन उनके व्यक्तित्व के प्रति मेरे मन में अतीव सम्मान है। उनको मैंने कई बार बोलते सुना है। इतना प्रतिष्ठित व्यंग्यकार और ऐसा शिष्ट संतुलित विचारक वक्ता; ऐसा दुर्लभ संयोग प्रायः कम दिखलाई पड़ता है। ऐसा दुर्लभ संयोग परसाई के भी व्यक्तितव में था। मुझे उनके व्यवहार और भाषण में हिन्दी की जातीय संस्कृति की झलक मिलती है। वे अंग्रेजी उर्दू के भी संस्कारी पाठक होंगे। ऐसे पाठक और लेखक जो फैशन के लिए, इतराने के लिए, नहीं पढ़ते लिखते। डूब कर पढ़ते हैं और डूब कर लिखते हैं। शुक्ल जी डूब कर बोलते भी हैं और बैठकी भी ऐसे ही करते हैं। एक बार मुझे उनके साथ बैठकी में शामिल होने का सौभाग्य मिला है। सन् १९७३ ई. के आस-पास। (उन्हें याद हो के न याद हो)। प्रकाशक बंधु ओमप्रकाश, राजकमल और राधाकृष्ण प्रकाशन के, उन दिनों मुझ पर प्रसन्न हो चले थे। उनके और मेरे सह मित्र थे सुरेन्द्र तिवारी। बच्चन की आत्मकथा की जो ध्वंसात्मक समीक्षा मैंने लिखी थी, वह इन दोनों (ओमप्रकाश और सुरेन्द्र तिवारी) को बहुत प्रसंद आयी थी। बैठकी में श्रीलाल शुक्ल, कमलेश्वर, सुरेन्द्र तिवारी और ओमप्रकाश थे, मैं भी था। पान खान चार घंटे तक चला होगा।उसी अनुभव के आधार पर कह रहा हूं वे बैठकी में भी डूब जाते हैं। अनबूड़े बूड़े तरे जे बूड़े सब अंग वाले भाव में। उसके बाद एकाध बार दुआ सलाम हुई है बस। मुझे उन्हें प्रणाम करते समय यह ध्यान बना रहता है कि वे बड़े और प्रणाम्य हैं। इसका तकाजा है कि एक निश्चित दूरी बनी रहे। .... तो वे अपने से भी तटस्थ बने रह सकते हैं। इसका प्रमाण उसी बैठकी में मिला।

राग दरबारी के पहले मैंने उनका एक लघु उपन्यास पढ़ा था जिसमें एक किशोर अन्य किशोर को प्रेमपत्र

लिखता है। पत्र में पंक्ति आती है: अभागे हृदय को। मैंने उनसे इस पंक्ति का जिक्र किया तो उन्होंने तुनुक के साथ कहा, "मैंने ऐसी कोई पंक्ति नहीं लिखी है।" मैं हतप्रभ हो कर चुप रहा। हम सब खुशगप्पियों में मशगूल हो गये। करीब एक घंटे बाद उन्होंने सहसा कहा, "नहीं भाई मैंने यह पंक्ति लिखी है। माफ कीजिएगा मुझसे भूल हो गयी।" मैंने देखा कि पी कर उन्हें होश आता है।

'राग दरबारी' छपते ही छा गयी। पढ़ना शुरू किया तो पढ़ ही डाला। इतनी पठनीय लगी। राग दरबारी हिन्दी की उन रचनाओं की परम्परा में है जो आलोचना के सहारे के बिना अपनी पठनीयता के बल पर लोकप्रिय एवं सम्मानित, प्रतिष्ठित हुई हैं। अभी फिर पढ़ा। इस बार उतनी पठनीय नहीं लगी। फिर भी पढ़ते समय २०-२५ बार तो जरूर ही किताब बंद कर के अकेले में जोर-जोर से हंसा हूंगा— सबसे ज्यादा जोर से और सबसे ज्यादा देर तक यह पंक्ति पढ़ते हुए: "गड्ढे में थोड़ी देर खामोशी रही। फिर आवाज आयी, "मर्फर गर्फये सर्फाले, गोर्फोली, चर्फलाने 'वाले' को मैंने वर्फाले पढ़ा। मन में कहा, "वाह-वाह कहां मारा है।"

अवध के ग्रामीण कस्बाई जीवन को जितना श्रीलाल शुक्ल ने देखा है उतना या उससे ज्यादा प्रेमचंद ने या निराला ने ही देखा होगा। श्रीलाल शुक्ल ने ग्रामीण कस्बाई जीवन को रेणु से कम नहीं, ज्यादा देखा है। रेणु मोहक कथाकार हैं, श्रीलाल शुक्ल मोह भंजक। यह श्रीलाल शुक्ल की क्षमता है। किन्तु वे केवल मोह भंजक हैं।

श्रीलाल शुक्ल सबकी हंसी उड़ाते हैं। वे उत्तर भारत के देहातों और कस्बों के जीवन में व्याप्त पाखंड, छद्म विसंगति, अंधविश्वास, कामचोरी, काइयांपन, आलस्य, हरामखोरी, गंदगी सबको उधेड़ के रख देते हैं एक बुद्धिजीवी या अखबारनवीस की तरह। लेकिन बुद्धिजीवी या अखबारनवीस इतनी गहराई और सुपरिचित तौर पर सबकी कलई नहीं खोल सकता। कुछ प्रसंगों या स्थितियों के चित्रण अभूतपूर्व हैं। किसी स्थिति को किस स्थिति या बात से सटा कर चित्र खींचा जाए, इसकी क्षमता पाठक को अभिभूत कर लेगी। आजादी के बाद देश में विकास के नाम पर जो लूट मची है और जिसने हमारी जिन्दगी और भाषा को पाखंडी विनम्रता और शराफत का लबो लहजा दिया है, स्थानीय गुंडई और उजड्डपन को पैना किया है; यह सब राग दरबारी में लगभग मौलिक एवं सहज रूप में दर्ज है। इसमें जो है वह परिचित का अपरिचित मनोरंजन प्रदान करता है।

राग दरबारी में व्यंग्य को जो प्रतिष्ठान के प्रति घृणा तिरस्कार पैदा करता है, प्रहार करता है, विनोद बना दिया गया है। व्यंग्य है उसे विनोद का जामा पहना दिया गया है। हम इसे व्यंग्य विनोद कहें।

सर्वत्र व्यंग्य विनोद। इससे कथानक गौण हो गया है। राग दरबारी उपन्यास कम व्यंग्य विनोद ज्यादा है। कथानक में गति या विकास कहने भर को है। इसलिए यह रचना पात्रों या घटनाओं से नहीं उन पर की गयी लेखकीय टिप्पणियों, फब्तियों से प्रभावित करती है। इस अर्थ में लेखकीय दृष्टि सचमुच तटस्थ है। उपन्यास में एक पात्र लंगड़ है जो इस समूचे व्यंग्य विनोद के विरुद्ध पात्र है। वह उपन्यास में बहुत कम आता है किन्तु सर्वाधिक प्रभावशाली पात्र है। शुक्ल जी की यह पात्र कृति या पात्र उपस्थापन स्मरणीय है। वह विकलांग है, परम कर्मठ है, परम आशावादी है। उसकी जबान पर शिकायत नहीं मन में अपार धैर्य है। दरबारी राग का विवादी स्वर वही लंगड़ है। मानों इस पाषाणी व्यंग्य विनोद की स्थितियों की समाप्ति के लिए दौड़ धूप करता हुआ युग का इतिहास। लंगड़ इतिहास का प्रतीक पुरुष है। उसकी मूक असफलता इतिहास की असफता है।

श्रीलाल शुक्ल ने कहीं कहा है कि परसाई बड़े व्यंग्यकार हो गये क्योंकि उनके पास एक विचारधारा थी। राग दरबारी पढ़ते हुए मुझे उनका यह कथन बार-बार याद आता है।

एक स्वाभाविक गद्यकार

गोविन्द मिश्र

श्रीलाल जी के साथ बैठकें तो ढेरों हुई होंगी, इस वक्त कुछ खासतौर से याद आ रही हैं।

लखनऊ में उनका घर। खाने के पहले सुरापान .... छक कर। उसके बाद मुझे गेस्ट हाउस जाना था, जहां मैं ठहरा था। अब श्रीलाल जी की जिद कि वे ही मुझे छोड़ कर आएंगे। उनकी मेहमानवाजी वहां तक ठीक कि वे एक दो बार कहें और मैं सुन लूं। मैं तिपहिया पकड़ कर जाना चाहता था..... लेकिन देखा कि मेहमाननवाजी जिद की तरफ बढ़ी चली जा रही थी। उन्होंने अपना स्कूटर निकाल लिया और मुझे पीछे बैठने के लिए कहा। श्रीलाल जी उन दिनों साल के छः माह शराब छोड़े रहते थे, छः माह पीते थे......... और इन छः माहों में सूखे महीनों की कसर निकाल लेते। मेरी बदनसीबी कि ये उनके रोजे वाले महीने नहीं थे। वे उस बिन्दु पर खाने के लिए उठे थे जब जुबान लड़खड़ाने लगी थी..... जो कुछ भी वे बोलते उनके होठों पर फड़फड़ा कर रह जाता....... जैसे हल्की हवा में पत्तियां सरसराती हों। श्रीलाल जी ने जब स्कूटर निकाला तो मैं बहुत डर गया। मैं उन दिनों कमसिन नहीं तो जवान तो था ही, बाल बच्चों वाला भी हो गया था। मैंने अपना जीवन बीमा भी नहीं कराया था। मैंने बहुत टालमटोल .... फिर अनुनय विनय की लेकिन श्रीलाल जी जैसे हथियार निकाल मैदान में खड़े थे, युद्ध के लिए। उनकी मेहमाननवाजी, जिद के आगे पहुंच अब अड़ियल बन गयी थी। वे अपनी हथेली को स्कूटर की गद्दी पर बार-बार मार रहे थे। मैं फिर भी हिचकिचाता दिखा तो उन्होंने अंग्रेजी में धमकी दी (बहुत पीने के बाद वे अंग्रेजी में आ जाते हैं यह भी मेरा तजुर्बा हो चुका था), शब्द अस्पष्ट थे लेकिन कुछ इधर उधर से मैंने पकड़ लियेः "यू आर क्वश्चनिंग माई कंफीडैन्स। आइ हेव टु प्रूव नाउ!" हालत यहां तक पहुंच गयी कि अब अगर मैं चुपचाप स्कूटर

पर नहीं बैठा तो श्रीलाल जी स्कूटर एक तरफ पटक मुझे एकाध झापड़ रसीद कर देंगे। (वैसे वे बहुत ही शालीन हैं पर कसरतिया भी रहे हैं ...... मुझे याद था) मैं इस तरह स्कूटर की पिछली सीट पर बैठा जैसे जान बूझ कर खुद को मौत के मुंह में डाल रहा हूं। श्रीलाल जी ने सिर्फ एक बार पूछा, बैठ गये ......? और एक लात मार स्कूटर स्टार्ट कर दिया। फिर दौड़ता स्कूटर, लगती हवा और श्रीलाल जी के अनवरत चलते होठ थे। वे क्या कह रहे थे यह समझना तो दूर मैंने सुनने की भी कोशिश करनी छोड़ दी थी। उस समय तो मेरे भीतर बाहर सिर्फ प्रार्थना थी.......... प्रार्थना।

गैस्ट हाउस के गेट पर मुझे चौकस छोड़ा श्रीलाल जी ने, फरफराते हुए लौट भी गये। मैंने जब उनके घर फोन करके भाभी जी से पूछ लिया कि वे ठीक ठाक पहुंच गये .... तभी मैं सामान्य हो सका।

क्या अल्हड़ता, अक्खड़ता मस्ती।

दूसरा दृश्य हाल ही का है। दिल्ली की शेखसराय में एक फ्लैट। भाभी जी बीमार थीं। श्रीलाल जी पीना, घूमना, पढ़ना, लिखना .... सब छोड़ कर उनकी तीमारदारी में लगे हुए थे। उन्हें छोड़ कहीं जाते तक नहीं थे। वही भाभी जो उसी फ्लैट में पिछली बार मुझसे शिकायत कर रही थीं, "मैंने इनसे कितना कहा, बैठे रहते हो .... (थोड़ा सुरीली आवाज में गाते हुए सा बोलती थीं वे) जा............ आ .... ओ, घू.......ऊ... .....मो .... घूमो फिरोगे नहीं तो लिखोगे कैसे!" अब वे ज्यादा बीमार थीं और खाट से आ लगी थीं। श्रीलाल जी ने कार भेज कर (मेरा स्टेटस बढ़ा दिया था उन्होंने) मुझे बुलवा लिया था। मेरे लिए शराब निकाली उन्होंने ...... खुद पक्का परहेज। जितनी शालीन पोशाक उतना ही शालीन आचरण। भीतर कोई आत्मदया नहीं, न लिख पाने की शिकायत .... पत्नी की बीमारी को ले कर कोई झुंझलाहट, कुछ नहीं। सब सहजता से सब अपने भीतर समाये हुए एकदम शांत भाव से बातें कर रहे थे और यह भी नहीं कि पत्नी की बीमारी की ही बातें ...... उनसे जल्दी निपट वे दीगर चर्चा पर आ गये थे। एकदम संतुलित और जैसे हर चीज से तटस्थ। बहुत बाद में दोस्तोव्हस्की के प्रसिद्ध वाक्य 'सुंदरता ही संसार को बचाएगी' में सुंदरता को व्याख्यायित करते हुए मैंने कहा था, "श्रीलाल जी सब कुछ छोड़ पत्नी की तीमारदारी में लग जाते हैं, यह सुंदरता है।"

कहां यह सौन्दर्य ... करीब-करीब संत सा यह व्यक्ति, कहां वह अड़ियल, बिगड़ैल पहलवान छाप .... जो स्कूटर की गद्दी पर यों बार-बार हाथ मार रहा था जैसे कुश्ती के लिए ताल ठोंक रहा हो।

और यहीं कहीं.... इन दो कुश्तियों के बीच के संधि बिन्दु पर कहीं बैठी हुई हैं उसकी सर्जनात्मकता ... जो यथार्थ की ओर ज्यादा झुके होते हुए भी सौन्दर्य को नकारती नहीं। याद आती है शीला संधू के घर की एक पार्टी, जहां तीन चार पैग के बाद श्रीलाल जी मुझे कोहनी मार-मार कर एक सुंदरी के बारे में पूछ रहे थे ... "हू इज शी ... हू इज शी ... (वे अंग्रेजी बोलने वाले बिन्दु तक आ पहुंचे थे) और उनके ताजा उपन्यास 'बिस्रामपुर का संत' में भी सुंदरी है ... वह सो रही थी।

"बाल तकिये पर बिखरे हुए थे, गर्मी के मारे शायद वह उन्हें सिर के आसपास बिखेर कर ही सोयी थी। वह सीधी लेटी हुई थी, दाहिनी बांह आंख को ढंकती हुई मत्थे के ऊपर आ गयी थी, दूसरी छिटक कर पलंग के किनारे की ओर चली गयी थी। एक घुटना मुड़ कर ऊपर की ओर उठ आया था और साड़ी के ऊपर खिंच जाने से उसकी सुडौल पिंडली का निचला हिस्सा बाहर झलक रहा था। उसके जिस्म पर पतली खादी का हल्के भूरे रंग का ब्लाउज था, उसके नीचे ब्रा नहीं थी, गर्मी के कारण उसे निकाल दिया गया होगा। ब्लाउज के नीचे उसके उरोज गहरी नींद

की नियमित सांस के साथ हल्की लहरों पर चलती हुई नाव की तरह उठ रहे थे, गिर रहे थे।.......

बारीकी से देखते हैं सौन्दर्य, लेकिन सौन्दर्य की प्रतिक्रिया जो कविता में उठ जाती है ..... वह नहीं मिलेगा उनके यहां। सौन्दर्य में बह जाना, डूब जाना नहीं .... शायद इसीलिए कि वे व्यंग्यकार हैं, यथार्थबोधी हैं .. ... लेकिन शायद इसी कारण यह भी है कि उनके उपन्यासों में वह गहराई नहीं मिलती जिसकी अपेक्षा उपन्यास से होती है। शायद उनका व्यंग्यकार उन्हें इस गहराई में उतरने से रोकता हो, यह हो सकता है। यह भी सही है कि उपन्यासों में उनका व्यंग्यकार खूब काबू में रहता है। कुछ आधुनिक कथाकार जो हर बात को 'आयरौनिकल' देखने के आदी हो जाते हैं। जीवन की हर स्थिति को ट्विस्ट करके देखते हैं, उस पर हंसते हैं, सिनिक से दिखते हैं .... ऐसा नहीं है श्रीलाल जी के यहां। वे व्यंग्य में व्यंग्यकार हैं, उपन्यास में उपन्यासकार। उपन्यासों में हर पात्र संतुलित ढंग से और पूरे ब्यौरों में उकेरा जाता है। उन्हें सहानुभूति भी देता है लेखक, मजाक नहीं उड़ाता उनका। उपन्यासों में कुछ मुद्दों पर लेखकीय टिप्पणी में हो लेता हैं यह सब, पर पात्रों के साथ नहीं ... यह कमाल का संतुलन है। मनोहर श्याम जोशी के उपन्यासों में भी गहराई के लिए मन तरसता रहता है, वहां वह संतुलन भी नहीं है जो श्रीलाल जी के यहां है, जो उपन्यासों में होना चाहिए। ... जोशी जी के यहां जैसे उपन्यासकार एक ऊपर के मंच पर बैठा हर चीज पर, पात्रों पर हंस रहा, सबका मजाक उड़ा रहा है। अब कहने को कह लीजिए कि उस आइरौनिकल अंदाज से जो अनावृत्त होता है वह असल है ... लेकिन जोशी जी के उपन्यास जो अपने पूरेपन में प्रभाव छोड़ते हैं वह अनावृत्त होने वाले इस या उस तत्व का नहीं होता ..... उस आयरनी का होता है जो उनका अंदाज है। इसके बरक्स उपन्यास की सारी तृप्तियां श्रीलाल जी के यहां मिल जाती हैं ... कथा रस ... कथा की डालें मोटी से पतली से होते हुए फुनगियों तक तरह-तरह के पात्र अपने पूरे डिटेल्स में उकेरे हुए और सबसे ऊपर विषय का पूरा बौद्धिक विश्लेषण, कहीं-कहीं जीवन पर टिप्पणियां भी ... एक संसार की सृष्टि अपने पूरे फैलाव के साथ ... लेकिन वे रह जाते हैं श्रीलाल शुक्ल के उपन्यास ही ... वह चीज जो उपन्यास को लेखक के हाथ से छिटका कर उससे आगे की चीज बन जाने दे, रचना लेखक से पृथक, लेखक के बावजूद एक बड़ा व्यक्तित्व प्राप्त कर ले ... यह नहीं हो पाता। और मेरा ख्याल है कि इसका एक ही कारण है ... श्रीलाल जी का सौन्दर्य से नहीं, सौन्दर्य में डूबने से परहेज। आकर्षण तो है ... पर जल्दी ही वे संतुलन की तरफ लौट आते हैं। सौन्दर्य ही में तो वह ताकत हैं कि लेखक को डुबो दे, बहा ले जाय ... वहां जहां रचना रचनाकार से छूट कर कुछ की कुछ हो जाय।

श्रीलाल शुक्ल को ले कर एक बात और भी कही जाती है कि 'राग दरबारी' जैसे प्रसिद्ध और लोकप्रिय उपन्यास ने ही उनकी सीमा रेखा भी तय कर दी है। मैं दो चीजों पर अक्सर सोचता रहा हूं ... यह तो हो सकता है कि आपकी कोई रचना अति प्रसिद्धि पा ले, उसके मुकाबले कोई बेहतर रचना भी पीछे रह जाये ... लेकिन अति प्रसिद्ध रचना आपको पार जाने से रोकने लगे, यह कैसे हो सकता है और श्रीलाल जी के साथ यह नहीं हुआ है ... इसका उदाहरण 'सीमाएं टूटती हैं' जिसमें उन्होंने 'राग दरबारी' की सीमाएं निश्चित तोड़ी हैं ... यहां वे मानव मन में गहरे उतरे हैं। लेकिन जैसे हर लेखक की एक खास जमीन हो जाती है ... वैसे ही श्रीलाल जी 'राग दरबारी' वाली जमीन की ओर बार-बार लौटते हैं और इससे ही गड़बड़ियां पैदा होती हैं। श्रीलाल शुक्ल के ताजा उपन्यास 'बिस्रामपुर का संत' जिससे अपेक्षा होती है कि वह एक लेखक की प्रौढ़ता के चरम बिन्दु को चमकाता हुआ उतरेगा, वह नहीं होता। 'बिस्रामपुर का संत' और कमलाकांत त्रिपाठी जैसे नये रचनाकार के उपन्यास 'बेदखल' में ज्यादा फर्क नहीं दिखाई देता। दूसरे ने 'अवध आंदोलन' का विषय ले कर उपन्यास लिख डाला तो

पहले ने 'भूदान आंदोलन' को ले कर। बार-बार याद आता है कि वह रस, वैसा संसार ..... पूर्ण संसार, वह लयमयता जो 'राग दरबारी' में थी .... जो पाठक को उसके अपने संसार से हटा कर, उपन्यास के संसार में ले जा कर डुबा देती है वह यहां नहीं है। पाठक विषय के विभिन्न पक्षों की सतह पर घिसटता लाभान्वित होता रहता है ..... बीच-बीच में सुंदरी, जयश्री आदि के प्रसंग ऊष्मा लाते हैं ...... पर वे जीवंत पात्र कहां जो 'राग दरबारी' में थे, जीवन से सीधे उठाये गये। मैं जिस तरह तुलना कर रहा हूं ..... यही शायद गलत है। तुलना न होती अगर श्रीलाल जी जीवन के एकदम किसी अलग किस्म के पक्ष को, दूसरे ढंग से उठा सकते .... और यहीं उनका यथार्थवाद आड़े आता है। वे सम्बंधों की विराट, जटिल और गहरी दुनिया में नहीं घुसते।

('सीमाएं टूटती हैं' में कुछ-कुछ यह हुआ और इसलिए उस उपन्यास में ताजगी है) ...... शायद श्रीलाल जी को सामाजिक यथार्थ, तंत्र का यथार्थ आज के जीवन की बड़ी त्रासदी लगता है, कदाचित वह है भी (मैंने भी इस तरह के उपन्यास/कहानियां लिखे हैं लेकिन मैं पिसते व्यक्ति, उस पर पड़ती मार पर उतर-उतर आया .. .. वे रचनाएं कैसी बनीं नहीं जानता .... लेकिन मेरी दुनिया ही वह थी— व्यक्ति की दुनिया, वहां भी उसकी भीतरी दुनिया) ..... श्रीलाल जी सामाजिक यथार्थ के उस टुकड़े का खाका खींचने में ज्यादा व्यस्त हो जाते हैं। फिर उपन्यास उस विषय पर एक अच्छी खासी 'स्टडी' तो बन जाता है पर पात्रों की आदमियत पीछे छूट जाती है, उनके पारस्परिक सम्बंध, उनका तनाव पीछे छूट जाता है। बेशक इतनी 'स्टडी' वह नहीं होती कि आदमी की दुनिया ही नदारत दिखे लेकिन आदमी की दुनिया की संश्लिष्टता, जटिलता और सबसे ऊपर उसकी गरमाहट वहां नहीं होती। एक यह बात भी गौरतलब है कि सामाजिक यथार्थ, तो बदलने वाली चीज है, वह आज कुछ है, कल कुछ और ...... स्त्री पुरुष के, आदमी-आदमी के, आदमी तंत्र के .... ये हमेशा रहने वाली चीजें हैं इसलिए हर भाषा और हर युग में वे साहित्य के विषय रहे। फिर भी, श्रीलाल जी उन पर बहुत न ठहर यथार्थ के उस टुकड़े की तरफ ज्यादा भागते हैं जो परिवर्तनशील हैं। बावजूद इसके उनका हर उपन्यास, कदाचित हर रचना एक स्तर के नीचे कभी नहीं उतरती .... वह एक बड़ी या बहुत अच्छी भले ही न बन पाये, एक साफ सुथरी, अच्छी रचना हर बार होती है।

जिन्होंने श्रीलाल जी के साथ छोटी बैठकें की हैं, उन्हें मस्ती में गपियाते देखा है.... सुनाते चले जाएंगे एक के बाद दूसरा किस्सा, किस्से से फूटते दूसरे किस्से, उप किस्से .... क्या याद्दाश्त है। जैसे किस्सों का अथाह कुंड हो भीतर जिससे भलभल झरनों की तरह बहते चले आते हैं किस्से ..... किस्से पर किस्से .... तब वे किसी दूसरे को आसानी से बोलने भी नहीं देते, असहिष्णुता की वजह से नहीं .... इसलिए कि उनके किस्से चुकते ही नहीं, किस्से बेताब होते हैं बाहर आने को, कभी-कभी तो साफ-साफ शब्द भी नहीं निकलते, पत्तियों से होंठ फड़फड़ाते चले जाते हैं .... अपना बोला वे ही समझ पाते हैं, पर श्रीलाल जी बोले जा रहे हैं .... बोले जा रहे हैं ... जिन्होंने उन्हें इस तरह किस्से सुनाते, गपियाते देखा है वे समझ सकते हैं अगर मैं कहूं कि श्रीलाल जी स्वाभाविक गद्यकार हैं, उपन्यास लिखना उनके यहां ऐसी नैसर्गिकता से आता है जैसे सांस लेना, जरा भी बनावट, मेहनत का अहसास नहीं .... और मौजूदा उपन्यासकारों में इस तरह के वे अकेले उपन्यासकार हैं, मेरी समझ में .... जहां साहित्य या किसी विधा विशेष की विशिष्टिता इतनी सहजता (सरलता नहीं) में तब्दील हो जाती है कि लगे ही नहीं आप लिखे हुए से गुजर रहे हैं, जैसे कि किसी बस्ती की एक गली से दूसरी, दूसरी से तीसरी में निकलते चले जा रहे हैं ...... बस। कलाविहीनता की यह कला बड़े रचनाकारों को भी उनके सबसे उत्कर्ष

काल में मिलती है .... जो श्रीलाल शुक्ल को उनके स्वभाव के कारण, शायद पैदाइशी ही मिली हुई है। उनकी प्राप्ति यह है कि इस प्रकृति प्रदत्त स्वाभाविक सहजता को उन्होंने न तो उलीच कर जाया किया और न ही शिक्षा, अनुभव, जानकारियां, किसी वाद में विश्वास आदि से इसे कलुषित होने दिया है। उनके व्यंग्यकार से इस चीज को सबसे बड़ा खतरा था ..... लेकिन श्रीलाल जी उससे भी इसे बचा ले गये। वह अपनी निष्कलुषता में आज भी 'बिस्रामपुर का संत' में उतरी है। क्योंकि वह श्रीलाल जी के व्यक्तित्व में आज भी है। श्रीलाल जी जो आज तक लिख सके हैं, लिखते जा रहे हैं उसका रहस्य भी इसी में छिपा हुआ है। यथार्थपरक लेखन की तरफ झुकता हे उनका मन लेकिन किसी वाद या किसी विचारधारा में आ-मस्तक डूब जाना तो दूर वे उससे कोसों दूर रहे हैं। उन्होंने कई बार कहा भी है कि वे तो दफ्तर की दासता से मुक्त महसूस करने के लिए लिखते हैं ... तो फिर किसी वाद या विचारधारा की दासता कैसे पकड़ लें। उन्होंने स्वयं को खुला रखा है और इसी से बची रह सकी है वह सहजता जिसका जिक्र मैंने ऊपर किया है। उनकी यथार्थपरकता भी कठोर, आक्रामक यथार्थपरकता नहीं है... . उसमें कोमलता का एक पुट रहता है.... जिस आंख से वे यथार्थ को देखते हैं, उकेरते हैं उसमें करुणा के रंग हैं। इसीलिए जहां वे यथार्थ की पूरी दारुणता को भी उकेर रहे होते हैं, वह जीवन खंड भी तपते धूप के टुकड़े की तरह चिलमिलाता नहीं, अंततः एक कारुणिक आस्वाद ही छोड़ता है.... वही जो कला का इष्ट है। चिलमिलाते टुकड़े को तो हम ठीक से देख भी नहीं सकते, कारुणिक अंदाज में दिखाया गया सत्य एक टीस, कसक बन पीछे छूट जाता है, देर तक हमारे भीतर कलपता रहता है।

वे अपना भी मजाक उड़ा देते हैं

शीला संधू

जिन्दगी कभी-कभी हमें ऐसे मुकाम पर ला कर खड़ा कर देती है जहां से आगे बढ़ने के लिए हमें नये सिरे से अपने रास्तों का चुनाव करना पड़ता है। ऐसे मौकों पर किया गया फैसला अक्सर आगे आने वाले समय में हमारी जिन्दगी की दिशा बदल देता है। सन् १९६२-६३ मेरी जिन्दगी में आने वाले एक ऐसे ही बदलाव का साल था।

मैं लगभग १५ साल से विश्वविद्यालय में पढ़ा रही थी। तभी मेरे सामने देश की प्रमुख प्रकाशन संस्था 'राजकमल प्रकाशन' में काम करने का प्रस्ताव अचानक आया। मैंने इसके लिए कोशिश नहीं की थी, पर जब यह मौका सामने आया तो मैंने बड़ी खुशी से इसे लपक कर हथिया लिया। मुझे लगा कि जैसे मेरे काम करने की दिशा बदली नहीं। मुझे उसी रास्ते पर आगे बढ़ने का मौका मिला है। फर्क इतना ही लगा कि अब तक मैं लिखित शब्द को पढ़ती पढ़ाती रही थी, और अब मेरा ताल्लुक शब्द को पुस्तक के रूप में आकार देने का होगा। इसे मैंने चुनौती के रूप में खुशी और उत्साह के साथ स्वीकार किया। मैं बेसब्री से उस वक्त का इंतजार करने लगी जब मेरा रिश्ता सिर्फ शब्द से नहीं शब्दकार से, उसकी कलम से और उसकी रचना प्रक्रिया से होने वाला था।

शुरू शुरू में कुछ समय तक लेखकों और हिन्दी जगत ने मुझे इस तरह देखा कि देखें देवी जी क्या करती हैं। लेकिन मुझे जल्द ही सब लोगों का विश्वास प्राप्त हो गया। राजकमल के लेखकों का एक अपना दायरा था, काफी फैला हुआ जिसमें हर क्षेत्र के लोग शामिल थे। नये ढंग के लेखन को राजकमल में लाने में, बड़े-बड़े नामों को राजकमल के लेखकों की विषय सूची में जोड़ने में, दूसरी भाषाओं की अच्छी रचनाओं के अनुवाद प्रकाशित कराने में मुझे जो मेहनत करनी पड़ती उससे मुझे परेशानी या थकान की बजाए खुशी हासिल होती रही। इस पूरी

प्रक्रिया में बहुत से ऐसे दोस्ताना रिश्ते कायम हुए जो प्रकाशक लेखक के बीच व्यावसायिक सम्बंधों तक सीमित नहीं रहे। श्रीलाल जी एक ऐसे ही दोस्त हैं। केवल अव्वल दर्जे के लेखक के रूप में ही नहीं एक बहुत अच्छे इंसान के रूप में भी मैं उनकी इज्जत करती हूं, उनकी प्रशंसक हूं और उनकी दोस्ती की कद्र करती हूं। पर मेरा पहला परिचय तो 'राग दरबारी' से हुआ था। श्रीलाल जी से तो मैं काफी बाद में मिली। इसलिए बात पहले 'राग दरबारी' से ही शुरू कर रही हूं।

मुझे अगर सही याद है तो यह बात १९६५-६६ की है। राजकमल के सुपरिचित लेखक भगवती बाबू ने मुझे एक पांडुलिपि थमा दी। शीर्षक था 'राग दरबारी'। मेरे मन में फौरन ख्याल आया, हे भगवान! यह शास्त्रीय संगीत पर कोई विद्वत्तापूर्ण ग्रंथ है! पर उन्होंने मेरा संकोच तुरंत यह सूचना दे कर दूर कर दिया कि पांडुलिपि उपन्यास की है। मुझे यह जान कर कुछ राहत जरूर मिली पर तब भी उसके शीर्षक के बारे में जिज्ञासा और असमंजस बना रहा। उपन्यास पढ़ने के बाद मेरे मन में इस बात को ले कर यकीन हो गया कि यह पुस्तक हमारे सर्वश्रेष्ठ प्रकाशनों में से एक होगी। मेरे भीतर एक इंट्यूटिव फीलिंग थी कि यह पुस्तक बहुत प्रभावी होगी। शायद प्रकाशक की सहज बुद्धि और अनुभव के कारण। पर तब भी इसके शीर्षक को ले कर मैं बहुत आश्वस्त और उत्साहित नहीं थी गोकि अब लगता है कि 'राग दरबारी' के अलावा इस उपन्यास का कोई और नाम हो ही नहीं सकता था।

पहला संस्करण हम लोगों ने १९६८ में निकाला। पांडुलिपि मिलने और उसके प्रकाशन के बीच जो समय का लम्बा अंतराल था, उसकी वजह प्रकाशक की ओर से होने वाली देरी नहीं थी। ऐसा क्यों हुआ, इसकी कहानी दिलचस्प है, जिसका जिक्र मैं जरूर करना चाहती हूं। श्रीलाल जी सरकारी मुलाजिम थे। अपने विभाग से पुस्तक के प्रकाशन की इजाजत लेना उनके लिए जरूरी था। यह सिर्फ औपचारिकता होती है। पर इस मामले में एक वरिष्ठ अधिकारी ने कई तरह के एतराज उठा कर इजाजत देने में टांग अड़ा दी। पूरा एक साल निकल गया। उसने ऐसा क्यों किया यह उसके सिवा कोई नहीं जानता। श्रीलाल जी उसकी इस हरकत से क्षुब्ध और उत्तेजित हो कर नौकरी से इस्तीफा देने को तैयार हो गये। बेनेट कोलमेन ने उन्हें वह पद देने की पेशकश की जिसे बाद में रघुवीर सहाय ने संभाला। वात्सायन जी उस समय बर्कले जाने की तैयारी कर रहे थे। उन्होंने भी श्रीलाल जी से उन्हें 'दिनमान' का सम्पादक बनने का आफर दिया। आर्थिक दृष्टि से यह प्रस्ताव बहुत आकर्षक था। लेकिन उसी दौरान किताब को प्रकाशित करने की अनुमति मिल गयी और श्रीलाल जी ने अपने सहज स्वभाव के अनुसार वात्सायन जी के प्रस्ताव को स्वीकार नहीं किया। दरअसल उनकी लड़ाई सिद्धांत की थी। लिहाजा जब फैसला उनके पक्ष में हो गया तो उन्होंने सरकारी नौकरी में बने रहने का ही निर्णय लिया। मैं सोचती रही कि कितने लोग ऐसे होंगे जो आर्थिक रूप से वैसे आकर्षक प्रस्ताव को स्वीकार करने से अपने को रोक सकते।

आखिर 'राग दरबारी' का सजिल्द संस्करण १९६८ में प्रकाशित हुआ। सबने दिल खोल कर उसका स्वागत किया। यह साहित्य और हिन्दी प्रकाशन जगत की एक महत्वपूर्ण घटना थी। १९७० में इस उपन्यास पर साहित्य अकादमी पुरस्कार श्रीलाल जी को दिया गया और तब से इसके अनेक संस्करण प्रकाशित हो चुके हैं। हर साल नया संस्करण निकलता है। उपन्यास का पेपरबैक संस्करण १९८३ में छपा जिसका दसवां संस्करण १९९१ में आया और हर साल उसका नया संस्करण छपता रहा है। कभी-कभी तो एक साल में दो संस्करण भी निकले हैं। मेरी जानकारी में हिन्दी का कोई और उपन्यास ऐसा नहीं है, जिसका प्रकाशन इतिहास इतनी तेज रफ्तार से बढ़ा हो और क्लासिक की कैटेगरी में अपनी जगह बना ले। फिर गिलियन राइट ने इसका बड़ा अच्छा अंग्रेजी अनुवाद

भी किया जो १९९२ में पैंगुइन से प्रकाशित हुआ। यह एक ऐसी रचना है जो अपने लिखे जाने के बाद बराबर चर्चा के केन्द्र में रही है। इसकी प्रशंसा सुन कर श्रीलाल जी के चेहरे पर जैसा प्रसन्नता भरा संकोच का भाव आ जाता है वह देखने लायक होता है।

श्रीलाल जी का व्यक्तित्व बड़ा पारदर्शी है। बहुत कम लोगों को ऐसे साफ और सहज स्वभाव की नियामत मिलती है जिसमें कहीं कोई खोट न दिखाई पड़े। आमतौर पर हम सबके व्यक्तित्व दोहरे होते हैं जिसका एक मुखड़ा वह होता है जिसे हम दूसरों के सामने पेश करना चाहते हैं। हम चाहते हैं कि हमारे सम्पर्क में आने वाले लोग हमें उसी रूप में देखें और पहचानें। हम बराबर अपनी इस दिखाने वाली इमेज को संवारते मांजते रहते हैं। लेकिन इस ऊपरी तह के नीचे हमारा एक और इमेज होता है जिसे हम खुद ईमानदारी से जानते और पहचानते हैं पर अक्सर हम अपने इस रूप से कतराते और आंख चुराते हैं। हम अपनी ऊपरी इमेज को बनाने संवारने में इतनी मेहनत करते हैं कि धीरे-धीरे खुद यह विश्वास हो जाता है कि हमारी असली इमेज वही है। श्रीलाल जी के साथ ऐसा नहीं है। उनका भीतर और बाहर एक जैसा है। वे भीतर जैसे हैं, अपने को उससे बड़ा प्रोजेक्ट करने की कोशिश करते मैंने उन्हें कभी नहीं देखा। बल्कि इसके ठीक विपरीत वे अपने बड़प्पन को बड़े संकोच से धारण किये रहते हैं। कभी-कभी तो उनके व्यवहार से ऐसा लगता है कि उन्हें अपने आकार का अंदाजा ही नहीं है। अपनी पुस्तकों की बात बड़े तटस्थ ढंग से करते हैं, तकरीबन न्यूट्रल अंदाज में। इससे उनके व्यक्तित्व में जो सहज शालीनता दिखाई पड़ती है वह निपट ईमानदारी के बगैर आ ही नहीं सकती। इसीलिए उन्होंने न कभी पैंतरेबाजी की और न ही कभी जहां तहां गोटियां बैठाने की मजबूरी महसूस की। मैंने कभी उन्हें किसी पुरस्कार के लिए भाग दौड़, पैरवी करते कराते नहीं देखा। शायद इसीलिए उन्हें जब भी कोई पुरस्कार मिला उन्होंने न उसकी नाप जोख की न सहयोगी लेखकों को मिलने वाले पुरस्कारों की राशि से उसकी तुलना करके वे दुखी सुखी हुए। जो मिल गया उसे बड़ी शालीनता के साथ उन्होंने स्वीकार कर लिया। निराशा उन्हें होती है जो पाने की तदबीरें जुटाते हैं और सफल नहीं होते। पर ऐसे मौकों पर श्रीलाल जी का तेवर कुछ और ही होता है। लेखकीय आत्माभिमान से प्रेरित परिहास वाली मुद्रा में वे पुरस्कारों को इंसीडैण्टल मानते हैं।

सरकारी नौकरी की अपनी जिम्मेदारियां होती हैं। और अगर यह नौकरी अफसरी हो तो उसकी उलझनें, बंदिशें और फ्रस्टेशन दूसरे किस्म के होते हैं। पर लेखकों की दुनिया में इन आला अफसरों का कुछ न कुछ रौब दाब तो होता ही है। ऐसे उदाहरण भी हैं ही जहां लेखकीय व्यक्तितत्व को सरकारी रौब के सहारे कुछ ऐसा वजनी बनाने की कोशिश जारी रहती है जिससे आसपास के लोगों को संकोच और असुविधा ही पैदा होती है। पर श्रीलाल जी का लेखक और अफसर एक मकान की दो मंजिलों में रहने वाले अलग-अलग व्यक्तियों की तरह है। शायद ही कभी उन्होंने लेखक की चर्चा करते हुए यह आभास दिया हो कि वे कुछ अलग, कुछ विशिष्ट, कुछ निराले किस्म के इंसान हैं। इसीलिए उनमें अपने लेखन के प्रति निर्मम रूप से तटस्थ हो जाने की क्षमता है। वे स्थितियों, व्यक्तियों यहां तक कि खुद अपने आपको भी एक बाहरी व्यक्ति की तरह अलग खड़े हो कर देख सकते हैं। अपने लेखन का मूल्य आंक सकते हैं। अपने लेखन के साथ उनका रिश्ता इसी तटस्थता की मजबूत नींव पर बना है। इसीलिए उन्हें कभी अपने लेखन के बारे में न अतिरंजित दावे करने की जरूरत महसूस होती है न प्रायोजित प्रशंसा कराने की, इस काम के लिए सरकारी रौब या तंत्र का इस्तेमाल करने का तो सवाल ही नहीं उठता। वैसे देखा जाए तो ऐसा प्रायः वे लोग करते हैं जिनमें आत्मविश्वास की कमी होती है। ऐसे लोगों को अपने आसपास अपने हर काम

पर दाद देने वालों के सहारे की जरूरत पड़ती है ताकि उनका मनोबल बना रहे और बढ़ता रहे। श्रीलाल जी में मनोबल की कोई कमी नहीं है। कभी-कभी तो वह अपने लिखने का भी मजाक उड़ा देते हैं जैसे कि यह कहना कि मैं एक ही वक्त में दो तरह की पुस्तकें लिख सकता हूं।

उनके व्यक्तितव का एक और पक्ष है, जिसका मैं साक्षी रही हूं। यह उनके व्यक्तित्व का बड़ा मार्मिक और महत्वपूर्ण पक्ष है। श्रीलाल जी बड़े परिवारनिष्ठ व्यक्ति हैं, पत्नी और बच्चों के प्रति पूरी तरह समर्पित। मुझे उनके इस रूप का परिचय तब मिला जब १६६१ में उनकी पत्नी गिरिजा जी बीमार हुईं। उनकी बीमारी के छः वर्ष तक बराबर उतार चढ़ाव आते रहे। छः वर्ष के इस लम्बे समय के दौरान श्रीलाल जी ने जितने प्रेम और लगन से उनकी सेवा, उनकी देख रेख की, वैसे उदाहरण बहुत कम देखने में आते हैं। श्रीलाल जी की इस समर्पित सेवा के बावजूद वह चली गयीं और १६६७ की फरवरी में उनका देहावसान हो गया। इस घटना ने श्रीलाल जी को गहराई तक झकझोर कर रख दिया। वे बेहद टूटे हुए और अकेले पड़ गये। ऐसी टूटन और पीड़ा उन्हीं रिश्तों को ले कर होती है जिन्हें हम बतौर फर्ज अदायगी के सिर्फ निबाहते नहीं, उनसे दिल की गहराइयों तक जुड़े होते हैं। जो हमारी जिन्दगी का एक अनिवार्य हिस्सा होते हैं और उनके न रहने पर हमें लगता है कि हमारे व्यक्तित्व का एक हिस्सा टूट कर हमसे अलग हो गया है। आहिस्ता-आहिस्ता इस पर्सनल ग्रीफ से वह निकले और फिर लेखन की तरफ आये। उनकी पुस्तक 'बिस्रामपुर का संत' हाल में ही आयी है, फिर बच्चों के लिए एक लघु उपन्यास लिखा है और आगे भी लिखते रहेंगे। यह हम सबको आश्वस्त करता है कि उनके अंदर एक खजाना है।

अपनी सरकारी नौकरी को ले कर भी ऐसा नहीं हुआ कि वे पूरी तरह निश्चिन्त रहे हों। शायद ऐसा हो भी नहीं सकता। समय-समय पर परेशानियों और समस्याओं ने उन्हें अपनी गिरफ्त में लिया। पर उन्होंने बराबर बड़े धीरज और लचीलेपन से उन पर काबू पाया। वे इतने आत्मविश्वासी और धीर व्यक्ति हैं कि स्थितियां उन पर हावी नहीं हो पातीं; वे ही जैसे तैसे उन पर काबू पा लेते हैं। और दूसरों के बारे में संतुलित दृष्टिकोण के कारण उनके व्यक्तित्व में एक अद्‌भुत गुण पैदा हो गया है। वहां किसी से ईर्ष्या करने के लिए कोई गुंजायश नहीं है। मुझे कभी नहीं लगता कि सहयोगी रचनाकारों के लिए उनके मन में प्रतिस्पर्धा की कोई भावना पैदा हुई हो। वे खुद जिस मुकाम पर हैं उसके बारे में जैसे पूरी संतुष्ट हैं। शायद यही वजह है कि पच्चीस छब्बीस सालों की लम्बी अवधि में, मैंने उन्हें कभी किसी की निन्दा करते नहीं सुना। यह विशेषता कितनी विरल है, कहने की जरूरत नहीं।

जिन लोगों में आत्मविश्वास होता है, अक्सर वे ही लोग विश्वसनीय भी होते हैं। श्रीलाल जी के साथ मित्रता के लम्बे अर्से के बीच कई बार ऐसा मौका आया जब मैंने अपनी व्यक्तिगत समस्याओं में उन्हें साझीदार बनाया। ठीक इसी तरह उन्होंने भी अपनी जिन्दगी के उतार चढ़ावों के दरम्यान आने वाली उलझनों में मुझ पर भरोसा किया। पर हम दोनों ने ही बाहर इसका जिक्र कभी किसी से नहीं किया। शायद यही भरोसामंदी हमारी मित्रता की पहचान भी है और उसका आधार भी। आपाधापी के वर्तमान माहौल में भरोसेमंद दोस्तों का होना कितना मूल्यवान अनुभव है, इसे वे ही समझ सकते हैं जिनके पास यह दौलत है। मैं विश्वास से कह सकती हूं कि इस मामले में मैं खासी खुशनसीब हूं और इसका श्रेय श्रीलाल जी जैसे दोस्तों को ही है।

राग दरबारी : नाट्य रूपांतरण से प्रस्तुतीकरण तक

गिरीश रस्तोगी

'राग दरबारी' उपन्यास नाट्य रुपांतर और प्रस्तुति श्रंखलाओं के बाद 'रंगनाथ की वापसी' नाम से राजकमल प्रकाशन से प्रकाशित नाटक के रूप में मेरे सामने है। चित्रों में, दृश्यों में बहुत कुछ है जो चलचित्र की तरह आंखों के सामने आता जाता है। आज से बाईस तेईस वर्ष पहले शायद बंसी कौल से बातचीत के दौरान 'राग दरबारी' उपन्यास के मंचन के प्रसंग आये थे। मुझे उसकी धुन सी लग गयी और बस ७६ से ७८ तक का समय मेरे लिए एक रोमांचक रचना यात्रा बन गया। उस समय हर गम्भीर रंगकर्मी/निर्देशक कुछ अधिक मौलिक, नया, देशव्यापी रंगांदोलन और नाट्यांदोलन से जुड़ा कार्य करने के लिए बेचैन था। यह आकुलता नयी सम्भावनाओं की तलाश की उत्सुकता से भरी थी, दो साल लग गये थे। लगने भी चाहिए थे क्योंकि यह एक सर्जनात्मक खोज थी। नाटक होने में समय नहीं लगा, नाटक बनने में समय लगा। शायद सही नाटक बनने की प्रक्रिया में ही नाटक होने लगता है। श्रीलाल शुक्ल से पत्र व्यवहार मिलना जुलना शुरू हुआ। बिना लेखक की अनुमति के नाट्य रूपांतर का सवाल ही नहीं था। अनुमति मिलना बहुत आसान भी नहीं था। अक्सर श्रीलाल शुक्ल ने 'राग दरबारी' की जटिलता और उस पर फिल्म बनने की बात बतायी। शायद शमा जैदी के प्रसंग आये और 'राग दरबारी' की पटकथा आदि के भी। मुझे लगता कि मैं क्यों इसका नाट्य रूपांतर करना चाहती हूं? आखिर इतने बड़े उपन्यास का गोरखपुर जैसे शहर में मैं क्या कर पाऊंगी? जोखिम और चुनौती मेरे लिए हमेशा प्रेरक रहे, आतंककारी नहीं, न नगर की सीमाओं या संस्कृति ने या रंगकर्म की साधनहीनता ने कभी निराश किया। 'राग दरबारी' होना है यह जिद मैंने छोड़ी नहीं। वे पत्र आज भी कहीं रखे हैं जरूर, जो मुझे श्रीलाल जी से मिलते रहे। उस संघर्ष के साथ-साथ उपन्यास पढ़ने

का क्रम भी चलता रहा। हिन्दी में साहित्य और रंगमंच की दूरियां वैसे भी हमेशा रही हैं। साहित्य जगत रंगमंच को गौण और हीन मान कर चलता है। सातवें आठवें दशक में विभिन्न विधाओं और कलाओं के इतने सूक्ष्म और अंतरंग रिश्ते बने भी नहीं थे या उजागर होने की प्रक्रिया में थे। किसी प्रकार अनुमति मिल गयी थी नाट्य रूपांतर की और ७६-७८ तक का समय मेरे लिए रचना प्रक्रिया और फिर प्रस्तुतीकरण प्रक्रिया का था। श्रीलाल जी उत्साहित थे और चिन्तित भी थे कि उपन्यास का क्या होगा? बेहद लोकप्रिय उपन्यास था। जिसे देखो वही कहता, "अच्छा? रागदरबारी?" कम से कम हर अफसर और कम्पटीशन में बैठने वालों ने, यह चौंकना महसूस कराया (मैं साहित्य प्रेमियों की बात नहीं कह रही, उपन्यास के आम पाठक की बात कर रही हूं)। कितनों ने पुस्तकालयों से, मित्रों से (मेरी निजी प्रति तो घूमते-घूमते लौटी ही नहीं), बाजार से ले-ले कर पढ़ा। कुछ महीने एक चर्चा थी, पूरी सरगर्मी थी नगर में, प्रदेश में, देश भर की पत्रिकाओं में।

'राग दरबारी' पढ़ने में बड़ा आनंद देता था। बतरस, पठनीयता, आस्वाद, चुटकियां और शोखी। सब बड़ा नाटकीय लगता। व्यंग्य, वर्णन शैली, मुहावरे, बलाघात से भरे शब्द और जीवंत भाषा बहुत प्रभावित करती पर 'नाटक' बनना है। कोई मोह नहीं चलेगा, कोई रस नहीं। बस एक ही रस चाहिए, जो नाटक का हो और नाटक के जरिए सभी का हो सके। बातूनी पाठक को रसज्ञ दर्शक में बदलना एक चुनौती थी। रचनात्मक संकट इसलिए भी था क्योंकि 'राग दरबारी' उपन्यास बेतरतीब घटना प्रसंगों का, असम्बद्ध कथानक का और बहुत सारे पात्रों का वृहद् उपन्यास है। न कोई क्रम, न आरम्भ, अंत या पात्रों का बना बनाया निजी व्यक्तित्व भी नहीं। देशव्यापी परिस्थितियों से, व्यंग्य से, राजनीति, धर्म, शिक्षा, समाज, अदालत, चोरी, डकैती, थानेदारी और प्रेम आदि के प्रसंगों से देश का चरित्र उभरता है, पात्र स्वयं अपने में सम्पूर्ण व्यक्तित्व मात्र नहीं रह जाते। इसलिए एक ओर इसका नाट्य रूपांतर असम्भव सा काम भी लगा और रह-रह कर उसका देशव्यापी व्यंग्य और मानवीय संवेदना आकृष्ट भी करती रही। एक बार नहीं, उपन्यास को कई-कई बार पढ़ा। कम से कम दस बार। उसके लक्ष्य को, और उसे दर्शकों के सामने पहुंचाने की दृष्टि के साथ नाटक की रूपरेखा पहले मेरे दिल दिमाग में बनी, फिर कागज पर। एक ड्राफ्ट तैयार हुआ बहुत सी काट पीट, हाशिये पर टिप्पणियों, दृश्यों के साथ। फिर उपन्यास पढ़ना, फिर कुछ और बिन्दु, फिर दूसरा ड्राफ्ट।

सबसे कठिन था इस कथाविहीन उपन्यास के साथ दर्शक की एकाग्र मानसिकता को बनाये रखना, चलचित्र या डाक्यूमेण्ट्री से, उपन्यास के संसार से बचाये रखना और एक मौलिक नाटक लगने देना। उस समय भी यह सवाल उठ चुके थे कि उपन्यास या कहानी अपने मूल रूप में महत्वपूर्ण होते हुए भी नाट्य रूप और प्रस्तुति में सिर्फ वही नहीं है, वह सर्वथा एक नयी सृष्टि है, दृश्य है। हालांकि मेरे दिमाग में- संभवतः साहित्य और शिक्षा से जुड़े होने के कारण उपन्यास के मूल रूप की सुरक्षा और लेखक के व्यक्तित्व का दबाव ज्यादा था। यह एक प्रकार की ईमानदारी की शर्त थी। आज रूपांतरण और निर्देशन दोनों में मैं ज्यादा निर्मम हो सकती हूं— एक अच्छी 'रचना' के लिए। बार-बार पढ़ने पर भी सबसे कठिन थी 'राग दरबारी' के पूरे दृश्यबंध की कल्पना, क्योंकि बड़ा फैलाव था। इसलिए मैंने सोचना शुरू किया कि इस उपन्यास की मूल संवेदना क्या है? और उस संवेदना से जुड़े केन्द्रीय स्थल, केन्द्रीय पात्र कौन-कौन से हैं? इस तरह सोचने पर वैद्य जी की हवेली से सम्बद्ध, उपन्यास के लक्ष्य से सीधे जुड़े तीन केन्द्र उजागर हुएः कालेज, कोआपरेटिव यूनियन, गांवसभा। उपन्यास में मुझे कालेज पक्ष पर ज्यादा बल लगा। सम्भवतः देश के निर्माण और पतन दोनों में शिक्षा संस्थाओं की महत्वपूर्ण भूमिका शुक्ल जी

दिखाना भी चाहते हैं। वैद्य जी की सारी योजनाएं उनके चबूतरे पर बनती हैं और उनका विरोध पुलिया पर ही होता है इसलिए नाट्यरूप में वैद्य जी का चबूतरा केन्द्रीय दृश्य स्थल बन गया और पुलिया विरोध, निराशा, आक्रोश, मानवीय पीड़ा और प्रतिक्रियाओं का स्थल। फिर आसानी से पात्र भी वर्गों में बंट गये— वैद्य जी के इर्द गिर्द घूमने वाले पात्र, विरोधी वर्ग के पात्र, आम जनता के प्रतिनिधि पात्र, युवा वर्ग। बहुत से घटना प्रसंग, बहुत से पात्र छोड़ने भी पड़े और बहुत से दृश्यों का क्रम भी बदलना पड़ा, कई दृश्यों का सम्पादन भी जरूरी था— मसलन अदालत के लम्बे स्थल। मंचीय जरूरतों को भी ध्यान में रखा गया और चुस्ती एवं व्यंग्यार्थों को भी। वकील और जज के स्वर नेपथ्य से, केवल गवाह या मुजरिम प्रत्यक्ष कटघरे में। सनीचरा के प्रधान बनने की विडम्बना और मनःस्थिति के लम्बे चौड़े वर्णन उपन्यास में हैं जिन्हें समेट कर सांकेतिक और संगीतात्मक ढंग से कीर्तन द्वारा दिखाया गया। उपन्यास में प्रिंसिपल के चरित्र की कुछ कमजोरियों के संकेत मिलते हैं जिन्हें दृश्य माध्यम या संकेतों के द्वारा मूर्त किया गया। उपन्यास की बेला हमारी प्रस्तुति में तो अपनी ध्वन्यात्मकता, रोमांटिक फुसफुसाहट, चूड़ियों की आवाज और टाइमिंग की खूबसूरती के संयोजन के कारण दर्शकों को कभी भूली ही नहीं। 'राग दरबारी' में वर्णित मेले ठेले, मंदिर के प्रसंगों के आधार पर तीन नारी पात्रों की कल्पना भी की गयी। रुप्पन जैसे युवक की मानसिकता, फूहड़ रोमांस और सनीचर की कमजोरी को विकसित और मूर्त करने के लिए दृश्य मूर्त किये गये। श्रीलाल जी के पास वर्णन चित्रों की अद्भुत क्षमता है और विलक्षण भाषा संवेदना है। उसी के भीतर से गाली गलौज, मार पीट, चोरी डकैती, शंकर वंदना, सभी एब्सर्ड स्थितियों को नाट्यरूप में एक साथ दिखा कर आज की घचपच स्थिति को सम्प्रेषित किया था। नाट्यालेख में चोरी के प्रसंग इतने तीव्र गति और चुस्त दृश्यात्मक ढंग से लिये गये कि उनका सौन्दर्य, व्यंग्यार्थ, गत्यात्मकता प्रस्तुतीकरण में पूरे माहौल में छा गये। सारी परिस्थितियों को, भीड़, नारों आदि के स्थलों को, यूनियन के जलसे— चुनाव आदि के दृश्यों को कल्पना द्वारा अधिक संक्षिप्त, सांकेतिक और दृश्य क्रियाओं का अनिवार्य अंग बना कर रचने की कोशिश की गयी। नाटकीय दृष्टि से आलेख और प्रस्तुति अधिक सघन लगे, कम बातूनी लगे। हालांकि वह 'बातूनीपन' बार-बार मोहग्रस्त करता है। उपन्यासकार क्या-क्या दिखाना चाहता है और नाटक में क्या और कैसे सम्प्रेषित हो सकता है, यह जद्दोजहद शुरू से ही थी।

प्रायः उपन्यासों के नाट्यांतर में मुख्य समस्या आती है, दर्शकों की मानसिक भूमि तैयार करने की, उपन्यास के कथ्य और वैविध्य को समेटने की, और इसके लिए प्रायः सूत्रधार का उपयोग किया जाता है। मैं अपने मन में पता नहीं क्यों, सूत्रधार का उपयोग बहुत स्वीकार नहीं कर पाती थी। मुझे वह विवश युक्ति जैसी लगती थी। पहले सूत्रधार रखा भी पर एक महीने की रिहर्सल के दौरान बार-बार लगा कि सूत्रधार की उपस्थिति से नाटक में व्यंग्य और अनेकायामी स्थितियों से बनता चला आता वातावरण जैसे टूट रहा है। बाद में उसके स्थान पर आवश्यक प्रसंग पृष्ठभूमि से कमेण्ट्री द्वारा दिये गये। नाट्यालेख तब सीधे शिवपालगंज से शुरू हुआ। कमेण्ट्री में उपन्यास के वर्ण्य स्थलों और शब्दावली में से ही बहुत कुछ लिया गया, इससे वह उपन्यास के स्वभाव का ही अंग लगी। वही लय, वही मुहावरा, वही तीखापन और की नाटकीय आनंद। इस रूप में ही हमने 'राग दरबारी' की कई प्रस्तुतियां कीं, देवरिया, गोरखपुर, लखनऊ, कानपुर आदि में। कमेण्ट्री प्रायः बहुत पसंद की गयी क्योंकि वह बहुत सप्राण थी। पर कुछ प्रतिक्रियाएं ऐसी भी उभरीं कि थियेटर और कमेण्ट्री? बहुत सारे अनुभवों को भीतर समेटते हुए हम चलते रहे और फिर कई प्रस्तुतियों के बाद नाट्यालेख का यह प्रारुप नटरंग पत्रिका में छपा। काफी पढ़ा गया तब और प्रतिक्रियाएं भी आयीं। 'राग दरबारी' के नाट्यालेख के प्रकाशन की बात भी राजकमल प्रकाशन से

आरम्भ हुई। पुस्तक रूप में प्रकाशन के संदर्भ में फिर श्रीलाल शुक्ल से बातचीत हुई और अचानक यह बात उठी कि उपन्यास और विशेषकर उसके नाट्यालेख में रंगनाथ ही तो दृष्टा, भोक्ता है। उससे अच्छा और विश्वसनीय पात्र कौन हो सकता है जिससे सूत्रधार या उद्घोषक का काम लिया जाये और तब रंगनाथ को केन्द्र में रख कर सारी स्थिति ज्यादा सार्थक सहज आत्मीय लगी। यह अंतिम परिवर्तन हुआ। श्रीलाल जी 'राग दरबारी' नाम नहीं चाहते थे। प्रसंग आया नाट्य रूपांतर में नाम बदलने का। कई नाम बदले। मुझे लगा कि 'रंगनाथ की वापसी' में व्यंग्य भी है और मानवीय करुणा, संवेदना भी, आज की त्रासदी भी और नाट्यालेख 'रंगनाथ की वापसी' नाम से छपा। यह 'नाट्यालेख' अपने में पूर्ण है, यह सोचना ही गलत है। मेरी दृष्टि में कोई भी नाट्यालेख पूर्ण नहीं होता। मैं इसमें विरोधी पक्ष के रूप में रामाधीन के चरित्र को उभार कर मंच पर लाना चाहती थी पर सम्भव नहीं हुआ। पुस्तक छपने के बाद कई पत्रिकाओं में समीक्षाएं हुईं। समीक्षकों की दृष्टि का भी अंतर होता है। अभी भी 'नाटक' को समझ कर, 'रंगमंच' को अनुभूत कर संतुलित, समग्र समीक्षा नहीं है।

उपन्यास का अंत नाट्यालेख में एक बहुत बड़ी समस्या थी। उपन्यास जिस जगह समाप्त होता है, मंच पर वह दर्शकों के लिए हास्य का उदाहरण बन सकता था, इसलिए उसमें भी थोड़ा हेर फेर कर के रंगनाथ के लम्बे स्वगत कथन के बाद देश की समूची स्थिति और मानवीय करुणा दोनों को एक साथ सामूहिक दृश्य संकेतों द्वारा उभारा गया। उपन्यास के अंत को ले कर मैं कभी भी आश्वस्त नहीं थी। रंगनाथ के पलायनवाद और उसके अनुभवों के बयान की मैं पक्षधर नहीं थी पर श्रीलाल शुक्ल उस अंत को ज्यों का त्यों रखना चाहते थे 'पुस्तक' में। 'पलायन' को ही वह यथार्थ अनुभव के रूप में रखने का आग्रह करते रहे। पुस्तक छपनी थी। मुझे लगा कि छपना जरूरी है। उसके बाद तो निर्देशक स्वतंत्र है इंटरप्रिटेशन के लिए। वही हुआ भी। बाद में राजा बुंदेला और अन्य नये निर्देशकों ने इस नाट्य रूपांतर को मंचित किया लेकिन सभी ने उसके अंत में परिवर्तन किये। मैं तब नयी, उत्साही और जिज्ञासु थी। आज से २०-२२ वर्ष पहले 'राग दरबारी' के नाट्यांतर और प्रस्तुति श्रंखलाओं ने बहुत बड़े मोड़ उपस्थित किये। बहुत से मुद्दे भी उठाये साहित्य, रूपांतरण और प्रस्तुतीकरण को ले कर। 'नाट्य रूपांतर' स्वयं एक मौलिक और सर्जनात्मक कृति है, केवल लिखित साहित्य को वाचिक रूप में बदल देना मात्र नहीं। यह एक सूक्ष्म, जटिल, गम्भीर प्रक्रिया से, सृजन से गुजरना है। इसके लिए साहित्य के प्रति जिम्मेदार होना जरूरी शर्त है, उतना ही रंगमंच के सर्जनात्मक पक्ष की नजर से उसी के प्रति निर्मम होना भी। शायद आज मैं पुनः 'राग दरबारी' को करना चाहूं तो उसका रूप कुछ और हो। वह बहुत अच्छा भी हो सकता है, बुरा भी।

जैसा कि पूरी यात्रा से पता चल रहा है कि मेरे लिए रूपांतरण की रचना प्रक्रिया और प्रस्तुतीकरण प्रक्रिया अलग-अलग नहीं रही कभी। आलेख बनाते समय ही उसका मंचविधान, शैली शिल्प, पात्रों की रूपरेखा ढलती जाती है। पहली बार हमने गोरखपुर क्लब में यहां से वहां तक फैले मुक्ताकाशी मंच की परिकल्पना की। बिखरे प्राकृतिक वातावरण को विशेष अर्थ, जीवंत सौन्दर्य दे देना। एक पुरानी इमारत, रेलिंग, सीढ़ियां वैद्य जी की हवेली बन गयी। बस उसके बाहर एक बड़ा चबूतरा और बिल्डिंग पर पोस्टर। पास का बड़ा छायादार पेड़ कालेज स्थल बन गया। न जाने कितनी मिट्टी डलवा कर गोल चबूतरा बना। पीछे की ओर एक और इमारत झांकती दिखी तो बोर्ड लगा दिया कोआपरेटिव यूनियन का। कुछ हट कर ग्राम सभा के दृश्य की कल्पना और पूरी मंचीय कल्पना के दो छोरों पर अदालत के दृश्य। जहां-जहां हमने इस खुले मंच की कल्पना में 'राग दरबारी' किया वहां अपने उन्मुक्त, चुस्त, नाटकीय माहौल के कारण वह बेहद सफल रहा। खुले आसमान के नीचे भरे जाड़े में जो परिवार

सदस्य बच्चों को छोड़ने आये, वे फिर बिना कुर्सी के खड़े देखते ही रह गये। जब भी प्रोसीनियम मंच पर इसी दृश्य परिकल्पना को समेटा लखनऊ में, कानपुर में तो वह प्रभाव सृष्टि नहीं हुई। यद्यपि पचास कलाकारों जिसमें ६वीं, ११वीं कक्षा के बच्चे भी थे— के साथ भ्रमणशील परम्परा में प्रतिदिन नये स्थान पर शो करना एक रोमांचक संघर्ष यात्रा थी। लखनऊ रवीन्द्रालय खचाखच भरा। सभी रंगकर्मी थे, साहित्यकार थे। श्रीलाल जी नहीं थे, पर एक माहौल था, उत्सुकता थी, प्रतिक्रियाएं थीं, शो करके उसी रात कानपुर निकल गये। कानपुर का शो गिरिराज किशोर जी की सहायता से सम्भव हुआ। लखनऊ की तरह कानपुर में वह सरगर्मी नहीं थी पर शो अच्छा हुआ। हमारी प्रस्तुति में छोटे पहलवान और बद्री पहलवान अपने डील डौल, उच्चारण, अभिनय से इतने प्रभावित कर गये कि लोगों ने पूछा कि ये वाकई पहलवान हैं? वह समय नये-नये कलाकारों के आने का था, एक निष्ठा थी, एक उमंग थी। 'राग दरबारी' के बाद 'बाणभट्ट की आत्मकथा', 'छिन्नमस्ता' उपन्यास किये। मेरे लिए ये रचनाएं एक शोध थीं, एक तलाश थीं सृजन का। पाठक समुदाय के लिये 'राग दरबारी' के नाट्य रूपांतर से ले कर नाट्य प्रस्तुति तक की यात्रा कितनी विचारोत्तेजक हो सकेगी, कहना मुश्किल है पर मेरे लिए यह यात्रा बहुत दिलचस्प और संवेदनात्मक रही और उसने बहुत कुछ सिखाया। हर सृजन एक अभिव्यक्ति है, अभिव्यक्ति का मौलिक आस्वाद है, नयी भाषा की तलाश है और अपने समय के साथ, समय के बीच और समय के आगे देखना है। १९८२ तक 'रंगनाथ की वापसी' प्रकाशित हुई। बम्बई में प्रदर्शन भी होने लगे और नटरंग में 'राग दरबारी' का नाट्य रूपांतर पढ़ कर श्री शरयू आ. पेडणेकर का पत्र आया कि वह इसे मराठी में अनूदित करना चाहते हैं। श्रीलाल जी से अनुमति ली गयी। फिर मराठी अनुवाद छप कर आया। यह एक सर्जनात्मक प्रक्रिया का रोमांचक अंग है।

यह घर मेरा नहीं : प्रस्तुति प्रक्रिया के अनुभव

देवेन्द्र राज अंकुर

राष्ट्रीय नाट्य विद्यालय में हर साल अपने छात्रों के साथ कहानियों की मंच प्रस्तुति तैयार करने का अवसर मिलता है। १९९४ से १९९८ के बीच कुल मिला कर दस प्रस्तुतियां कर चुका हूं और उनमें ३६ कहानियां। आम तौर पर एक शाम में तीन या चार कहानियां होती हैं, जिसे मैंने 'कथा कोलाज' का नाम दिया है। 'कोलाज' शब्द मूलतः चित्रकला से आया है, जहां अलग-अलग तरह की सामग्री को इस्तेमाल करते हुए चित्रकार एक 'पेन्टिंग' की रचना करता है। 'कथा कोलाज' में भी हम विभिन्न रंगों, लेखकों और मूड एवं कथ्य की कहानियों को एक के बाद एक प्रस्तुत करके एक रंगमंचीय अनुभव देने की कोशिश करते हैं। इस तरह अब तक दस कोलाज किये जा चुके हैं।

कोलाज के लिए कहानियों का चुनाव कैसे किया जाता है, इसकी भी एक लम्बी प्रक्रिया है। सबसे पहले मैं अपने साथ एक कथा चयन प्रभारी को जोड़ लेता हूं। उसकी जिम्मेदारी होती है कि वह कम से कम पांच सौ से एक हजार तक कहानियों को पढ़ कर लगभग सौ डेढ़ सौ कहानियां चुन कर लाये।

चयन प्रक्रिया के दूसरे चरण में उन सौ डेढ़ सौ कहानियों में से मैं स्वयं गुजरता हूं और बीस पच्चीस कहानियां चुन कर अपने छात्र अभिनेताओं के पास जाता हूं। बीस पच्चीस इसलिए कि हर कक्षा में कम से कम बीस छात्र होते हैं और हर छात्र को एक-एक कहानी पढ़नी होती है बल्कि पढ़ कर सुनानी होती है। एक कहानी मैं भी उनके सामने पढ़ता हूं। यह पढ़ना सुनाना पांच छः दिन में समाप्त होता है और हर कहानी पर बहस करते, पुनर्विचार करते, दो शामों में आखिर ज्यादा से ज्यादा कितनी कहानियां की जा सकती हैं, इस तथ्य को ध्यान में रखते हुए छः सात कहानियों का चुनाव अपने आप हो जाता है।

कथा कोलाज नौ और दस करने की जब बात आई तो मैंने सुप्रसिद्ध कवि आलोक धन्वा को आमंत्रित किया। उनकी चुनी कहानियों में से पच्चीस कहानियां ले कर मैं हर बार की तरह अपने अभिनेताओं के पास गया और इस बार अंतिम रूप से सर्वाधिक दस कहानियों का चयन मंचन के लिए हुआ। इन्हीं में से से एक कहानी थी 'यह घर मेरा नहीं'

श्रीलाल शुक्ल चर्चित भले ही एक व्यंग्य लेखक के रूप में हुए हों लेकिन जब भी उन्होंने व्यंग्य से अलग हट कर रचना की है तो उसकी धार भी उतनी ही पैनी रही है। उदाहरण के लिए प्रस्तुत कहानी, शायद सन् ६०-६१ में लिखी गयी थी। आजादी के लगभग पंद्रह बरसों के बाद। इस बीच एक नयी पीढ़ी जवान हो चुकी थी, जो पूरी तरह से मोहभंग की प्रक्रिया से गुजर रही थी। इस पीढ़ी के समानांतर वह पहले वाली पीढ़ी, जो अभी तक उसी अनुशासन, व्यवस्था से चिपकी हुई थी जिससे उसने बाहरी तौर पर तो मुक्ति पा ली थी लेकिन आंतरिक तौर पर.... और इन दोनों के बीच में एक लड़की जो शायद महज एक युक्ति के रूप में, एक प्रतीक के रूप में हमारे सामने आती है।

बहुत छोटी सी कहानी होते हुए भी हम सभी पर इसने अपना असर डाला और मंचन की प्रक्रिया शुरू हो गयी। यों तो कहानी में सात आठ चरित्र उपस्थित हैं लेकिन मात्र तीन अभिनेताओं ने मिल कर इस कहानी को मंचित करने का निर्णय लिया। पिता, पुत्र और पड़ोस की एक लड़की। इनके अलावा यदि कुछ दूसरे पात्र आये भी तो या तो वे 'नैरेशन' के माध्यम से स्थापित हो गये अथवा अगर उनकी जीवंत उपस्थिति की जरूरत पड़ी भी तो महज एक आध दृश्यों में आ कर चले गये। उदाहरणार्थ, बाजार के दृश्य में पुत्र का दोस्त और दो रास्ते से गुजरने वाली लड़कियां, जो मंच के एक कोने से दूसरे कोने तक हंसती खिलखिलाती गुजर जाती हैं और ये दोनों नवयुवक उनसे हल्की फुल्की छेड़छाड़ करते हैं। पूरे दृश्य में पिता भी पृष्ठभूमि में मौजूद है। वास्तव में यह 'फ्लैश बैक' उसी के एक संवाद के बाद आता है। इस पूरे दृश्य में पिता पर पड़ती रोशनी धीमी हो जाती है और वह प्रायः 'फ्रीज' स्थिति में रहता है। दृश्य के समाप्त होते ही पूरे मंच पर पुनः सामान्य रोशनी लौट आती है, मानों कहानी पुनः वर्तमान या तात्कालिकता में वापस आ गयी है।

कहानी का विवरण पक्ष लेखक की ओर से तीसरे पुरुष अर्थात 'वह' की शैली में दिया गया है। जब भी कभी 'नैरेशन' की इस शैली से मेरे अभिनेताओं का वास्ता पड़ता है तो वे उसे 'मैं' शैली में बदल देने को उत्सुक रहते हैं। लेकिन मैं उन्हें विश्वस्त करता हूं कि कहानी में अभिनय करने का सबसे खूबसूरत पहलू ही यही है कि 'नैरेशन' हमें जिस भी शैली में मिला है, हम उसे वैसा ही रहने दें। यदि हम उसे परिवर्तित करने की तरफ बढ़ते हैं तो फिर क्यों न कहानी का नाट्य रूपांतरण ही क़र लिया जाए और इस तरह से 'नैरेशन' से पूरी तरह से छुटकारा पा लिया जाए। लेकिन ऐसी स्थिति में वह मूल रचना कहानी कहां रह जाएगी और एक नयी विधा में तब्दील हो जाएगी। दुहराने की हद तक बार-बार मैंने इस तथ्य को रेखांकित करने की कोशिश की है।

फिर कहानी जैसी विधा की तो रीढ़ ही 'नैरेशन' की उपस्थिति है, चाहे वह किसी भी शैली में क्यों न लिखा गया हो। मैं तो यहां तक कहना चाहूंगा कि कहानी किसी भी तरह के संवादों की उपस्थिति से बेशक रहित हो सकती है, लेकिन 'नैरेशन' जैसे तत्व के बिना तो उसका कोई अस्तित्व ही शेष नहीं रह जाएगा।

और जब यह 'नैरेशन' तीसरे अथवा अन्य पुरुष की शैली में किसी कहानी में हमें उपलब्ध होता है तो अभिनेता के लिए न जाने कितनी नाटकीय ए८ं रंगमंचीय सम्भावनाएं अपने आप खुलने लगती हैं। कल्पना कीजिए,

वे क्षण कैसे होंगे जब आप अपने चरित्र के बारे में ही, उसकी एक-एक क्रिया प्रतिक्रिया और हाव भाव से जुड़े 'नैरेशन' को पहले दर्शकों के साथ ऐसे 'शेयर' करें मानों आप किसी ऐसे चरित्र की कहानी सुनाने या दिखाने जा रहे हैं जिससे आप परिचित भी हो सकते हैं और अपरिचित भी। लेकिन ठीक अगले ही क्षण वह चरित्र आप स्वयं हो जाते हैं। दर्शक सहसा इस जादुई परिवर्तन को स्वीकार नहीं कर पाता किन्तु जैसे-जैसे कहानी आगे बढ़ने लगती है, वह उस प्रक्रिया का अभ्यस्त हो जाता है और कहानी के कथ्य से प्रभावित हुए बिना नहीं रहता। एक ही कहानी में उसे अभिनय के कितने आयाम देखने को मिल जाते हैं। अभिनेता का कभी चरित्र के भीतर प्रवेश करना, कभी बाहर आ जाना, कभी चरित्र में रहते हुए भी अपना दर्शक स्वयं बन जाना, अपनी व्याख्या स्वयं करने लगना। कुछ-कुछ ऐसे कि आप आइने के सामने खड़े हैं और अपना ही मजाक उड़ा रहे हों मानों दर्पण का प्रतिबिम्ब आपका अपना न हो कर किसी दूसरे व्यक्ति का हो।

'यह घर मेरा नहीं' की मंचन प्रक्रिया के दौरान तीनों अभिनेता उपर्युक्त सारे अनुभवों से बहुत ही सहज स्तर पर गुजरे। सबसे पहले तो उन्होंने पूरे 'नैरेशन' को आपस में बांट लिया। इससे एक बहुत ही रोचक एवं नाटकीय युक्ति स्वयं ही आलेख में से उभर कर आ गयी कि अंततः तीनों ही पात्र मात्र एक आयामी नहीं वरन् बहु आयामी हो कर हमारे सामने आते हैं। दूसरे जब-जब किसी एक पात्र का 'नैरेशन' होता था, तब-तब दूसरा पात्र यदि मंच पर मौजूद भी है तो या तो वह उसे न सुनने का अभिनय करता था या 'फ्रीज' हो जाता है। इस तकनीक ने स्वयं ही यह स्थापित कर दिया कि 'नैरेशन' का हिस्सा मूलतः सीधे-सीधे दर्शकों को सुनाने के लिए है यानि 'नैरेशन' दर्शकों के साथ एक लम्बे संवाद के रूप में बदलता चला गया और जब वह दर्शकों से सम्बोधित नहीं भी होता था तो चरित्र अपने आप से संवाद या चिन्तन करने की मुद्रा में होता था।

कहानी में मंच सज्जा बिल्कुल न के बराबर थी, मात्र एक सोफा लगभग मंच के बीचो बीच पीछे की ओर एवं उसी के समानांतर मंच के ऊपरी दाहिने कोने में एक मेज और कुर्सी। दोनों दृश्यबंध प्रकाश के अपने-अपने दायरे में कैद— एक अर्थ में पिता और पुत्र की नितांत अपनी-अपनी और एक दूसरे से अलग दुनिया का अहसास दिलाते हुए। इसके अतिरिक्त बस थोड़ा सा संगीत और घड़ी की 'टिक-टिक'। संगीत तो शायद शुरू में आ कर फिर कभी दुबारा नहीं आता लेकिन घड़ी की, 'टिक-टिक' कहानी में कई बार पार्श्वध्वनि के रूप में आती रहती है खासतौर पर जब पात्रों के संवादों के बीच कोई निश्चित विराम आता था या दो पात्रों के बीच उपस्थित संवादहीनता को रेखांकित करने के लिए। और अंत में जब पुत्र सोफे पर आ कर लेट गया है और पिता इस नैरेशन के बाद कि 'उनका विद्रोही उन्हीं के घर में चुपचाप सो गया था' कुछ क्षण यूं ही असमंजस की स्थिति में मंच पर खड़े रह जाते हैं, फिर उनके प्रस्थान के साथ-साथ मंच पर धीमे होते आलोक में मात्र 'टिक-टिक-टिक-टिक'।

तो यह थी वह प्रक्रिया यात्रा जो कहानी के पहले पाठ से शुरू हो कर मंचन की अंतिम परिणति तक पहुंची। 'कथा कोलाज' दस वाली शाम की पहली कहानी होनी थी— इसलिए भी इस कहानी की जिम्मेदारियां बढ़ जाती थीं क्योंकि अपने आगे आने वाली कहानियों के लिए भी इस कहानी को एक 'मूड' एक 'एनर्जी' और एक विकास बिन्दु प्रदान करना होता था। मुझे संतोष है कि इस कहानी के मंचन में ये सारे दायित्व बखूबी सम्पन्न हुए। हमें दर्शकों की खुली और उत्साहवर्द्धक प्रतिक्रियाएं मिलीं।

सीमाओं को सामर्थ्य बना लेने की कला

ममता कालिया

कुछ रचनाएं भविष्य की रचनाओं के लिए प्रेरणा शक्ति बन कर आती हैं। श्रीलाल जी की रचना 'राग दरबारी' ने मेरे लिए यह काम किया। लिखती मैं इससे पहले भी थी। शुरुआत कविता से की। फिर कहानियां लिखने लगी। उन दिनों लेखन के लिए उकसाने वाले कारक नितांत निजी होते थे। एक तीखी बात, एक मीठी झड़प, एक तेज जुमला कहानी की चहारदीवारी खड़ा करने का काम कर जाता। उस दौर में लेखन मेरे लिए अपने खलबलाते आक्रोश से निपटने का एक सेफ्टीवाल्व ही था।

उन्हीं दिनों राजकमल से प्रकाशित 'राग दरबारी' आया था। उस पर प्रबुद्ध पाठकों, प्रखर आलोचकों और सम्मानित सम्पादकों की परस्पर विरोधी समीक्षाएं और प्रतिक्रियाएं आ रही थीं। श्रीपत राय और नेमिचंद्र जैन को उपन्यास पसंद नहीं था। श्रीपत जी ने इसे महाऊब का महाग्रंथ कहा था। अश्क जी को उपन्यास श्रेष्ठ लगा था। हमें उपन्यास का शीर्षक बहुत प्रासंगिक लगा था। बल्कि मैंने सोचा, श्रीलाल जी ने अपनी अफसरशाही से जुड़े अनुभव जगत से यह राग सरकारी लिखा होगा, तभी इसका नाम राग दरबारी रखा है। रवि उपन्यास ले कर आये थे। उन्होंने रम कर इसे पढ़ा और मुझे थमा दिया, "हिन्दी में ऐसी अद्‌भुत रचना पहली बार लिखी गयी है, पढ़ कर देखो।"

बांग्ला और अमेरिकन उपन्यास पढ़ पढ़ कर मेरा दिमाग कुछ ऐसा निर्मित हो चला था कि मुझे लगता जिस रचना में पृष्ठ नौ तक किसी स्त्री पात्र का प्रवेश न हो, वह निहायत बोर होती है। राग दरबारी में सौ पृष्ठों तक भी स्त्री पात्र नदारद था। पर अब इसे पढ़ना मेरी प्रतिष्ठा का प्रश्न बन गया था। प्रयत्न में इस चिन्ता की भी भूमिका

थी कि अगर नहीं पढ़ पायी तो रवि कहेंगे, "विमल मित्र और मैरी मैकार्थी पढ़-पढ़ कर तुमने अपने दिमाग का दिवाला निकाल लिया है।"

शुरू के चार अध्याय पढ़ कर ही महसूस हो गया कि इस वक्त मैं एक दुर्लभ अनुभव से गुजर रही हूं। स्वाधीनता के बाद के मुल्क की तस्वीर हर पृष्ठ पर बोल रही थी। १९६८ में प्रकाशित यह उपन्यास, आज तीस साल बाद भी, गांव, कस्बे और शिक्षा तंत्र की सच्चाइयों का सबसे सशक्त घोषणापत्र है। वही फटीचर स्कूल, पहलवान प्रबंध समिति, उदासीन अध्यापक और दिशाहीन विद्यार्थी समय के शिलालेख बने हुए हैं। सरकार की वार्षिक रिपोर्ट में शिक्षा के आंकड़े प्रगति कर रहे हैं पर यथार्थ में दुर्गति प्रगति को ठेंगा दिखा रही है।

तीस साल जिस रचना के साथ हम जी लें, उसे फिर-फिर घोख लें, उसके रचनाकार पर हमारा एक हक बन जाता है। राग दरबारी की असलियत के बारे में कोई शुबहा मन में कभी नहीं हुआ, खासकर जब तकरीबन उतने ही साल मुझे भी एक छंगामल कालेज चलाते हो चले हों। इस बीच श्रीलाल जी के उपन्यास मकान, पहला पड़ाव, सीमाएं टूटती हैं और बिस्रामपुर का संत पढ़े। हर रचना में कथावस्तु पर अद्भुत पकड़, दो टूक बात कहने का साहस और जिन्दगी को रेशा-रेशा समझने की कोशिश धड़कती है। श्रीलाल जी ने लगातार लिखा है और पठनीय बने रहे हैं। समाज, राजनीति, शिक्षा, संस्कृति और विकास के श्वेत श्याम पक्षों का उद्घाटन करने वाले वे अप्रतिम रचनाकार हैं।

चेतना और जीवन का यह स्पंदन श्रीलाल जी को मेरा प्रिय रचनाकार बनाता है। दिल दिमाग की इस तैयारी के साथ जब पहली बार उनसे मिलना हुआ, मेरा पहला उपन्यास बेघर तभी प्रकाशित हुआ था। १९७१ का वर्ष था। हम लखनऊ में अपने मित्र प्रवीण चंद्र शर्मा और उनकी कहानीकार पत्नी दीपक शर्मा के यहां ठहरे हुए थे। श्रीलाल जी की मंझली बेटी 'मधु' वहां आयी। दीपक ने बताया ममता आयी हुई है। मधु ने कहा, "वह बेघर वाली।"
"हां बेघर वाली।"

पता चला मेरा उपन्यास प्रवीण, दीपक, मधु, श्रीलाल जी, गिरिजा जी सबने पढ़ रखा है। मेरे लिए वह दुर्लभ दिन था। एक नितांत नयी रचना को इतनी तवज्जो देना और यह कबूल करना कि रचना पढ़ी गयी है, कोई आसान काम नहीं है। कोई भी रचना पाठक की अभिलाषा के उत्ताप से ही अस्तित्व और अर्थ पाती है। इस लिहाज से मैं बहुत खुशकिस्मत थी कि मेरा प्रिय रचनाकार मेरा पाठक भी था।

श्रीलाल जी से छोटी-छोटी कई मुलाकातें होतीं। कभी वे इलाहाबाद आते। कभी हम लखनऊ जाते। लखनऊ हमारे लिए दोस्तों का शहर है, इलाहाबाद श्रीलाल जी के लिए दोस्तों का। उन दिनों रवि भी सुरा प्रेमी थे। वे दोनों घर में बैठते तो पीते, कार्लटन जाते तो पीते, मित्र घरों में जाते तो पीते। दोनों पर इस बैठकी का यह असर होता कि उनकी मुलाकात गर्मजोशी से शुरू हो कर गर्ममिजाजी या नाजुकमिजाजी पर खत्म होती। रवि की किसी आधी बात पर श्रीलाल जी उखड़ जाते। जैसे रवि उनके किसी आत्मीय की आलोचना कर देते। श्रीलाल जी का गोरा चेहरा लाल हो जाता। वे अपनी भर्राई आवाज में घोषित कर देते कि अब वे न खाना खाएंगे न रवि से बात करेंगे।

नशा हिरन होने पर दोनों को अफसोस होता कि यह अतिचार क्यों हो गया। एक बार श्रीलाल जी खत लिखा: "प्रिय कालिया मैं इलाहाबाद आता हूं, तुमसे नहीं मिलता। तुम लखनऊ आ कर चले जाते हो, नहीं मिलते। इससे क्या? नुकसान तो मेरा ही होता है! इस बार आओ तो जरूर मिलना। तुम्हारा श्रीलाल शुक्ल।"

श्रीलाल जी के व्यक्तित्व का सबसे प्रिय तत्व यही है उदारता और बड़प्पन। मैं हमेशा उनसे प्रशंसक की

हैसियत से मिलने जाती, वे मुझे साथी रचनाकार का दर्जा दे कर वापस भेजते। इसी साल मेरा नया कहानी संग्रह 'बोलने वाली औरत' आया। श्रीलाल जी ने उसे दो बार पढ़ कर मुझे जो पत्र लिखा, मैंने उसे प्रमाणपत्र की तरह सहेज कर रखा है। मुझे महसूस हो रहा है कि अगर कभी ऐसे दिन आये जब लिखा न जाय, अपनी ही राह स्वयं को न सूझे, नयी चमकीली भीड़ों में मैं अपने को अजनबी, पिछड़ा हुआ पाऊं, तब-तब मेरी अमावस रातों को, उनका यह पत्र, ध्रुवतारे की भांति राह दिखाएगा। मेरी चीजें बहुत जल्द खो जाती हैं, डरती हूं यह दुर्लभ पत्र कहीं खो न जाए।

१६७८ तक हमारे घर में दो बच्चे आ चुके थे। मेरे और रवि के कठिन रूटीन में पलते हुए बच्चों में बड़ी नवीन और मौलिक जटिलताएं पैदा हो रही थीं। उन दिनों अगर कभी कोई मुझसे मिलने आता, उसे पहले बच्चों की आक्रामकता और अधिकार भावना से निपटना पड़ता, तभी वह मुझ तक पहुंच सकता। उन्हीं दिनों मेरी एक कहानी सारिका में निकली थी। 'वसन्त सिर्फ एक तारीख'। उसमें नायिका के दो बच्चों के नाम थे जाननिकाल सिंह और दुर्जन सिंह। श्रीलाल जी को ये नाम बड़े दिलचस्प लगे वे अन्नू मन्नू की तरफ इशारा करते, "इनमें से जाननिकाल सिंह कौन सा है?" मैं क्या कहती। दोनों ही जाननिकाल सिंह थे।

लगभग उन्हीं वर्षों में श्रीलाल जी इलाहाबाद में नगर निगम के प्रशासक पद पर रहे। नगर पालिका के पीछे बने विशाल बंगले में उनका आवास था। कई बार हम शाम को जाते। श्रीलाल जी कभी लान पर कभी छत पर मिलते। उनसे, गिरिजा जी से, इतना अपनापन मिलता कि हम देर रात, खाना खाने के बाद ही वापस आते। ऐसी ही एक चांदनी रात हमारे छोटे बेटे मन्नू ने श्रीलाल जी का हाथ थाम कर कहा, "चीलाल, चीलाल, इधर आओ तुम्हें मामा चंदा दिखायें।" श्रीलाल जी बहुत हंसे। उनके परिवार में भी एक बच्चे का नाम मन्नू है।

कई बार श्रीलाल जी तरंग में आ कर अगले रोज का प्रोग्राम बनाते। सुबह हम सब संगम जाएंगे। वहां स्नान होगा, और लम्बी ड्राइव पर निकलेंगे। कभी-कभी सुबह फोन आ जाता, गिरिजा जी की तबियत ठीक नहीं है, सिर दर्द हो रहा है अतः प्रोग्राम कैन्सिल्ड। एकाध बार ऐसा भी हुआ कि श्रीलाल जी फोन नहीं कर पाये। हम अपना सारा जहान स्कूटर पर लाद कर जब वहां पहुंचे, श्रीलाल जी घनघोर अलसाये, गिरिजा जी पर झुके-झुके बाहर आये और खुमारी में बोले, "भई आज तो बहुत नींद आ रही है, उसी के साथ अगले जुमले में उन्होंने पत्नी को काम्पलीमेण्ट दिया, "आय एम स्टिल राउण्ड बाय माय वाइफ।" हमें भी कोई फर्क नहीं पड़ा। हमने अपने मौलिक अंदाज में दिन बिता लिया। बड़ी अच्छी फीलिंग होती रही सारे दिन कि वे दोनों कितने गहरे जुड़े हैं।

यह जुड़ाव कभी-कभी कुछ क्षणों के लिए गड़बड़ाता जब श्रीलाल जी अति कर देते। एक शाम उनकी इस आदत पर गिरिजा जी ने कोई टिप्पणी कर दी। बस फिर क्या था। श्रीलाल जी गुस्सा। उन्होंने अपना ग्लास वहीं लान पर, घास में उड़ेल दिया। गिरिजा जी एकदम सन्न। तभी हम पहुंच गये। श्रीलाल जी का ध्यान बंट गया। भूल गये कि वे गुस्सा हैं। तुरंत फ्रिज से मिठाई निकलवायी गयी बच्चों के लिए। श्रीलाल जी को स्वयं मिठाई बहुत पसंद है। मुझे याद है श्रीलाल जी हमारे घर के भोजन में भी रस लेते थे क्योंकि हमारे घर में उड़द की दाल और राजमा बहुत बनते थे। दोनों ही श्रीलाल जी को बहुत प्रिय हैं।

स्वास्थ्य और आयु के ढलवां रास्ते पर स्त्री पहले लुढ़कती है, पुरुष बाद में। गिरिजा जी दुबली पतली तो थीं ही, संवेदनशील होने के कारण हमेशा परिवार की किसी न किसी फिक्र में उलझी रहतीं। कभी मुझे यह आभास होता कि अपने सुंदर, सजीले स्वस्थ पति को संभालने में उनकी बहुत ऊर्जा व्यय हो जाती है। वे हल्की तनावग्रस्त

दिखतीं जब श्रीलाल जी हल्के फुल्के मूड में कह जाते, "यू नो आय एम सरप्लस फार माय वाइफ।" लेकिन श्रीलाल जी हर हाल में पत्नी के प्रति उन्मुख ही रहे। यह लगाव तब तो और भी बढ़ गया जब गिरिजा जी पक्षाघात के झटके से उबरीं किन्तु थोड़ी कम। श्रीलाल जी उनकी सेवा सुश्रूषा ऐसे करते जैसे पिता अपनी पुत्री की करता है। उन्होंने बरसों की आदतें भी त्याग दीं। वे कहते, "अगर मैं उनके पुकारने पर सोया रह गया तो उन्हें तकलीफ होगी।" वे उनकी नींद सोते, उनकी नींद जागते। वे शायद दाम्पत्य की सघनता का हर क्षण अनुभव करना चाहते थे। वे अपनी हर बात में गिरिजा जी को शामिल करते। कवि केदारनाथ अग्रवाल की कविता 'हे मेरी तुम' उन पर भी चरितार्थ होती रहती। गिरिजा जी बहुत अच्छी श्रोता थीं। साहित्य और संगीत की उन्हें अच्छी जानकारी थी। वे इतने वर्ष परिवार की समस्त जिम्मेदारियों के साथ सबसे बड़ी जिम्मेदारी निभा गयीं। श्रीलाल जी की ऊर्जा और रचनाधर्मिता को सुरक्षित रखने की।

श्रीलाल जी कैसे अधिकारी सिद्ध हुए, उन्होंने अपने मातहतों और सहकर्मियों के साथ कैसा व्यवहार रखा, इसकी हमारे पास कोई डायरी नहीं पर इतना आभास जरूर होता रहा कि वे एक अलग किस्म के व्यक्ति रहे। जब उनका तबादला इलाहाबाद से हुआ वे कहने लगे, "मुझे लगता है मैं असफल हो कर यहां से जा रहा हूं।" हमें ऐसा नहीं लगा। राग दरबारी के रचनाकार को किस स्तर पर असफलता का एहसास हो सकता है, यह आज भी हमारी समझ के बाहर है।

नगर निगम के उच्चतम पद से जुड़ी अनिवार्यताओं के बीच श्रीलाल जी ने अपने कार्यकाल में कुछ यादगार सांस्कृतिक आयोजन करवाये। वे अधिकतर हमें पढ़ते मिलते या मित्रों से बतियाते।

यों तो किसी भी अन्य व्यक्ति की तरह रचनाकार भी मनुष्य ही है, अनेक संगति विसंगतियों से रचा बना पर एक अच्छा रचनाकार जब अच्छा मनुष्य भी हो तो पाठक का उसके प्रति लगाव गहरा हो जाता है। श्रीलाल जी अगर सतत लेखक हैं तो हम उनके सतत पाठक। पहला पड़ाव, मकान, बिस्रामपुर का संत जैसे उत्कृष्ट उपन्यासों के साथ उन्होंने आदमी का जहर, सीमाएं टूटती हैं भी लिखे जबकि मुझे यह लगा कि इन दो उपन्यासों को वे न भी लिखते तो कोई फर्क नहीं पड़ता। ऐसा नहीं कि ये दो उल्लिखित उपन्यास कम पठनीय हैं; ये कुछ ज्यादा ही पठनीय हैं जबकि हिन्दी में श्रेष्ठता हमेशा सुदृढ़ और कम पठनीय उपन्यासों से ही आंकी जाती है।

अभी पिछले दिनों एक शाम श्रीलाल जी दूरदर्शन के सभी चैनलों पर छाये रहे। बहुत अच्छा लगा कि कलम का धनी अपनी रचना यात्रा पर बोल रहा है। अन्यथा बाकी समय तो नेता, अभिनेता, व्यवसायी और खिलाड़ी ही छोटे पर्दे पर कब्जा जमाए रहते हैं। लेकिन श्रीलाल जी दूरदर्शन पर साक्षात्कार देते हुए सेल्फ कांशस हो जाते हैं। उनकी सर्वोत्कृष्ट अभिव्यक्ति अनजाने, अनौपचारिक होती है। एक बार उन्होंने कहा, "शोध छात्रों के प्रश्नों का उत्तर अवश्य भेजना चाहिए।" मैंने कहा, "अगर इतने प्रश्नों का उत्तर लिखना हो तो स्वयं पी.एच.डी. कर लेना कैसा रहेगा।" वे बोले, "अगर हम लोग जवाब नहीं देंगे तो कोई मामूली प्रसाद वर्मा या घटियाचंद तिवारी जवाब देगा और बेचारा शोध छात्र उसी को प्रामाणिक मान कर अपना शोध प्रबंध लिख डालेगा। नतीजा यह होगा कि मामूली प्रसाद वर्मा और घटियाचंद तिवारी तो साहित्य के इतिहास में जगह पाते जाएंगे और हम लोग बाहर रह जाएंगे।" वे स्वयं इस नियम का कहां तक पालन कर पाते हैं, यह एक अलग शोध का विषय है।

कई वर्ष पूर्व, सारिका के लिए नंदन जी ने मुझे श्रीलाल जी से बातचीत करने का काम सौंपा। उन दिनों वे इलाहाबाद में ही नियुक्त थे। समय तय कर मैं उनके यहां पहुंची। मैं सवालों से लैस थी, श्रीलाल जी जवाबों से।

बातचीत के दौरान मैंने कहा, "श्रीलाल जी आपके लेखन में व्हिस्की की क्या भूमिका है?"

"अगर मेरी जुबान पर एक कतरा भी शराब हो तो मैं लिख नहीं सकता।" श्रीलाल जी ने कहा।

इसी तरह उन्होंने हर प्रश्न का आदर्श उत्तर दिया और यह साक्षात्कार महज दो घंटों में सम्पन्न हो गया। मुझे लगा श्रीलाल जी इंटरव्यू देने में सिद्धहस्त हो चुके हैं।

अगले रोज इतवार था। सुबह श्रीलाल जी का फोन आया, "ममता कल जो इंटरव्यू दिया था, बकवास था। ऐसा करो, एक बार फिर बैठते हैं। आप आ जाओ।"

मैं कागज कलम ले कर दुबारा पहुंची। बैठते ही श्रीलाल जी ने पहले ब्रजभाषा में एक कवित्त सुनाया, नायिका भेद पर शायद। ब्रजभाषी होते हुए भी मुझे उसका अर्थ प्रेषित नहीं हुआ। पर गिरिजा जी पति से रूठ गयीं। इस रूठने की जानकारी मुझे अल्हड़, सुनहरी लटों वाली विनीता से मिली। गिरिजा जी ने बाद में पति से कहा, "तुमने वह कवित्त ममता को क्यों सुनाया, पता नहीं वह तुम्हारे बारे में क्या सोचेगी?" भोली भाली गिरिजा जी को यह नहीं पता चला कि श्रीलाल जी जिससे मुखातिब थे वह इन मामलों में हद दर्जे की बेवकूफ और अनाड़ी है। यों ही नहीं घर में, बच्चों और रवि ने मेरे नाम लबड़धौं धौं और ट्यूबलाइट रख छोड़े हैं। मैं आमतौर पर बुरा नहीं मानती क्योंकि कुशाग्रता का लाभ मैं हमेशा दूसरों को देना बेहतर समझती हूं। खैर इंटरव्यू आरम्भ हुआ। श्रीलाल जी ने इस बार ईमानदारी बरती। पेश है एक बानगी:

"श्रीलाल जी, सवाल जवाब से आपको आखिर क्या एतराज है?"

"बातचीत का यह एक निहायत बनावटी और बेकार ढंग है। अगर आप ही को मैं बाकायदा स्टेज पर बैठा कर पूछूं कि आपने कौन सी तारीख, कितने बजे रवीन्द्र कालिया से प्यार करना आरम्भ किया, आप जवाब देंगीं?"

"श्रीलाल जी सवाल शायद आपको मुझसे नहीं, मुझे आपसे पूछने हैं।"

"आप इतना वाहियात काम कबसे करने लगीं....।" श्रीलाल जी उठ कर अंदर चले गये। लौटे तो उनके हाथ में एक अंतर्देशीय था। उन्होंने एक सांस में नंदन जी को शिकायती पत्र लिखा, चिपकाया और डाक पेटी में डालने भिजवा दिया। मैं आतंकित हुई क्योंकि विनीता ने बतलाया कि पापा पत्र हमेशा अकस्मात् लिखते हैं, कभी कभी आधी रात में कहीं से घूम कर आते हैं और खड़े-खड़े कई पत्र लिख डालते हैं।

"राग दरबारी" आपने कब लिखा? क्या एक ही बार में लिखा गया या अनेक बार?

"सन् ६२ से ६७ तक मैंने यह उपन्यास लिखा। इसके कई अंश मैंने सात-सात बार लिखे लेकिन सबसे ज्यादा रिवाइज किये गये मकान और सीमाएं टूटती हैं।"

"मकान कब शुरू किया गया?"

"१९७० में जब मैं लखनऊ आया, मेरे पास मकान नहीं था। जनवरी सन् ९७ में 'मकान' की शुरूआत मैंने कार्लटन होटल के लाउंज में ब्रांडी पीते हुए, होटल की स्टेशनरी पर की। पहले पहल यह एक सीधा सादा टू-डाइमेंशनल उपन्यास था। लेटर आन इट बिकेम अ रनअवे नावेल। फिर इसकी रगड़ाई शुरू हुई। १९७६ में यह खत्म हुआ।"

"आपको अपना कौन सा उपन्यास प्रिय है?"

"जहां तक लिखने का सवाल है, 'मकान' लिखने में अपने आपसे ज्यादा संतोष हुआ। 'राग दरबारी' तो डाक्युमेंटरी नावल है। उसके लिखने में सृजनात्मक कृति का पूरा संतोष हासिल नहीं हुआ। लेकिन मेरे साथ यह

होता है कि रचना की प्रक्रिया से निकल चुकने के बाद मुझे वह किताब बड़ी खराब मालूम देती है, उसे पढ़ने की इच्छा नहीं होती।"

"न सही अपनी, दूसरों की रचनाएं पढ़ते होंगे?"

"बहुत।"

"जैसे?"

"तालस्तोय, टामस मान, साल बैलो।"

"हिन्दी में?"

"वृन्दावनलाल वर्मा।"

"कोई जीवित कथाकार?"

"सच पूछें तो मुझे आपके उपन्यास पसंद हैं।"

"यकीन नहीं होता। कोई और नाम?"

"आपका सवाल गलत है। अगर आप पूछतीं आपके प्रिय उपन्यास कौन से हैं तो मैं आपको बता सकता था।"

"अच्छा यों ही सही।"

"गोदान, नारी, शेखर एक जीवनी, त्यागपत्र, टेढ़े मेढ़े रास्ते, बूंद और समुद्र, बाणभट्ट की आत्मकथा, तमस, वे दिन मेरे प्रिय उपन्यास हैं। आधा गांव मुझे अत्यंत प्रिय है।"

श्रीलाल जी स्वयं भी एक किताब की तरह खुलते हैं, पन्ना दर पन्ना। रचना में रमे हुए हो कर भी दूसरों में गहरी रुचि और जिज्ञासा है उनमें। वे हिन्दी के एकमात्र ऐसे कथाकार हैं जिन्होंने खाकी रंग की सरकारी फाइलों की अटपटी जानकारी व शब्दावली से अपनी मौलिक रचनात्मक भाषा का अनुसंधान किया है। पूर्णकालिक जिम्मेदार नौकरी में इतने घंटे (बरस) बिता कर और कोई, कई आदमी यांत्रिक और बेजान हो जाते हैं, उनमें से फाइलों की बू आने लगती है पर श्रीलाल जी ने इन सीमाओं को अपनी सामर्थ्य बनाया। स्वाधीनता के बाद देखे गये सपनों से मोहभंग, बेरोजगारी की हताशा, सरकारी दमनचक्र की रफ्तार और इन सबसे पैदा होता नायक का मरजीवड़ा पराक्रम उनकी रचनाओं में कूट-कूट कर भरा है। उन्हें पढ़ते हुए यही लगता है कि अरे यह तो हूबहू हम हैं, हम जो डिग्रियों से लैस, कर्मक्षेत्रे कुरुक्षेत्रे कूद पड़ने को आतुर और कृतसंकल्प हैं, हमारा मोल आजादी की इस अंधेरनगरी में टके सेर भी नहीं है।

श्रीलाल जी को व्यंग्य का पुरोधा माना जाता है जबकि वे सायास व्यंग्य रचने का कोई उपक्रम या अनुष्ठान नहीं करते। वे महज यथार्थ को उसके निर्वस्त्र रूप में सामने रख देते हैं। वे पाठक को पुचकारने के लिए कोई रंग हल्का या गहरा नहीं करते, उसे महज सूचित करते हैं कि देखो ऐसा है तुम्हारा गांव और वैसा है तुम्हारा शहर; यह है तुम्हारी शिक्षा और वह है उसकी कीमत। उनकी रचनाएं हमें उन तमाम बेवकूफ खामख्यालियों से निकालती हैं जिनमें सन पचास की रचनाओं ने हमें वर्षों डाले रखा और रुग्ण किया। आदर्शों की घुट्टी पी कर पुष्ट होने वाले लोगों को उनके उपन्यास कुछ सिनिकल लग सकते हैं पर कठोर और असल जमीन पर नंगे पैरों खड़े आदमी के लिए ये जरूरी दस्तावेज हैं। अपने समय की सघन पड़ताल करती उनकी रचनाएं हमारा अपना समय, समाज और संसार हैं।

व्यंग्य और जीवन का आस्वाद

गिरीश पांडे

श्रीलाल शुक्ल से पहला परिचय अप्रत्यक्ष रहा जो 'राग दरबारी' के माध्यम से हुआ। सन् ७२-७३ के आस पास, जब मैं बी.एससी. कर रहा था, राग दरबारी पढ़ने को मिली। चमत्कृत करने वाली रचना। एक सांस में पढ़ गया। मैं गांव के जिस परिवेश से आया था और मैंने सत्य का जो स्वरूप देखा था, उसका इतना सम्पूर्ण चित्रण देख कर आवाक रह गया। अब तक मेरे द्वारा पढ़े साहित्य में इससे अच्छा कुछ नहीं था। व्यंग्य की शक्ति का भी आभास हुआ। आगे चल कर तमाम प्रतियोगी परीक्षाओं के लिए जब हम लोग आपस में चर्चा करते कि यदि इंटरव्यू में सवाल पूछा जाएगा कि आपने कौन कौन सी किताबें पढ़ी हैं और उनमें कौन सबसे अच्छी लगी और क्यों? तो उसके जवाब में यही बताने की मेरी तैयारी रहती कि सबसे अच्छी किताब 'राग दरबारी' लगी। क्यों लगी इसके तमाम उत्तर मन में सोचे जाते मसलन समस्याओं का चित्रण, गहराई, व्यंग्य, ग्रामीण भारत का शोषण, पीढ़ियों तक न खत्म होने वाली मुकदमेबाजी, सीधे साधे आदमियों के जीवन में अनचाहे ही उलझाव आदि-आदि। तमाम सारे अंग्रेजी दां मित्र कहते, ''क्यों राग दरबारी का नाम लोगे, अंग्रेजी की कुछ किताबों के नाम बताना नहीं तो तुम्हें लोग ठेठ गवांर ही समझेंगे।'' मैं उनसे कहता, ''सवाल उनके समझने का नहीं है। जब मुझे यही किताब अब तक पढ़ी किताबों में सबसे अच्छी लगी है तो फिर मैं कोई और कैसे बताऊंगा। इंटरव्यू तो होगा अंग्रेजी में ही, लेकिन चर्चा अपनी मनपसंद हिन्दी किताब पर करूंगा।''

यह बात दूसरी है कि किसी भी इंटरव्यू में किताबों के बारे में बताने और राग दरबारी पर चर्चा करने का मौका नहीं मिला क्योंकि बातचीत किताबों पर आयी ही नहीं। राग दरबारी को अब भी बार-बार पढ़ने का मन

करता है। मैंने उसे कई लोगों को पढ़ाया भी है। विविध स्थितियों का बड़ा ही सचित्र वर्णन राग दरबारी में हुआ है। उदाहरण के लिए देखिए कि गांव के बच्चों में हो रहे परिवर्तन की बड़ी सुंदर बानगी उद्धृत पंक्तियों में मिलती है: "ऐसे भुखमरे वातावरण में अखाड़े क्या खा कर या खिला कर चलते? कुछ वर्ष पहले गांव के लड़के कसरत और कुश्ती से चूर-चूर हो कर घर लौटते तो कम से कम उन्हें भिगोये हुए चने और मट्ठे का सहारा था। अब वह सहारा भी टूटने लगा था। यह और इस प्रकार के कई तथ्य मिल कर कुछ ऐसा वातावरण पैदा कर रहे थे कि गांव में नौजवानों को निकम्मा बन जाने के सिवाय और दूसरा कार्यक्रम ही नहीं मिलता था। वे फटे पुराने पर रंगीन पतलूनों पायजामों के सहारे अपनी दुबली-पतली टांगों को ढक कर और सीने पर गोश्त हो या न हो, सीने के अंदर सायराबानू के साथ सोने का अरमान भर कर, गली कूचों में अपने पान की पीक फैलाते हुए निरुद्देश्य घूमा करते थे। उनमें बहुत से कभी-कभी खेतों, कारखानों और जेलों का चक्कर भी लगा आते थे। जो वहां जाते हुए हिचकते थे, वे स्थानीय कालिजों में बांगडूपन की शिक्षा ग्रहण करने के लिए चले आते थे। ये कालिज प्रायः किसी स्थानीय जननायक की प्रेरणा से शिक्षा प्रचार के लिए, और वास्तव में उसके लिए विधानसभा या लोकसभा के चुनावों की जमीन तैयार करने के उद्देश्य से, खोले जाते थे। और उनका मुख्य कार्य कुछ मास्टरों और सरकारी अनुदानों का शोषण करना था। ये कालिज सिर्फ जमाने के फैशन के हिसाब से बिना आगा पीछा सोचे हुए चलाये जा रहे थे और यह निश्चय था कि वहां पढ़ने वाले लड़के अपनी 'रिआया' वाली हैसियत छोड़ कर कभी ऊपर जाने की कोशिश नहीं करेंगे और ऊंची नौकरियों और व्यवसाय जिनके हाथ में हैं, उनके एकाधिकार को इन कालिजों की ओर से कोई खतरा नहीं पैदा होगा।"

इसी तरह तमाम ऐसे अंश हैं जिन्हें बार-बार पढ़ने का मन करता है।

नौकरी में आने के बाद आपाधापी, भीड़ भाड़, नया परिवेश, नयी डायरियों में रचना कर्म निरंतर चलता रहा। १९९० के आसपास गोरखपुर में नियुक्ति हुई। छपने छपाने के प्रति मेरा संकोच टूट छूट रहा था। रचनाएं १५-२० वर्षों तक डायरियों में पड़ी रहने के बाद बाहर आ रही थीं। साहित्यकारों से व्यक्तिगत तौर पर भेंट मुलाकातें होने लगी थीं। साहित्य की सभाओं, गोष्ठियों में आने जाने लगा था। गोरखपुर विश्वविद्यालय के सभागार में विश्वनाथ तिवारी जी ने एक आयोजन किया था जिसमें गोविन्द चंद पाण्डे, विद्यानिवास मिश्र और श्रीलाल शुक्ल जी आये थे। ये लोग बरहज, देवरिया के किसी पुरस्कार समारोह से लौटे थे। उस सभागार में पहली बार मैंने सुना कि साहित्य मर रहा है। मुझे बड़ी पीड़ा हुई। खैर यह बात श्रीलाल जी ने नहीं अन्य ने कही थी।

उस दिन आयोजन के बाद बातचीत के दौरान श्रीलाल जी तथा अन्य अतिथियों से तिवारी जी ने परिचय कराया। चूंकि श्रीलाल जी की राग दरबारी मुझे बेहद पसंद रही है और व्यंग्य विधा मुझे अच्छी लगती है, इसलिए मैं श्रीलाल जी में विशेष दिलचस्पी रखता था। मैंने उनसे सहज ही पूछा, "श्रीलाल जी आप अपना लखनऊ का फोन नम्बर देंगे, मैं अक्सर लखनऊ आता रहता हूं, आऊंगा तो सम्पर्क करना चाहूंगा।" उन्होंने कहा, "लखनऊ की टेलीफोन डाइरेक्टरी में मिल जाएगा।" मेरे बगल में भौतिकी तथा गणित के वे रीडर प्रोफेसर भी थे जिनकी साहित्य से कोई दिलचस्पी नहीं थी। मेरे मित्र हाने के नाते मेरे आग्रह पर मेरा साथ देने के लिए उस आयोजन में आये थे। जैसे भौतिकी के मिहिर राय चौधरी तथा गणित के टी.एन. पाण्डेय जी। श्रीलाल जी का यह जवाब उन्हें बहुत अखरा। मिहिर राय चौधरी ने कहा भी कि मैं बहुत बार विदेशों में भी हो आया हूं, नोबुल लारेट्स से भी मिला हूं लेकिन यदि उनमें से किसी से भी आप उनका टेलीफोन नम्बर या पता मांगें तो खुश होते हैं और लिख

कर देते हैं, आपको बताते हैं या कार्ड देते हैं। हम लोग शायद श्रीलाल जी की मनःस्थिति को नहीं समझ पाये।

पिछले वर्ष इलाहाबाद से ट्रांसफर हो कर लखनऊ आ गया। इलाहाबाद में सभी साहित्यकार मित्र सुझाव देते कि लखनऊ जा रहे हैं तो श्रीलाल जी से जरूर मिलिएगा। वहीं पर लोगों ने यह भी बताया था कि 'राग दरबारी' का अंग्रेजी अनुवाद हुआ है तथा पैंगुइन इंडिया ने छापा है।

लखनऊ आने पर एक मित्र के साथ श्रीलाल जी से मिलने का प्रोग्राम बना। श्रीलाल जी बहुत ही सहज और परिवार के सदस्य जैसे मिले और लगे। अब विश्वास ही नहीं होता कि श्रीलाल जी कभी अपना फोन नम्बर पूछने पर कह सकते हैं कि टेलीफोन डाइरेक्टरी में देख लेना।

फिर तो मुलाकातों, फोन और चर्चाओं का सिलसिला चल निकला। कभी हम उनके यहां चले गये, कभी वे मेरे दफ्तर या घर पर आ गये। एक दिन बड़ा ही आनंददायक किस्सा रहा। होली के अगले दिन सुबह-सुबह श्रीलाल जी हमारे घर पर आये। तरह-तरह की बातें होती रहीं। सरकारी नौकरी और लेखन, पुरस्कार और न जाने क्या-क्या। श्रीलाल जी ने बताया कि मध्य प्रदेश सरकार द्वारा शीघ्र ही उन्हें एक लाख रुपये का मैथिलीशरण गुप्त पुरस्कार दिया जाने वाला है। वे सोच रहे हैं कि इस पैसे से वे अपने मकान की पहली मंजिल पर दो कमरे बनवा दें। काफी देर की गपशप के बाद जब श्रीलाल जी चले गये तो मेरी सात साल की छोटी बेटी रुनझुन, जो शायद हम लोगों की बातों को कहीं से आते जाते सुन रही थी, आ कर मुझसे पूछती है: "पापा ये जो अंकल आये थे वे लिखते हैं?"

मैंने कहा, "हां।"

"और आप भी लिखते हैं।"

मैंने कहा, "हां।"

"फिर आप इन अंकल से लिखना सीख क्यों नहीं लेते?"

मैंने पूछा, "क्यों?"

उसने कहा, "फिर आपका भी मकान बन जायेगा।"

मुझे उसकी सहज बात सुन कर बड़ा आनंद आया। उस समय हम लोग भी मकान बनवाने की चर्चा किया करते थे और मकान के लिए धनराशि की आवश्यकताओं की चर्चा भी उसने जरूर सुनी होगी।

अंतरंग चर्चाओं के दौरान श्रीलाल जी अक्सर बताया करते हैं कि अफसर साहित्यकारों को अधिकतर आलोचक और पाठक शुरू में गम्भीरता से नहीं लेते। यह मानने और विश्वास करने की प्रवृत्ति रहती है कि अफसर है, शायद अधिक संसाधनयुक्त हो इसलिए छप छपा लेता है। इसलिए एक जेनुइन, एक सहज अफसर साहित्यकार को एक आम साहित्यकार से कहीं अधिक साधना करनी पड़ती है। पाठकों से तो अपेक्षाकृत जल्दी स्वीकृति मिल जाती है लेकिन लेखक समुदाय और आलोचक समुदाय से स्वीकृति बहुत दिनों बाद मिलती है।

श्रीलाल शुक्ल के साथ एक अच्छी बात यह रही है कि वे साहित्यकारों के किसी गुट या खेमे से बंधे नहीं रहे। आजकल के साहित्यकार बहुचर्चित तो हो जाते हैं लेकिन अपनी खंडित दृष्टि के कारण बहुस्वीकृत नहीं हो पाते। श्रीलाल जी की रचनाएं बहुस्वीकृत हुई हैं।

राग दरबारी श्रीलाल जी की व्यंग्य विधा की सम्पूर्ण कृति है। वह तो जैसे पूरे समय को, पूरे परिवेश को कागज पर उतार देती है। वह फोर डाइमेन्शनल (चतुर्आयामी) चित्र प्रस्तुत करती है। व्यंग्य के बारे में जब भी श्रीलाल

जी से बात हुई तो उन्होंने हमेशा ही सुझाव दिया कि मैं भी व्यंग्य को किसी विराट फलक पर लिखूं। छोटे-छोटे व्यंग्य लेखों के पक्ष में शायद वे ज्यादा नहीं रहे हैं और शायद यही कारण है कि छोटे-छोटे व्यंग्य लिखने में उन्होंने ज्यादा ध्यान नहीं दिया। उनके व्यंग्य लेखों में चित्रण तो है, व्यंग्य गुदगुदाते हैं लेकिन कहीं न कहीं दृष्टि, आशा की कमी रह जाती है। लगता है कि चित्र बहुत अच्छा खिंचा है, यथार्थ बिल्कुल निखर आया है, एक अच्छे फोटोग्राफ की तरह, लेकिन कहीं न कहीं पेन्टिंग तत्व, कलाकार का अपना तत्व कम है।

ज्ञान भारती द्वारा प्रकाशित 'मेरी श्रेष्ठ व्यंग्य रचनाएं' श्रंखला में प्रकाशित उनके चुनिन्दा व्यंग्य लेखों के संग्रह की भूमिका में अपने व्यंग्य लेखन के बारे में उन्होंने जो लिखा है कि वह पठनीय है। उसका एक हिस्सा उद्धृत है: ''पहला कारण तो यह है कि अपनी अध्ययनपरक सीमाओं का मुझे ख्याल है और कोई भी वैचारिक निबंध लिखते हुए मुझे हिचक होती है। दरअसल, हर सर्जनात्मक लेखक के बारे में यह सोचना ही ज्यादती है कि वह व्यवस्थित चिन्तन कर सकता है या अपने चिन्तन को व्यवस्थित ढंग से शब्दबद्ध कर सकता है। (यह दूसरी बात है कि हिन्दी के अधिकांश कवि और कथाकार अच्छी वैचारिक टिप्पणियां लिख सकते हैं और लिखते हैं, और यही नहीं, उनमें से बहुत से औसत से ऊंचे दर्जे के वक्ता भी हैं।) एक ही व्यक्ति का एक साथ सर्जनात्मक लेखंक, मनीषी (इंटेलेक्चुअल) और विद्वान (अकेडेमीशियन) होना लाजमी नहीं और कम से कम मैं इन तीनों हैसियतों का मिश्रण नहीं ही हूं। इसलिए सिर्फ व्यंग्य कथाएं या 'राग दरबारी' लिख सकने के कारण मैं व्यंग्य पर कोई शास्त्रीय व्याख्या देने की अपने में क्षमता नहीं देखता। दूसरा कारण कुछ ज्यादा व्यावहारिक है। सर्जनात्मक लेखक होने का एक बड़ा फायदा यह है कि लेखक अपनी मान्यताओं और विचारों की स्वयं व्याख्या न करके दूसरों से साफ उम्मीद कर सकता है कि वे ही उसके लेखन में अंतर्निहित विचारों की खोज करें।''

श्रीलाल शुक्ल जी के उपर्युक्त कथन को यदि हम आधार मानें तो मात्र कुछ व्यंग्य लेख लिख लेने की वजह से न तो मैं व्यंग्य या व्यंग्यकार पर कोई टिप्पणी करने का हकदार हो जाता हूं और न ही आलोचना कभी भी मेरी विधा रही है। श्रीलाल जी के पाठक की हैसियत से मैंने यह लेख लिखने की कोशिश की है।

यह आलेख पूरा करने के बाद एक मजेदार घटना घटी। हमारे स्टेनो **श्री रमेश चौधरी** ने आलेख टाइप करने के दौरान ही 'राग दरबारी' पुस्तक पढ़ी और पढ़ने के बाद बड़ी सुंदर प्रतिक्रिया व्यक्त की तो मैंने उनसे कहा कि अपनी राय लिख कर मुझे दो अच्छा लगेगा। मुझे तब और भी खुशी हुई जब उन्होंने अपनी बेबाक राय बड़े ही भोलेपन और मासूमियत के साथ लिख कर ससंकोच मेरे सामने रखी। मैं उनकी सहज प्रतिक्रिया अपने आलेख के अंत में उद्धृत करने का लोभ संवरण नहीं कर पा रहा हूं। अतः मैं उनके शब्दों को यथावत नीचे दे रहा हूं:

''मैं श्रीलाल जी की 'राग दरबारी' के बारे में अपने विचार लिख रहा हूं। ऐसा क्यों और किन परिस्थियों में हुआ इसके बारे में मैं पहले बताना चाहूंगा। श्री गिरीश पांडे का नाम तो मैंने पहले सुन रखा था। मेरे एक मित्र ने बताया था कि वे कुछ लिखते पढ़ते रहते हैं। मुझे कहानियों, लेखों, कविताओं आदि में बिल्कुल रुचि नहीं थी इसलिए मैंने उसकी बात पर कोई भी ध्यान नहीं दिया क्योंकि मेरे मन में लेखकों के प्रति धारणा थी कि ये लेखक बेकार के लोग होते हैं तथा समय को बर्बाद करते रहते हैं। अभी कुछ दिन पूर्व श्री पांडे जी ने अधिकारी के रुप में कार्यभार ग्रहण किया। वे श्रीलाल शुक्ल जी के ऊपर एक लेख लिखे थे। मुझे उन्होंने श्रीलाल शुक्ल पर आलेख टाइप करने को दिया। श्रीलाल शुक्ल जी ने 'राग दरबारी' उपन्यास एवं शायद कई पुस्तकें लिखी होंगी। परंतु आलेख टाइप करते वक्त मुझे लगा कि श्री पांडे जी 'राग दरबारी' उपन्यास से बहुत अधिक प्रभावित थे क्योंकि

जगह-जगह उन्होंने राग दरबारी का ही जिक्र किया था। मैंने उन्हें आलेख टाइप करके दे दिया। चूंकि उन्होंने श्रीलाल शुक्ल जी पर आलेख काफी अच्छा लिखा था सो मैंने उनसे अपने द्वारा लिखी पुस्तक पढ़ने के लिए मांगी। पुस्तक मांगने का मेरा दो अभिप्राय था, एक तो चलो खाली समय में पुस्तक पढ़ लेंगें और चूंकि श्री पांडे जी बड़े अधिकारी हैं, चलो इसी बहाने सम्बंध भी इनसे मधुर हो जाएंगे। अगले दिन श्री पांडे जी ने अपनी लिखी हुई एक पुस्तक 'कुछ माटी की कुछ कुम्हार की' जिसमें कई छोटे-छोटे व्यंग्य लेख थे, पढ़ने को दी। इससे पहले मैंने व्यंग्य लेख की पुस्तक कभी न पढ़ी थी। मैंने पुस्तक बड़े ध्यान से धीरे-धीरे पढ़नी शुरू की। व्यंग्य लेख काफी अच्छे लिखे हुए थे। धीरे-धीरे इसलिए पढ़ रहा था कि जब मैं ये किताब श्री पांडे जी को वापस करने जाऊंगा तो मुझे क्या-क्या अच्छा लगा, बताऊंगा। अच्छा तो लग रहा था बाकी शायद बढ़ा चढ़ा कर भी बोलना था क्योंकि मुझे उनसे सम्बंध जो अच्छे बनाने थे। अभी मैंने आधी से थोड़ी सी ज्यादा ही पुस्तक पढ़ी होगी कि श्री पांडे जी ने मुझे बुला कर कहा कि तुमने जिन श्रीलाल शुक्ल जी के बारे में आलेख टाइप किया था उनका ये उपन्यास है 'राग दरबारी', इसे पढ़ लेना। मैंने उन्हें धन्यवाद दिया और उनके कमरे से बाहर आ कर मेरे मन में विचार आया कि मुझे राग दरबारी से क्या लेना। अगर पांडे जी ने अपनी लिखी हुई कोई पुस्तक दी होती तो मुझे कुछ और कहने और सुनने का मौका मिलता।

"चूंकि मुझे लेख इत्यादि पढ़ने में बिल्कुल रुचि नहीं थी फिर भी मैंने बड़े बेमन से अगले दिन जैसे अधिकारी का आदेश हो पुस्तक पढ़नी शुरू की। परम आश्चर्य! उपन्यास जैसे ही मैंने पढ़ना शुरू किया इतना अच्छा लगा कि मैं उपन्यास में ही खो गया और मैं उपन्यास पढ़ता जाता और साथ ही मेरे विचार जो कि लेखकों के प्रति काफी नीरस थे, श्रद्धा से भरते जाते और साथ ही यह महसूस होने लगा कि श्री पांडे जी ने जो श्रीलाल शुक्ल के बारे में मुझसे टाइप कराया था वो काफी हद तक, काफी हद तक क्या शत प्रतिशत सही लिखा था। चार पांच अध्याय पढ़ने के बाद तो मुझे साक्षात श्रीलाल शुक्ल जी एवं उनके द्वारा लिखे गये राग दरबारी के पात्र चलते फिरते दिखने लगे। मुझे ऐसा महसूस हो रहा था कि जैसेकि मैं ये कोई व्यंग्य उपन्यास पढ़ नहीं रहा हूं बल्कि सभी पात्रों को अपने सामने देख रहा हूं।

"उपन्यास की कहानी रंगनाथ नामक पढ़े लिखे नौजवान के शहर से एक गांव में स्वास्थ्य लाभ के लिए जाने पर आधारित है। शुरू से अंत तक उपन्यास इतनी खूबसूरती से इतने अच्छे शब्दों से लिखा गया था कि कई बार तो मैंने कई लाइनें दुबारा-दुबारा बड़े गौर से, खोये हुए, बहुत ही आनंदित महसूस करते हुए पढ़ी। पूरा उपन्यास पढ़ने के उपरांत मेरा मन श्रीलाल शुक्ल जी के प्रति सम्मान से भर उठा। राग दरबारी पुस्तक का असर इतना तीव्र था कि दोनों पुस्तकें ('कुछ माटी की कुछ कुम्हार की' एवं 'राग दरबारी') श्री पांडे जी को वापस करते वक्त जबकि मुझे श्री पांडे जी द्वारा लिखी पुस्तक के बारे में तारीफ करनी थी परंतु मेरे मुख से श्रीलाल शुक्ल जी एवं 'राग दरबारी' उपन्यास के बारे में ही तारीफ निकलती रही।"

किसी भी रचनाकार के लिए यह सबसे सुखद होता है, यदि उसकी रचनाएं आम पाठक को छूती हैं। टाइप करते समय स्टेनोग्राफर को अच्छा लगे, रेकार्ड करते समय टेक्नीशियन को अच्छा लगे या शाट लेते समय कैमरामैन को अच्छा लगे। इन सहज प्रतिक्रियाओं का बड़ा महत्व है। श्री रमेश चौधरी की सहज प्रतिक्रिया किसी बड़े समालोचक द्वारा लिखे गये आलोचनात्मक प्रबंध से क्या कमतर है!

"मैं सड़क के बीच कुछ कदम पर बायीं ओर खड़ा हूं"

श्रीलाल शुक्ल से अखिलेश की बातचीत

— *बचपन का गांव किस तरह याद करते हैं?*

इसके दो पक्ष हैं। जमींदारी वाले दिनों की व्यवस्था में जकड़ा हुआ गांव जिसमें अलग-अलग जातियों की अपनी-अपनी परम्पराएं, अपने तौर तरीके थे। किसी भी तरह की वर्ग चेतना नहीं थी। हर आदमी की अपनी हैसियत मुकर्रर थी। गंदी गलियां, बच्चे, रास्ते आदि थे, और एक भी पक्का मकान नहीं था। दूसरा पक्ष परिवेश और प्रकृति का था। गांव के तीन ओर खेत थे और विस्तीर्ण जंगल थे। चौथी ओर लखनऊ जाने वाली सड़क थी और घनी अमराइयों का सिलसिला था। आज जब उस गांव के बारे में सोचता हूं तो वह एक ओर कई अद्‌भुत व्यक्तियों और दूसरी तरफ अपनी प्राकृतिक मोहकता के कारण याद आता है।

— *उस गांव में आप बड़े हो रहे थे। घर परिवार, साहित्यिक वातावरण कैसा था?*

गांव में मेरे वंश के कई परिवार थे जिनमें दो सम्पन्न थे, बाकी बहुत गरीब थे। मेरा परिवार गरीबों का था; पर पिछली दो-तीन पीढ़ियों से पठन पाठन की परम्परा थी। बचपन से ले कर १९४८ तक जब मुझे विपन्नता के कारण एम.ए. और कानून की पढ़ाई छोड़नी पड़ी, गरीबी और शिक्षा तथा साहित्य के प्रति अदम्य आग्रह, इन तत्वों के द्वारा मेरे व्यक्तित्व का संस्कार होता रहा।

— *आपने अपने परिवार में दो तीन पीढ़ियों से पठन पाठन की परम्परा की बात कही है, उसके बारे में कुछ अधिक बताएं।*

मेरे बाबा अध्यापक थे और उर्दू फारसी की सामान्य जानकारी के साथ संस्कृत के बहुत अच्छे पंडित थे। उनके द्वारा रचित कुछ श्लोक भी उपलब्ध हैं। मेरे पिता बहुत छोटे किसान थे; उन्होंने स्कूली शिक्षा नहीं पायी थी पर हिन्दी, उर्दू, संस्कृत का उन्हें सामान्य ज्ञान था। पिता के चचेरे भाई चंद्रमौलि शुकुल १६०७ के ग्रेजुएट थे और बी.ए. की परीक्षा में उन्होंने सर्वोच्च स्थान प्राप्त किया था। अपने समय के वे अच्छे लेखक और शिक्षाशास्त्री थे। इस वातावरण के कारण मुझे १०-११ वर्ष अवस्था से ही हिन्दी की तत्कालीन सभी पत्र पत्रिकाएं और पुस्तकें पढ़ने का अवसर मिलने लगा था; उसी के साथ साहित्य रचना का प्रोत्साहन भी।

— *उक्त प्रोत्साहन से क्या-क्या लिखा?*

बहुत अच्छा है कि उन दिनों की लिखी हुई चीजें अब उपलब्ध नहीं हैं। पर ग्यारह वर्ष की अवस्था से ले कर उन्नीस वर्ष तक मैंने उन दिनों के फैशन के अनुकूल न जाने कितनी कविताएं लिखीं, कहानियां लिखीं और उपन्यास भी लिखे, कुछ आलोचनात्मक निबंध भी। इनमें से कुछ की प्रशंसा भी हुई और कुछ कविताएं छपीं भी। इनमें से दो तीन कहानियां मेरे संग्रह 'यह घर मेरा नहीं' में देखी जा सकती हैं जैसे 'अपनी पहचान', और 'सर का दर्द'। पर बी.ए. तक आते-आते मेरा रचनात्मक उफान खत्म हो गया था और मैं अपनी शिक्षा तथा जीवन यापन की समस्याओं में धंस गया था।

— *लेखन में वापसी कब और कैसे सम्भव हुई?*

लिखने से विरत हो जाने के दिनों में भी मैं आधुनिक हिन्दी और अंग्रेजी साहित्य बराबर पढ़ता रहता था। उ.प्र. प्रशासनिक सेवा में मेरे आ जाने के बाद १९५३-५४ में हमीरपुर जिले के दूरस्थ क्षेत्रों में रहते हुए वहां के अपेक्षाकृत शांत जीवन में मुझे पुनः लिखने की प्रेरणा मिली। एक रेडियो नाटक की रूमानियत और अवास्तविकता से भरी हुई प्रवृत्ति के खिलाफ प्रतिक्रिया दिखाते हुए मैंने 'स्वर्णग्राम और वर्षा' नाम की एक घोर यथार्थपरक व्यंग्यपूर्ण रचना लिखी। इसे धर्मवीर भारती ने निकष-१ में स्थान दिया। मुझे सुखद विस्मय हुआ कि निकष-१ पर आने वाली पाठकों की चिट्ठियों में मेरी इस रचना का उत्साह से स्वागत हुआ और कई पत्र पत्रिकाओं के सम्पादकों ने भारती से मेरे बारे में पूछताछ भी की। उसके बाद भारती, विजयदेव नारायण साही और केशव चंद्र वर्मा जैसे मित्रों के प्रोत्साहन से मैंने नियमित लेखन शुरू कर दिया। वास्तव में मेरा उपन्यास 'सूनी घाटी का सूरज' इन्हीं मित्रों को समर्पित है।

— *आपके ये मित्र साहित्य की यथार्थवादी परम्परा के लेखन के विरोधी संगठन 'परिमल' के आधार स्तम्भ थे। आपका परिमल से क्या रिश्ता बना?*

लेखक के रूप में जब मैं उभरा तब तक इलाहाबद में परिमल की धार खत्म हो चुकी थी और उसके सदस्य अलग-अलग ढंग से और अलग-अलग स्थानों पर जा कर लिखने लगे थे।

— *लेकिन परिमल के बारे में आपका अपना दृष्टिकोण क्या रहा?*

विजय देव नारायण साही, भारती, सर्वेश्वर, केशव चंद्र वर्मा से मेरी घनिष्ठ मैत्री थी। ये सब परिमल के सक्रिय सदस्य थे लेकिन परिमल ने मुझे कभी आकृष्ट नहीं किया।

— *आपके प्रारम्भिक लेखन का दौर वही था जो नयी कहानी आंदोलन का दौर था। उस आंदोलन का आपके प्रति क्या नजरिया था और आपका उस आंदोलन के प्रि क्या नजरिया था?*

जिन दिनों यह आंदोलन था, नौकरी के सिलसिले में मुझे छोटे-छोटे शहरों में रहना पड़ रहा था। कलकत्ता, वाराणसी, दिल्ली, इलाहाबाद में कहानी को ले कर जो बहसें चल रही थीं, ईमानदारी की बात है मैं उनसे प्रायः अनभिज्ञ था, कुछ हद तक असम्पृक्त भी। अनभिज्ञ अपनी अज्ञता के कारण था और असम्पृक्त इस कारण था कि मैं तब भी और आज भी कहानी को प्रमुख विधा नहीं मानता हूं।

— *आपके पहले उपन्यास 'सूनी घाटी का सूरज' में एक ऐसी बात दिखती है जिसका सिलसिला आपके सभी उपन्यासों में मिलता है। सूनी घाटी का सूरज में शुरू में ही सत्या और रामदास जिस तरह दाखिल होते हैं तो लगता है कि दोनों प्रेमी युगल हैं या उनके बीच प्रेम सम्भव होने वाला है। लेकिन ऐसा नहीं होता। इसी तरह 'राग दरबारी' में बेला और रुप्पन को तथा 'पहला पड़ाव' में जसोदा और सत्ते को ले कर होता है। 'बिस्रामपुर का संत' में विवेक और सुंदरी के बीच भी कुछ ऐसा ही घटित होता है.....*

बड़ा मुश्किल है इस सवाल का जवाब। इसके लिए आप मनोवैज्ञानिक या जो भी कारण समझिए; मुझे ऐसा लगता है कि जिन पात्रों का आपने उल्लेख किया उन जैसे लोगों के वास्तविक जीवन में प्रेम का मुखर और सफल होना कम ही होता है। ऐसा तब और कम था, जिस समय की ये कथाएं हैं। पर सुंदरी और विवेक की स्थिति अलग है, रागात्मक स्तर पर सुंदरी विवेक के साथ है।

— *आपके दूसरे उपन्यास 'अज्ञातवास' में भाषा को ले कर आपको ऐसा नहीं लगता कि वह स्वाभाविक भाषा नहीं है। वह संस्कृतनिष्ठ और छायावादी सी है। सूनी घाटी का सूरज से फर्क भाषा।*

भाषा की जो भंगिमा है वह सूनी घाटी का सूरज से अलग तो है मगर जिस प्रकार के वातावरण की सृष्टि उसमें हुई है उसे देखते हुए क्या आपको नहीं लगता कि उस भाषा की आवश्यकता थी?

— *सूनी घाटी का सूरज और अज्ञातवास, इन दोनों उपन्यासों को आप अपने उपन्यास साहित्य में क्या दर्जा देंगे?*

यह तो एक समालोचक ही अच्छी तरह से बता सकता है लेकिन इसमें कोई शुबहा नहीं कि मेरी रचनात्मक यात्रा में विभिन्न प्रकार की मनःस्थितियों, विभिन्न प्रकार की जीवन स्थितियों को व्यक्त करने की दृष्टि से ये उपन्यास गम्भीरता से लिए जाने चाहिए।

— *इन दोनों के बाद आपका उपन्यास राग दरबारी आता है और यकायक आपके उपन्यास लेखन की भाषा, शैली, यथार्थ, सब कुछ बदल जाता है। यह जम्प कैसे सम्भव हुआ?*

जब मैंने लिखना शुरू किया, तीन तरह का लेखन कर रहा था: उपन्यास, कहानियां और व्यंग्य। १९६४-६५ तक मैंने काफी व्यंग्य रचनाएं लिख ली थीं। बल्कि उस समय मेरे लिए उपन्यास इतना महत्वपूर्ण नहीं था जितना कि व्यंग्य रचना का संसार। तभी मुझे लगा कि जब तक समाज के प्रति आपकी व्यापक प्रतिक्रिया न हो, इन छोटी रचनाओं के माध्यम से, चिकोटी काटने से कोई खास बात नहीं बनती। व्यंग्य लिखना है तो छोटी-छोटी चिकोटी कारगर नहीं होगी और इस स्थिति में राग दरबारी की अवधारणा हुई।

— *राग दरबारी के पूर्व दोनों उपन्यासों में ग्रामीण जीवन के दुखों, संघर्षों, मुसीबतों के प्रति आपका सहानुभूतिपूर्ण रवैया दिखता है। उसे मैं 'पक्षधरता' भी कहना चाहूंगा लेकिन तमाम लोगों का मानना है कि राग दरबारी में गांव के प्रति आपका दृष्टिकोण उपहासपूर्ण है।*

उपहासपूर्ण दृष्टि मैंने नहीं डाली है। ग्रामीण जीवन में जो प्रवृत्तियां थीं मैंने उन्हें लिखा। गांव में जो आदमी भांग घोटता है, नंगे बदन रहता है, विपन्न है तब भी वह ठिठोली करता है, हंसता है, बातें करता है, एक जीवंत वातावरण सृजित करता है....

— *राग दरबारी में ग्रामीण समाज की संकट में भी हंसते रहने की दुर्धर्ष क्षमता का चित्रण है या समाज में व्याप्त पतनशीलता का चित्रण है?*

दोनों है।

— *लेकिन कभी-कभी ऐसा हुआ है कि जिसे सहानुभूति मिलनी चाहिए, वह आपके निशाने पर है, जैसे लंगड़।*

राग दरबारी में अनेक छोटे-छोटे चरित्र हैं जिनकी उपहास्पदता को ले कर मैंने सम्पूर्ण वातावरण का निर्माण किया है, मगर अंततः वे तंत्र के ऊपर किये गये मेरे आघात को अधिक तीव्र बनाते हैं। लंगड़ को ही लें, उसका चरित्र उपहास्पदता ज्यादा प्रकट करता है या सत्ता तंत्र के अन्याय को?

— *क्या ऐसा नहीं सम्भव था कि लंगड़ को बख्श देते और सिर्फ सत्ता तंत्र को ही निशाने पर रखते?*

लंगड़ को बख्शने न बख्शने का क्या सवाल है? वह जैसा है मैंने उसे वैसा ही चित्रित किया है। उस पर मैंने कोई वैल्यू जजमेण्ट नहीं दिया है।

— *राग दरबारी व्यंग्य का महा विस्तार है लेकिन कुछ आलोचकों का कहना है कि राग दरबारी का जो व्यंग्य है वह कथा के बाहर टिप्पणियों में है न कि स्थितियों में।*

वे मान कर चलते हैं कि व्यंग्य को स्थितियों में ही अंतर्निहित होना चाहिए। अपनी उसी मान्यता पर वे राग दरबारी को कसते हैं। जबकि मैं दूसरी तरह की लेखन शैली अपने लिए चुनता हूं। और यह तो मानना ही पड़ेगा कि कोई लेखक अपनी विषयवस्तु के अनुरूप शैली चुनने के लिए स्वतंत्र है। अगर यथार्थ के उद्घाटन में मेरी शैली आलोचकों के ढांचे से अलग चली जाती है तो यह मेरा दोष नहीं है, उनके बने बनाये पूर्व निर्धारित ढांचे की अपर्याप्तता है।

— *राग दरबारी में जो भाषा है, वह आपके यहां पहले नहीं थी, बल्कि समूचे हिन्दी लेखन में वह सम्भव न थी। वह भाषा एक विस्फोट थी। कैसे यह भाषा आविष्कृत हुई?*

एक तरफ अवधी है और दूसरी तरफ आपने गौर किया होगा, अंग्रेजी के मुहावरे आते हैं। अंग्रेजी का मुहावरा जहां मैंने इस्तेमाल किया है, तो अनुवाद कर के नहीं, उसकी प्रकृति को हिन्दी में आत्मसात करने की कोशिश की है। हां ज्यादा मूलभूत रूप से अवधी है जिसको इस्तेमाल किया है खड़ी बोली के क्रियापदों और व्याकरण के अंतर्गत।

— *राग दरबारी में बेला को छोड़ कर स्त्री पात्र नहीं है। और बेला की भी कोई खास अहमियत नहीं है।*

दरअसल भारतीय ग्राम पुरुष प्रधान है। वहां स्त्री आनुषंगिक अस्तित्व मात्र है। मगर राग दरबारी में स्त्री चरित्रों के न होने के पीछे अनिवार्यतः यह कारण नहीं है। राग दरबारी को जो तंत्र है, कथा का जो सूत्र है, उसमें स्त्री चरित्रों की गुंजाइश नहीं बनती।

— *आपके उपन्यासों में जो स्त्रियां हैं वे आधुनिक, सुंदर, प्रेम में पहलकदमी करने वाली या उदास रहने वाली*

हैं। पहला पड़ाव की जसोदा जरूर अपवाद है, मगर वह भी सुंदर तो है ही, इतनी कि लोग उसे 'मेम साहब' कहते हैं।

मेरे स्त्री पात्रों का विश्लेषण करके आपने कुछ सामान्य प्रवृत्तियां निकालीं। अब इन प्रवृत्तियों के अतिरिक्त दूसरी तरह की स्त्रियां मेरे साहित्य में क्यों नहीं हैं, इसका उत्तर मैं नहीं दे सकता। सिवाय इसके कि कथा के प्रसंग में ऐसी ही स्त्रियों की जरूरत हो। या हो सकता है कि दूसरे प्रकार का स्त्री समुदाय मुझे आकृष्ट न करता हो, रचनात्मक दृष्टि से तीसरा बिन्दु यह भी है कि ऐसे स्त्री समुदाय के बारे में मैं ज्यादा जानता न होऊं। तो कई बातें हो सकती हैं पर यह भी सच है कि मेरे स्त्री चरित्रों के संदर्भ में आपने जो बिन्दु उठाये हैं, सही हैं।

— *राग दरबारी छपने से पूर्व आपको यह उम्मीद थी कि यह इतनी महत्वपूर्ण कृति सिद्ध होगी?*

मेरे दिमाग में यह बात स्पष्ट थी कि कुछ हो न हो, भौतिक तथ्य तो यह था ही कि परिहास की मुद्रा में ४५० पृष्ठों का हिन्दी क्या, मैं समझता हूं समस्त भारतीय भाषाओं का यह पहला उपन्यास है। जब एक नितांत भिन्न प्रकार का प्रयोग किया जाएगा तो कहीं न कहीं खामियां भी होंगी; यही हुआ। तब भी और आज भी मेरे भीतर स्पष्ट है कि अच्छी रचना दोषरहित हो यह आवश्यक नहीं। बहरहरल… राग दरबारी लिख लेने के बाद यह तो मुझे मालूम था कि इसमें खामियां भी हैं लेकिन इसकी अन्य विशेषताओं के कारण मैं अवश्य आशा करता था कि इसका कोई विशेष प्रभाव होना चाहिए।

— *आप अकसर अपने हर अगले उपन्यास में अंतर्वस्तु और शिल्प दोनों ही स्तरों पर बदल जाते हैं। सूनी घाटी का सूरज और अज्ञातवास के बाद राग दरबारी एक हैरतअंगेज परिवर्तन था। फिर एकदम भिन्न मिजाज का उपन्यास सीमाएं टूटती हैं, फिर उससे एकदम अलग मकान, और पहला पड़ाव और अब सबसे अलग बिस्रामपुर का संत। आप चेन्ज के लिए ऐसा करते हैं या महज संयोग के कारण ऐसा हो जाता है?*

मैं पहले भी कह चुका हूं कि मेरे लिए लेखन अपने आपको मुक्त करने का माध्यम रहा है। केवल सरकारी नौकरी ही नहीं, हम आप जिस तरह का जीवन जी रहे हैं, उनमें अनेक तरह की विवशताएं हैं… परिवार के मुखिया की हैसियत से, सामाजिक उत्तरदायित्वों के रूप में, एक विशेष प्रकार की आचार संहिता और विचार संहिता का पालन करने की स्थिति में अनेक बंधन हैं, दबाव हैं। लेखन या कला ही एक ऐसा क्षेत्र है जिसमें मैं उन्मुक्त हो सकता हूं। तब लेखन में अपनी ही किसी शैली और विषय से बंध जाना भी रचना कर्म को एक रूटीन जैसा बना देना होगा। इन उपन्यासों में रचनात्मक उन्मुक्ति की इस अवधारणा का आपको आभास मिल सकता है, भले ही आप उससे पूर्णतः आश्वस्त न हों।

— *आपने कहीं लिखा है कि आपकी दृष्टि में आपका उपन्यास मकान, राग दरबारी से अधिक महत्वपूर्ण है.*

इस रूप में मैंने नहीं लिखा है। मगर यह जरूर है कि राग दरबारी के बारे में आलोचकों द्वारा ऐसी टिप्पणियां होती रहीं कि इसमें लेखकीय वक्तव्य आरोपित किये गये हैं। अतः रचना में व्यंग्य सम्पूर्ण जीवन का अविच्छिन्न अंश बन जाए, ऐसे प्रयोग की दृष्टि से और सम्भवतः शिल्पगत दृष्टि से भी मकान ज्यादा सशक्त लगा था। ज्यादा काम्पैक्ट।

— *'मकान' में शिल्प के स्तर पर कुछ प्रयोग हैं। एक तो उसमें विभिन्न अध्यायों की शुरूआत में तारीखें दी गयी*

हैं। दूसरा यह कि एक चरित्र एक अध्याय में पाठकों से अपनी कथा खुद करता है जबकि अगले ही अध्याय में यह जिम्मेदारी लेखक निभाने लगता है। और यह अदला बदली चलती रहती है....

मकान एक चरित्र प्रधान उपन्यास है। जो प्रमुख पात्र है उसको विश्वसनीय और जीवंत बनाने के लिए एक तरीका हो सकता था कि केवल प्रथम पुरुष में उपन्यास लिखा जाता। उसके अलावा यह विकल्प भी था कि कदम-कदम पर लेखकीय हस्तक्षेप करते हुए उसकी कथा आगे बढ़ायी जाय। तब मुझे लगा कि क्या यह ज्यादा अच्छा नहीं होगा कि एक अध्याय में वह स्वयं अपने सच को कहे और दूसरे में कथन लेखक के माध्यम से हो। फिर भी आपने देखा होगा कि लेखक की तरफ से राय या टिप्पणियां नहीं हैं। जब आत्मकथा के रूप वाला अध्याय होता है, तो वहां मैंने मुख्य पात्र को यह मौका दिया है कि वह अपने अंतःकरण की गहराई में जा कर अपनी बातें कहे।

— *लेकिन ये जो अध्याय के शुरू में तारीख देने की प्रविधि अपनायी गयी है?*

तिथियां देने से यह आसानी हो गयी कि विवरण के रूप में बहुत सारी स्थितियों को बताने की आवश्यकता नहीं रही, वे स्वतः स्पष्ट हो गयीं।

— *एक खास थीम आपके कुछ उपन्यासों का पीछा करती रहती है। वह यह कि भोग में आकंठ डूबी स्थितियां और अंततः उसकी निरर्थकता का बोध। अज्ञातवास में ऐसा सबसे पहले दिखा है जो आपका दूसरा उपन्यास है। और आपके सबसे नये उपन्यास 'बिस्रामपुर का संत' में भी यह मौजूद है। और 'मकान' में भी यही चीज थी। 'मकान' जिसे भोग का सिम्बल कहा जा सकता है, उसके लिए मारामारी है और जब नायक को वह मिल जाता है तो वह उसमें दाखिल ही नहीं होना चाहता....।*

अज्ञातवास में तो स्पष्ट तरीके से यह बात है। बिस्रामपुर का संत में ऐश्वर्य की निरर्थकता या जीवन की व्यर्थता का जो बोध होता है वह किसी आध्यात्मिक भाव के कारण नहीं है, बल्कि वह भौतिक परिस्थितियों में पैदा हुई असफलता की वजह से है। वहां जो व्यर्थता का बोध है वह 'बोध' कम है आवेग ज्यादा है। यही बात 'मकान' में भी है। उसमें मुख्य चरित्र एक लत का शिकार है और उससे वह असंतुष्ट भी है। यहां तक कि वह अपनी ही जीवन शैली को पूरा का पूरा खारिज करना चाहता है। तो जब उसको मकान एलाट हो जाता है तो वह उसमें नहीं जाता है। यहां पर मैंने चेष्टा यह की थी कि बिना कहे हुए आभास हो कि एक आध्यात्मिक ध्वंस की स्थिति बनी है।

— *इस संदर्भ में यह भी उल्लेख करना चाहूंगा कि भिन्न-भिन्न सामाजिक स्थितियों के होते हुए भी तीनों उपन्यासों के मुख्य चरित्र दुखांत को प्राप्त होते हैं। अज्ञातवास के रजनीकांत को उपन्यास के अंत में हार्ट अटैक होता है, मकान में नारायण बनर्जी की दुर्घटना में मृत्यु होती है और बिस्रामपुर का संत में कुंवर जयंती प्रसाद आत्महत्या करते हैं... और तीनों ही चरित्र अपने जीवन में अपने-अपने ढंग से विलासी हैं। 'अंत' तीनों का आखेट करता है। क्या ऐसे साम्य के पीछे कोई दार्शनिक या आध्यात्मिक भावभूमि काम करती रहती है?*

अप्रत्यक्ष तरीके से यह चीज काम कर रही हो, हो सकता है, मगर सचेतन रूप से मैंने इस प्रकार की कल्पना नहीं की थी।

— *'पहला पड़ाव' उपन्यास लिखने की आधारभूमि क्या थी?*

वह तो स्पष्ट है कि पृष्ठभूमि में मजदूरों का समुदाय था। मेरा अपना मकान बन रहा था। मेरे अपने ही गांव का

एक एम.काम. पास लड़का था, उसको मैंने मैनेजर मुकर्रर कर लिया। सत्ते की जो प्रवृत्ति है उसकी और वास्तविक चरित्र की प्रवृत्ति में कोई बहुत अंतर नहीं था। इस प्रकार एक पढ़ा लिखा लड़का है। उसके पास कोई काम नहीं है। काम की कोशिश में है, दौड़ धूप कर सकता है। उसका मकान बनाने के काम में इस्तेमाल किया गया। उसकी अंतर्क्रिया होती है मकान बनाने वाले मजदूरों के साथ। वह सब मैं देख रहा था और धीरे-धीरे मेरे दिमाग में एक कथा बनती गयी।

— *जसोदा भी एक सशक्त चरित्र के रूप में उपन्यास में उभरी है। क्या यह भी वास्तविक जीवन में....*

आपको आश्चर्य होगा कि जसोदा जैसा कोई भी चरित्र वास्तविक जीवन में मेरे सामने नहीं आया। मजदूर लड़कियां काम करती थीं। उन्हीं की विभिन्न छवियों से जसोदा बनी।

— *'पहला पड़ाव' जैसा आप चाहते थे, वैसा लिख सके?*

पहला पड़ाव को ले कर मेरे दिमाग में बिलासपुरी मजदूरों की कथा लिखने का विचार था यानी उनकी जो छत्तीसगढ़ के क्षेत्र से उत्तर प्रदेश आदि में इमारती काम करने के लिए आते हैं। लेकिन इन मजदूरों को लेकर जो विस्तार होना चाहिए था, उसकी स्थिति को जो ट्रीटमेन्ट दिया जाना चाहिए था, वह नहीं आ पाया।

— *'पहला पड़ाव' के बाद एक लम्बे अंतराल के बाद आपका उपन्यास बिस्रामपुर का संत आया, जबकि आप पहला पड़ाव के बाद पहला पड़ाव का दूसरा भाग भी तो लिखने वाले थे?*

मेरा ऐसा ही विचार था। पर पहला पड़ाव का दूसरा भाग लिखने के लिए मुझे कुछ तैयारी करनी थी। छत्तीसगढ़ क्षेत्र का अध्ययन करना था। आज से करीब सौ वर्ष पहले महात्मा घासीराम हुए थे जिन्होंने उस क्षेत्र के सम्पूर्ण दलित वर्ग को संगठित कर के उनके द्वारा जो अनेक पारम्परिक कार्य कराये जाते थे उनसे उन्हें विलग कराया। परिणामस्वरूप वहां के भूमिधरों ने उन्हें अपने खेतों से निकाल दिया और वे काम की तलाश में उ.प्र., दिल्ली, पंजाब तक फैले। तब भी गांव में उनकी जड़ें बनी रहीं। उसी पुराने आंदोलन के कारण इनमें आज भी शराबखोरी आदि की आदतें बहुत कम हैं। सचमुच विस्थापितों का यह अत्यंत आश्चर्यजनक समुदाय है। इस पर यदि कथा रचनी है तो जाहिर है कुछ बुनियादी तैयारियां करनी होंगी। अध्ययन, शोध की जरूरत होगी। दुर्भाग्यवश साधन, समय और कुछ हद तक एकाग्रता के अभाव में ऐसा नहीं कर सका। अगर अपने स्वास्थ्य को देखते हुए मुझे लगा कि मैं यह काम कर सकता हूं तो शायद अब भी इसे करूंगा। पर मुझे नहीं लगता है कि यह तत्काल हो सकेगा।

— *'पहला पड़ाव' में एक इंजीनियर साहब हैं, वकील साहब हैं, राजनीति है, ट्रेड यूनियन है, मजदूर हैं, मध्य वर्ग का सत्ते है लेकिन जसोदा की जो तकलीफ है, उसका जो संघर्ष है, वह निहत्था है। एक निराशावादी नजरिया नहीं है यह?*

इसे आप चाहे निराशावाद कह लीजिए या यथार्थ कह लीजिए।

— *उपन्यास के अंत में नायक सत्ते कहता है कि वह इस लौहजाल को तोड़ने के लिए कानून की पढ़ाई करेगा। क्या वाकई कानून की पढ़ाई से यह तंत्र बुनियादी तौर पर बदला जा सकता है... जसोदा जैसे लोगों की मुक्ति सम्भव है?*

पहली बात स्पष्ट कर दूं कि यह मेरी धारणा नहीं है, सत्ते की धारणा है। शिक्षा वह क्षेत्र है जिसमें सत्ते अपने को

कमजोर समझता है। उसके दिमाग में यह बात आती है कि वह पढ़ लिख कर समाज की जटिलताओं को समझ सकेगा। वह अपनी कमजोरी का कारण अपनी अधकचरी शिक्षा को समझता है।

— *लेकिन सत्ते का उक्त कथन उपन्यास का अंतिम पैराग्राफ है, दूसरे इस तरह तो यह उपन्यास सत्ते की कहानी हो जाता है जबकि वह बिलासपुरी मजदूरों की कहानी है....*

नहीं, वह मूलतः सत्ते की ही कहानी है मगर सत्ते के आस पास अकेला सत्ते नहीं है, एक लम्बा चौड़ा संसार भी है। और इस संसार में बहुत ज्यादा जगह लेते हैं मजदूर।

— *आपका नया उपन्यास बिस्रामपुर का संत आया। इसकी काफी प्रशंसा भी हो रही हैं कहा जा रहा है कि राग दरबारी से भी श्रेष्ठ है। क्या आप इस फैसले से सहमत हैं?*

देखिए, इन दोनों उपन्यासों की तुलना नहीं हो सकती। राग दरबारी बिल्कुल दूसरी तरह का उपन्यास है।

— *बिस्रामपुर का संत की प्रशंसा में कई बार कहा जा रहा है कि यह इसलिए भी महत्वपूर्ण है कि यह एक संजीदा कृति है और इसमें श्रीलाल जी अपने व्यंग्य के कवच से बाहर निकले हैं...*

व्यंग्य एक शैलीगत विशेषता है, उससे कोई खास फर्क नहीं पड़ता है। शरतचंद को लें, उनका श्रीकांत पढ़िए बड़ी ही व्यंग्यात्मक भंगिमाएं हैं विवरण की। तो क्या इसी आधार पर श्रीकांत को हल्का उपन्यास माना जा सकता है।

— *छपने के पहले इस उपन्यास को ले कर आप संतुष्ट नहीं लग रहे थे। यह केवल आपकी लेखकीय विनम्रता थी?*

विनम्रता की बात नहीं थी। ऐसे समय में यह उपन्यास लिखा जाना शुरू हुआ जब मेरी पत्नी बहुत ही रुग्ण थीं और यह छः वर्ष लम्बी अवधि थी। मैं अधिकांश समय उन्हीं के साथ बिताता था। उसी बीच, उन्हीं के साथ रहते हुए लखनऊ और लखनऊ के बाहर दूसरी जगहों पर रह कर यह उपन्यास लिखा जाता रहा। ऐसा नहीं हो पाया कि मैंने उसे रम कर के एक साथ लिखा हो। टुकड़ों-टुकड़ों में, रुक-रुक कर, दूसरे प्रकार के मानसिक व्यवधानों को झेलते हुए यह लिखा गया। तो मुझे इस प्रकार का आत्मविश्वास नहीं आ पा रहा था कि मैं इस उपन्यास के साथ न्याय कर सका हूं।

— *इस उपन्यास के फ्लैप पर लिखा है कि यह भूदान आंदोलन पर केन्द्रित रचना है। कई लोगों को ऐसा नहीं लगता। आपका क्या कहना है?*

भ्रम मेरी उस गलती के कारण हुआ कि उपन्यास के समाप्त होने के बाद मैंने भूदान की पृष्ठभूमि पर एक टिप्पणी जोड़ दी है। उस टिप्पणी को भुला देना चाहिए। उपन्यास में भूदान की समालोचना या उसका इतिहास लिखना मेरा उद्देश्य नहीं था। वह केवल पृष्ठभूमि है। क्योंकि हमारा मुख्य चरित्र भूदान आंदोलन के समय में उससे संलग्न रहा है। बाद में भी वह ऐसी जगह रहने जाता है जिसका सम्बंध भूदान से है। मुख्य कथा तो इस मुख्य चरित्र के अंतर्बाह्य व्यक्ति की; उससे जुड़े व्यक्तियों के साथ उसके सम्बंधों की है।

— *उपन्यास में मुख्य चरित्र जयंती प्रसाद सिंह का आत्महत्या वाला प्रसंग अद्भुत तरीके से लिखा गया है। आत्महत्या क्या उनकी पाप मुक्ति का प्रयास है या जयंती प्रसाद के पास कोई विकल्प नहीं बचा था जीवित रहने का?*

विकल्प तो था पर उनको लगा कि जीवित रहने का कोई अर्थ नहीं है।

— *जयंती प्रसाद सिंह का यथार्थ किस वृहत्तर यथार्थ की कहानी कहता है?*

आपने थोड़ी देर पहले मेरे उपन्यासों में बार-बार आने वाली जिस भोग की व्यर्थता का बोध वाली बात उठायी थी, शायद वही यहां भी है। अंततः जयंती प्रसाद भौतिक महत्वाकांक्षाओं की व्यर्थता महसूस करते हैं। यह बात दूसरी है कि एक उच्चतर आध्यात्मिक अनुभव की प्राप्ति में वे पूरी तरह सफल नहीं हुए हैं।

— *लेकिन भोग की इच्छा लगातार उनका पीछा करती रहती है, सुंदरी के रूप में, जयश्री के रूप में। यह कैसी आध्यात्मिक तलाश है जो तृष्णा का भारी बोझ लादे हुए है?*

आध्यात्मिक तलाश वह जानबूझ कर नहीं करता है। वास्तविक जीवन में प्रत्येक व्यक्ति के भीतर उदात्त और अनुदात्त दोनों प्रकार की प्रवृत्तियां एक साथ मौजूद रहती हैं। जयंती प्रसाद सिंह के साथ भी यही हुआ है। ऐसा नहीं कि उसमें हमेशा अनुदात्त प्रवृत्तियां ही हैं। अपने ऊपर व्यंग्यात्मक दृष्टि डालने की प्रवृत्ति उसमें है और वही भौतिक आकांक्षाओं की व्यर्थता का बोध कराती है।

— *उपन्यास को आप कितनी बार लिखते हैं?*

कम से कम तीन बार तो लिखना ही पड़ता है।

— *सबसे अधिक ड्राफ्ट किस उपन्यास के हुए?*

मैं समझता हूं, राग दरबारी भी तीन चार बार लिखा गया था। बिस्रामपुर का संत बहुत बार लिखना पड़ा।

— *कौन सी चीजें आपको एक ही कृति को पुनः लिखने के लिए विवश करती हैं?*

दो चीजें। एक तो उपन्यास लिखने में जो उप कथाएं होती हैं उन्हें मैं पहले से पूरी तरह सोचता नहीं हूं, उनका आविष्कार लिखते समय ही होता है। बाद में पहले की घटनाओं का भी रूप बदलना पड़ता है और कभी-कभी वे घटनाएं खारिज भी कर दी जाती हैं। दूसरी चीज, जहां मुझको भाषागत कृत्रिमता नजर आती है या पता चला कि भावना का आवेग उसमें ज्यादा है या अनावश्यक विशेषणों की भरमार हो रही है तो उसको मैं काटता छांटता हूं। कोशिश करता हूं कि वह देखने में, पढ़ने में बहुत ही साधारण मालूम दे, हां ध्वनि उसकी असाधारण हो।

— *जैसाकि आपने कहा कि कहानी को आप दोयम दर्जे की विधा मानते हैं उपन्यास की तुलना में, फिर भी आपने कहानियां लिखीं?*

मेरे कहने का अर्थ यह नहीं कि मुझे कहानियों से परहेज है या उसके प्रति मुझमें कोई आकर्षण नहीं। दूसरे यह भी था कि हिन्दी में पांचवें या छठे दशक में कहानियों के बहुत से आंदोलन चले, उनको ले कर जो घालमेल था उससे मुझे लगता था कि इस समय कहानियां लिखना केवल कहानियां लिखना नहीं है। उसे लिखने का अर्थ है किसी आंदोलन में शामिल होना, जो स्वभाववश मरे लिए बहुत पसंदीदा स्थिति नहीं थी।

— *क्या आपके साथ ऐसा भी हुआ है कि किसी थीम जिस पर आपने कहानी लिखने का विचार किया हो और वह उपन्यास में रूपांतरित हो गयी हो या कोई उपन्यास लिखने की योजना बनायी हो, न लिख सके और उसकी 'कहानी' बन गयी।*

ऐसा अज्ञातवास के साथ हुआ है। और कुछ कहानियां भी ऐसी हैं जिन्हें आप पढ़ जाइए तो लगेगा कि ये कहानी कम हैं, उपन्यास के लिए तैयार किया गये नोट्स ज्यादा। जैसे परीदीन की प्रेमकथा।

— *१९६४-६५ के बाद आपके कहानी लेखन में एक लम्बा अंतराल आता है, करीब बारह वर्षों का। कौन सी वजहें थीं?*

इस अवधि में लगातार उपन्यास लेखन में प्रवृत्त रहा हूं। उसमें इतना ज्यादा रचा बसा रहा कि लघु रचनाएं चाहे वह कहानी हो या व्यंग्य निबंध, लिखने का अवकाश नहीं मिला। यह वह अवधि है जब ५-६ वर्षों में राग दरबारी समाप्त किया। उसके तुरंत बाद सीमाएं टूटती हैं लिखा। यह समाप्त हुआ तो मकान लिखने लगा।

— *आपके उपन्यासों में यादगार चरित्र हैं। राग दरबारी में तो अनेक यादगार चरित्र हैं। उनके अतिरिक्त सूनी घाटी का सूरज का 'रामदास', मकान का 'नारायण बनर्जी', सीमाएं टूटती हैं की 'चांद', पहला पड़ाव की 'जसोदा' और 'सत्ते', बिस्रामपुर का संत तो जयंती प्रसाद सिंह पर केन्द्रित ही है। लेकिन आपकी कहानियों में ऐसे चरित्रों की उपस्थिति कम है।*

मुझे ऐसा लगता है कि इसका सम्बंध कहानी की मूल प्रकृति से है कि एक छोटी कहानी में आप किसी चरित्र का सांगोपांग विस्तार नहीं कर सकते, उसे संकेतों में ही व्यक्त कर सकते हैं। 'ईवान इलिच की मृत्यु' जैसी कहानियों के अपवाद भी हैं, पर टालस्टाय की इस कहानी को आप लघु उपन्यास भी कह सकते हैं।

— *व्यंग्य आपकी रचना का मूल स्वर रहा है पर कहानियों में व्यंग्य की आजमाइश कम है?*

बहुत सी कहानियां आपको ऐसी मिलेंगी जिसमें व्यंग्य का स्वर परिस्थिति में अंतर्निहित हुआ है। मेरी आरम्भिक कहानियों 'अपनी पहचान' और बाद की 'दंगा', 'सुरक्षा', 'शिष्टाचार' आदि ऐसी ही कहानियां हैं।

— *राग दरबारी में जो व्यंग्य है वह हास्य की चरम सीमा तक ले जाता है मगर कहानियों में जैसे 'सुरक्षा' में जो व्यंग्य है वह अवसन्न कर देने की सीमा तक ले जाता है। व्यंग्य की कौन सी युक्ति अधिक श्रेष्ठ है?*

रचना की मांग के आधार पर दोनों पद्धतियों को मैंने अपनाया है, जानबूझ कर।

— *आपने उपन्यास लिखे, कहानियां भी। उनमें स्त्री-पुरुष के बीच आसक्ति तो है लेकिन सीमाएं टूटती हैं के अपवाद को छोड़ दें तो गहरे प्रेम का चित्रण नहीं मिलता है। कहीं ऐसा तो नहीं कि रूमानियत का यह अभाव आपके रूमान विरोधी दृष्टिकोण के कारण हुआ हो?*

नहीं। भावुकता के अतिरेक से बचना या उसको मूल्य के रूप में स्वीकार न करना यह एक बात हुई। लेकिन आप जो बात कह रहे हैं, शायद मेरे लेखकीय व्यक्तित्व की संरचना में ऐसा हो। मैंने सचेत रूप से प्रेम को बहिष्कृत किया हो या उससे परहेज दिखाया हो, ऐसा नहीं है।

— *जीवन में और विचारों में 'रूमानियत' को ले कर आपकी क्या धारणाएं हैं?*

मेरा ख्याल है कि जिस रूमानियत का आप जिक्र कर रहे हैं मेरे जीवन में उसका कुछ अतिरेक ही रहा है भले ही वह मेरे साहित्य में न उभरा हो।

— *व्यंग्य को ले कर आपकी स्थापना है कि व्यंग्य विधा नहीं, एक शैली है, इसे थोड़ा स्पष्ट करेंगे?*

भारतीय साहित्य की परम्परा में व्यंग्य अभिव्यक्ति की एक भंगिमा है। अभिधा, लक्षणा, व्यंजना में व्यंजना का प्रयोग करते समय आपका जो आधार होता है वह व्यंग्य है। इस रूप में भारतीय साहित्य में व्यंग्य को कभी वैसी विधा नहीं माना गया जिस रूप में नाटक या कविता आदि थे। पाश्चात्य साहित्य में जरूर यह एक विधा के रूप में रहा मगर बीसवीं शती तक आते-आते वहां भी यह एक विधा के रूप में समाप्तप्राय हो गया। हुआ यह कि व्यंग्य के सभी महत्वपूर्ण तत्व सामान्य लेखन में घुल मिल गये। कहानी में, कविता में, उपन्यास में उन सभी विशेषताओं का समावेश सम्भव हो गया जो प्राचीन समय में व्यंग्य के उपासन माने जाते थे। लेकिन जब मैं यह कहता हूं तो इसका मंतव्य यह नहीं कि व्यंग्य नाम की चीज ही समाप्त हो गयी। आज भी व्यंग्यात्मक शैली में लिखी गयी कहानी या उपन्यास का रस दूसरा होगा, दूसरी शैली में लिखी गयी रचना का दूसरा।

— *व्यंग्य के दो स्वरूप माने जाते हैं, त्रासदीपूर्ण व्यंग्य और हास्य व्यंग्य, आपकी दृष्टि में कौन अधिक महत्वपूर्ण है?*

मैंने जिसे हाई कामेडी कहते हैं, उसी में ज्यादातर कृतियां लिखी हैं, कम से कम राग दरबारी का वही मूड है।

— *व्यंग्य लेखक के रूप में आपके प्रिय इलाके कौन से हैं?*

इसको तो आलोचकीय दृष्टि से आप स्वयं देखिए, मगर मेरा जो सबसे पहला संग्रह है 'अंगद के पांव', उसके छपने पर एक टिप्पणी अज्ञेय जी ने लिखी थी। उसमें उन्होंने इस बात को लक्ष्य किया था कि विषयवस्तु की दृष्टि से हिन्दी में जिन रूढ विषयों के ऊपर मजाक किया जाता रहा है, व्यंग्य लिखा जाता रहा है उससे अलग जा कर साहित्य, कला, संगीत के क्षेत्र में और जीवन के अन्य विविध पक्षों की विसंगतियों को ले कर लिखा जाने वाला सम्भवतः यह हिन्दी का पहला संग्रह है। इस प्रकार मेरा उत्साहवर्द्धन किया गया।

— *एक बड़े लेखक के रूप में आप भारतीय समाज की मुख्य चुनौतियां क्या पाते हैं?*

बड़े लेखक की बात जाने दें, व्यक्तिगत रूप से मेरी दृष्टि में सबसे बड़ी चुनौती राजनीतिक दिशाहीनता की है जिससे लगभग सभी पार्टियां ग्रस्त हैं वे अपने चुनाव घोषणापत्र भले ही अलग-अलग निकालें लेकिन किसी के घोषणापत्र से यह स्पष्ट नहीं होता है कि उस पार्टी के विचार से समग्र रूप से समाज का क्या स्वरूप होना चाहिए। सभी पार्टियों के तात्कालिक लक्ष्य हैं। इसी का परिणाम है कि समाज के सर्वांगीण विकास की कोई दिशा नहीं दिखाई दे रही है।

— *विभिन्न राजनीतिक पार्टियों के बारे में आपके विचार जानना चाहता हूं। पहले कांग्रेस के बारे में बताएं।*

कांग्रेस से कोई विशेष उम्मीद नहीं है। उसके पुराने नेता सम्पन्न हैं और अपनी स्थिति से संतुष्ट हैं। समाज को दिशा देना या परिवर्तन का काम ऐसे लोगों से सम्भव नहीं है। दूसरी तरफ कांग्रेस में कोई नया समर्थ नेतृत्व विकसित होता हुआ नजर नहीं आ रहा है। एक बात यह भी है कि आजादी मिलने के बाद आर्थिक विकास के बारे में, विभिन्न वर्गों के अंतर को कम करने को ले कर कांग्रेस का एक नजरिया कमोबेश था, लेकिन आज वह भी नहीं है।

— *सोनिया गांधी से आपकी उम्मीदें?*

कांग्रेस के दूसरे नेताओं जैसे सीताराम केसरी के मुकाबले सोनिया गांधी निश्चय ही अधिक डायनेमिक पड़ती हैं लेकिन जब तक किसी नेता के पास नीतियां और एक सामाजिक चिन्तन नहीं होगा तब तक वह देश को किसी दिशा में ले जा पाएगा, मैं आशा नहीं करता।

— *भारतीय जनता पार्टी को ले कर क्या कहना चाहेंगे?*

मुझे लगता है, बी.जे.पी. अतीत की पार्टी हो गयी है। अतीतोन्मुखी ही नहीं, उसका भविष्य भी अतीत में पहुंच चुका है। जिन राज्यों में, इसकी सरकार रही है— और आज केन्द्र में भी— यह पार्टी अपनी योजनाओं और कार्यक्रमों से यह स्पष्ट इंगित नहीं दे सकी है कि एक आदर्श समाज के किस स्वरूप को वह प्रतिष्ठित करना चाहती है, न यही स्पष्ट हुआ है कि उसकी प्राप्ति के लिए वह कौन से अल्पकालीन या दीर्घकालीन कदम उठाना चाहती है। हमारे उत्तर प्रदेश का तो यही अनुभव है कि सभी मंत्रालय समन्वित रूप से किसी आदर्श समाज के लिए प्रयासशील न हो कर अलग थलग ढंग से तदर्थता— ऐड हाकिज्म--के आधार पर विभिन्न योजनाओं की फुलझड़ियां छोड़ते चलते हैं। ऐसा नहीं कि यह खामी बी.जे.पी. में ही हो और पार्टियों में भी रही है; पर बी.जे. पी. ने खुद चुनावों में जनता से दावा किया था कि हमें भी एक बार आजमा कर देखा जाय। हम वही देख रहे हैं।

— *अटल बिहारी वाजपेयी के नेतृत्व पर टिप्पणी....*

बतौर प्रधानमंत्री उनके द्वारा कोई भी ऐसी चीज हमें नहीं प्राप्त हो रही है जिनको ले कर कहा जाय कि उससे भारतीय समाज आगे जाएगा या उसकी मूलभूत समस्याओं के समाधान का रास्ता खुलेगा।

— *उनकी कविताएं कैसी लगती हैं?*

उनकी कविताएं मैंने पढ़ी नहीं हैं और उन्हें पढ़ने को मैं उत्सुक भी नहीं हूं।

— *संयुक्त मोर्चा, तीसरा मोर्चा....*

मैंने शुरू में ही कहा कि भारत में जितनी राजनीतिक पार्टियां हैं मुझे उनसे हताशा हो चली है। पिछड़े वर्ग की जो समस्याएं हैं उनका निराकरण होना चाहिए, यहां तक ठीक है। मगर सम्पूर्ण समाज को ले कर व्यापक स्तर पर हमारे सरोकार भी स्पष्ट होने चाहिए। पर वे खंड-खंड में एक समस्या को व्यक्त करके उसके बारे में तात्कालिक निदान प्रस्तुत करते हैं। जैसे आरक्षण का एक मुद्दा है। आप उसे स्वीकार कर लें। लेकिन इसके बाद भी समाज का सर्वांगीण आर्थिक विकास या बेरोजगारी की समस्या का निदान नहीं हो पाता। आरक्षण बेरोजगारी निवारण की तात्कालिक और दीर्घकालीन योजना का आंतरिक अंग होना चाहिए, न कि एक स्वतंत्र कार्यक्रम। भारतवर्ष में ऐसी अनेक जटिल समस्याएं हैं।

मुझे वामपंथी पार्टियों का भी कोई स्पष्ट कार्यक्रम जिसे सुसमन्वित योजनाओं में बांटा गया हो, सामने आता हुआ नहीं दिखता। आज से कुछ वर्ष पहले जब ग्लोबलाइजेशन नहीं था, वामपंथी पार्टियों का आर्थिक ऐजेण्डा ज्यादा स्पष्ट रूप से सामने मौजूद था। मगर आज ग्लोबलाइजेशन के दौर में उनकी पारम्परिक आर्थिक नीतियों की क्या स्थिति है? वे बदली हुई परिस्थितियों में किस प्रकार देश का विकास सोच रही हैं, यह स्पष्ट नहीं है।

— *भारतीय लोकतंत्र का भविष्य?*

भारतवर्ष में अराजकता और अस्त व्यस्तता को शताब्दियों तक झेलने की असाधारण क्षमता रही है। इसी आधार पर आप कह सकते हैं कि भारतीय लोकतंत्र का भविष्य वही है जो उसका वर्तमान है।

— *इधर हिन्दी में दलित विमर्श केन्द्र में हैं। दलित लेखकों की मान्यता है कि गैर दलितों द्वारा दलितों के जीवन पर लिखा गया लेखन वस्तुतः दलित लेखन नहीं है। क्योंकि वे उस अनुभव के भोक्ता नहीं हैं।*

यदि अच्छे साहित्य का मूलाधार प्रत्यक्ष अनुभव ही माना जाए तो आप इससे सहमत हो सकते हैं। मगर प्रत्यक्ष अनुभव की भी अनेक सीमाएं है। हो सकता है कि मैं अपनी बाल्यावस्था में विशेष प्रकार के अनुभवों से गुजरा होऊं लेकिन बीस वर्ष बाद वे केवल पूर्ववर्ती स्मृति मात्र रह जाएं, प्रत्यक्ष अनुभव की जो प्रखरता होनी चाहिए वह न रहे उनमें या उनमें अत्युक्ति की विकृति आ जाय। दरअसल रचना में अनुभव की प्रत्यक्षता अनिवार्य नहीं है, इसलिए यह असम्भव नहीं है कि जो चीज एक दलित लेखक अपने अनुभव के सहारे आपके सम्मुख प्रस्तुत करना चाहता है, उसे दूसरे समुदाय का कोई लेखक उससे ज्यादा प्रखर, ज्यादा विचलित करने वाले ढंग से अपने परोक्ष अनुभव, पर प्रखर संवेदना के आधार पर प्रस्तुत कर दे।

मगर वस्तुस्थिति यह है कि हमारे यहां चाहे दलित लेखक द्वारा लिखा गया हो या गैर दलित लेखक द्वारा, दलित साहित्य बहुत ही कम मात्रा में रचा गया है। कुछ समय के बाद की आप कल्पना करिए जब इस तरह का लेखन प्रचुर मात्रा में आपके सामने होगा; तभी आलोचना के स्तर पर इस विचित्र थ्योरी की मीमांसा हो सकेगी कि दलित साहित्य की उत्कृष्टता की कसौटी लेखक के जन्मना दलित होने की अनिवार्यता है?

— *सौन्दर्य को लेकर आपकी अवधारणा?*

मैं कोई सौन्दर्यशास्त्रीय विवेचन नहीं दे सकता। पर मेरे लिए सौन्दर्य केवल बाहरी रूप, आवरण नहीं है। वह तो होना ही चाहिए मगर उसी के साथ-साथ समग्र रूप से किसी स्थिति अथवा व्यक्तित्व में यह क्षमता होनी चाहिए कि उसका आकर्षण दीर्घजीवी हो। जो सौन्दर्य जल्द ही घटना शुरू हो गया, वास्तविक सौन्दर्य नहीं है। उसमें निरंतरता का अहसास होना चाहिए। दूसरे, इस प्रकार का प्रश्न जब उठता है तो अकेले अपने जीवन की बात मेरे मन में नहीं आती, पूरा परिवेश, पूरा समाज, यह सब भी आता है।

— *आपके लिए सुख का क्या अर्थ है?*

मेरा एक लेख है 'जीवन का एक सुखी दिन'। उसमें मैंने सब निषेधात्मक पक्षों को लिया है कि आज यह नहीं हुआ आज वह नहीं हुआ। आधुनिक जीवन के जितने खिझाने वाले पक्ष हैं, उनकी सूची दे दी है कि यह नहीं हुआ तो दिन अच्छा बीता। लेकिन सुख का जो पाजिटिव पक्ष होता है, वह बहुत ही आध्यात्मिक विषय है। सच्चाई यह है कि इस प्रश्न के मेरे दिमाग में कई उत्तर हैं जिनका एक बातचीत में विश्लेषण करना मेरे लिए मुश्किल होगा। अब एक पहलू तो यही है कि नितांत अभाव, कमियों के होते हुए भी एक दार्शनिक स्तर पर सुख की कल्पना की जा सकती है। जैसे जिस समय महात्मा गांधी लम्बे-लम्बे अनशन कर रहे थे, भूखे प्यासे थे तो क्या कहा जाय कि वे बहुत दुखी थे? या सुखी? हां, सहज ढंग से कहा जा सकता है कि सुख यह है कि कोई ऐसी आकांक्षा न हो जो आपको कचोटती हो, ऐसा कोई तात्कालिक अभाव न हो जिससे आपके ऊपर दबाव पड़ रहा हो, मनुष्य या प्रकृति द्वारा सृजित ऐसा कोई कारण न हो जो आपको शारीरिक अथवा मानसिक कष्ट दे रहा है। यहां भी आप देख रहे हैं कि कोई पाजिटिव बात नहीं है, निषेधात्मक चीजें ही हैं। इसी रूप में मैं भौतिक सुख की कल्पना करता हूं।

— *पाजिटिव चीजें मसलन संगीत, अच्छा संग, प्रकृति आदि....*

एक समय था जब ये सब चीजें मुझे उत्साहित करती थीं मगर धीरे-धीरे शायद इस समय मेरी प्रवृत्ति बदल रही है। मुझे लगता है कि शायद इन सबके बिना भी एक ऐसे मनोलोक की सृष्टि की जा सकती है जिसमें संतोष, आत्मिक शांति यानी सुख का अनुभव हो सकता है। हो सकता है कि यह अवस्था के कारण हो...

— *जिस मनोलोक की सृष्टि की बात आप कर रहे हैं उसकी रचना में बाह्य जगत के भी उपादान हैं या वह पूरी तरह आत्यंतिक और निरपेक्ष सृष्टि है?*

चारों ओर जो हताशा का वातावरण बन रहा है राजनीतिक, सामाजिक, आर्थिक परिदृश्य पर, उसके भीतर रहते हुए आपको कुछ न कुछ ऐसी युक्तियां खोजनी पड़ेंगी जिनसे आप संतोष और सार्थकता का अनुभव कर सकें, अन्यथा आप खीझ की स्थिति में रहेंगे। इनसे बचने के लिए संगीत, विविध कलाएं, अच्छे मित्रों का साथ, ये स्थूल आधार मदद करते हैं। मगर कुछ समय बाद ये अपना जादू खोने लगते हैं। तब आपको अपने भीतर, कह लीजिए कि आध्यात्मिक स्तर पर कोई खोज करनी पड़ती है। मैं आध्यात्मिक शब्द का प्रयोग कर रहा हूं, किसी धार्मिक अनुष्ठान की बात नहीं कर रहा हूं।

— *एक समय तो ऐसा था ही जब आपको संगीत से गहरा लगाव था। मेरे ख्याल से वैसा उत्साह भले न हो लेकिन लगाव अभी है, आपको किस तरह का संगीत पसंद है?*

संगीत अगर अच्छा हो तो सब तरह का पसंद है मगर मुख्यतः शास्त्रीय संगीत, ख्याल की गायकी ज्यादा आकर्षित करती है।

— *कोई ऐसी ध्वनि, संगीत से इतर कोई ध्वनि आपको आकर्षित करती है?*

कुछ ध्वनियां तो मुझे बहुत ही आकर्षित करती हैं। जैसे रात को और अलस्सुबह खिड़की के बाहर बारिश की आवाज। इसी प्रकार खास तौर पर जाड़े में, हल्की हवा की आवाज मेरे लिए अत्यंत उत्तेजक है।

— पसंदीदा रंग कौन हैं?

फूलों को छोड़ कर चटख रंग मुझे पसंद नहीं। मेरे पास शायद ही कोई कमीज, कुर्ता या ऐसी शर्ट होगी जो गाढ़े रंग की हो। हल्का भूरा, हल्का नीला, स्लेटी, सफेद कुछ इस प्रकार के रंग मुझे ज्यादा आकर्षित करते हैं।

— *लोकगीतों को लेकर आपकी रुझान या स्वीकृति कम है।*

ऐसा हुआ है कि लगभग आधी सदी से मैंने कान में यदा कदा पड़ने वाली धुनों को छोड़ कर लोकगीत सुने नहीं। अवसर नहीं मिला। १६५० के आस पास डा. केसकर के सूचना प्रसारण मंत्री बनने के बाद आल इंडिया रेडियो पर शास्त्रीय संगीत का बोलबाला हो गया था। बड़ा अद्भुत अनुभव होता था। रात के ६.३०-१० बजे के करीब किसी भी स्टेशन पर आप लगा दीजिए, कोई न कोई रात का राग आ रहा होता। सुबह के वक्त भी अलग-अलग स्टेशनों से अलग-अलग प्रकार के संगीत के उत्कृष्ट कार्यक्रम आया करते थे। यह संयोग की बात थी कि जिन्दगी के शुरूआती दिनों में शास्त्रीय संगीत अधिक सुनने को मिला, उसी में मन रचता बसता गया जबकि उसी अनुपात में लोक संगीत सुनने के अवसर खत्म होते गए। धीरे-धीरे इसी प्रकार का मानसिक संस्कार बनता गया।

— *लोक संगीत सुनने के अवसर कम रहे लेकिन उसे पाने की, सुनने की ललक, उत्कट इच्छा भी नहीं उठती थी?*

मेरा स्वभाव है कि मुझमें किसी भी चीज के लिए जोरदार ललक नहीं उठती है। जैसे शास्त्रीय संगीत में मेरी जितनी रुचि थी, उसके हिसाब से मेरे पास अच्छा सा म्यूजिक सिस्टम होना चाहिए था और ऐसा मैं प्राप्त भी कर सकता था लेकिन उसकी मैंने कोई चेष्टा नहीं की। दरअसल मेरे भीतर ऐसे साधनों के लिए तीव्र उत्कंठा की कमी है।

— आपके व्यक्तित्व की सबसे बड़ी शक्ति क्या है और सबसे बड़ा दुर्गुण क्या है?

दुर्गुण मैं बड़ी आसानी से बता सकता हूं। वह यह कि मैं किसी भी विषय के ऊपर एकाग्र हो कर लम्बे समय तक काम नहीं कर पाता हूं। शक्ति अगर है तो यह कि मैकेनिकल और तकनीकी चीजों को छोड़ कर नयी चीजों, नये व्यक्तियों, नये विचारों के प्रति मुझमें तीव्र जिज्ञासा रहती है। इन सबको जानने, समझने या कहूं किसी नये मानवीय अनुभव के लिए मेरा दिमाग ज्यादा खोजपूर्ण है।

— ऐसी कोई चीज जिससे आप मुक्त होना चाहें?

पान तम्बाकू की लत थी लगभग तेरह वर्ष पहले छोड़ दी। रहा सुरापान, मैं चाहता हूं उससे भी पूरी तौर से मुक्त हो जाऊं। लम्बे-लम्बे समय तक उससे मुक्त रहा भी। मैं सुरापान को अपने व्यक्तित्व की समग्रता में हमेशा असंगत पाता रहा हूं। इसी से आगे के लिए आशान्वित हूं।

— खाने में आपकी पसंद क्या है?

खाने में कोई विशेष रुचियां नहीं हैं। मैं शाकाहारी हूं। दूसरी संस्कृतियों के भोजन एग्जाटिक फूड में मेरी विशेष दिलचस्पी नहीं है। शाकाहारी भोजन जो भी ठीक ढंग से बना हुआ हो, वही अच्छा लगता है। मिर्च मसाले ज्यादा पसंद नहीं, पर 'ब्लैंड' चीजें भी उतनी ही कम पसंद हैं।

— दोस्त कैसे अच्छे लगते हैं?

पारस्परिक निष्ठा और निश्छलता तो होनी ही चाहिए, इसके अलावा जिन विषयों में मेरी रुचियां हैं, साहित्य, संगीत, इतिहास, नाटक, सिनेमा आदि में जिनसे इन विषयों पर संवाद बन सके। इसके अतिरिक्त लेखक कलाकार तो आते ही हैं मुकाबले दूसरे व्यवसाय के लोगों के। साथ ही वंश के लोगों से, रिश्तेदारों से भी मेरे बराबर मैत्रीपूर्ण सम्बंध रहे हैं। साथियों का एक वर्ग वह भी है जो गांव के हैं और बरसों से जिनके साथ सम्बंध बने रहे हैं। उनके साथ बैठ कर अवधी में गांव घर की बातें करने का अटूट आकर्षण है। इसके अवसर भी मुझे बराबर मिलते रहते हैं।

— कैसी स्त्रियां आपको सुंदर लगती हैं?

आपका यह प्रश्न सुन कर मेरे दिमाग में कई चेहरे कौंधे और लगता है कि चेहरे का कोई ऐसा माडल नहीं है जो सभी में समान रूप से मौजूद हो। फिर भी जो रूप की सुंदरता है, वह तो कुछ हद तक होनी ही चाहिए। घरेलूपन की कद्र करता हूं पर मात्र घरेलूपन उबाऊ चीज है। जीवन की विराट सम्भावनाओं से कुछ खींचने की जिसमें रुचि हो, चाहे वह साहित्य संगीत कला का क्षेत्र हो या किसी व्यावसायिक विशिष्टता का वही मुझे ज्यादा आकर्षित कर सकती है। अत्यंत बहिर्मुखी प्रवृत्ति न तो मुझे पुरुष मित्रों में अच्छी लगती है, न नारी मित्रों में ही। और कहने की शायद जरूरत नहीं, व्यवहार में निष्कपटता भी सौन्दर्य का लक्षण है।

— इन गुणों की कसौटी पर किसे खरा पाया आपने?

इसे दिखावा न समझें तो मैं अपनी दिवंगत पत्नी का जिक्र कर सकता हूं। इसके अलावा, मेरा सौभाग्य रहा है कि पुरुष मित्रों की तरह इस कोटि की नारी मित्रों को लेकर भी मैं सर्वथा विपन्न नहीं। पर उनका नाम न लेना ही बेहतर होगा क्योंकि उसके बाद हो सकता है कि आपके प्रश्न साक्षात्कार को छोड़ कर जिरह के दायरे में पहुंच जाएं।

— *उपर्युक्त हल्के-फुलके मूड के प्रश्नों के बाद यह पूछना अजीब लगेगा कि आपकी दृष्टि में साहित्य के सरोकार क्या हैं?*

किसी लेखक के लिए उसका देश काल और समग्र परिवेश इसका जवाब तैयार करता है। उदाहरणार्थ, साहित्य और कला के संदर्भ में स्विटजरलैण्ड या अन्य किसी सम्पन्न पश्चिमी देश के रचनाकार के सामने रचनाधर्मिता के वे मुद्दे नहीं उठते जो भारतवर्ष जैसे समस्याग्रस्त देश के रचनाकार के सामने हैं। रवीन्द्रनाथ टाकुर के अध्यात्म, प्रेम, ऋतु आदि विषयक गीतों और कविताओं का पूरा रसास्वादन कर चुकने पर भी आज के भारतीय समाज के लेखक की हैसियत से उस प्रकार का रचनाकर्म करने की मुझमें प्रवृत्ति नहीं है। फैज के शब्दों में 'और भी गम हैं जमाने में मुहब्बत के सिवा'।

— *लेखक का विचारधारा से क्या रिश्ता होता है?*

लेखक अपने सामान्य जीवन व्यापारों में किसी भी विचारधारा से प्रतिबद्ध रहे, यह उसका हक है। पर रचनाकार की हैसियत से विचारधारा से लेखक की प्रतिबद्धता उसको राह खोजने की, चुनौतियों से जूझने की, भटकने की कठिनाइयों से बचा लेती है। यदि लेखक वास्तव में अत्यधिक संवेदनशील और प्रतिभाशाली न हुआ तो वह उसके एक रूढ़िग्रस्त इकहरेपन में फंसने का खतरा भी पैदा कर सकती है।

— *आपकी विचारधारा क्या है?*

जिसे आप दक्षिणपंथ कहते हैं, उससे मैं बहुत दूर हूं। मैं भारतीय परिस्थितियों में रचनाकर्म की पहली शर्त उसकी समाजधर्मिता को मानता हूं और इस सिद्धांत को कि रचनाकार की मूल प्रतिबद्धता केवल उसकी रचना के प्रति होती है एक अस्पष्ट और वायवीय वक्तव्य समझता हूं। लेकिन पिछले कई दशकों में राजनीतिक उठापटक के दौरान साहित्य में प्रगतिशील विचारधारा की जो गति बनी है और उसे अपने बचाव के जितने मैकेनिज्म खोजने पड़ रहे हैं, उससे मैं बहुत आश्वस्त नहीं हो पा रहा हूं। संक्षेप में, भले ही राजनीति की भाषा में इस रुख को संदिग्ध माना जाय, मैं सड़क के बीच कुछ कदम पर बायीं ओर खड़ा हूं।

— *आज आप मुड़ कर अपने अब तक के लेखन को देखते हैं तो कैसा लगता है?*

शायद प्रत्येक लेखक का यह अनुभव हो, मुझे यही लगता है कि अब तक जितना हुआ वह तटवर्ती लेखन भर है, अभी धारा के बीच जा कर लहरों का मुकाबला करना बाकी है।

ग्रामीण विडम्बनाएं : श्रीलाल शुक्ल का राग दरबारी[1]

रूपर्ट स्नेल

प्रशासन से हिन्दी साहित्य सृजन के क्षेत्र में आये श्रीलाल शुक्ल का जन्म १९२५ में हुआ था। अपनी पृष्ठभूमि के विषय में वह लिखते हैं: "अभावग्रस्त बचपन, मेहनत और चिन्ताओं से भरा विद्यार्थी जीवन, बाद में मंझोली हैसियत की एक सरकारी नौकरी अपने इन अनुभवों की कहानी सुनाना बेकार है क्योंकि इस तरह की कहानियां बहुत बासी हैं और बहुत बार दोहरायी जा चुकी हैं।"[2] श्री शुक्ल ने १९५३-५४ में लिखना तब शुरू किया था जब वह एक सरकारी पद पर बुंदेलखंड में नियुक्त थे। प्रशासनिक पदों के इसी क्रम में वह उत्तर प्रदेश शासन में सांस्कृतिक मामलों के निदेशक बने। अब वह अवकाश ग्रहण कर चुके हैं। तमाम हिन्दी लेखकों की तरह वह भी सिर्फ साहित्य

---

१. यह परचा सबसे पहले 'जनरल आफ कामनवेल्थ लिटरेचर XXV, १ (१९९०) में प्रकाशित हुआ था, पृ. १५६.१५७। यहां उसका संशोधित आलेख प्रकाशित करने की अनुमति देने के लिए लेखक ज का लि का आभारी है। प्रारम्भिक प्रकाशन के बाद राग दरबारी का जिलियन राइट कृत अनुवाद भी प्रकाशित हो चुका है : श्रीलाल शुक्ल; राग दरबारी (नयी दिल्ली १९९२)। जैसाकि इस अनुवाद की साउथ एशिया रिसर्च १३.१ (मई, १९९३) में पृ. ७२-७४ पर प्रकाशित मेरी समीक्षा में संकेत किया गया है, उपन्यास के अनेक अंश (जिनमें से कुछ पर इस लेख में चर्चा की गयी है) राइट ने खामोशी से दबा दिये हैं। (शुक्ल के १९८७ के उपन्यास पहला पड़ाव का अनुवाद भी अब उपलब्ध है: श्रीलाल शुक्ल; ओपेनिंग मूव्स अनु. डेविड र्‌यूबिन) नयी दिल्ली, १९९३।

२. 'गर्दिश के दिन' सारिका अगस्त १९७५, सरजू प्रसाद मिश्रः हिन्दी के सात उपन्यास (कोल्हापुर १९७७) में उद्धृत, पृ. १०७

सृजन से अपनी जीविका जुटा पाने में असमर्थ थे। उन्होंने अपनी स्थिति का वर्णन इस तरह किया है: "हालांकि मैं शहर में रहता था लेकिन लिखने की इच्छा होने पर मुझे वह सब करना पड़ता था जो किसी गृहस्थ को अपनी प्रेमिका के लिए करना पड़ता है। कई वर्ष मैंने कार की सीट का इस्तेमाल किया, होटलों में कमरा लिया, डाकबंगलों के चक्कर काटे और कुछ समय के लिए मैंने अलग से दूसरा फ्लैट लिया। उपन्यास लिखने के लिए खास तौर पर छुट्टियां बढ़ाना और किसी दूसरी जगह भागना जरूरी हो जाता है... मेरी रायल्टी का बड़ा हिस्सा इसी सबमें खर्च हो जाता है।"[३]

श्रीलाल शुक्ल को प्रसिद्धि १९६८ में मिली जब उनका उपन्यास 'राग दरबारी' प्रकाशित हुआ। राग दरबारी में भारतीय गांव के सजीव, यथार्थवादी चित्रण ने हिन्दी साहित्य जगत में काफी खलबली मचायी। उपन्यास को १९७० में साहित्य अकादमी पुरस्कार मिला। उसके बाद अन्य अनेक भाषाओं में उसका अनुवाद हुआ और यह उपन्यास दूरदर्शन पर भी फिल्माया गया। राग दरबारी की कथाभूमि शिवपालगंज नामक गांव है जो उत्तर प्रदेश के अवधी भाषी क्षेत्र में कहीं किसी बड़े नगर से कुछ मील दूर स्थित है। उपन्यास की गतिविधियों की अवधि छः माह है जब एक युवा शोध छात्र रंगनाथ बीमारी के बाद स्वास्थ्य लाभ करने अपने मामा के यहां आता है। रंगनाथ के कल्पना लोक में भरी तमाम हिन्दी फिल्मों की नायिकाएं १९५५ से १९६३-६४ के आसपास की हैं जिससे इस बात की पुष्टि होती है कि उपन्यास का कालखंड और उसकी रचना का समय कमोबेश एक ही है।

उपन्यास के पहले दृश्य में उस ट्रक का वर्णन है जिसमें रंगनाथ अपने प्रवास की शुरुआत में शिवपालगंज जाने के लिए लिफ्ट मांगता है।

'शहर का किनारा। उसे छोड़ते ही भारतीय देहात का महासागर शुरू हो जाता था।

"वहीं एक ट्रक खड़ा था। उसे देखते ही यकीन हो जाता था, इसका जन्म केवल सड़कों के साथ बलात्कार करने के लिए हुआ है। जैसेकि सत्य के होते हैं, इस ट्रक के भी कई पहलू थे। पुलिस वाले उसे एक ओर से देख कर कह सकते थे कि वह सड़क के बीच में खड़ा है, दूसरी ओर से देख कर ड्राइवर कह सकता था कि वह सड़क के किनारे पर है। चालू फैशन के हिसाब से ड्राइवर ने ट्रक का दाहिना दरवाजा खोल कर डैने की तरह फैला दिया था। इससे ट्रक की खूबसूरती बढ़ गयी थी; साथ ही यह खतरा मिट गया था कि उसके वहां होते हुए कोई दूसरी सवारी भी सड़क के ऊपर से निकल सकती है।"[४]

राग दरबारी की स्थिति भी यही है। वह सड़क के किनारे भी रुका है और राजमार्ग के बीचोबीच भी खड़ा है। एक ओर, यह भारतीय ग्राम जीवन का उपन्यास है जो आजादी से पहले की प्रेमचंद की पीढ़ी तक विस्तृत ग्राम कथा की परम्परा का हिस्सा है लेकिन दूसरी ओर इसमें व्यंग्य का विध्वंसक अभिप्राय भी है जिसका उद्देश्य सुधार या समाकलन नहीं, खिल्ली उड़ाना है और यह अपनी ही शैली की और प्रगति को जान बूझकर अवरुद्ध करता है। हालांकि व्यंग्य लेखन भारतीय साहित्य में है लेकिन एक अच्छे खासे लम्बे उपन्यास का मेरुदंड ही व्यंग्य हो यह जरा दुर्लभ है। अपने व्यंग्यात्मक और विडम्बनात्मक स्वर की दृष्टि से अपने पूर्ववर्तियों के साथ जुड़े होने के साथ ही उनसे अलग होने तथा अपनी जबरदस्त पठनीयता के कारण भी राग दरबारी पर पूरा ध्यान दिया जाना चाहिए।

---

३. वही

४. श्रीलाल शुक्ल, राग दरबारी, द्वितीय संस्करण (नयी दिल्ली, १९८५) पृ. ७. राग दरबारी के सभी उद्धरण इसी संस्करण से लिये गये हैं।

पर्याप्त विशिष्ट और अनूठी होने के कारण यह एक आधुनिक उत्कृष्ट रचना का स्थान पाने के योग्य है हालांकि यह कृति स्वयं ऐसी कोई मांग नहीं करती।

मुख्य पात्र

उपन्यास की अधिकतम गतिविधियां उस संयुक्त परिवार पर केन्द्रित है जिसमें रंगनाथ शिवपालगंज में रह रहा है। घर के मुखिया रंगनाथ के मामा वैद्य जी हैं जो आयुर्वेद के चिकित्सक हैं और तमाम मामलों में हाथ डाले रहते हैं। गांव की सभी प्रमुख संस्थाओं के काम काज पर वह अपनी तगड़ी पकड़ बनाये रखते हैं लेकिन गाड फादर की तरह किसी असली गंदे व्यापार में अपने हाथ मैले नहीं करते। वैद्य जी जिन्हें 'वैद्य जी महाराज' कहा जाता है, गांव के सामंती ढांचे के शिखर बिन्दु हैं। वह 'थे, हैं और रहेंगे'। वह इस दुनिया के वे तमाम वैद्य जी हैं जो परिवर्तन और प्रगति की असम्भाव्यता सुनिश्चित करते हैं, जिनके दान में ही असली और प्रतीकात्मक दोनों तरह के सत्ता पद निहित हैं। वह गिरगिट हैं। विजेता पक्ष के साथ अपने को जोड़ने में पटु हैं और इस प्रकार वह एक समय ब्रिटिश राज़ के समर्थक से खद्दरधारी राष्ट्रवादी में अपना रूपांतरण करने में समर्थ हैं। उनकी सत्ता का आधार अंशतः उनका ब्राह्मण होना है जो शास्त्रीय ढंग की संस्कृतनिष्ठ भाषा द्वारा रेखांकित हैं। यह सत्ता अमल में लायी जाती है एक ढीले ढाले गिरोह द्वारा जो उनके ज्येष्ठ पुत्र और पहलवान बद्री 'पहलवान' के नियंत्रण में है। वैद्य के रूप में वह वीर्य को बचाये रखने और उसके संवर्धन पर बहुत जोर देते हैं। वह रंगनाथ को उपदेश देते हैं कि ब्रह्मचर्य पालन भी उसके इलाज का एक हिस्सा है।[५] वैद्यजी का एक कनिष्ठ पुत्र भी है, अठारह वर्षीय विद्यार्थी रुप्पन। रंगनाथ को अपने ग्राम प्रवास के दौरान जो व्यावहारिक शिक्षा मिलनी थी उसमें से ज्यादातर इन दोनों ममेरे भाइयों ने ही प्रदान की। उपन्यासकार के लिए परिवार के नारी चरित्रों का कोई अस्तित्व नहीं है- एक बेला को छोड़ कर और वह भी मुख्य मंच से हमेशा दूर ही रहती है। हालांकि तड़के सबेरे शौच के लिए बैठे हुए झुंडों में महिलाएं प्रमुख है। यही बात बच्चों के चित्रण पर भी लागू होती है। लगता है जैसे केवल पुरुष ही दरबारी राग गा सकते हैं।

इस उपन्यास का शीर्षक वैद्यजी की बैठक के दरबार जैसे माहौल की ही ओर संकेत करता है। राग दरबारी सबसे शाहाना राग है और सभी हिन्दुस्तानी रागों में सबसे ज्यादा प्रभावशाली है। इस राग का शनैः-शनैः और वजनदार विस्तार किसी शाही दरबार की पवित्र गरिमा को प्रतिबिम्बित करता है जिसका मखौलभरा विद्रूप है वैद्यजी की मंडली।[६] राजनीतिक षडयंत्रों के इस केन्द्र पर पलने वालों का प्रतिनिधि है जुगुप्सा जगाने वाला, टुकड़खोर सनीचर जो 'कुछ महत्वपूर्ण जगहों पर फटी' धारीदार जांधिया पहनता है। कुछ औपचारिक अवसरों पर इस जांधिया के ऊपर एक गंदी बनियान भी पहन ली जाती है। उपन्यास के एक विवरण में उसकी तरक्की का चित्रण है। राजनीतिक स्वार्थ सिद्धि के चलते वह भंग घोटने वाले के अपने स्वाभाविक पद से तरक्की कर ग्रामसभा का प्रधान बन जाता है। वह वैद्य जी का शाश्वत सेवक है। उनके आदेशों पर वह 'ऐसी बंदरछाप छलांग' लगाता है जिससे डार्विन के विकासवाद के सिद्धांत की पुष्टि होती है। लापरवाह ढंग से वह धर्मपरायण है। वैद्यजी के होठों से किसी संस्कृत श्लोक (चाहे वह वैद्यकी सम्बंधी श्लोक ही क्यों न हो) की पवित्र ध्वनि सुनते ही हाथ जोड़ कर

---

५. उपन्यास में आये एक और चिकित्सक 'बाबा जी' में भी यही चिन्ता प्रतिबिम्बित होती है: यह बाबा जी स्वप्नदोष, समयपूर्व स्खलन और नपुंसकता जैसी शिकायतों का इलाज करते हैं।

६. उपन्यास का शीर्षक बहुत सटीक है। राग गाना, राग अलापना जैसी अभिव्यक्तियों में राग के मुहावरेदार प्रयोग द्वारा इसका व्यंग्य और गाढ़ा हो गया है क्योंकि वैद्यजी पर यह सब पूरा-पूरा लागू होता है।

'जय भगवान की' की पुकार के साथ वह दंडवत लेट जाता है।

वहां विकलांग लंगड़[७] भी है, कारुणिक और विषादपूर्ण। वह उपन्यास की पूरी कालावधि कुछ वर्ष पूर्व जमीन के एक मुकदमे से सम्बंधित मिसिल की प्रति पाने के इंतजार में गांव में इधर उधर लंगड़ाते हुए गुजार देता है। वैद्य जी के विरोधियों में है कलकत्ता पलट अफीम व्यापारी और ज्यादा समय जेल में बिताने वाला रामाधीन भीखमखेड़वी जो गांव के जुआखाने का संरक्षक है। वह एक यशोकामी उर्दू शायर है। उसने अपना तखल्लुस निकटवर्ती गांव भीखमखेड़ा से लिया है (जो शिवपालगंज के इतना पास है कि एक गांव में नौटंकी हो तो दूसरे गांव में सुनी जा सकती है)।

वैद्य जी की बैठक में होने वाली राजनीतिक जोड़ तोड़ का मुख्य क्षेत्र है भारी भरकम नाम वाला स्थानीय स्कूल 'छंगामल विद्यालय इंटरमीडिएट कालेज'। कालेज मूलतः सरकारी पैसे से बना है जो दरअसल गांव में एक मिलन केन्द्र बनवाने के लिए मिला था लेकिन उससे स्कूल बनवा लिया गया। कालेज का सैद्धांतिक उद्देश्य था देश में इंजीनियरों और डाक्टरों की कमी को दूर करना। यह एक कठिन संघर्ष था क्योंकि

"इस देश के निवासी परम्परा से कवि हैं। चीज को समझने से पहले वे उस पर मुग्ध हो कर कविता कहते हैं। भाखड़ा नंगल बांध को देख कर वे कह सकते हैं, "अहा! अपना चमत्कार दिखाने के लिए, देखो, प्रभु ने फिर भारत भूमि को ही चुना। आपरेशन टेबल पर पड़ी हुई युवती को देख कर वे मतिराम, बिहारी की कविताएं दुहराने लग सकते हैं।" (पृ. २१)

किसी तरह का वास्तविक प्रशिक्षण दे पाना निश्चय ही कालेज की सामर्थ्य से बाहर है। इसके लिए विद्यार्थियों को इंग्लैंड या अमेरिका जाना होगा। कालेज सिर्फ कुछ शुरुआती प्रशिक्षण— 'टेक आफ स्टेज वाला'— दे सकता है। सैद्धांतिक दृष्टि से एक बड़ी दुनिया के द्वार खोलने के उद्देश्य से बनाया गया यह कालेज वास्तव में एक ऐसी समस्या का शिकार है जो उपन्यास का मुख्य विषय है— दूर दराज शहरों में एक अमूर्त और आदर्श धरातल पर कल्पित ऊंचे बड़े संस्थानों की जमीनी जिन्दगी के यथार्थ के साथ असंगति। गांवों के संदर्भ में परिवर्तन या विकास थोपने की किसी भी कोशिश का असफल होना निश्चित है, इसका एक बड़ा कारण है गांव और दिकसित दुनिया के बीच किसी भाषायी या सांस्कृतिक सेतु का अभाव जिससे हो कर परिवर्तन का संकल्प गांव में आता है। संस्कृति की विसंगतियां, पारिभाषिक शब्दों की अनर्गल अदला बदली के बेतुकेपन में और इसके जरिए अभिव्यक्त होती रहती हैं। यह समस्या नवें दर्जे की साइंस की कक्षा में आपेक्षिक घनत्व सम्बंधी पाठ के दौरान हुए संवाद में सार रूप में है:

"एक लड़के ने कहा, "मास्टर साहब, आपेक्षिक घनत्व किसे कहते हैं?" वे बोले, "आपेक्षिक घनत्व माने रिलेटिव डेण्सिटी।"

एक दूसरे लड़के ने कहा, "अब आप देखिए, साइंस नहीं अंग्रेजी पढ़ा रहे हैं।"

वे बोले, "साइंस साला अंग्रेजी के बिना कैसे आ सकता है?"

---

७. शारीरिक कमी के आधार पर अपमानजनक ढंग से व्यक्ति के नामकरण की बात पर चर्चा वाले अंश में इस तरह के और उदाहरण दिये गये हैं: नेत्रहीन के लिए 'सूरे', कुश्ती लड़ने में जिसके कान टूट गये हों उसके लिए टुट्टे, काने के लिए शुक्राचार्य, वृद्ध के लिए बहरे बाबा, जिसके मुंह पर चेचक के दाग हों उसे छत्ता प्रसाद तथा छह उंगलियों वाले के लिए छांगुर राम। (पृ. ३१६)

लड़कों ने जवाब में हंसना शुरू कर दिया। हंसी का कारण, हिन्दी अंग्रेजी की बहस नहीं, 'साला' का मुहावरेदार प्रयोग था।" (पृ. २२)

इस कालेज, जिसकी गतिविधियां इवलिन वाघ के 'डिक्लाइन ऐंड फाल' में डा. फागंस अकादमी में होने वाली बेतुकी और असभ्य गतिविधियों की याद दिलाती है, के मुखिया हैं प्रिंसिपल साहब। कहने की जरूरत नहीं कि वह वैद्य जी के आदमी हैं। उनकी दो विशेषताएं हैं, रचनात्मक एकाउंटिंग जिससे कालेज को ज्यादा से ज्यादा सरकारी पैसा मिल जाता था और क्रोध की चरम दशा के क्षणों में अवधी [८] की गोद में कूद जाना। रंगनाथ के साथ हुई एक बातचीत में उन्होंने रंगनाथ पर भरोसा कर उसे बताया था कि उनके अपने विद्यार्थी जीवन में हुई एक छोटी सी घटना के बाद उन्हें कोई ऊंचा अकादमिक पद नहीं पाने दिया गया। उनकी जवानी के दिनों की बात है। आजादी के तुरंत बाद और भारत चीन युद्ध के पहले जब अहिंसक ऐतिहासिक विषयों जैसे बुद्ध और अशोक पर बहुत जोर दिया जा रहा था और उनके नाम पर सड़कों का नामकरण हो रहा था, उन्होंने अकादमिक क्षेत्र में अपने आगे बढ़ने के मौकों पर खुद ही पानी फेर दिया था। उन्होंने यह जानने की धृष्टता कर दी थी कि संस्कृत शब्द 'विमान' का अर्थ 'सतमंजिला महल' हो सकता है जबकि इस तथ्य को उनके प्रोफेसर अपनी विद्वता के सबसे महत्वपूर्ण साक्ष्य के रूप में बचाये हुए थे। (पृ. २३१-२३२)

कालेज कोई खुशगवार जगह नहीं है। मोतीराम, जिनके जीवन में दिलचस्पी का एकमात्र विषय आटा चक्की है जिससे उनकी तनख्वाह में इजाफा होता है और जो उनकी अनुशासनहीन कक्षा के दौरान पृष्ठभूमि में लगातार भकभकाती रहती है तथा कालेज के अन्य शिक्षक अक्षम हैं। एक अधिक गत्यात्मक नकारात्मक ताकत का प्रतिनिधित्व वह गुट करता है जिसके नेता खन्ना मास्टर हैं जो इस तथ्य की आलोचना करने का साहस करते हैं कि कालेज के मैनेजर के रूप में वैद्य जी की स्थिति को जनतांत्रिक ढंग से चुनौती देने का अवसर नहीं दिया जाता।

कालेज के बौद्धिक स्तर का कुछ अनुमान खन्ना मास्टर की आलमारी के सबसे ऊपर के खाने में रखी चीजों से लगाया जा सकता है:

"डा. ईश्वरी प्रसाद लिखित भारतवर्ष का इतिहास, इतिहास पर ग्रेजुएट द्वारा लिखी गयी कुछ परीक्षोपयोगी कुंजियां, 'जेबी जासूस' नामक पुस्तकमाला के कुछ पुष्प, कल्याण नाम धार्मिक पत्रिका के बहुत मोटे मोटे विशेषांक और गुलशन नंदा के उपन्यासों का एक पूरा सेट।" (पृ. ३७६)

उपन्यास की कथा अल्पावकाशों के बाद कालेज राजनीति के मुख्य विषय पर लौटती है। कालेज प्रबंध समिति के अध्यक्ष पद के लिए जोर डाल कर कराये गये चुनाव में वैद्य जी ने संस्था पर अपना नियंत्रण बरकरार रखने के लिए खुले आम धांधली की। कथा में एक और मोड़ है जहां खन्ना की शहादत का वर्णन है और इसमें रुप्पन आदि खन्ना के साथ आ जाते हैं लेकिन अपने पिता के प्रति सदैव निष्ठावान रहने वाला बद्री उसका विरोध करता है। दोनो भाइयों— बद्री और रुप्पन— की प्रतिद्वंद्विता को गांव की सुंदरी बेला के प्रति उनकी महत्वाकांक्षा और सान चढ़ाती है। रुप्पन फिल्मी गानों के टुकड़े जोड़ जोड़ कर उसे प्रेमपत्र भेजता है। गांव इस गुप्त प्रेमकथा के किस्सों और उत्तेजना से भनभना रहा है लेकिन बाद में भेद खुलता है कि बेला की निगाहें रुप्पन के हट्टे-कट्टे भाई पर है। यह बात तब सामने आती है जब अवैध प्रणय प्रसंगों की सर्वश्रेष्ठ परम्पराओं का पालन करते हुए वह एक

---

८. प्रायः अंग्रजी मिश्रित जैसे 'जौन हुकुम है, तौन कैरी आउट करौ। समझ्यो कि नाहीं? (पृ. २७)

रात छतें पार कर बद्री से मिलने जाती है और वहां बद्री के कमरे में उसे रंगनाथ सोता मिलता है। आधी रात को अपने ऊपर झुकी एक नारी मूर्ति को पा कर रंगनाथ दंग रह गया क्योंकि अब तक इन मामलों में खजुराहो और कोणार्क की प्रस्तर मूर्तियां ही उसका एकमात्र अनुभव थीं। बेला अपनी गलती महसूस कर, रंगनाथ को उस कल्पना लोक में छोड़ तुरंत वापस चली जाती है जो उस समाज की नियति है जिसमें लड़के लड़कियों से इतनी कठिनाई से मिल पाते हैं। इस संक्षिप्त मुलाकात से पहले ही रंगनाथ बेला के ख्याल में दीवाना हो गया था। इसका कारण बेला की बदचलनी की अफवाहें भी कम न थीं। रुप्पन की तरह उसे भी बेला की जीती जागती वास्तविकता का सिर पैर पाने के लिए फिल्मी दुनिया की तस्वीरों के अपने भंडार पर निर्भर रहना पड़ता था: "मेले से लौटते समय उसने रुप्पन बाबू से प्रेमपत्र के बारे में जो सुना था, उसके बाद उसकी हिम्मत नहीं हुई कि वह रुप्पन से इस विषय पर दुबारा बात करे। अब इस समय के एकांत में बेला के बारे में उसकी जिज्ञासा शांत करने के लिए सिर्फ कल्पना थी, हस्तमैथुन था और कुंठा थी और चूंकि काफी हद तक ये चीजें हमारी कलाओं की प्रेरक शक्तियां हैं, इसलिए इस समय रंगनाथ एक कलाकार की हैसियत से इन क्षणों को जी रहा था। कैसी होगी वह? मधुमती में वैजयंतीमाला की तरह? 'गोदान' में शुभा खोटे जैसी। अभिमान में वहीदा रहमान जैसी?[९] नहीं। ये सब तो मादरे हिन्द— जैसी हो चुकी हैं। लेकिन बेला— 'खुदा की कसम लाजवाब हो'— एक फिल्मी गाने का यह टुकड़ा उसके गले में अटक गया, पर वह मुस्कराया। अंधेरे में वह एक बहुत खूबसूरत, लगभग डेढ़ इंच लम्बी मुस्कान मुस्कराया।[१०]

"बेला के बारे में उसने बहुत सोचा। इतना सोचा कि हर नाप और वजन के सैकड़ो स्तन और नितम्ब उसके दिमाग में उभरने और अस्त होने लगे। वे जोड़ों में प्रकट हुए, गुच्छों की शक्ल में फूले और एक दूसरे को धक्के दे कर भाग गये। रंगनाथ ने बहुत चाहा कि इनमें से एक भरी पूरी लड़की की तस्वीर निकल आये, पर वैसा कुछ न हो सका, उसकी कल्पना ने एक बार तो लड़की के पूरे धड़ को पकड़ लिया, पर उससे कुछ न हुआ क्योंकि उसका चेहरा गैरहाजिर बना रहा। कुछ देर में उसके दिमाग में कुछ घुटे हुए स्तनों के गोल दायरे भर रह गये। अंत में एक बार तन कर फिर देह को ढीला करके वह रजाई के अंदर ऊंघ गया।" (पृ. १९९-२००)।

बेला के पिता गयादीन की कपड़ों की एजेंसी है और वह गांव का सूदखोर है। एक निराशावादी और उदास व्यक्ति। वह कालेज प्रबंध कमेटी का नाम का उपाध्यक्ष है। उपाध्यक्ष होने के नाते खन्ना मास्टर का गुट उससे इस उम्मीद में मिलता है कि वह प्रबंधक (वैद्य जी) और प्रिंसिपल साहब की ज्यादतियों को रोकने के लिए समिति की बैठक बुला लेंगे। निष्फल बहसों के दौरान एक मास्टर ने बिना बहुत सोचे विचारे नैतिकता शब्द का इस्तेमाल कर दिया: "इतनी देर में पहली बार गयादीन के मुंह पर कुछ परेशानी सी झलकी। पर जब वे बोले तो आवाज पहले-जैसी थकी थकी सी थी। उन्होंने कहा, 'नैतिकता का नाम न लो मास्टर साहब, किसी ने सुन लिया तो चालान कर देगा।"

"लोग चुप रहे। फिर गयादीन ने कुछ हरकत दिखायी। उनकी निगाह एक कोने की ओर चली गयी। वहां लकड़ी की की एक टूटी फूटी चौकी पड़ी थी। उसकी ओर उंगली उठा कर गयादीन ने कहा, "नैतिकता, समझ लो कि यही चौकी है। एक कोने में पड़ी है। सभा सोसायटी के वक्त इस पर चादर बिछा दी जाती है। तब बड़ी

---

९. लगता है यहां लेखक या मुद्रक को भ्रम हुआ है : वहीदा रहमान 'अभिमान' (महेश कौल की १९५७ में आयी हिन्दी फिल्म) में नहीं, अभिजान (सत्यजित रय की १९६२ में आयी फिल्म) में थी।

१०. 'खुदा की कसम लाजवाब हो' यह पंक्ति गुरुदत्त की १९६० में आयी फिल्म 'चौदहवीं का चांद' के लोकप्रिय गीत की है।

बढ़िया दिखती है। इस पर चढ़ कर लेक्चर फटकार दिया जाता है। यह उसी के लिए है।" (पृ. १२१)

वास्तव में उच्च नैतिक आधार पाने की योग्यता में गयादीन किसी और से बेहतर नहीं है लेकिन सत्ता के दुरुपयोग के बारे में उसकी विषादपूर्ण दोषदर्शिता उसे अपने इर्द गिर्द के लोगों से अलग करती है। जब वैद्य जी हिचकिचाते हुए बद्री और बेला के अंतर्जातीय विवाह का प्रस्ताव ले कर उसके पास जाते हैं, तो वह उन्हें फटकारता है और अपनी बात को इस तरह खत्म करता है: "भले आदमियों को भी शिवपालगंज में रह लेने दो।" (पृ. ३६१)। यह पहली एकमात्र विषादपूर्ण टिप्पणी है जिसमें व्यंग्य नहीं है।

शिवपालगंज

हालांकि पूरे उपन्यास में अनेक कथाएं और उप कथाएं चलती हैं जिनमें ज्यादातर में वैद्य जी और उनके चमचे प्रिंसिपल साहब का दांवपेच भरा वाक्छल है लेकिन पूरे पैंतीस अध्यायों के इस उपन्यास में एक भी वृत्तांत ऐसा नहीं है जो सभी पैंतीस अध्यायों में निरंतर चलता रहे। कहा गया है कि रंगनाथ का चरित्र जिसका गांव में आगमन और प्रस्थान पुस्तक का कालखंड निर्धारित करता है, इसके विविध और विसंवादी प्रसंगों को एक संरचनात्मक एकता प्रदान करने के लिए काफी नहीं है।[११] यह सत्य है कि रंगनाथ की मौजूदगी गांव को देखने समझने का एक वाह्य परिप्रेक्ष्य प्रदान करती है (कुछ सीमा तक यह हिन्दी के पुराने साहित्यिक विवाद शहर बनाम गांव पर चर्चा की सुविधा भी प्रदान करती है) लेकिन वास्तव में उसे कथा कहने वाले नायक की भूमिका कभी नहीं दी गयी। यह भूमिका गांव ने और वहां व्याप्त वातावरण ने अपने पास ही रखी है क्योंकि इसके सभी चरित्र इससे इतने अपरिहार्य ढंग से बंधे हैं जैसे आर.के. नारायण के पात्र उनके कल्पित मालगुड़ी कस्बे से। गांव और उसकी जमीनी बनावट उसके निवासियों के व्यवहार के साथ मिल कर एक हो गयी है और लगता है जैसे गांव वाले जिन स्थितियों में अपने को पाते हैं वे लगभग उसकी गढ़ी और बनायी हैं। शिवपालगंज के निवासियों को 'गंजहा' कहा जाता है और उपन्यास पढ़ने के साथ-साथ इस जगह से बढ़ते परिचय से पता चलता है कि इस शब्द के अनेक विशिष्ट निहितार्थ हैं, ज्यादातर अपमानजनक हालांकि उनमें अक्सर कमीनेपन का एक खास किस्म का गर्व भी अविच्छिन्न रूप से जुड़ा है। गंजहा अपमान करने या लाठी चलाने में तो तेजी दिखाता है लेकिन काम करने में सुस्त है। उसे मल मूत्र विसर्जन बहुत प्रिय है (जिसके बारे में विस्तार से बाद में), मौके पर फुर्ती, गुटबंदी और दलबंदी के लिए हमेशा तैयार, सरकारी सत्ता का विरोध और निष्क्रियता के कारण भ्रष्ट।

शिवपालगंज की केन्द्रिकता अपने आपमें एक चरित्र के समान है, इस बात पर जोर देने का अर्थ राग दरबारी पर रेणु और उनके अनुयायियों के तथाकथित आंचलिक स्कूल के ढंग से एक 'स्थान' के उपन्यास (आंचलिक उपन्यास) का ठप्पा लगाना नहीं है क्योंकि (कभी कभार अवधी संवाद आ जाने के अपवाद को छोड़ कर) राग दरबारी में क्षेत्र के चरित्र का अन्य क्षेत्रों से सांस्कृतिक दृष्टि से एकदम अलग रूप में सीधा चित्रण नही है।[१२] वास्तव में उपन्यास के व्यंग्य जिन रवैयों और व्यवहारों की खिल्ली उड़ाते हैं वे सार्वभौम हैं स्थानगत नहीं। शुक्ल स्वयं आंचलिक ठप्पे को संदेह से देखते हैं। उनका तर्क है कि ग्रामीण जीवन भारतीय संस्कृति की मुख्य धारा का

---

११. पीटर गेफ्के, हिन्दी लिटरेचर इन द ट्वेंटिएथ सेंचुरी (वीसबेडेन, १९७८) पृ. ७०

१२. आंचलिक कथा की विशेषताओं पर इंदुप्रकाश पांडे, रीजनलिज्म इन हिन्दी नावेल्स (वीसबेडेन, १९७४) में चर्चा की गयी है। आंचलिक नाम के प्रयोग के प्रति रेणु के एतराज के लिए देखें उनका साक्षात्कार (लोठार लुत्से, हिन्दी राइटिंग इन पोस्ट कालोनियल इंडिया : ए स्टडी इन दि एस्थेटिक्स आफ लिटरेरी प्रोडक्शन, नयी दिल्ली, १९८५) पृ. १२७

प्रतिनिधित्व करता है और अगर कहना ही है तो शहरी उपन्यासों को आंचलिक कहा जाना चाहिए।[१३] (वस्तुतः इस बहस में उसे हाशिये का साहित्य कहना सही होगा) हिन्दी साहित्य के इतिहास की शास्त्रीय दुनिया में शैली वर्गीकरण उसी तरह है जैसे खानों में बंटी कपड़ों की आलमारी में खाली टंगे हैंगर। वे खड़खड़ा कर शोर बहुत करते हैं लेकिन उसका कोई खास असर नहीं होता। एक आलोचक ने राग दरबारी को आंचलिक स्कूल के बरखिलाफ एक 'अनांचलिक' उपन्यास[१४] कहा है। यह बात को बहुत बढ़ाना प्रतीत होता है और यह समझना मुश्किल है कि इस सबका अंत कहां होगा। इतना कहना पर्याप्त है कि उपन्यास में शिवपालगंज का स्थान महत्वपूर्ण है लेकिन 'किसी और कस्बे' की तरह ही।

गांव की दृश्यावली के चित्र मनभावन नहीं हैं। अनेक अध्याय और उनके उप खंड ऐसे दृश्यबंध के साथ शुरू होते हैं जहां स्थान विशेष की प्रकृति को अपने मानव सहभागियों की कार्रवाई का पूर्वानुमान रहता है: "गांव के किनारे एक छोटा सा तालाब था जो बिल्कुल 'अहा! ग्राम्य जीवन भी क्या है' था। गंदा, कीचड़ से भरा पूरा, बदबूदार। बहुत क्षुद्र। घोड़े, गधे, कुत्ते, सुअर उसे देख कर आनंदित होते थे। कीड़े मकोड़े और भुनगे, मक्खियां और मच्छर परिवार नियोजन की उलझनों से उन्मुक्त वहां करोड़ों की संख्या में पनप रहे थे और हमें सबक दे रहे थे कि अगर हम उन्हीं की तरह रहना सीख लें तो देश की बढ़ती हुई आबादी हमारे लिए समस्या नहीं रह जायेगी।

"गंदगी की कमी को पूरा करने के लिए दो दर्जन लड़के नियमित रूप से शाम सवेरे और अनियमित रूप से दिन को किसी भी समय पेट के स्वेच्छाचार से पीड़ित हो कर तालाब के किनारे आते थे और ठोस, द्रव तथा गैस तीनों प्रकार के पदार्थ उसे समर्पित करके हल्के हो कर वापस लौट जाते थे।" (पृ. २४१)

पश्चिमी उपन्यास में यथार्थवाद की परम्पराओं के संदर्भ में इस तरह का विवरण साधारण लग सकता है। हिन्दी साहित्य में भी (कम से कम निराला जैसे असली रूप दिखाने वाले के उदय के बाद से) जीवन के अधिक दुर्गन्धपूर्ण पक्ष पर कभी कभार ध्यान केन्द्रित किया जाता रहा है लेकिन आधुनिक हिन्दी साहित्य (जो प्रभावशाली ढंग से मौजूदा सदी में ही सीमित है और जिसे तेजी से हो रहे राजनीतिक परिवर्तन के रूप में अतिरिक्त उत्प्रेरक प्राप्त हैं) के इतिहास का निचोड़ है कि गांवों का कहीं ज्यादा पूजनीय और आदर्शीकृत चित्रण (मानो वह भारतमाता का मंदिर हो) अब भी इस वर्ग के उदाहरण के रूप में पाठक के दिमाग पर छाया है।[१५] यहां तक कि गोदान में जहां प्रेमचंद के प्रारम्भिक उपदेशवाद के स्थान पर एक अधिक प्रौढ़, परिपक्व वर्णनात्मक शैली आ गयी है, खेतिहर किसान द्वारा जोती गयी जमीन में एक परोक्ष पवित्रता और उदारता दिखायी देती है: "जेठ का सूर्य आमों के झुरमुट से निकल कर आकाश पर छायी हुई लालिमा को अपने रजत प्रताप से तेज प्रदान करता हुआ ऊपर चढ़ रहा था और हवा में गर्मी आने लगी थी। दोनों ओर खेतों में काम करने वाले किसान उसे देख कर राम-राम करते और सम्मान भाव से चिलम पीने का निमंत्रण देते थे; पर होरी को इतना अवकाश कहां था? उसके अंदर बैठी हुई सम्मान लालसा ऐसा आदर पा कर उसके सूखे मुंह पर गर्व की झलक पैदा कर रही थी।..."

---

१३. सरजू प्रसाद मिश्र, पूर्वोद्धृत, पृ. ११६

१४. विवेकी राय, स्वातंत्र्योत्तर हिन्दी कथा साहित्य और ग्राम जीवन (इलाहाबाद, १९७४) पृ. १५०

१५. यह प्रेमचंद की स्थिति का सरलीकरण है क्योंकि भारतीय गांवों का उनका चित्रण रूमानीकृत ग्रामीण रमणीकता और गरीबी की दुखद सच्चाई दोनों के बीच है। देखें मीनाक्षी मुखर्जी, 'रियलिज्म एण्ड रियलिटी : द नावेल एंड सोसायटी इन इंडिया' (दिल्ली, १९८५) पृ. १५४-५५

"अब वह खेतों के बीच की पगडंडी छोड़ कर एक खलेटी में आ गया था, जहां बरखा में पानी भर जाने के कारण तरी रहती थी और जेठ में कुछ हरियाली नजर आती थी। आस पास की गउएं यहां चरने आया करती थीं। उस समय में भी यहां की हवा में कुछ ताजगी और ठंडक थी। होरी ने दो तीन सांसों जोर से लीं। उसके जी में आया कुछ देर यहीं बैठ जायं। दिन भर तो लू लपट में मरना है ही।"[१६]

आजादी के बाद के उपन्यास हालांकि अब उसी विचारधारा पर आधारित नही हैं जो प्रेमचंद की थी फिर भी उनमें गांव दृश्यों का चित्रण प्रायः वैसा ही कोमल—आदर्शपूर्ण है। फणीश्वरनाथ रेणु का १९५४ में प्रकाशित उपन्यास मैला आंचल[१७] कथा लेखन की आंचलिक शैली को स्थापित करने के साथ-साथ उसके लिए एक नाम तलाशने में भी सहायक हुआ। मैला आंचल ने मिथिला को वही स्थान दिलाया जो हार्डी ने वेसेक्स को दिलाया था—मानव जीवन और मृत्यु की मौजों की पृष्ठभूमि में गांव का मांसल और मादक (कभी-कभी द्वेषपूर्ण भी) चित्रण।

"मेरीगंज एक बड़ा गांव है; बारहों बरन के लोग रहते हैं। गांव के पूरब एक धारा है जिसे कमला नदी कहते हैं। बरसात में कमला भर जाती है, बाकी मौसम में बड़े-बड़े गढ़ों में पानी जमा रहता है—मछलियों और कमला के फूलों से भरे हुए गढ़े। पौष पूर्णिमा के दिन इन्हीं गढ़ों में कोशी स्नान के लिए सुबह से शाम तक भीड़ लगी रहती है। रौतहर स्टेशन से हलवाई और परचून की दूकानें आती हैं। कमला मैया के महातम के बारे में गांव के लोग तरह तरह की कहानियां कहते हैं।"

दूसरी ओर, शिवपालगंज में हर खाली जगह अपरिहार्य ढंग से किसी न किसी तरह की सड़ांध या मल विसर्जन को आकृष्ट करती है। प्रेमचंद और रेणु को प्रिय संगीतमय आकाश और मधुमक्खियों से गुंजरित वन प्रांतर यहां कहीं नहीं दिखाई देते। उनका स्थान ज्यादा जमीनी चिन्ताओं के भावावेग और लालसा ने झपट लिया है। यहां दूध और शहद की जगह पान की पीक और पेशाब ने ले ली है। इस पतन पर कोई— गांव समाज के अधिक पढ़े-लिखे सदस्य तक—त्योरी नहीं चढ़ाता बल्कि उसे स्वीकार कर लेता है। उदाहरणार्थ उस झोपड़ी का नामकरण जो शिवपालगंज के प्रेम भवन के रूप में इस्तेमाल होती है: "कुछ दूर आगे एक घनी अमराई में बनी हुई एक कच्ची कोठरी भी पड़ती थी। उसकी पीठ सड़क की ओर थी; उसका दरवाजा जिसमें किवाड़ नहीं थे, जंगल की ओर था। बरसात के दिनों में हलवाहे पेड़ों के नीचे से हट कर इस कोठरी में जुआ खेलते, बाकी दिनों वह खाली पड़ी रहती। जब वह खाली रहती, तब भी लोग उसे खाली नहीं रहने देते थे और नर नारी गण मौका देख कर उसका मनपसंद इस्तेमाल करते थे। शिवपालगंज में इस कोठरी के लिए जो नाम दिया गया था, वह हेनरी मिलर को भी चौंका देने के लिए काफी था। उसमें ठंडा पानी मिला कर कालिज के एक मास्टर ने उसका नाम प्रेम भवन रख दिया था।" (पृ. ३३)

भाषा और अस्मिता

हर लेखक किसी दिये गये संदर्भ में विभिन्न भाषा रूपों के औचित्य के बारे में फैसला करता है— चाहे जानबूझ कर या अवचेतन ढंग से। हिन्दी लेखन में इस आंतरिक और शाश्वत बहस के तमाम परिवर्तनीयों में एक है उन अंग्रेजी शब्दों की स्थिति जो संस्कृत निष्ठ हिन्दी के गढ़े तराशे नये शब्दों द्वारा अपदस्थ किये जाने के सारे प्रयासों

१६. प्रेमचंद, गोदान (दसवां संस्करण बनारस, १९४६) पृ. ६

१७. फणीश्वरनाथ रेणु, मैला आंचल (मैला आंचल, १९८२) पृ. १३

के बाद भी जीवित है। शहरी जीवन में अंग्रेजी से आये शब्दों का अपना स्वाभाविक सहज स्थान है और यह आज के शहरी पृष्ठभूमि वाले हिन्दी उपन्यासों में झलकता भी है। श्रीलाल जी के खुद के उपन्यास 'सीमाएं टूटती हैं' में इस तरह के उदाहरण भरे पड़े हैं। लेकिन, गांव में, जहां अंग्रेजी बोलने वाले बहुत कम होते हैं अपनी दुर्बोधता के कारण यह संवाद का माध्यम बनने के बजाय रूढ़ि का एक प्रतीक बन जाती हैं। वह उस संस्कृत श्लोक के समान लाक्षणिक शक्ति विकसित कर लेती है जिसे सुन कर लंगड़ के भक्ति भाव भरे कान धन्य हो जाते हैं। श्री शुक्ल आधुनिक हिन्दी में शब्दों की विलक्षण स्थिति का पूरा पूरा इस्तेमाल करते हैं। उदाहरण के लिए हलवाई की दुकान पर लंगड़ तथा अन्य लोगों के बीच बातचीत के दौरान मलेरिया विरोधी प्रचार के लिए अंग्रेजी के इस्तेमाल में: ''एक दिन गांव में कई लोग मोटर पर आये। गांव भर की दीवालों पर गेरू से न जाने क्या-क्या अंग्रेजी में लिख गये। उसके बाद बापू, उन्होंने हमारा खून निकाला और मशीन में डाल कर देखा। अब देखो तो बापू कैसा अचम्भा है इस कलजुग का कि आदमी तो हम देसी और हमें बीमारी लग गयी विलायती। मोटर पर जो आये थे, वे बोले कि लंगड़ बड़ा आदमी है, उसे मलेरिया हुआ है।''

''क्या बतायें बापू, उसी के बाद मोटर वालों ने गांव में बड़ा काम किया। दो तीन लोग एक-एक मशीन ले कर चारों तरफ कुआं ताल, गड़हा गड़ही, सभी पर किर्र-किर्र करते हुए घूमे। दो आदमी बराबर हर घर के आगे जा-जा कर गेरू से मलेरिया महारानी की इस्तुति अंग्रेजी में लिख गये। उन अच्छरों का प्रताप, बापू, कि सारे मच्छर भाग गये। हम भी बापू, महीना भर दुख भोग कर आपका दर्शन करने को फिर से उठ कर खड़े हो गये।''

नेता बोला, ''क्या बात सुनायी है, लंगड़ऊ, तुमने कि : 'लिखे देख अंगरेजी अच्छर। भागे मलेरिया के मच्छर''

हलवाई ने नेता की तारीफ सुनायी, ''क्या कवित्त सुनाया है आपने भी! जलेबी खाइए, इसी बात पर।'' (पृ. ३१४)

भाषा रूप अद्भुत बेफिक्री के साथ गड्ड मड्ड हैं। कभी-कभी वक्ता खुद ही भ्रम में पड़ जाते हैं। पुलिस इंस्पेक्टर सनीचर के साथ बातचीत में जब अरबी से निकले शब्द 'गलतफहमी' का इस्तेमाल करता है तो सनीचर परेशान हो जाता है: 'गलतफहमी'? यह कौन सी चिड़िया है? आप अंग्रेजी छोड़ कर देसी बोली में बताइए। (पृ. ३४१)। (अन्यत्र भी अदालतों में फारसी अरबी शब्दावली के पारम्परिक इस्तेमाल के कारण और गलतफहमियां हुई हैं)। श्री शुक्ल का भाषा कौशल— खास तौर पर भिन्न भाषा रूपों को अनपेक्षित ढंग से एक साथ रखना -उपन्यास की सफलता में एक महत्वपूर्ण तत्व है। डरावने अंग्रेजी अक्षर देखते ही मच्छरों का आतंकित हो जाना एक तरह का शाब्दिक कार्टून है। यह दोहरी धार वाला है। यह न केवल स्थानीय मानव और कीट जीवन के बारे में अज्ञान का बल्कि उन प्रचार अधिकारियों में विवेक के अभाव का भी मखौल उड़ाता है जो एक पुरानी, साम्राज्यशाही भाषा के प्रति अपनी भक्ति में अंधे हो गये हैं। इसलिए ऊपर उद्धृत अंश की तरह के अंश महज भाषायी फट्टा नहीं है बल्कि उनके तेज आवाज करने से ही उनका गहरा और अधिक बारीक महत्व कम नहीं हो जाता।

श्री शुक्ल की एक भाषा से दूसरी भाषा के बीच की शब्द क्रीड़ा श्लेष का उपयुक्त अनुवाद कर पाना टेढ़ी खीर है जैसे कि कालेज इंस्पेक्टर के बंगले का विवरण। चतुर अध्यवासी ने आफिस कम रेजीडेंस का काम करने वाले भवन के सरकारी और घरेलू दोनों किरायों के लिए पैसा देने वाली दो एजेंसियों को पटा लिया। हिन्दी के

'आफिस कम रेजीडेंस ज्यादा' (पृ. २६६) में इन दोनों कामों का वास्तविक संतुलन अभिव्यक्त होता है।[१८] शब्दों के इस खेल का अनुवाद मुश्किल है। अंग्रेजी और हिन्दी की जबरन समानता दिखा कर श्री शुक्ल उस स्थिति की अस्वाभाविकता और कृत्रिमता की ओर संकेत करते हैं जिसमें एक ऐसी संस्कृति पर अपरिचित विदेशी संस्थाएं फुर्ती से लाद दी जाती हैं जिसका अर्थ जगत बिलकुल अलग किस्म का है। ऐसा कर वह यही सुझाते हैं कि ऐसी संस्थाओं की असफलता अपरिहार्य है और इसका दोष उन्हें अमल में लाने वाले लोगों पर नहीं मढ़ा जाना चाहिए।

शुक्ल इस तरह की भाषा जन्य स्थितियों में निहित व्यंग्य के भंडार का इस्तेमाल करते हैं और ऐसा कर वह भाषायी अस्मिता के सवाल को (महत्वपूर्ण लेकिन) सीमित तत्सम बनाम तद्‌भव की धुरी से मुक्त कर उसे एक स्वागत योग्य ईमानदारी और व्यावहारिकता प्रदान करते हैं। भाषागत पहचान के सवाल प्रायः इसी धुरी के इर्द गिर्द चक्कर काटते रह जाते हैं।

अधिक पारम्परिक, भाषा की शब्द क्रीड़ा 'मरम्मत' के शाब्दिक बनाम मुहावरेदार प्रयोग (ठीक करना/पिटाई) में झलकती है: "एक पुलिस वाले के जूते, जो हमेशा किसी दूसरे की मरम्मत करने के लिए उद्यत रहते थे, सामने बरगद के पेड़ के नीचे एक मोची के पास मरम्मत के लिए गये थे।" (पृ. २६०) अफसरशाही को ध्वस्त करने की सार्वभौमिक इच्छा अंग्रेजीभाषी जगत और शिवपालगंज के प्रयोगों की तुलना में परिलक्षित होती है। अश्लीलता की ओर रुझान वाले अंग्रेजीदां जो शौचालयों में लिखने चित्र बनाने में पारंगत होते हैं, टु लेट (TOLET) के साइनबोर्ड में टु और लेट के बीच में आई (I) जोड़ देते हैं (टायलेट)। उनके शिवपालगंजी साथी सनीचर की दुकान के बाहर टंगे अवांछित संकेत 'अंदर मत आओ' (गंजहों को कहीं आने जाने की आजादी बहुत प्रिय है। 'अंदर मत आओ' इस भावना के प्रतिकूल है) को 'ऊ' की मात्रा जोड़ कर 'अंदर मूत आओ' में बदल देते हैं।

उपन्यास का एक पात्र जो भाषा रूपों की उपयुक्तता के प्रति संवेदनशील है, वह है रंगनाथ। प्रिंसिपल साहब के साथ एक पान की दुकान पर खड़े हुए वह एक पेटेण्ट दवा के रंग बिरंगे भड़कीले विज्ञापन में गांधी और नेहरू की तस्वीर देखता है: "देखा आपने?"

जवाब में अवधी की कहावत, "जइस पसु तइस बंधना। तस्वीर दिहाती इलाके के माफिक है।"

"दिहाती-शहराती से क्या बहस!" रंगनाथ ने कहा, "गांधी जी की तो सभी इज्जत करते हैं।" थोड़ी देर तक तस्वीर का अध्ययन करके उसने उसकी भावपूर्ण समीक्षा की, "तबीयत होती है तस्वीर बनाने वाले को सौ जूते लगायें।"

प्रिंसिपल साहब हंसे। हंसी बता रही थी कि रंगनाथ बेवकूफ है। बोले, "जितना गुड़ घोलो उतना ही मीठा होगा। तेली तंबोली की औकात ही क्या? टके की दुकान पर कोई साला पिकासो थोड़े ही लटकायेगा।"

रंगनाथ ने उनकी बात काटते हुए जोर से कहा, "रुकिए, रुकिए, मास्टर साहब! पिकासो का नाम न लीजिएगा। आपके मुंह से ऐसा नाम सुनते ही गश जैसा आने लगता है।" (पृ. २२९)

रंगनाथ के गश खाने का कारण, जैसाकि वह प्रिंसिपल साहब को थोड़ी देर बाद बताता है, शिवपालगंज के माहौल में पिकासो के नाम की व्यर्थ विसंगति थी।

"जी कसूर न आपका है, न मेरा, न तंबोली का। जी, कसूर तो पिकासो का है।" (पृ. २३०)

---

१८. 'कम' का यह श्लेष अंग्रेजी/हिन्दी तक ही नहीं बल्कि लैटिन/फारसी तक गया है।

शिवपालगंज की बोली इतनी मुहावरेदार है कि कोई बाहरी (इस परचे का का लेखक तो उनमें शामिल है ही) व्यक्ति कुछ संदर्भों को तो पकड़ ही नहीं पाएगा। शहर का रहने वाला रंगनाथ शहरी हिन्दी की नीरस परिपाटी का आदी है। बद्री के चमचों का प्रशिक्षण स्थल अखाड़ा उन स्थलों में से एक है जहां गंजहों की बोली बेलगाम हो जाती है। जब एक पहलवान बद्री को खोजता हुआ वहां आता है तो सनीचर उसे बताता है कि वह एक मीटिंग में गये हैं (एक कोआपरेटिव यूनियन के भगोड़े सुपरवाइजर के बारे में चर्चा करने— उपन्यास की यह एक छोटी उप कथा है)। पहलवान पर बद्री के इस तरह की मीटिंग में जाने की बात का कोई असर नहीं होताः "पहलवान ने लापरवाही से चबूतरे पर थूक दिया। कहा, 'बद्री भैया मीटिंग में बैठ कर क्या अंडा देंगे? सुपरवाइजर को पकड़ कर एक धोबीपाट मारते, उसी में साला टें हो जाता! मीटिंग शीटिंग में क्या होगा?"

रंगनाथ को बात पसंद आ गयी। बोला, "क्या तुम्हारे यहां मीटिंग में अंडा दिया जाता है?"

पहलवान ने इधर से किसी बवाल की आशा न की थी। उसने कहा, "अंडा नहीं देंगे तो क्या बाल उखाड़ेंगे? सब मीटिंग में बैठकर रांडों की तरह फांय-फांय करते हैं, काम धाम के वक्त खूंटा पकड़ कर बैठ जाते हैं।" (पृ. ८७)

रंगनाथ गम्भीरतापूर्वक सोचता है कि अखाड़ा आधुनिक हिन्दी शब्दकोश को सशक्त करने में पूरी तरह समर्थ है। शिवपालगंज में होने वाले ताश के खेल को देखते हुए उसमें वैसा ही विचार गूंजता है जो ऐसे किसी भी हिन्दी पाठक के लिए बहुत परिचित है जिसकी मातृभाषा हिन्दी नहीं है। अर्थात् संस्कृतीकरण की प्रचलित (नव छद्म) प्रक्रिया (इसकी तुलना कभी-कभी अंग्रेजी के लैटिनीकरण से की जाती है लेकिन यह प्रक्रिया उसके मुकाबले कहीं अधिक जोड़ तोड़ वाली है) बड़े कठोर ढंग से एक देशी भाषा के रूप में आधुनिक हिन्दी की असली ताकत को नष्ट कर रही है।[१९]

रंगनाथ जुआरियों के जमावड़े में फल्लास ('फ्लश' ताश के एक खेल का नाम), जोड़ (पेयर), दौड़ (रन), लंगड़ी (फ्लश), पक्की (रनिंग फ्लश) और टिर्रेल (ट्रेल) जैसे शब्दों में आत्मसातीकरण और उधार अनुवाद से आह्लादित हो उठता है और सपना देखता है कि क्यों न हिन्दी के उन पेशेवर कोशकारों, जो अपने कक्ष की चार दीवारों के भीतर ही एक नयी और अबूझ भाषा गढ़ने में व्यस्त हैं, की जगह गंजहों की एक छोटी सी समिति गठित की जाये। (पृ. २१५) शुक्ल की इस व्यंग्यात्मक पुस्तक में 'साहित्यिक हिन्दी' की कृत्रिमता और दुरूहता पर लगातार चोट की गयी है। वैद्य जी को बताया जाता है कि उनसे कोआपरेटिव यूनियन के निदेशक पद से त्यागपत्र मांगा जा रहा है। बतायी गयी उन बातों के एक दुरूह अंश के बाद शुक्ल की टिप्पणी हैः "अंतिम वाक्य लगता था श्री जैनेन्द्र कुमार के किसी लेख से उड़ाये गये थे पर वैद्य जी राजनीति के आदमी थे और बीसवीं सदी का हिन्दी साहित्य जब हिन्दी के प्रोफेसर तक बड़े कष्ट में पढ़ते हैं तो वैद्य जी से यह आशा करना कि उन्होंने श्री जैनेन्द्र कुमार का

---

२०. शुक्ल की अपनी भाषा में भी ऐसे उधार लिए हुए शब्द और मुहावरे पर्याप्त हैं जिनमें से कुछ तो निस्संदेह आत्मोपहासपूर्ण हैं: क्लास लेना (पृ. २७), प्रेम में गिरना (पृ. २५६) इतिहास अपने आपको दोहराएगा- 'हिस्ट्री विल रिपीट इटसेल्फ' (पृ. १३६), नये खून को प्रोत्साहित करना (पृ. ३७) कौवे उड़ाने वाली लकीर को पकड़ना 'टु गो ऐज द क्रो फ्लाइज' (पृ. ३३६), चिथड़ा 'रग'- 'सस्ता अखबार' (पृ. ३३६); इस पर और चर्चा के लिए देखें, डेविड आर्नल्ड और पीटर राब (सं.), इंस्टीट्यूशंस ऐंड आइडियोलाजीस : ए.एस.ओ.ए.एस. साउथ एशिया रीडर (लंदन १९९३), आर. स्नेल, 'द हिडेन हैण्ड : इंग्लिश लेक्सिस, सिन्टैक्स ऐण्ड ईडियम ऐज डिटर्मिनेण्ट्स आफ माडर्न हिन्दी यूसेज', पृ. ५३-६८.

दार्शनिक साहित्य पढ़ा होगा, एक अनुचित बात होगी। वास्तव में, वैद्य जी का किसी साहित्य से कोई विशेष सम्बंध । नहीं था। यदि ऐसा होता और यदि उन्होंने श्री जैनेन्द्र कुमार के लेख पढ़े होते तो इस शैली में कही गयी बातें सुन कर वे समझ जाते कि उन्हें केवल शब्द जाल से धमकाया जा रहा है।" (पृ. ३५१)

श्रीलाल शुक्ल संस्कृतनिष्ठ भाषा रूप से खुद भी बचते हैं। उनके प्रयोगों में प्रायः 'काम छोटे और भाषण बड़े' किस्म की विडम्बना ध्वनित होती है। इसके उदाहरण उनके पंडित राधेलाल जैसे पक्के झूठे गवाह जैसे चरित्रों के वर्णनों में मिलते हैं जिन्हें अपनी कलाकारी में 'उच्चकोटि की दक्षता' से अदालती गवाहों के बीच अभूतपूर्व प्रतिष्ठा मिली है।[20] इसी व्यंग्यात्मक स्वर में उस ग्रामीण को, जिस पर गांव के भुतहे पीपल के पेड़ के पास सड़क पर बदमाशों ने हमला किया था, 'आत्मदया, आक्रोश आदि कई साहित्यिक गुणों से पीड़ित' बताया गया है। (पृ. २८५)

भाषा रूप का दूसरा अतिवादी छोर है गांव के पियक्कड़ जोगनाथ की भाषा। वह और उसके भाई बंधु एक तरह की शराबी अपभाषा 'सरफरी बोली' बोलते हैं जिसमें अक्षरों के बीच में 'अफ' (दरअसल 'रफ': अनु.) जोड़ दिया जाता है। जब एक डाके के शक में पुलिस उसे गिरफ्तार करती है, वह 'कौफोंन है सरफाला' जैसे वाक्यों से इंस्पेक्टर को घबरा देता है। इस तरह की भाषा सांस्कृतिक संदर्भों में गांव की पृथकता को रेखांकित करती है। किसी बाहरी अदमी की वहां वास्तविक पैठ सम्भव नहीं।

श्री शुक्ल का भाषा रूपों का इस्तेमाल रूपकों और अन्य वर्णनात्मक तरीकों तक फैला है। अस्वाभाविक रूप से संस्कृतनिष्ठ हिन्दी से वह परहेज करते हैं लेकिन हिन्दी परम्परा के गौरवशाली अतीत, जहां संस्कृत परम्परा का अपना स्वाभाविक स्थान है, के संदर्भ मौजूद हैं। इसीलिए उपन्यास के प्रारम्भ में जब ट्रक ड्राइवर ताजगी भरे चेहरे वाले रंगनाथ को देखता है तो वहां रंगनाथ का वर्णन युवा उत्साही राम की तुलसीदास से उधार ली स्तुति (वह भी एक सरस छंद में) के जरिये किया गया है:

"ड्राइवर ने दुकानदारिन की सारी सम्भावनाएं एक साथ देख डालीं और अपनी निगाह रंगनाथ की ओर घुमायी। अहा! क्या हुलिया था! 'नवकंजलोचन, कंजमुख करकंज पद कंजारुणम!'[21]" (पृ. ८)

इसी प्रकार का भावापकर्ष बद्री के चमचे छोटे पहलवान के इस वर्णन में है 'एक पेड़ के नीचे त्रिभंगी मुद्रा में खड़े'। यहां बांसुरी बजैया कृष्ण की भव्य त्रिभंगी मुद्रा का संदर्भ है जिसमें कृष्ण अपने घुटने कमर और गरदन को खूबसूरत ढंग से मोड़ते हैं।

यह सच है कि हिन्दी कथा साहित्य में इस तरह के क्लासिकी संकेत व्यंग्यात्मक अथवा परोक्ष ढंग से भरे पड़े हैं। श्री शुक्ल के लेखन में ये संदर्भ इस तथ्य के कारण उल्लेखनीय है कि वे सांस्कृतिक संदर्भों के एक असाधारण रूप से व्यापक विस्तार के केवल एक छोर का प्रतिनिधित्व करते हैं। ये संदर्भ इस विस्तार के एक दूसरे छोर (उदाहरण निम्नलिखित) के विपरीत एकदम अलग और प्रभावशाली ढंग से उभरते हैं:

"खन्ना मास्टर, जो अभी तक पालथी मारे बैठे थे, अचानक घुटने मोड़ कर और सीना आगे तान कर जिस्म के उतार चढ़ाव को दिखाने वाले स्वर्गीय मैरिलिन मुनरो के एक विख्यात पोज में बैठ गये।" (पृ. ३८२)

यहां बिल्कुल अलग ढंग की विसंगति है लेकिन प्रभाव समवेत है। कभी वृंदावन तो कभी हालीवुड, संदर्भों

---

२०. यहां पर प्रेमचंद के संस्कृत बघारने वाले आत्ममुग्ध पंडित मोतीराम की प्रतिध्वनि है।

२१. विनय पत्रिका पृ. (४५)

को बदलते हुए श्री शुक्ल पाठक को लगातार उलझाये रखते हैं। वह यह कभी नहीं जान पाता कि अगला संदर्भ किस सांस्कृतिक दिशा से प्रकट होगा।

विवरणात्मक और वर्णनात्मक रणनीतियां

आधुनिक हिन्दी गद्य लेखन (उपन्यास और जीवनी लेखन सहित) का एक उलझन में डालने वाला स्थायी भाव है लघु शब्द चित्र। किसी नये पात्र का परिचय देने के लिए इस तरीके का बहुत इस्तेमाल होता है। शारीरिक विवरण के खास जरूरी लक्षणों का उल्लेख मात्र, डेफिनिट इनडेफिनिट आर्टिकिल का अभाव और इसके साथ मुख्य क्रियापदों से परहेज जिसमें अंग्रेजी के मुकाबले और कंजूसी की जाती है। विशेषताओं का ऐसा संक्षिप्त सूचीकरण शिनाख्त के लिए चित्र बनाने वाले कलाकार को दिये गये निर्देश जैसा प्रतीत होता है या सम्भवतः वे संस्कृत काव्य के लम्बे, समासयुक्त पदों द्वारा अर्थाभिव्यक्ति की परम्परा का पालन करते हैं। जो हो, राग दरबारी में पात्रों का रूप चित्रण भली प्रकार हुआ है; तनिक व्यंग्य की बघार के साथ।

"चार बजे प्रिंसिपल साहब अपने कमरे से बाहर निकले। दुबला पतला जिस्म, उसके कुछ अंश खाकी हाफ पैण्ट और कमीज से ढंके थे। पुलिस सार्जेंटों वाला बेंत बगल में दबा था। पैर में सैण्डिल। कुल मिला कर काफी चुस्त और चालाक दिखते हुए और जितने थे, उससे ज्यादा अपने को चुस्त और चालाक समझते हुए।" (पृ. २६)

"रंगनाथ ने अब उन्हें (रुप्पन को) ध्यान से देखा। कंधे पर टिकी हुई धोती का छोर, ताजा खाया हुआ पान, बालों में पड़ा हुआ कई लीटर तेल- स्थानीय गुंडागिरी के किसी भी स्टैण्डर्ड से वे होनहार लग रहे थे।" (पृ. ३५)

"उसको लोग लंगड़ कहते थे। माथे पर कबीरपंथी तिलक, गले में तुलसी की कंठी, आंधी पानी झेला हुआ दढ़ियल चेहरा, दुबली पतली देह, मिर्जई पहने हुए। एक पैर घुटने के पास से कटा था, जिसकी कमी एक लाठी से पूरी की गयी थी। चेहरे पर पुराने जमाने के उन ईसाई संतों का भाव, जो रोज, अपने हाथ से अपनी पीठ पर खींच कर सौ कोड़े मारते हों।" (पृ. ३६-४०)

"शहर से देहात को जाने वाली सड़क पर एक साइकिल रिक्शा चला जा रहा था। रिक्शा वाला रंगीन बनियान, हाफपैण्ट, लम्बे बाल, दुबले पतले जिस्म वाला नौजवान था। उसका पसीने से लथपथ चेहरा देखकर वेदना का फोटोग्राफ नहीं, बल्कि वेदना का कार्टून आंख के आगे आ जाता था।" (पृ. ४८)

कई प्रसंगों प्रकरणों की शुरुआत इसी तरह की गयी है। अन्यत्र वर्णन में एक अधिक आत्म सचेत ढंग से अपनायी गयी प्रयोगात्मक और सांकेतिक शैली वर्णन को एक नयी दिशा देती है। पुलिस इंस्पेक्टर के निम्नलिखित वर्णन में एक सुस्त नौकरशाह का बहुत सटीक चित्रण है एक पर्याप्त भद्र लेकिन पुलिस के अधिक गतिशील सदस्यों में न गिना जाने वाला व्यक्ति- 'मध्यकाल का कोई सिंहासन रहा होगा जो अब घिस कर आरामकुर्सी बन गया था। दरोगा जी उस पर बैठे भी थे, लेटे भी थे'। (पृ. १४)। आश्चर्य नहीं, शुक्ल जैसे मूर्तिभंजक लेखक में संक्षिप्त आत्मोपहास का भी पर्याप्त अवकाश है:

"छत पर कमरे के सामने टीन पड़ी थी। टीन के नीचे रंगनाथ था। रंगनाथ के नीचे चारपाई थी। दिन के दस बजे थे। अब आप मौसम का हाल सुनिए।" (पृ. १०६)

इस प्रकार ग्यारहवां अध्याय कुछ उस ढंग से शुरु होता है जो हमें जे.डी. सैलिगर की याद दिलाता है (और

इस उपन्यास में ऐसा पहली बार नहीं हुआ है)।[२२] क्रियाविशेषणात्मक संदर्भों में वैसे ही सुविचारित भोलेपन के इस्तेमाल की वैसी ही तकनीक बद्री के एक वर्णन के अंत में इस्तेमाल की गयी है लेकिन इसमें एक अनपेक्षित लयात्मक पुट है जो प्रायः वक्र शैली के एकदम विपरीत है:

"उसके घुटे सिर पर कड़वे तेल की चमक थी, और उसके ऊपर ऊपर, ऊपर और ऊपर नीला आसमान था।" (पृ. २५६)

ज्यादातर खरी कामेडी को प्राथमिकता दी गयी है, खास तौर पर शिवपालगंज के चरित्रों के लज्जाजनक पहलुओं के वर्णन में। संक्षिप्त चित्रण की प्रवृत्ति के बावजूद अपने व्यंग्यात्मक स्वर के अनुकूल होने पर श्री शुक्ल अपने यथार्थवाद को सर्वांगीण और जीवंत बनाने में हिचकिचाते नहीं, खासतौर पर बेहूदगी, मल मूत्र, थुलथुलपन और अश्लीलता के वर्णन में।

"ठंडक थी, पर सैनिटरी इंस्पेक्टर के माथे पर पसीना आ गया था। वह हाफ पैण्ट, कमीज और खुले गले का कोट पहने था। हाफ पैण्ट बाहर निकले हुए पेट पर से खिसक न जाए, इसलिए उसे पेटी से काफी कस कर बांधा गया था और इस तरह पेट का क्षेत्रफल दो भागों में लगभग बराबर-बराबर बंट चुका था।" (पृ. १३४)

"अखाड़े से दो पहलवान झूमते हुए निकले। एक तो बद्री थे, दूसरे छोटे। दोनों की खोपड़ियां घुटी थीं। उन पर पसीने की मदद से मिट्टी का पलस्तर जैसा चढ़ गया था। गरदन पर पीछे की ओर गैंडे जैसी झुर्रियां। दोनों ने लंगोट की पट्टी आगे हाथी की सूंड़ की तरह लटका ली थी। संकरी पट्टी के दोनों ओर से संक्षिप्त अंडकोष ब्रह्मांड में प्रदर्शित हो रहे थे। पर जिस तरह कला के नाम पर हेनरी मिलर और डी.एच. लारेंस की अश्लीलता को माफी मिल जाती है, उसी तरह भारतीय व्यायाम के नाम पर इन दोनों पहलवानों को यह सब दिखाने की छूट मिल गयी थी।" (पृ. २८७)

यहां यथार्थवाद चरित्र चित्रण का नहीं व्यंग्य के शस्त्रागार का एक हथियार है। यह स्वच्छंदतावाद के नीचे से नमदा खीच लेने और हर उस चीज, जिसमें कृत्रिम कलात्मकता की गंध आती है, को उघाड़ देने के श्री शुक्ल के इरादे का अंग है।

"आज के भावुकतापूर्ण कथाकारों ने न जाने किससे सीख कर बार-बार कहा है कि दुख मनुष्य को मांजता है। बात कुल इतनी नहीं है, सच तो यह है कि दुख मनुष्य को पहले फींचता है, फिर फींच कर निचोड़ता है, फिर निचोड़ कर उसके चेहरे को घुग्घू जैसा बना कर उस पर दो चार काली सफेद लकीरें खींच देता है। फिर उसे सड़क पर लम्बे-लम्बे डगों से टहलने के लिए छोड़ देता है।"

दुख और स्वार्थ की कटु वास्तविकताएं कला की बकवास के पीछे बड़ी आसानी से छिपा दी जाती है। शुक्ल मानते हैं कि गोदान का प्रत्येक पाठक जानता है कि किसान और जमीन का रिश्ता कितना पुख्ता है लेकिन रोमांटिक उपन्यास लेखन के वागाडम्बर में उस रिश्ते के भीतर का स्वार्थपूर्ण प्रेरक तत्व गुम हो जाता है:

"ये बातें गोदान में इतनी साफ नहीं लिखी गयी हैं और बम्बइया फिल्मों में, शायद कृश्नचन्दर और ख्वाजा

---

२२. अगर आप वाकई इसके बारे में सुनना चाहते हैं तो सबसे पहले आप शायद यह जानना चाहेंगे कि मैं कहां पैदा हुआ और मेरा बचपन किस तरह का था, मेरे जन्म से पहले मेरे माता-पिता का शगल क्या था और वह सभी डेविड कापरफील्ड मार्का बकवास परंतु मैं इस सबमें पड़ना नहीं चाहता। 'द कैचर इन द राइ' (हार्मड्सवर्थ, १९५८) पृ. ५

अहमद अब्बास के डर के कारण या प्रगतिशीलता के जोश में पचास फीसदी अंधे हो जाने के कारण, या सिर्फ जहालत के कारण साफ तौर पर नहीं दिखायी गयी हैं, इसलिए उन्हें जरा सफाई से कहना पड़ा, ''अगर्चे अपने देश में सफाई का काम कलाकारों का नही है फिर भी.....।'' (पृ. २४८)

इस तरह के प्रसंग साहित्य की कृत्रिमता के प्रति जागरूकता की ओर संकेत करते हैं। शुक्ल साहित्य की इस कृत्रिमता की याद पाठक को निरंतर दिलाते रहते हैं। वर्णन से एक सम्पादकीय असंलग्नता अंग्रेजी उपन्यास की एक आम बात हो सकती है लेकिन हिन्दी में इस विशेषता के लिए मौलिकता का दावा किया जा सकता है। यहां अंतर्कथाओं का उल्लेख पूर्वोल्लिखित भाषा रूपों के आत्मसजग सुष्ठु प्रयोग के समानांतर है। चुनाव जीतने की तीन वैकल्पिक तिकड़मों के बारे में कथा के भीतर कथा कहते हुए श्री शुक्ल बीच में हस्तक्षेप करते हैं: ''यह सब सिंहासन बत्तीसी और बैताल पचीसी की कहानियों की तरह हुआ।'' (पृ. २५३) इस तरह वर्णन यथार्थ और युक्ति के बीच चलता है। चरित्रों और उनके व्यवहारों के वर्णनों की समानता प्रायः कहानी, उपन्यास या सिनेमा के फार्मूलों की गढ़ी गढ़ायी स्थितियों से दिखायी जाती है जैसाकि निम्नलिखित अंश में है जहां वैद्य जी और उनके लगातार विद्रोही होते जाते पुत्र रुप्पन के बीच झगड़े के समापन का वर्णन करने के लिए नकारात्मक उपमाओं का इस्तेमाल हुआ है: ''रुप्पन बाबू झपट कर बाहर चले गये। वैद्य जी चारपाई के पास चुपचाप खड़े रहे। ऐसे मौके पर फिल्मी हीरो के बाप की तरह रंभा कर रोये नहीं। अपने भ्रष्टाचार की शिकायत पर कमीशन बैठाये जाने की सूचना पा कर किसी बड़े नेता की तरह उन्होंने यह वक्तव्य नहीं दिया कि पहले भ्रष्टाचार की एक सर्वमान्य परिभाषा निश्चित होनी चाहिए। अपनी रचनाओं की खराब आलोचना पढ़ कर टेक्स्ट बुक कमिटी की कृपा से लखपती बनने वाले किसी साहित्यकार की तरह वह अवज्ञा की हंसी नहीं हंसे। अपने आचरण के विरुद्ध इतनी बड़ी चुनौती सुन कर उन्होंने ऐसा कोई काम नहीं किया। वे चुपचाप खड़े रहे। उनके पेशे में जो सबसे आसान काम था उन्होंने वह तक नहीं किया; अपने मुंह से उन्होंने 'हे राम' तक नहीं निकाला।'' (पृ. ३१३)

व्यंग्य और प्रतीक

ग्राम संस्थाएं, गंजहे, गांव और ग्राम उपन्यास ये सभी किसी न किसी तरह से श्रीलाल जी के व्यंग्य का निशाना हैं। उदाहरण के लिए राजनीति की दुनिया को यहां राजनीति का उच्च पद प्राप्त नहीं है। यहां वह 'लीडरी', 'नेतागिरी', 'गुटबंदी' है क्योंकि यहां जो लोग यह खेल खेलते हैं वे गुटों और समूहों के नेता और सदस्य हैं, गांव के घाघ लड़के, पहलवान गुंडे और उनके चाटुकार हैं न कि विचारधाराओं के उन्नायक। यहां तक कि (या विशेषकर) कालेज के प्रिंसिपल जैसे अधिकारियों के पद भी स्वार्थ के मुनाफे की चक्की हैं। पृष्ठ ३२ पर एक परिचित उपदेश देता है: ''ठाट से प्रिंसिपली कीजिए'', लेकिन बाहर से इस दुनिया को देखने वाले रंगनाथ का चरित्र, जो ग्राम जीवन की घटनाओं को देख कर प्रायः स्तम्भित और हताश हो जाता है, शिवपालगंज की अतिविरूपता का सक्षम विकल्प नहीं बन पाता। उपन्यास की एकदम शुरुआत से ही जब उसे शिवपालगंज लाने वाला ट्रक ड्राइवर उसकी जेब हलकी करवा लेता है— यह बाद में आने वाले व्यापक पैमाने के भ्रष्टाचारों की शुरूआत थी— रंगनाथ एक भोंदू, भोले और अप्रभावी व्यक्ति के रूप में चित्रित है। उसकी शहरी और अकादमिक पृष्ठभूमि और उसकी तथाकथित 'बौद्धिकता' का मखौल उड़ाया जाता है क्योंकि इसे जीवन के किसी उपयोगी काम के अनुपयुक्त माना जाता है। किसी भी सामान्य मूर्ख की तरह उसने एम.ए. करने के बाद तत्काल नौकरी न मिलने के कारण रिसर्च शुरू कर दी थी। (पृ. ५६) और उसकी शिक्षा तथा अनुमानित नैतिक श्रेष्ठता वास्तव में कभी किसी प्रभावी कार्रवाई में

रूपांतरित होने में कतई समर्थ नहीं है। कालेज में वह खुद को बड़े ढुलमुल ढंग से खन्ना मास्टर के गुट के साथ जोड़ लेता है और अपने ममेरे भाई रुप्पन के साथ एक तरह की मैत्री कायम कर लेता है। लेकिन यह सब कुछ अमूर्त ढंग से किया गया है। वह वास्तविक मुठभेड़ों से बचता है और खुद को वास्तविक स्थितियों से अलग रखता है और अंततः वह अंतरात्मा की एक आवाज के प्रबोधन का अनुसरण करता है जो उसे बताती है:

"... अलग से एक हवाई दुनिया बना लो। उस दुनिया में रहो जिसमें बहुत से बुद्धिजीवी आंख मूंद कर पड़े हैं होटलों और क्लबों में। शराबखानों और कहवाघरों में, चंडीगढ़ भोपाल बंगलौर के नवनिर्मित भवनों में, पहाड़ी आरामगाहों में, जहां कभी न खत्म होने वाले सेमिनार चल रहे हैं, विदेशी मदद से बने हुए नये-नये शोध संस्थानों में, जिनमें भारतीय प्रतिभा का निर्माण हो रहा है। चुरुट के धुएं, चमकीली जैकेटवाली किताब और गलत किन्तु अनिवार्य अंग्रेजी की धुंध वाले विश्वविद्यालयों में। वहीं कहीं जा कर जम जाओ, फिर वहीं जमे रहो।" (पृ. ४०४)

रंगनाथ की कमजोरी को कुछ गंजहे तो पहचानते ही हैं। रंगनाथ गांव वालों से अपने को श्रेष्ठ मानता है, इससे रुप्पन आहत होता है और उस पर बाकी सबको 'काला आदमी जमीन पर हगनेवाला' समझने वाले इंग्लैंड पलट की तरह फैसला करने का आरोप लगाता है। (पृ. ३४४) उसके शहरी शिष्टाचार के मुलम्मे का बद्री पर कोई असर नहीं है और कालेज में खन्ना गुट के खिलाफ मुख्य ताकत के इस्तेमाल की वकालत करते हुए वह वैद्य जी को आश्वस्त करता है: "रंगनाथ चाहे जितना गिचिर पिचिर करे, उसकी फिक्र क्या? शहर का आदमी है। सुअर का सा लेंड़ न लीपने के काम आय, न जलाने के।" (पृ. ३४७)। उपन्यास के अंतिम पृष्ठ पर जब प्रिंसिपल खन्ना मास्टर से जबरदस्ती इस्तीफा ले लेने के बाद खाली हुई प्राध्यापकी के लिए रंगनाथ से प्रस्ताव करते हैं और रंगनाथ उन्हें झाड़ देता है, प्रिंसिपल साहब कहते हैं (और कोई अकारण नहीं): "बाबू रंगनाथ, तुम्हारे विचार बहुत ऊंचे हैं, पर कुल मिला कर उससे यही साबित होता है कि तुम गधे हो।"

विवरणात्मक तकनीक की दृष्टि से निश्चय ही रंगनाथ का व्यापकतर यथार्थ के साथ एक जरूरी जुड़ाव है: "जैसे भारतीयों की बुद्धि अंग्रेजी की खिड़की से झांक कर संसार का हालचाल देती है, वैसे ही सनीचर की बुद्धि रंगनाथ की खिड़की से झांकती हुई दिल्ली के हालचाल लेने लगी।" (पृ. ८३)। लेकिन इस जुड़ाव से शिवपालगंज की संकीर्णता ही रेखांकित होती है। इसके कोई सकारात्मक ध्वन्यार्थ नहीं है। रंगनाथ का भावी बौद्धिकतावाद सुना सुनाया तथा प्रभाहीन है, यहां तक कि उसके अपने शोध विषय इंडोलाजी के स्रोत संदर्भ ग्रंथ उसे एक ऐसी दुनिया का गुलाम बनाते हैं जो उसकी अपनी वास्तविकताओं से हास्यजनक ढंग से बहुत दूर है:

"हिन्दुस्तानियों ने अपनी पुरानी जिन्दगी के बारे में अंग्रेजों की मदद से एक विषय ईजाद की है जिसका नाम इंडोलाजी है। रंगनाथ के शोध का सम्बंध इसी से था। इंडोलाजी के शोधकर्ताओं को पहले इस विषय के शोधकर्ताओं का शोध करना पड़ता है और रंगनाथ वही कर रहा था। .... विण्टरनीत्ज बिलकुल नाक के नीचे थे। कीथ पीछे की ओर पायजामे से सटे थे। स्मिथ पैताने की ओर ढकेल दिये गये थे और वहीं उल्टी पल्टी हालत में राइस डेविड की झलक दिखायी दे रही थी। परसी ब्राउन को तकिये ने ढंक लिया था। ऐसी भीड़ भाड़ में काशी प्रसाद जायसवाल बिस्तर की एक सिकुड़न के बीच औंधे मुंह पड़े थे। भंडारकर चादर के नीचे से कुछ सहमे हुए झांक रहे थे।" (पृ. १०७)

जब रंगनाथ गांव के रीति रिवाजों पर फैसले सुनाता है, उसे लगातार चुनौतियां मिलती हैं और वह तुरंत अपनी बात से पलट जाता है। उदाहरण के लिए एक स्थानीय मेले में जब वह पुरातत्व की अपनी विशेषज्ञता के

आधार पर देवी मंदिर की मूर्ति को एक सैनिक की धर्मनिरपेक्ष प्रतिमा बताता है।

"पुजारी पूजा कराने और पैसे बटोरने के कारोबार को रोक कर पूरी तबियत से रंगनाथ को गालियां देने लगा। उसका मुंह छोटा था, पर बड़ी-बड़ी गालियां एक दूसरे को लांघती हुई बहुत टूटी फूटी हालत में बाहर आ कर गिरने लगीं। थोड़ी देर में मंदिर के अन्दर गालियां ही गालियां हो गयीं, क्योंकि भक्तों ने भी पुजारी की ओर से गालियों का उत्पादन शुरू कर दिया था।"

"... कुछ दूर चलने पर रंगनाथ ने कहा, "गलती मेरी ही थी। मुझे कुछ कहना नहीं चाहिए था।" (पृ. १४५)

व्यंग्य सब पर एक ही कूची से कालिख पोतता है। इसका उद्देश्य विवेक और मूढ़ता में भेदभाव करना नहीं बल्कि शायद यह दिखाना है कि मूढ़ता सार्वभौमिक है और जैसाकि पुरानी और विश्वव्यापी परम्परा से पता चलता है, जीवन की साधारणता को दिखाने का निश्चितम तरीका है अश्लीलता और गंदगी के प्रसंग। उपन्यास में मल मूत्र विसर्जन के वर्णन शिवपालगंज की किसी सड़क के किनारे कूड़ा करकट की तरह छितरे हुए हैं। हगना मूतना केवल शारीरिक क्रियाएं न रहकर पारंपरिक ग्राम जीवन में मनोरंजनात्मक गतिविधियों के सीमित विस्तार में समाहित हो जाती हैं। तुलना समकालीन बनारसी जीवन शैली में निपटने नहाने की भूमिका का नीता कुमार का विश्लेषण।[२३] ली सीगल के अनुसार भारत में मल विसर्जन सम्बंधी हास्य उस समय विशेष लोकप्रिय होता है जब वह किसी ब्राह्मण के संदर्भ में होता है (निश्चय ही ताताचारी जैसे नामों के साथ)।[२४] शुक्ल भी सभी मानव क्रियाओं में सर्वाधिक शब्दशः बुनियादी इस क्रिया के हास्यपूर्ण और व्यंग्यात्मक पहलुओं के बीच सानंद विचरण करते हैं। इसके विस्तृत वर्णन के लिए वह भारतीय परिवेश को खास तौर पर अनुकूल मानते हैं: "सच्चे हिन्दुस्तानी की यही परिभाषा है कि वह इन्सान जो कहीं भी पान खाने का इंतजाम कर ले और कहीं भी पेशाब करने की जगह ढूंढ़ लें।" (पृ. ३०२)

कोई रामदरश मिश्र[२५] जैसे आलोचकों से सहमत हो या न हो जिनके अनुसार शुक्ल इन चीजों की अति कर देते हैं, यह निजी रुचि का मामला है लेकिन लेखक का मल विसर्जन और उसके सभी कामों के प्रति लगभग मोहातिरेक (जिसे 'पादने के लिए ही पादना' कहा जा सकता था अगर वाल्टर रेडफर्न[२६] ने यह बात पहले ही न कह दी होती) उपन्यास के व्यंग्य का एक असाधारण और एक ऐसा पहलू है जो उसे प्रेमचंद की पीढ़ी के उपन्यासों के प्रकटतः मलविहीन ग्रामीणों से यथासम्भव दूर कर देता है।

जहां निश्चित और स्पष्टतः परिभाषित राजनीतिक निहितार्थ लाया जाता है वहां व्यंग्य बोझिल हो सकता है। रूपक बदलने के लिए शुक्ल के व्यंग्य समाज की संरचना के भीतर एक साफ चीरा लगाने के उपकरण के रूप में बहुत ज्यादा भोथरे प्रतीत होते हैं। शुक्ल प्रायः अपने कथावाचन के वर्णनात्मक और व्यंग्यात्मक तत्वों के बीच एक कुशल संतुलन बनाये रखते हैं लेकिन कुछ असंयमित अंश ऐसे हैं जहां उनकी टिप्पणियों की निर्मम वक्र शैली निस्तेज होने लगती है जैसाकि नीचे दिये गये विस्तृत उदाहरण में है:

'चमरही' गांव के एक मुहल्ले का नाम था जिसमें चमार रहते थे। चमार एक जाति का नाम है जिसे अछूत माना जाता है। अछूत एक प्रकार के दोपाये का नाम है जिसे लोग संविधान लागू होने से पहले छूते नहीं थे। संविधान

---

२३. नीता कुमार, दि आर्टिजन्स आफ बनारस : पापुलर आइडेंटिटी ऐंड कल्चर १८८०-१९८६ (प्रिंसटन, १९८८)।

२४. ली सीगेल, लाफिंग मैटर्स : कामिक ट्रेडीशन इन इंडिया (शिकागो, १९८७) अध्याय-७.

२५. रामदरश मिश्र, माडर्न हिन्दी फिक्शन (दिल्ली, १९८३) पृ. २५१

२६. वाल्टर रेडफर्न, पन्स (आक्सफोर्ड, १९८[illegible]) पृ. १७३

एक कविता का नाम है जिसके अनुच्छेद १७ में छुआछूत खत्म कर दी गयी है क्योंकि इस देश में लोग कविता के सहारे नहीं बल्कि धर्म के सहारे रहते हैं और क्योंकि छुआछूत इस देश का एक धर्म है इसलिए शिवपालगंज में भी दूसरे गांवों की तरह अछूतों के अलग-अलग मुहल्ले थे और उनमें सबसे ज्यादा प्रमुख मुहल्ला चमरही था जिसे जमींदारों ने किसी जमाने में बड़ी ललक से बसाया था और उस ललक का कारण जमींदारों के मन में चर्म उद्योग का विकास करना नहीं था बल्कि यह था कि वहां बसने के लिए आने वाले चमार लाठी अच्छी चलाते थे।"

"संविधान लागू होने के बाद चमरही और शिवपालगंज के बाकी हिस्से के बीच एक अच्छा काम हुआ था। वहां एक चबूतरा बनवा दिया गया था जिसे गांधी चबूतरा कहते थे। गांधी, जैसा कि कुछ लोगों को आज भी याद होगा, भारतवर्ष में ही पैदा हुए थे और उनके अस्थिकलश के साथ ही उनके सिद्धांतों को संगम में बहा देने के बाद यह तय किया गया था कि गांधी की याद में अब सिर्फ पक्की इमारतें बनायी जायेंगी और उसी हल्ले में शिवपालगंज में यह चबूतरा बन गया था। चबूतरा जाड़ों में धूप खाने के लिए बड़ा उपयोगी था और ज्यादातर उस पर कुत्ते धूप खाया करते थे और चूंकि उनके लिए कोई बाथरूम नहीं बनवाया जाता है इसलिए वे धूप खाते-खाते उसके कोने पर पेशाब भी कर देते थे और उनकी देखा देखी कभी-कभी आदमी भी चबूतरे की आड़ में वही काम करने लगते थे।" (पृ. १२३-१२४)

ऐसी शैली की सफाई देने के लिए यह सुझाना तो सम्भवतः दूर की कौड़ी लाना होगा कि एक ही 'रस' पर केन्द्रित रहने का औचित्य पारम्परिक सौंदर्यशास्त्र के सिद्धांत में बताया गया है। लगभग अखंडित व्यंग्य, और संदर्भ की शाब्दिकता इस प्रकट सत्य के विपरीत है कि "समस्त हास्य और काफी बुद्धि से दो धरातलों पर एक साथ सोचने की काबिलियत प्रदान करती है"।[२७] वर्णन में लापरवाही के साथ गूंथे गये शुक्ल के गूढ़ व्यंग्य, इस तरह की गढ़ी गयी स्थितियों के विपरीत है। राजनीतिक परिदृश्य का हिस्सा बने शब्दाडम्बरपूर्ण दिखावे के खालीपन की ओर किये गये संकेत खास तौर पर प्रभावशाली हैं। उदाहरण के लिए रंगनाथ विनोबा भावे के भूदान आंदोलन के प्रति नाम मात्र की श्रद्धा के चलते भूदानी कुरता पहनता है, सालिडैरिटी आंदोलन के बिल्ले का सांस्कृतिक पर्याय। ये बिल्ले १९८० के दशक में इंग्लैंड के समाजवादी के लिए जरूरी फैशन थे; बाद में भूदानी नमस्कार में यह संकेत फिर लौटा है लेकिन इस बार बिलकुल विपरीत प्रभाव के साथ। उपन्यास में सर्वत्र चरित्र चीजों के नाम को बहुत महत्व देते हैं इस व्यर्थ आशा में कि एक तरह की पुनर्व्याख्यायित नाम सेवा में इन नामों के उच्चारण से सपने साकार किये जा सकते हैं। शिवपालगंज के एक जाने माने ठाकुर दूरबीन सिंह का यह नाम उनके माता पिता ने इस उम्मीद में रखा था कि "उनका बेटा हर, काम वैज्ञानिक ढंग से करेगा।" (पृ. ६३)। सरकारी पदनाम जैसे एम.एल.ए. (स्थानीय उच्चारण में ए मे ले) लगभग रक्षा कवच जैसा महत्वपूर्ण है। नाम मात्र के लिए विचारों का अनुसरण वैद्य जी सरीखे लोगों की खासियत है जो वैश्य कन्या बेला से अपने पुत्र बद्री के विवाह के लाभ को देखते हुए कुछ देर के लिए अंतर्जातीय विवाहों के सामाजिक फायदों के कायल हो गये थे।

समीक्षक और समीक्षाएं

इस पुस्तक के अनेक मुख्य विषयों में निस्संदेह एक है वास्तविक परिवर्तन की असम्भाव्यता तथा परिवर्तनकामी संस्थाओं की व्यर्थता निस्सारता। प्रकट सामाजिक विकास अथवा आर्थिक विकास हमेशा किसी न किसी बुराई के

---

२७. वाल्टर रेडफर्न, पूर्वोक्त, पृ. २२

स्थानापन्न में वैसे ही बदल जाता है जैसे गांव के लड़के कौड़ियों के बजाय ताश के पत्तों से जुआ खेलना सीख लेते हैं और क्षेत्र में सबसे ज्यादा फैली बीमारी के रूप में दस्त की जगह बवासीर ले लेती है। इस तरह के विषयों की प्रधानता के कारण राग दरबारी के आलोचक मानते हैं कि उपन्यास का सरोकार प्राथमिक रूप से गिरते हुए मानक, और मासूमियत का गायब होना है। निम्नलिखित फैसला आलोचकों के दृष्टिकोण का प्रतिनिधि प्रतीत होता है (हालांकि यहां एक काम चलाऊ सर्वेक्षण हो पाया है) "लेखक ने बड़े बेबाक ढंग से वर्णन किया है कि किस तरह आधुनिक भ्रष्ट राजनीति ने गांवों के सरल जीवन को नष्ट किया है और ग्रामीणों के बीच विचित्र किस्म के विश्वासों और मान्यताओं को जन्म दिया है।"[२८] "शुक्ल समाज के पूंजीवादी और सामंती ढांचे के प्रति अपना विद्रोह अभिव्यक्त करते हैं... (और) पारम्परिक तथा उन प्रगतिशील मूल्यों के प्रति अपना रुझान प्रदर्शित करते हैं जो समाज का विवेक संगत रूपांतरण कर सकते हैं।"[२९] "शुक्ल ने पुरानी व्यवस्था चरमरा जाने के बाद के एक भारतीय ग्राम का ... मूल्यों और परम्परा पर छलबल की निर्मम विजय का प्रभावपूर्ण चित्रण किया है।"[३०] एक अभिशाप, जो शहरों में पहले ही फैल चुका है, अब गांवों को अपनी चपेट में ले रहा है, "यह अभिशाप है चरित्र का संकट ... लेकिन हास्यपूर्ण व्यंग्य के आधिक्य से लेखक का यह मूल दृष्टिकोण धुंधला हो गया है।"[३१] "कोई कम से कम यह आशा तो कर ही सकता है कि उपन्यास पढ़ने के बाद कुछ रंगनाथ, कुछ गयादीन और कुछ लंगड़ रोशनी की दिशा में चल पड़ने की प्रेरणा पाएंगे।"[३२] इस तरह के रवैये उपन्यास पर इस बात का बहुत अनुचित दबाव डालते हैं कि वह सामाजिक सुधार के प्रचार साहित्य अथवा कम से कम कुछ निश्चित सैद्धांतिक उद्देश्यों के वाहक के रूप में रहे। लगता है आलोचकों ने यह पुस्तक स्वयं आविष्कृत अथवा आजादी के पहले के उन आदर्शवादी दिनों के सीमित एजेण्डा के साथ पढ़ी है जो प्रगतिशील लेखक संघ द्वारा साहित्य की सामाजिक उपयोगिता के बारे में प्रस्ताव पारित किये जाने के साक्षी हैं।

विविधता की जो सम्भावनाएं पश्चिमी उपन्यासकारों को स्वभावतः प्राप्त हैं, पारम्परिक प्रतिमानों से तनिक भी दूर हटने वाला हिन्दी उपन्यासकार उनसे वंचित कर दिया जाता है। उपन्यास लेखन के बारे में अपने रवैये को शुक्ल खुद स्पष्ट करते हैं कि, "राग दरबारी लिखते समय मेरे पास दो विकल्प थे: या तो मैं इसे एक क्रुद्ध नौजवान की दृष्टि से लिख सकता था जो कि मैं नहीं था अथवा मैं इसे एक ऐसे साक्षर, गंवार के नजरिए से लिख सकता था जो सनीचर, रुप्पन बाबू प्रिंसिपल साहब आदि के तौर तरीकों का आदी था, जो मैं था।"[३३]

रागदरबारी के मध्य तक पहुंच कर शुक्ल गांव के एक नाई द्वारा सनीचर के बाल कटवाने का वर्णन करते हैं:

"दुकान कहीं नहीं थी और सब जगह थी। गर्द भरी सड़क के किनारे नीम का एक पेड़ था। उसी के नीचे नाई बोरा बिछा कर बैठा था। उसके आगे एक ईंट गड़ी हुई थी। ईंट के ऊपर सनीचर न बैठा था, न खड़ा था,

---

२८. रामदरश मिश्र, पूर्वोद्धृत, पृ. २५१.

२९. सुलोचना रांगेय राघव, सोशियालाजी आफ इंडियन लिटरेचर:ए सोशियोलाजिकल स्टडी आफ हिंदी नावेल्स (जयपुर, १९८७) पृ. ३४.

३०. पीटर गेफ्के, पूर्वोद्धृत.

३१. लक्ष्मीसागर वार्ष्णेय, द्वितीय महायुद्धोत्तर.

३२. सरजू प्रसाद मिश्र, पूर्वोद्धृत, पृ. १२१.

३३. वही, पृ. ११६.

सिर्फ था।" (पृ. २२३)

कोई आलोचक[३४] राग दरबारी को सहज ढंग से सर्वप्रथम और सर्वोपरि एक व्यंग्य रचना मानने को तैयार नहीं दिखता। वे यह मानने में हिचकिचाते हैं कि इसका रुझान विशेष रूप से इस ओर या उस ओर नहीं है, बल्कि वह बस 'है'। यह सुझाव देना स्पष्टतः अवास्तविक होगा कि यह व्यंग्य राजनीतिक और सामाजिक व्याख्या से दूर है लेकिन इसकी अपनी सोद्देश्यता तो है ही और शुक्ल के व्यंग्य को किसी विशेष प्रयोजन का साधक मान कर उसे एकांगी रूप से पढ़ना उसके आनंद और सार को काफी कुछ नष्ट कर देगा। वस्तुतः यह मुद्दा विवादास्पद प्रतीत होता है कि क्या व्यंग्य किसी चीज के बारे में होना भी चाहिए।

यह उपन्यास गांव के जीवन की प्रत्यक्षतः सटीक व्याख्या के साथ-साथ सामान्यतः मानव जीवन का भी समान रूप से सटीक प्रतिबिम्ब है। हमारी राजनीति चाहे जो हो, हम सब गंदगी फैलाते रहते हैं (मलोत्सर्गी हैं)। अपने एजेण्डा में राजनीतिक सरोकारों को इतने ऊपर रखने वाले आलोचक शुक्ल की वह प्रशंसा करने में असफल रहते हैं अपनी रचना की मौलिकता के लिए जिसके वह अधिकारी हैं।[३५] १९४७ के बाद आये मोहभंग और असहायता के मनोभाव हिन्दी लेखकों ने प्रायः संवाद टूटने के संदर्भ में चित्रित किये हैं। हर्ष का विषय है ऐसा लेखक पाना जो हवा के खिलाफ रास्ता पकड़ रहा है और उन्हीं ऊर्जाओं का इस्तेमाल एक एकदम अलग दिशा में जाने के लिए कर रहा है। यह ऐसा ही है जैसे किसी मध्यकालीन कवि ने पारम्परिक सौन्दर्यशास्त्र की मिथ्या शपथ ले कर एक नये स्थायी भाव के रूप में भड़ैती को अंगीकार किया।

राग दरबारी रंगनाथ के शिवपालगंज आगमन के साथ शुरू होता है। रंगनाथ जिसे गांव की शांति की तलाश थी और जिसे वहां बदचलनी और वाक्छल के सांप की बांबी मिली थी। उपन्यास अस्तित्व के रोजमर्रा के संघर्ष में मानव व्यवहार की अपरिवर्तनीयता का चित्रण करता है। चीजें जितना बदलती हैं उतनी ही वे यथावत रहती हैं। जीवन की जटिलताएं और अस्पष्टताएं किसी सरलीकृत वर्गीकरण द्वारा रोकी नहीं जा सकतीं, पाठक को अंत में जैसे यही याद दिलाने को कृतसंकल्प श्रीलाल शुक्ल उपन्यास का अंत सांस्कृतिक बहुलता के एक ऐसे बिम्ब के साथ करते हैं जिसमें किसी भी चीज का हल नहां है।

"इसके बाद वार्ता में गतिरोध पैदा हो गया। मदारी, जहन्नुम में जाने के बजाय वहीं पर जोर-जोर से गाने लगा था और उसकी डुगडुगी अब एक नयी ताल पर बज रही थी। कुछ दूरी पर कुछ कुत्ते दुम हिलाते, कमर लपलपाते भूंक रहे थे। लड़के घेरा बांध कर खड़े हो गये थे। दोनों बंदर मदारी के सामने बड़ी गम्भीरता से मुंह फुला कर बैठे हुए थे और लगता था कि ये जब उठेंगे तो भरतनाट्यम से नीचे नहीं नाचेंगे।"

अनुवाद : वंदना मिश्र

---

३४. सिवाय सुन्दरलाल कथूरिया, आधुनिक साहित्यःविविध परिदृश्य (दिल्ली, १९७३) में ईश्वरदयाल गुप्त, व्यंग्य राग का विलंबित आलाप, पृष्ठ १९६-२०१ तथा सरजू प्रसाद मिश्र, पूवोद्धृत.

३५. भारतीय साहित्य को समझने में 'मौलिकता' के मानदंड को प्रायः अनुपयुक्त समझकर खारिज कर दिया जाता है फिर भी स्थायी महत्व की अधिकतर कृतियों में जैसे तैसे मिल ही जाती है। अपनी संस्कृति के बजाय किसी दूसरी संस्कृति की कला में परम्परा का तत्व (जिसे मौलिकता का अभाव पढ़ें) सदैव अधिक स्पष्ट प्रतीत होता है।

सदी के आखिरी दिनों की चकाचक उत्तर आधुनिक दशाएं पढ़ पाने में असमर्थ लोगों के लिए राग दरबारी एक अनिवार्य 'टैक्स्ट' है

सुधीश पचौरी

प्ले इज द डिसरप्शन आफ प्रेजेन्स
स्ट्रक्चर, साइन एंड प्ले इन द डिस्कोर्स आफ ह्यूमन साइंसैज / जाक देरिदा

भागो भागो भागो/यथार्थ तुम्हारा पीछा कर रहा है

'पैरोडी' यदि 'रियलिटी' बन जाए तो 'रियलिज्म' को खत्म समझना चाहिए। हिन्दी में यह घटना राग दरबारी के आने से जुड़ी है। यह और बात है कि राग दरबारी में रह कर भी लोग प्रेमचंद के 'यथार्थवाद' इत्यादि का नाम ले कर रोजी रोटी कमाते हैं।

'पैरोडी' ही चूंकि 'यथार्थ' है इसीलिए राग दरबारी का यथार्थ खुद एक ऐसी विकट समीक्षा है जिसकी 'यथार्थवादी' किस्म के खुट्टल औजारों से समीक्षा सिर्फ एक वाक्य में यूं की जा सकती है कि वह आजादी के बाद के यथार्थ पर एक 'गहरी चोट' इत्यादि करता है! याद नहीं पड़ता कि राग दरबारी पर अब तक जितनी टिप्पणियां लिखी गयीं उनका सकल वजन इस एक वाक्य से अधिक होगा! राग दरबारी इस भाषा को ही व्यर्थ कर देता है और समीक्षा की समस्या खड़ी कर देता है।

'पैरोडी' यदि यथार्थ बन चली है तो पैरोडी को ही खोलना होगा। पैरोडी को खोलेंगे तो शिवपालगंज में घुसना होगा। यदि शिवपालगंज में रंगनाथ की तरह तंदुरुस्ती बनाने आएंगे तो अंततः 'पलायन संगीत' गूंजेगा। राग

दरबारी की समीक्षाओं में (या समीक्षा के भयावह अभाव में) यही समीक्षा का पलायन संगीत है। लोग रंगनाथ के जरिए उसे पढ़ते हैं और अंततः 'तंदुरुस्ती' बना कर 'पलायन' करते हैं। वे समझते हैं कि वे जहां जाएंगे वहां शिवपालगंज नहीं होगा। लेकिन भागते हुए रंगनाथ को पकड़ कर छंगामल इंटर कालेज महाविद्यालय के प्रिंसिपल कहते हैं: "इससे कहां तक बचोगे बाबू रंगनाथ?" (पृ. ३२७) राग दरबारी और उसका शिवपालगंज रंगनाथ रूपी अपने बुद्धिजीवी पाठकों समीक्षकों से कहता है: "इससे कहां तक बचोगे बाबू?"! नयी कहानी के प्रतीकार्थों और विडम्बनाओं, टीसों में समझने वाली नव्य समीक्षा का राग दरबारी मार्का 'भरत मिलाप' [१] (पृ. ३१२) शिवपालगंज में ही आ कर होता है और 'पलायन संगीत' गूंजने लगता है। यह एक ही साथ विनोदपूर्ण किन्तु भयानक है।

पैरोडी के 'पाठ' की कुछ आसानियां होती हैं और कुछ मुश्किलें होती हैं। पैरोडी की खतरनाक बात यही है कि वह किसी भी किस्म के रूपक या सांगरूपक को उसकी 'जड़ों' से उखाड़ने का काम करती है। वह रूपक की अर्जित पवित्रता, महानता को उपहास वक्रता में ला कर रूपकों के 'अर्थों' को 'रिप्लेस' एवं 'डिस्रप्ट' करती है। यदि यथार्थ को पैरोडी की तरह पढ़ा जाए तो उसके रूपक अपने ऐतिहासिक अर्थ खो देते हैं। लेखक कई बार ऐतिहासिक अर्थों को नष्ट करने के लिए भी इस प्रविधि का उपयोग करते हैं। पैरोडी के रास्ते पढ़ते हुए अचानक लगता है कि राग दरबारी कथाओं में उपलब्ध राष्ट्रीय रूपक के मिथ को बड़े निर्मम ढंग से नष्ट करता है। यही राग दरबारी का 'डिपार्चर' है, 'टर्निंग प्वाइंट' है, जहां से हिन्दी कथा कथन प्रेमचंद के रूपक/रूपकों से न केवल अलग दिशा में चलने लगता है बल्कि प्रेमचंद की संरचनाओं को 'मिथ्या' जैसा बताता है। राग दरबारी के पढ़ने के बाद, ३२८ पृष्ठ तक शिवपालगंज में रहने के बाद प्रेमचंद के गांव अचानक झूठे लगने लगते हैं। प्रेमचंद की दुकान में अपना माल रख बेचने वालों के लिए उस उत्तर आधुनिक 'शिफ्ट' से निपटना मुश्किल है जो राग दरबारी की 'पैरोडी' पैदा करती है। वरना इस प्रश्न का उत्तर क्या है कि छत्तीस तक जो ग्राम्य जीवन एक मनोहारी 'इन्नोसेन्स' में मौजूद दिखता है वह अड़सठ तक आते-आते भयावह 'गंजहेपन' में क्यों तब्दील जो जाता है? गंजहापन, जिसके बारे में प्रिंसिपल कह चुका है: "इससे बचके कहां जाएंगे रंगनाथ बाबू?"

यहां पैरोडी ने 'रियलिटी' में छेद कर दिये हैं। रीयलिज्म में मौजूद कर्ता (नायक या रचनाकार) की स्वायत्तता (वह स्पेस, जिसमें 'कथित' यथार्थ से नायक या रचनाकार महफूज रहता है और जिसे वह प्रतिनिधित्व देता है, जिसे कहता है, और उसमें 'शामिल नहीं पाया जाता' ऐसा अहसास अपनी भाषा से देता चलता है) बनी रहती है। पैरोडी में वह स्वायत्तता नहीं बचती। शिवपालगंज का 'गंजहापन', स्पेस की 'इन्नोसेन्स' को खत्म ही नहीं करता, उसे मिथ्या ठहराता है। राग दरबारी पढ़ कर हमें सोचना पड़ता है कि क्या प्रेमचंद के गांव में 'गंजहापन' नहीं रहा

---

१. भरत मिलाप : इसका अर्थ शिवपालगंजही 'टैक्स्ट' के भीतर ही उपलब्ध है। देरिदा कह गये हैं कि 'टैक्स्ट' के बाहर कुछ है ही नहीं, नहीं तो भरत मिलाप का 'गंजहा' अर्थ रामायण में जरूर मिलता! चूंकि उधर नहीं मिलता सो राग दरबारी में ही देखना होगा। पृ. ३११-३१२ में इसका अर्थ इस प्रकार है कि प्रिंसिपल के द्वारा सताये खन्ना साहब के यहां बदला लेने की मिसकौट होती है। सिर्फ न्याय की खातिर खन्ना के पक्ष में चले गये रंगनाथ (जो वैद्य जी के भांजे हैं और प्रिंसिपल के लिए किंचित सम्माननीय)। खन्ना मास्टर के यहां खन्ना के चेलों में से एक को कहते सुनते हैं कि "मास्टर साहब जांच वांच से कुछ नहीं होगा। सीधा रास्ता वही है, आप हुकुम दें तो किसी दिन यहीं अंधेरे उजाले में प्रिंसिपल साहब का भरत मिलाप करा दिया जाए।" दूसरे लड़के ने इसका अर्थ समझाया: "नाक भर काटी जाए। जान लेने की कोई जरूरत नहीं।" यह सुनते ही रंगनाथ की हवा खराब हो जाती है। यहीं से पलायन संगीत उसकी आत्मा में बजने लगता है।

होगा? जरूर रहा होगा लेकिन प्रेमचंद ने उसे 'इन्नोसेन्स' की तरह ही पढ़ा। राग दरबारी कहता है कि 'गंजहापन' एक ऐतिहासिक 'अवस्था' है वह अचानक नहीं बन गयी है और यहां आ कर 'मनुष्यतावाद' के तमाम तर्क, इन्नोंसेंस, विकास के तमाम संकल्प और सपनों का परमानेंट 'राजतिलक' [२] हो जाता है।

रंगनाथ को जब 'भरत मिलाप' और 'राजतिलक' के टैक्स्टगत अर्थ मालूम होते हैं तो वह आत्मा में पलायन संगीत सुनता है। इस संगीत में उसका भद्रतावादी, आधुनिकतावादी और विकासवादी एंथ्रोपोलेजिस्ट बेकार हो जाता है। पलायन संगीत में वह सुनता है: "तुम मंझोली हैसियत के मनुष्य हो और मनुष्यता के कीचड़ में फंस गये हो। तुम्हारे चारों तरफ कीचड़ ही कीचड़ है। कीचड़ से बचो। यह जगह छोड़ो। यहां से पलायन करो।"

"वहां, जहां की रंगीन तस्वीरें तुमने 'लुक' और 'लाइफ' में खोज कर देखी हैं, जहां के फूलों के मुकुट, गिटार और लड़कियां तुम्हारी आत्मा को हमेशा नये अन्वेषणों के लिए ललकारती हैं .... जा कर कहीं छिप जाओ, नौजवान डाक्टरों की तरह, इंजीनियरों की तरह, वैज्ञानिकों की तरह, अंतर्राष्ट्रीय ख्याति के लिए हुड़कने वाले मनीषियों की तरह, जिनका चौबीस घंटे यही रोना है कि यहां सबने मिल कर उन्हें सुखी नहीं बनाया है। पलायन करो। यहां के झंझटों में मत फंसो। अगर तुम्हारी किस्मत ही फूटी हो और तुम्हें यहीं रहना पड़े तो अलग से अपनी एक हवाई दुनिया बना लो। उस दुनिया में रहो जिसमें बहुत से बुद्धिजीवी आंख मूंद कर पड़े हैं। होटलों और क्लबों में। शराबखानों और कहवाघरों में। चंडीगढ़, भोपाल, बंगलौर के नवनिर्मित भवनों में, पहाड़ी आरामगाहों में, जहां कभी भी न खत्म होने वाले सेमिनार चल रहे हैं। विदेशी मदद से बने हुए नये शोध संस्थानों में जिनमें भारतीय प्रतिभा का निर्माण हो रहा है। चुरुट के धुंए, चमकीली जैकेटों वाली किताबों और गलत किन्तु अनिवार्य अंग्रेजी की धुंध वाले विश्वविद्यालयों में। वहीं कहीं जा कर छिप जाओ फिर वहीं जमे रहो।

"यह न कर सको तो अतीत में जा कर छिप जाओ। कणाद, पतंजलि, गौतम में। अजंता, एलोरा, कोणार्क खजुराहो में। शाल भंजिका सुर सुंदरी अलस कन्या के स्तनों में। जप तप भंग में, संत समागम ज्योतिष सामुद्रिक में जहां भी जगह मिले जा कर छिप रहो।

"भागो भागो भागो। यथार्थ तुम्हारा पीछा कर रहा है।" [३] शिवपालगंज एक ऐसा फूकोल्डीय सत्तावादी यथार्थ है जहां वह बढ़ते-बढ़ते पैरोडी बन गया है। वह एक समूचा सांस्कृतिक कंस्ट्रक्ट है, सामाजिक, आर्थिक, राजनैतिक, समाजशास्त्रीय, मनोवैज्ञानिक तथा अन्य तमाम शास्त्रीय एक सरल किन्तु अबूझ सत्ता की संरचना है, जो आजादी के बाद के विकास में विकास के प्रतीकों की भूमिका को ही व्यर्थ करता चलता है। फूकोवादी सत्ता के विमर्श के किसी सूक्ष्म 'ब्लैक होल' की तरह वह विकास के आधुनिक संकल्पों, प्रतिज्ञाओं, सपनों और शास्त्रों को पी जाता है। इस गांव को पढ़ना, उसके सत्ता के विमर्श को पढ़ना है जो सीमक्षाओं में प्रायः दबाया गया है। सिर्फ 'गंजहेपन' का डिकंस्ट्रशन ही बता सकता है कि वह सर्वत्र व्याप्त स्थिति (कंडीशन) है जिसे प्रेमचंदीय विकासमूलक इन्नोसेन्स में प्रायः 'नहीं पढ़ा गया' है। आधुनिक वृत्तांत को यों संकटग्रस्त करना ही इस पैरोडी का उत्तर आधुनिक 'प्रतिरोध' है। यही 'व्यंग्य' का प्रतिरोध है।

---

२. राजतिलक (पृ. ३१२) यानी जान से मार डालता.

३. यह सम्पूर्ण उद्धरण पृ. ३२७-३२८ से लिया गया है।

कर्फौन है सर्फाला इर्फिन्नोसर्फेण्ट यानी कौन है साला इन्नोसेण्ट?

'गंजहेपन' की अन्योक्ति और उसमें घोल दिये गये तथा घुल जाने वाले रूपकांशों, प्रतीकांशों के विखंडन से पहले 'इन्नोसेन्स' की राजनीति तथा 'गंजहेपन' की 'राजनीति' का जिक्र जरूरी है।

हिन्दी में 'इन्नोसेन्स' (रूमान) ईश्वर की तरह सर्वव्यापी भाव है जो बाद में श्रीलाल शुक्ल के राग दरबारी, परसाई, शरद जोशी की मार के बाद थोड़ा कम हुआ दिखता है। फिर भी इन्नोसेन्स एक नीति के रूप में मौजूद है। 'इन्नोसेन्स' की जगह, इन्नोसेन्स की नीति ज्यादा प्रबल है जो हमें 'इन्नोसेन्स' का विखंडन नहीं करने देती।

हम कह आये हैं, राग दरबारी को पढ़ने के बाद हमें प्रेमचंद के गांव 'झूठे' लगते हैं। पूछें तो कि क्यों? क्योंकि 'गंजहापन' में रहने के बाद 'गांव' बदल जाते हैं। वे इन्नोसेन्स में जीवंत नहीं नजर आते और जो ऐसे नजर आते हैं उन पर 'शक' होता है। सो प्रेमचंद के 'गांव' की संरचना पर शक होता है। गंजहेपन में 'सत्ता' का जो विकट किन्तु नितांत सहज खेल खेला जाता रहता है, वह प्रेमचंद के गांवों में नहीं दिखता। वहां जीवन 'तर्कसंगत' है, 'बोधगम्य' है, सो परिवर्तनीय है। वह 'प्रतिनिधित्व' में है। 'प्रतिनिधान्य' में है। प्रतीक स्वच्छ और स्पष्ट हैं। वहां रहने वाले जन भले और भोले हैं। जिन पर अत्याचार होते हैं वे 'इन्नोसेंट' हैं। इन्नोसेंट हैं सो 'दया', 'करुणा' पैदा करते हैं ताकतवर में। वह थोड़ी 'ताकत' (कृपा के रूप में) देता है। यही खेल है 'इन्नोसेन्स का। हिन्दी का अभी तक लिखा जाने वाला वृत्तांत इस 'इन्नोसेन्स' का ही रूपक धरता है। इसी का पूरक है: "अहा ग्राम्य जीवन भी क्या है?" (जिसकी पैरोडी राग दरबारी में खूब है)।

इन्नोसेन्स की यही राजनीति है कि वह सक्रिय 'सत्ता' के जानबूझ कर लुप्त कर दिये जाने की अवस्था है। इन्नोसेन्स यानी निरपराधता, निर्दुष्टता, कमजोर, गरीब। यही व्यंजना क्रम हैं। इस तरह विशेषण चलते हैं कि इन्नोसेन्ट 'वैजीटेट' करने वाले तत्व से ज्यादा नहीं होता। इन्नोसेन्स नहीं बताता कि वह इच्छा शक्ति, वह दुर्धर्षता कहां से आती है जनता में जो वक्त को बदलती है? जाहिर है उसके जागतिक व्यवहार में होती है जहां वह सभी दंद फंद में लिप्त होती है। और यह 'कथन' मात्र नहीं है, यह कहना इन्नोसेन्स को नष्ट करना है। 'जटिल चरित्र' की मांग भी इन्नोसेन्स को नष्ट नहीं करती क्योंकि इन्नोसेन्स मूलतः अति सत्ता के अति केन्द्रीकरण का 'छल' है जो अपनी सत्ता बनाए रखने के लिए करुणा को बनाए रखना चाहता है। करुणा के लिए 'इन्नोसेन्स का जगत' जरूरी है।

इन्नोसेन्स में आत्माभिमान (सत्ता) का प्रतिचित्र 'निरीहता', 'आत्मदया' रहती है। आत्मदया शहादत की ओर जाती है। अपनी प्रगतिशीलता में यही क्रम रहा है और मित्रो! राग दरबारी ने बताया कि यह तो मार्क्सवाद नहीं ही है। जो इन्नोसेन्स की कहता है, झूठ बोलता है। जीवन एक दुष्ट विचार है। राग दरबारी का 'गंजहापन' तो यही बताता है कि जिन्दगी हरामीपन के अलावा कोई दूसरी अवस्था नही है। गंजहापन तर्क में कुतर्क, बात-बात पर गाली, रिश्वत, लाठी, मार पिटाई, भेड़चाल, लूटखसोट, अपने भीतर की अनैतिहासिक किस्म की ऐतिहासिक ठसक, लंगोटी, कुर्ता, गंजी खोपड़ी, पहलवानी, शराब, भांग, चाकूबाजी, बंदूकबाजी, मुकदमेबाजी, बलवीर्यवर्द्धक गोलीबाजी, लंगोटबाजी, गू मूत्र, खाज, खुजली, गंदगी, बादाम, भांग और हर वक्त फ्री स्टाइल रहने की एक दुर्भेद्य अवस्था है। गंजहापन एक सतत सत्ताबाजी है जिसके नियम किसी समाजशास्त्र की पुस्तक में नही हैं। विकास के तमाम नियम यहां पहुंच कर इसे पुष्ट करते हैं, इसे तोड़ते नहीं हैं। 'जिसकी लाठी उसकी भैंस' सचमुच यहीं दिखती है। लठ का ऐसा विकट विमर्श है कि कानून कायदे सब मानो उसी के लिए बने हैं। शिवपालगंज का यह गंजहापन

'ग्राम्य जीवन' का 'फल' नहीं है, यह शहर तक फैला है। शिवपालगंज यहीं से एक रूपक बनने लगता है। पढ़ते-पढ़ते अठानबे के इन दिनों में लगता है कि हम पढ़ते नहीं हैं, बल्कि एक अखिल भारतीय रूपक में घुस रहे हैं। वह रूपक हममें घुस रहा है। 'रहा' क्या है, घुस चुका है। ईमानदारियों, नैतिकताओं के तकाजे जिन्हें प्रायः फ्रीडम मूवमेण्ट के तकाजे कह कर वह सिखाता रहा है, इस गंजहेपन की एंट्री के बाद मर जाते हैं। हम गंजहेपन में पहली बार 'मैच्योर' 'वयस्क' होते हैं।

और यह सब उस 'क्रीड़ा' से सम्भव होता है जो गैर भोले यथार्थ को कहने के लिए, उसे टैक्स्ट बनाने के लिए जरूरी है। यह क्रीड़ा (प्ले) ही, इन्नोसेन्स की प्रायः मान ली जाने वाली पूर्व उपस्थिति को खत्म कर देता है। पहले दृश्य से अंतिम तक यहां कोई 'पूर्व सत्य' नहीं है। कोई ऐसा महा सत्य नहीं है जिससे आत्म दया का रस खींचा जा सके।

कालिका प्रसाद प्रेमचंद के उन कथा नायकों में से न थे जो लगान वसूलने वाले अमीन को देखते ही घर के भीतर घुस जाते थे और बीवी से घबराहट में कहने लगते थेः 'दरवाजे पर सहना खड़ा है'

यह विचित्र किन्तु दबाया गया 'सत्य' ही है कि हिन्दी में प्रेमचंद की कथित परम्परा और जैनेन्द्र, अज्ञेय की कथित परम्परा दोनों की 'इन्नोसेन्स' को धता बता कर अचानक एक तीसरी परम्परा बन जाती है जो इन्नोसेन्स को खत्म करने का ऐतिहासिक कार्य करती है। अपने खेल से वह इस उपस्थिति को अनुपस्थिति में बदलती है। नयी कहानी, नये उपन्यास के लेखे जोखे में इस 'खेल' और खिलाड़ी गप्प की कोई पहचान नहीं दिखती तो इसीलिए कि वह पूर्व नियुक्त दोनों धाराओं की पवित्रता को गंदला कर देता है कीचड़ से। वह दोनों की निरंतरता, इतिहास के विकासक्रम की निरंतरता को तोड़ देता है। यह खतरनाक है क्योंकि यह बूर्ज्वा के विकास की 'निरंतरता' के अमोघत्व को ही 'खेल' का विषय बना देता है। परसाई का 'भोलानाथ का जीव' या 'मातादीन चांद पर' या मनोहर श्याम जोशी का 'कुरु कुरु स्वाहा' या अब विष्णु नागर की 'ईश्वर की कहानियां' यथार्थ की निरंतरता को जहां टोकती हैं, काफी पहले श्रीलाल शुक्ल राग दरबारी में बेहद सचेत ढंग से उस निरंतरता को भंग कर देते हैं। इससे समीक्षा के सारे अनुशासन गड़बड़ा जाते हैं। विकास और जनतंत्र के तमाम मानक धराशायी हो जाते हैं जो इससे पूर्व का साहित्य बनाते हैं।

एक प्रसंग में प्रेमचंद को सीधे 'खेल' में डाल कर इसे 'व्यर्थ' किया गया हैः चुनाव प्रसंग में रामनगर वाली तरकीब बताते हुए श्रीलाल शुक्ल 'किसान जीवन' की 'इन्नोसेन्स' को इस प्रकार तोड़ते हैंः "किसान को, जैसा कि 'गोदान' पढ़ने वाले और 'दो बीघा जमीन' जैसी फिल्में देखने वाले पहले से ही जानते हैं, जमीन ज्यादा प्यारी होती है, यही नहीं, उसे अपनी जमीन के मुकाबले दूसरे की जमीन बहुत प्यारी होती है और वह मौक़ा मिलते ही अपने पड़ोसी के खेत के प्रति लालायित हो उठता है। निश्चय ही इसके पीछे साम्राज्यवादी विस्तार की नहीं सहज प्रेम की भावना है जिसके सहारे वह बैठता अपने खेत की मेड़ पर है, पर जानवर पड़ोसी के खेत में चराता है। गन्ना चूसना हो तो अपने खेत को छोड़ कर बगल के खेत से तोड़ता है और दूसरों से कहता है कि देखो मेरे खेत में कितनी चोरी हो रही है। वह गलत नहीं कहता क्योंकि जिस तरह उसके खेत की बगल में किसी दूसरे का खेत है उसी तरह और के खेत की बगल में उसका खेत है और दूसरे की सम्पत्ति के लिए सभी के मन में सहज प्रेम की भावना है।

"ये बातें 'गोदान' में इतनी साफ नहीं लिखी गयी हैं और बम्बईया फिल्मों में शायद कृश्नचंदर और ख्वाजा

अहमद अब्बास के डर के कारण या प्रगतिशीलता के जोश में पचास फीसदी अंधे हो जाने के कारण, या सिर्फ जहालत के कारण साफतौर पर नहीं दिखायी गयी हैं, इसलिए उन्हें जरा सफाई से कहना पड़ा, अगर्चे अपने देश में सफाई का काम कलाकारों का नहीं है, फिर भी ...'' (२०१)

राग दरबारी 'यथार्थवादी' रीडिंग की पद्धति को कहां-कहां और कितना डिसरप्ट करता है यह देखना हो तो राग दरबारी की वैसी रीडिंग करके देखें जैसी कि यथार्थवादी पद्धति मांग किया करती है। पढ़ते-पढ़ते पहले तो हम उस भाषा से परेशान होंगे जो बार-बार 'अश्लील' और 'जुगुप्सा' पैदा करने वाली लगेगी। यथार्थवादी रीडिंग शुरू कर पाएंगे तो बहुत जल्दी यथार्थ के समांतर प्रतीक ढूंढ़ेंगे। दबा दिये गये या दबाये जाने योग्य कर दिये गये, हाशिये पर धकेल दिये गये शिवपालगंजीय यथार्थ में हमें बार-बार विकास की व्यर्थता नजर आने लगेगी तो हम इसे कुल मिला कर 'व्यंग्य' कह कर छुट्टी पा लेंगे। हम रंगनाथ और लंगड़ के पक्ष से यथार्थ पढ़ना चाहेंगे। हम कहेंगे कि देखिये सारा समाज बेईमान है। संघर्ष करने वाले दो हैं लंगड़ और रंगनाथ। लंगड़ मिसिल की नकल प्राप्त करने के लिये धर्मयुद्ध ठाने है और रंगनाथ खन्ना साहब के पक्ष में न्याय को झुकाना चाहता है। लंगड़ को नकल नहीं मिलती क्योंकि वह कायदे से नकल लेना चाहता है और दूसरी तरफ खन्ना साहब को जाना पड़ता है। अंत में रंगनाथ के न्याय बोध पर प्रिंसिपल टिप्पणी करता है: ''बाबू रंगनाथ! तुम्हारे विचार बहुत ऊंचे हैं पर कुल मिला कर उससे यही साबित होता है कि तुम गधे हो।'' (३२९-३३०)। व्यंजकों के लगातार 'रिवर्स' और उल्टी चाल को न समझ कर हम कहेंगे कि यथार्थ का ऐसा घनघोर चित्र लेखक ने प्रस्तुत किया है जिससे स्पष्ट हो जाता है कि न्याय सर्वत्र पराजित होता है, अन्यायी विजयी होता है! ऐसा हम तब कहेंगे जब हम 'राग दरबारी' और उसके लेखक श्रीलाल शुक्ल के प्रति थोड़े 'टैक्टीकल' और 'सदय' होंगे। यदि हमने 'क्रिटीकल रीयलिज्म' से आगे 'समाजवादी यथार्थवाद' में छलांग लगायी (यों इन दिनों यह छलांग कम लगती दिखती है। यह तब ज्यादा चलन में थी जब समाजवाद था) तो हम कहेंगे: ''किन्तु लेखक के पास देने को कोई दिशा नहीं है। वह रास्ता नहीं दिखाता है। भ्रष्टाचार, अवसरवाद, दावपेंचों के आगे साधारण मजदूर किसान किस तरह संघर्ष करते हैं, यह प्रत्यक्ष नहीं होता। इसलिए यह एक 'प्रकृतवादी' किस्म का, अति यथार्थवादी किस्म का उपन्यास है। यह हमें आशा का संदेश नहीं देता। अंततः निराश हताश करता है।'' इत्यादि-इत्यादि।

यथार्थवादी रीडिंग हमें अंततः यहीं ला सकती है कि हम हर बार 'टैक्स्ट' से ऐसी संजीवनी बूटी की तलाश करें जो सुंघाते ही हमें ठीक कर दे। 'आस्था' की, भविष्य की किरन की चाह इसीलिए है कि उक्त रीडिंग के पीछे विकास के मार्ग को 'समस्याहीन' ही मान कर चला जाता है। अगर राग दरबारी में लंगड़ अदालत के वकील का सर फोड़ देता, यदि खन्ना मास्टर प्रिंसिपल का 'भरत मिलाप' करा देते तो यह 'रीडिंग' एकदम प्रगतिशील हो सकती थी। राग दरबारी में यह किया जा सकता था लेकिन क्या वाकई? जी नहीं यह असम्भव था। शिवपालगंज के सत्ता पाठ में ऐसे मैलो ड्रामा की गुंजाइश शुरू से ही नहीं हैं इसीलिए राग दरबारी हमारी बुर्जआ भावुकता की पैरोडी करता चलता है। पैरोडी मैलोड्रामा का खात्मा करती है। श्रीलाल को पढ़ने के बाद तमाम मैलोड्रामा मूर्खता नजर आते हैं।

राग दरबारी के बाद मैलोड्रामा तो व्यर्थ हो ही गया उसका शिष्ट संस्करण 'यथार्थवाद' भी बंद हो गया। राग दरबारी के बाद हिन्दी में प्रेमचंदीय 'परम्परा' की दुकान ही नहीं उजड़ी, अज्ञेय, जैनेन्द्र की शैली भी किनारे हो गयी। राग दरबारी के बाद हिन्दी में प्रेमचंद सिर्फ 'टैक्स्ट बुक' में रहे, रचना में नहीं। वे एक फार्मूला बन गये, मास कल्चर

में चले गये। एक उपन्यास का किया यह विकट 'डिसरप्शन' परम्परा में निर्णायक 'ब्रेक' पैदा करने वाला रहा। इसीलिये उसकी उपेक्षा हुई। देख कर हैरत होती है कि राग दरबारी पर मुश्किल से आधा दर्जन समीक्षाएं भर उपलब्ध हैं जो उसकी बेहद सामान्य रीडिंग हैं।

तो खबर हो कि हिन्दी में प्रेमचंद की परम्परा को अड़सठ के आसपास तोड़ दिया गया था, यह काम श्रीलाल शुक्ल ने राग दरबारी से किया था। विकास के नेहरूवादी माडल को 'खेल' में डाल कर प्रामाणिक ढंग से डिसरप्ट कर दिया गया था, कर दिया गया है। सिर्फ पिछड़े मस्तिष्क अभी उससे चिपके हैं।

लंगड़ की तरह उनका सिर दीवार पर रखा हुआ है। उपन्यास के आखिरी प्रसंगों में वे रो रहे हैं। रंगनाथ समझा रहे हैं कि देखो लंगड़ कायदा कानून से कुछ नहीं होने का। तुम एक बात समझ लो कि तुम जनता हो, जनता आसानी से नहीं जीतती। लंगड़ रुप्पन रंगनाथ को देखता रह जाता है। दो रीडिगें चल रही हैं। एक लंगड़ है। आशावादी। उसका सिर दीवार पर ऐसे रखा है मानो कटा हुआ हो।

''हार गये हो, कोई बात नहीं, घर जा कर खेती करो घाव अपने आप भर जाएगा।'' नेहरू के 'होप' में फंसा रंगनाथ कहता है।

''खेती कैसे करूं। खेतों का ही तो मुकदमा चल रहा है।'' वह कहता है।

''तो चोरी करो, डाका डालो।'' रुप्पन बाबू कड़ी आवाज में बोलते हैं।

लंगड़ कहता है, ''फिर से एक दरख्वास्त लगाऊंगा।''

''वे लोग (रुप्पन और रंगनाथ) लौट कर पगडंडी पर आ गये। रुप्पन बाबू ने रास्ते में पड़े हुए एक कुत्ते को ठोकर मारी, पर उसने एक बार आंख खोलने के सिवा कोई प्रतिक्रिया नहीं दिखायी। उन्होंने कहा, ''यह लंगड़ शिवपालगंज से बाहर रहे यही अच्छा है। यहां आ जाता है तो तबियत घिस-घिस करने लगती है। आदमी को देखते ही झापड़ लगाने का मन करता है।'' (३०६-३०७) (पैरोडी यहां मैलोड्रामा को थोड़ा छेड़ कर उसकी सीमाएं बता कर आगे निकल जाती है)।

''तो लगाते क्यों नहीं'' रंगनाथ बोला और सोचा आज वह पहली बार गुर्रा रहा है। उसकी गुर्राहट तब खत्म होती है जब प्रिंसिपल उसे खन्ना की जगह आने को कहता है और अकड़ दिखाने पर 'गधा' कहता है।

तो सत्ता के फूकोवादी विमर्श में न्याय की वंचना है। न्याय का रास्ता कोई नहीं है। यही न्याय है। रुप्पन की लात कुत्ते तक को नहीं झिंझोड़ती। अपार सहनशीलता गुस्सा पैदा करती है। रुप्पन मैलोड्रामा में थोड़ा रेडीकल दिखते हैं। लेकिन वैद्य जी के आगे के विमर्श में इस 'रैडीकलिज्म' का कैरीकेचर यों बनता है: खन्ना मास्टर के पक्ष में यानी अपने मामा वैद्य जी और प्रिंसिपल के 'अन्याय' के शिकार के पक्ष में रंगनाथ चले जाते हैं और रुप्पन बाबू भी चले जाते हैं। रोज-रोज की खिच-खिच से तंग आ कर वैद्य जी ने खन्ना प्रकरण को खत्म करने का मन बनाया तो, पर पक्ष में हमदर्दी में चले गये भांजे को बुलाया और कहा: ''यह तो धर्मयुद्ध है। तुम्हें लगता है कि ये दो चार अध्यापक सही मार्ग पर चल रहे हैं, अतः तुम उनसे स्नेह दिखा रहे हो। पर सन्मार्ग क्या है और असन्मार्ग क्या है? इसका तुम्हें कभी न कभी तो अनुभव होगा ही। जब होगा तब तुम स्वयं पहले वाली स्थिति में आ जाओगे. ... तुम शिक्षित हो, बुद्धिमान हो, मुझे तुम्हारी चिन्ता नहीं है... चिन्ता रुप्पन की है.... धर्मयुद्ध में समझ की नहीं विश्वास की बात है। जब तुम्हें यह विश्वास है कि हम दोषी हैं तो कोई चिन्ता नहीं, डट कर हमारा विरोध करो। जिस दिन मेरे प्राणों की आवश्यकता हो, बता देना। मैं भीष्म पितामह की तरह मरने की तिथि अपने आप निश्चित

कर दूंगा... मैं तो प्रजातंत्र से चलता हूं। सबको बोलने की स्वतंत्रता देता हूं। तभी तो अध्यापक, जो मेरे ही गुलाम हैं— मेरा विरोध करते हुए घूम रहे हैं। पर इसकी भी एक सीमा होती है।" इस विमर्श के बाद खन्ना और मालवीय (ि व द ‐ ा े ह ी अध्यापक) बुलाये जाते हैं। छोटे पहलवान उन्हें ले आते हैं। वैद्य जी अकेले फैसला कर देते हैं: "यह विद्यालय मेरा बनाया हुआ है। इसे मैंने अपने श्रम से सींचा है... मैंने निर्णय कर लिया है... खन्ना जी, मालवीय जी आपको इस्तीफा देना होगा। आज, अभी, यहीं। यह आपके हित में है। आप चाहें तो बाद में कहते रहें, हमसे बलपूर्वक इस्तीफा लिया गया है, इस विषय में आप हम पर मुकदमा चलाने के लिए स्वतंत्र रहेंगे। पर मेरा निवेदन है कि इस समय आप स्वेच्छापूर्वक इस विद्यालय के हितैषी होने के नाते चुपचाप इस्तीफा दे दें... टाइप किए हुये कागज मौजूद हैं तो उधर चले जाइए.... छोटे तुम खन्ना जी और मालवीय जी को उधर ले जाओ। ये बुद्धिमान हैं, सब समझ जाएंगे। जाओ बद्री तुम भी जाओ" फिर वे रुप्पन से बोले, "तू नेता बनता है। मेरा विरोध करके तू नेता बनना चाहता है? तो देख, अभी बताता हूं।" (पृ. ३२४-३२५)

यह स्कूल के रूपक का 'क्लाइमेक्स' है। सत्ता का समूचा विमर्श अपने फूकोई अंदाज में स्पष्ट हो जाता है। विकासमूलक रूमानी समाजशास्त्र यानी रंगनाथ यहीं से पलायन संगीत में प्रवेश करता है।

उसने जोर से कहा, "आप फिक्र न करें ठाठ से प्रिंसीपली किये जाइए। बता दीजिए कि प्रोपेगंडा का जवाब है डंडा। कह दीजिए कि शिवपालगंज में ऊंचा नीचा देख कर चलें।"

यों सत्ता का ऐसा दैनिक दुर्धर खेल रंगनाथ को शिवपालगंज आते समय राह में ट्रक ड्राइवर ने ही समझाया था और फिर शिवपालगंज में उसने बेहद पास से रोजाना देखा था लेकिन वह समझता रहता था कि वह सब में 'शामिल' नहीं है, इस सबसे 'स्वायत्त' है। स्वायत्तता का यह स्वांग जो आधुनिकतावादी समाजशास्त्रों ने रचा, अंत तक आते-आते सत्ता के विकट विमर्श में भरभरा कर गिर पड़ता है। वैद्य जी के 'धर्मयुद्ध', 'प्रजातंत्र', 'विश्वास', 'समझ' और 'फैसले', 'स्वेच्छा', 'इस्तीफे' जैसे व्यंजकों को बार-बार पढ़ने की भी जरूरत नहीं। इनमें एक विकट सत्ता खेलती है। वैद्य जी की सत्ता। वही अंततः जीतती है। जीत कर तय करती है कि 'सत्य', 'धर्म', 'विश्वास', 'समझ' क्या है, कहां है। सत्ता के विमर्श ने इन शब्दों में ऐसी बहुलार्थता भर दी है कि सर्वाधिक जनतांत्रिक दिखते हुए भी 'फासिस्ट' हुआ जा सकता है। छोटे, बद्री तथा गुंडे एकांत में इस अर्थ को खन्ना और मालवीय को समझा देते हैं। रंगनाथ इसे नहीं जान पाते, नहीं जान सकते। हिन्दी में सत्ता का ऐसा विकट खेल पहली बार अपने पूरे क्रूर हास्य के साथ बताया जाता है और देखते-देखते हम सत्ता के निष्ठुर 'पाठ' में दाखिल हो जाते हैं: 'गंजहेपन' की सत्ता अपने ढंग से चलती है। यह शुद्ध एशियाई समाजों की 'सत्ता' नहीं है, यह 'मिक्सड इकानामी', ऊपरी समाजवाद, विकास और एशियाई कृषि के सत्ता की 'मिक्सिंग' से बनी ऐसी नयी सत्ता है जो 'विमर्श' से तय होती है, जो हमेशा एक ताकत की टैक्स्ट होती है और जो अपनी वैधता आप होती है। बुर्जुआ वैधताएं, जनतंत्र इत्यादि यहां सत्ता से ही रैगूलेटेड होता है। करुणा, दया, सत्ता का वितरण, न्याय का वितरण ताकि समाज चल सके ये बातें यहां के 'गंजहे' शब्दकोश में नहीं है। विकास के नारों, हरित क्रांति के बीजों, खादों, आर्टीफिशियल इंसेमिनेशन, कोआपरेटिव आंदोलन, शिक्षा और परिवार नियोजन के नारों तथा अनुदानों की पहुंच के बावजूद, आधुनिक राजसत्ता के प्रतीक पुलिस थाने के बावजूद शिवपालगंज आधुनिक तर्कसंगत विमर्श में न केवल आने से इंकार करता है बल्कि उससे 'इम्यून' भी रहता है। ऐसा क्यों? क्योंकि यह इसी विकास के भीतर एक गांव का सम्भव 'स्ट्रक्चर' है जिसमें सत्ता का नीचे हस्तांतरण

नहीं है, वितरण नहीं है और विकास का गंजहा संस्करण एक ऐसा ब्लैक होल है जिसमें सारी 'तर्क संगतियां', सारी बाह्य वैधताएं, सारे जनतंत्र अंततः वैद्य जी की वीर्यवर्द्धक गोली और बद्री तथा छोटे पहलवान के लंगोटे में लटक जाते हैं। इस सबको साध कर, अधिक तर्कसंगत होकर वह सत्ता को और ठोसीकृत करता है और कि सत्ता का यह गंजहापन सार्वजनिक है, ठोस है, यह बात पंक्ति-पंक्ति में प्रकट है। वह अकड़ी हुई भाषा सबके पास है जो बताती है कि जीवन में सत्ता के खेल और उसकी सहज समझ ने मरगिल्ले बच्चे को भी 'जूते' से बात करना सिखा दिया है। भाषा में ऐसी 'फिजीकलिटी' हिन्दी में कहां है? किसके पास है? सिर्फ अखबारों में, राजनीतिक विमर्शों में, खासकर नब्बे के बाद के विमर्शों में, अपराधियों के विमर्शों में, हम इस 'फिजीकल भाषा' की झलक पाते हैं।

छोटे पहलवान उवाचः "अरे गुरु मुंह मत खुलवाओ। वैद्य जी तुम्हारे मामा हैं पर हमारे कोई बाप नहीं लगते। सच्ची बात ठोंस दूंगा तो कलेजे में कल्लाएगी।"

भाषा का 'फिजीकल' हो उठना ही बताता है कि राग दरबारी ने सत्ता के ऐसे विमर्श का 'पाठ' सम्भव किया है जहां सब कुछ, सब समय ताकत और वह भी फिजीकल ताकत पर निर्भर है। फिजीकल ताकत में ही आर्थिक, राजनीतिक, सामाजिक ताकत सक्रिय हैं। सत्ता के विमर्श के एक मात्र 'चिह्न' वैद्य जी या बद्री पहलवान या छोटे पहलवान हैं, ऐसा नही है। यहां 'सनीचर' हैं 'गयादीन' हैं और वे संघर्षरत मास्टर भी यही हैं, इसी विमर्श में हैं। गयादीन का पक्ष जुटाने आये मास्टरों एवं रंगनाथ को गयादीन सत्ता के विमर्श का यह सार यों समझाते हैं: "गांव में मजबूरी नहीं तो क्या मिलेगा?" गयादीन ने उदासी से कहा... "रंगनाथ बाबू, तुम शहर के आदमी हो शहर में हर बात का जवाब होता है। मान लो कोई आदमी मोटर से कुचल जाए तो कुचला हुआ आदमी अस्पताल पहुंच जाएगा। अस्पताल में डाक्टर बदमाशी करे तो उसकी शिकायत हो जाएगी। शिकायत सुनने वाला बैठा रहे तो दस पांच लफंगे मिल कर जुलूस निकाल देंगे उस पर कोई लाठी चला दे तो लोग जांच बैठलवा देंगे। तो वहां हर बात की काट आसानी से निकल आती है। इसीलिए वहां मजबूरी की मार नहीं जान पड़ती और अगर मजबूरी हो भी जाए तो आदमी के पास उसकी भी काट है। आसानी से वह फांसी लगा कर मर जाता है और दूसरे दिन उसका नाम अखबार में छप जाता है। लोग जान जाते हैं कि वह मजबूरी से मरा था फिर कुछ दिनों तक अखबार में मजबूरी की बात चलती रहती है समझ लो यह भी मजबूरी की एक काट ही है... और यहां गांव में क्या हैं? कोई मोटर से कुचल जाये तो मोटर चलाने वाला रफूचक्कर हो जाएगा। कुचला हुआ आदमी कुत्ते की तरह पड़ा रहेगा, अगर कहीं अस्पताल हुआ तो दो चार दिन में मरते-मरते पहुंच जाएगा। अस्पताल में अगर कोई डाक्टर हुआ भी तो पानी की बोतल पकड़ा कर कहेगा कि लो भाई राम का नाम लेकर पी जाओ... राम का नाम तो लेंगे ही क्योंकि उनके पास देने के लिए दवा ही न होगी। होगी भी तो चुरा कर बेचने के लिए पहले ही निकाल कर रख ली गई होगी। तभी तो कहा कि शहर में हर दिक्कत के आगे राह है और देहात में हर राह के आगे एक दिक्कत है।" (पृ. २६६-२६७)

यह 'मजबूरी' क्या है? यह कमजोर की मजबूरी है। इस कथन में भी 'इन्नोसेन्स' है जो चालाकी को छिपाती है। गयादीन की बेटी बेला से रुप्पन लगे थे, अब बद्री पहलवान शादी करना चाहते हैं। वैद्य जी से कौन रार मोल ले सो 'मजबूरी' का बखान है। यह ताकत के अनुकूल चलना है। वैद्य जी की ताकत के सामने गयादीन निरीह हैं। मालवीय खन्ना दोनों को गयादीन अपने ठंडे मिजाज से समझाते हैं: "करोगे क्या? चुपचाप मार खा लो। मास्टर होकर मार खाने से कहां तक डरोगे?"

ताकत के आगे 'रास्ता बंद'

ताकत का यह समग्र विमर्श पन्ने-पन्ने पर बिखरा है। छंगामल इंटर कालेज ताकत का एक छोटा सा रूपक है जो शिवपालगंज के बड़े रूपक में समाया है और जो आसानी से अखिल भारतीय रूपक के ढंग से पढ़ा जा सकता है। ताकत का यह रूपक जनतंत्र में और मजबूत हुआ है या कहिए कि जनतंत्र और ताकत के पूर्ववर्ती सम्बंध में मित्रता है। वैद्य जी की ताकत वैद्य जी के पास ही रहती है।

सारे अंतर्विरोधों का शमन करने वाली वैद्य जी की ताकत कहां से आती है? वह कानून, उसके ताकत के विमर्श से आती है। वैद्य जी की मंत्रियों, अफसरों से खासी जान पहचान है। वे सत्ता को साधना जानते हैं। उसकी सेवा के लिए धन और तन दोनों उनके पास हैं। वे शिवपालगंज में बाहर से आये और आते ही बहुत सी जमीनों के मालिक बन गये, यह नये जमाने की उनकी बुद्धि का ही कमाल था और कमाल है वीर्यवर्द्धक गोली का। वीर्यवर्द्धक गोली। सत्ता के विमर्श का इससे अच्छा उदाहरण और क्या होगा?

यानी 'कुछ होते रहना चाहिए'

ताकत के खेल में 'सत्य' स्वयमेव बहुवचनवादी हो जाता है। लेकिन चलता उसी का सच है जिसके पास 'लठ' है, 'कानून' है, राजसत्ता है। शेष सब जनता है। 'लठ', 'कानून' और 'सत्ता' के क्रम में क्रमशः शामिल होती हुई सत्ता पूरे देश में वितरित है और जनता भी।

सत्य! 'सत्ता' का विमर्श इस 'सत्य' की इस तरह व्याख्या करता है:

प्रसंगः कालेज प्रबंध समिति। वैद्य जी का दबदबा है। चुनौती मिलती है रामाधीन भीखमखेड़वी से जो नशा, जुए इत्यादि का कारोबार करते हैं। दोनों में गुटबंदी थी।

सवाल, गुटबंदी क्यों थी?

पहला उत्तर : "यह पूछना वैसा ही है जैसे पानी क्यों बरसता है। सत्य क्यों बोलना चाहिए।"

दूसरा उत्तर : "वेदांत के अनुसार ... गुटबंदी परात्मानुभूति की चरम दशा का एक नाम है। उसमें प्रत्येक 'तू' 'मैं' को और प्रत्येक 'तू' 'मैं' को मिटा कर 'मैं' की जगह 'तू' 'तू' की जगह 'मैं' बन जाना चाहता है, (७५-७६)। यह हमारी परम्पराएं हैं। यह एक सांस्कृतिक परम्परा है। यही गुटबंदी का इतिहास दर्शन है।"

तीसरा उत्तर : "लोगों का यह विचार था कि 'कुछ न कुछ होते' रहना चाहिए? यहां सिनेमा नहीं, होटल नहीं, काफी हाउस नहीं। मारपीट, छुरेबाजी, सड़क दुर्घटनाएं, नये-नये फैशन की लड़कियां, नुमायशें, गाली गलौज वाली सार्वजनिक सभाएं, ये भी नही हैं। लोग कहां जाएं? क्या देखें? क्या सुनें? इसलिए कुछ होते रहना चाहिए?"

खाली वक्त! अनुत्पादकता! या कहें अनुत्पादक श्रम सम्बंध! खाली वक्त! बोरियत। सो कुछ न कुछ होते रहना चाहिए।

यह राजनीति की 'पौप कल्चर' है। गुटबंदी। वह ताकत का वितरण करती है, उसे वैधता देती है। तर्कहीनता को ही तर्क बना देती है। सत्ता ईंट-ईंट, पौधे-पौधे में, खाली जगह तक में दिखती है और हर बार वह अपने व्यापक रूप में सबको शामिल कर लेती है। यह चीज शिवपालगंज में गंजहापन पैदा करती है। गंजहापन, दरअसल आधुनिक सत्ता का सांस्कृतिक रूप है। उसे हम छोटे पहलवान, सनीचर, रुप्पन, बद्री, जोगनाथ के व्यवहारों में पढ़ सकते हैं। ताकत का वितरण शहर में गांव तक जिस रूप में हो रहा है उसमें लगातार एक सांस्कृतिक रूप निर्मित हुआ है, एक व्यवहार बना है जिसका नाम है गंजहापन। यह अंग्रेजी के 'लुम्पेन' से अलग है। यह मार्क्सवाद के

'लुम्पेन प्रोलेतारियत' से अलग है, यह एशियाई कृषि का वह मिजाज है जिसकी जड़ें पुनः 'भारतीय संस्कृति' की परम्परा में ही हैं।

गंजहेपन के सिरमौर सनीचर हैं, छोटे पहलवान हैं, जोगनाथ हैं, बद्री हैं, प्रिंसिपल हैं। ये वैद्य जी की सत्ता के सांस्कृतिक प्रतिफलन हैं। (किस कथाकार ने ऐसे नायाब चरित्र दिये?)

गंजहापर एक जीवन शैली है

''सनीचर को प्रधान बनना था। अतः वह भी मंदिर के बीचोंबीच घुटने मोड़ कर किसी तरह बैठ गया और 'जगदम्बिके-जगदम्बिके' का नारा लगाने लगा। मंडप में मेले की जबर्दस्त भीड़ थी और कोई किसी की बात नहीं सुन रहा था। वह गंजहा ही कैसा जो कहीं पहुंचते ही वहां के रहने वालों पर अपने बांगड़ूपन की धाक न बैठा दे।'' (पृ. ११६)। मंदिर भी गंजहा यथार्थ है। सिपाही की मूर्ति देवी की मूर्ति है। लोग कीर्तन कर रहे हैं। गंजहे यहीं हैं। यह मंदिर प्रसंग गंजहा यथार्थ है। सनीचर उकडूं बैठ गया। ''रुप्पन बाबू ने आंखें मूंद लीं। धड़ाक से वरदान मांग आंखों को खोल दिया, उनके पास ही एक लड़की किसी मूर्ति के आगे झुकी हुई कुछ बुदबुदा रही थी। रुप्पन बाबू ने मान लिया कि असली मेला यही है'' (पृ. ११६)। मेले में बरफी प्रसंग, जिसमें छोटे पहलवान उल्टे दुकानदार से पैसा ऐंठने लगते हैं, गंजहेपन का विरल उदाहरण है, यानी वही छोटी-छोटी चालाकी, झूठ, फरेब और दांव, धौंस, निर्ल्लजता। यह गंजहापन नियमों के विरुद्ध चलता है। नियम विरुद्ध चलना ही मानो गंजहापन हैं। नागरिकता के विरुद्ध यह एक विचित्र विमर्श है, मगर यह रहस्यवाद नहीं है।एकदम ठोस है।ठोस सामाजिक सम्बंधों में सक्रिय है।

गंजहेपन की खास बात यह है कि हर बंदा अपने को होशियार समझता है और दूसरे को हेठा समझता है। जरा मुफ्त में पकौड़ा भोज का प्रसंग पढ़िएः छोटे पहलवाल, सनीचर, जोगनाथ हलवाई की बरफी खा जाते हैं। पैसा मांगने पर उल्टे अपने बकाया पैसा लौटाने की बात कहते हैं। रुप्पन बाबू मैदान संभाल लेते हैं। सिपाही उन्हें पहचान लेता है। बयान देने की कहने पर दुकानदार 'गंजहेपन' में सतर्क हो जाता है। कहता है वकील के सामने ही बयान देगा। फिर बताता है कि ''पहलवान पहले आकर मोढ़े पर बैठ गए। इन्होंने दो पत्ते पालक के खाये, फिर दो पत्ते कचालू के। कचालू का दूसरा पत्ता खा रहे थे तभी ये इधर वाले दो गंजहे आ गये। इन लोगों ने आध-आध पाव बरफी मांगी। इन्हें बरफी दी गयी। उसके बाद ये दोनों गंजहे बरफी खा कर चलने लगे। मैंने कहा कि एक अठन्नी हुई तो ये उलट पड़े। बोले अठन्नी हमने तो दे दी है। कितनी बार लोगे? ... मैं बार-बार अठन्नी मांगता रहा और ये कहते रहे हमने दे दी है। हमने कड़ाई के साथ मांगा तो गाली देने लगे...।

''सच्ची बात बोलो लाला'', सनीचर बोलाः ''तुम कहते हो कि हमने अठन्नी की बरफी खायी तो हम कहते हैं खायी। तुम कहते हो कि हमने अठन्नी नहीं दी तो हम कहते हैं हमने दी।''

''असल झगड़ा अठन्नी का नही है'' उधर पहलवान की ओर से है। ये गंजहे जब अठन्नी के लिए झांय-झांय कर रहे थे तो उधर से पहलवान बोले कि भाई! इस झगड़े में हमारा दिया हुआ रुपया न भूल जाना। अब देने को तो इन्होंने एक छदाम भी नहीं दिया और कह रहे हैं कि हमारा रुपया न भूल जाना। ''क्या जमाना आ गया है। दुकानदार बोला। पहलवान पर इसकी कोई प्रतिक्रिया नहीं हुई। वे मैल की बत्तियां उतारते रहे'' (पृ. १२२-१२३) ''बड़ी देर तक बहस चलती रही। भीड़ कह रही थी कि ऐसा झगड़ा इस मेले में हर साल होता है, झगड़ा करने वाले बस यही गंजहे हैं। पर इनके मुंह कौन लगे। और सच पूछो तो हर गांव का यही हाल है।'' (पृ. १२३)

झूठ, तफरीह, तमाशबीनी, झांसा, धुप्पल, धोखा, निर्ल्लजता। ये कुछ गुण हैं जो गंजहों में हैं और यह स्थिति

गांव-गांव है।... यहां कानून, नागरिक शिष्टताएं, शहरी मध्यवर्गीय संस्कार, कानून का जीवन सब मार्जिन पर खड़ा रहता है।

ऐसे प्रसंगों को किस भाषा में लिखा जा सकता है? सिर्फ श्रीलाल शुक्ल की भाषा में, एक तीखी पैरोडी की भाषा में जो मैलोड्रामा को अनिवार्य तथा जस्टीफाई न होने दे। जो है उसको जस्टीफाई नहीं करना है, उसे खोलना है। इसके लिए प्रेमचंद, अज्ञेय, जैनेन्द्र, निर्मल या नयी कहानी की प्रचलित भाषा व्यर्थ है। गंजहेपन जैसे नये सांस्कृतिक कंस्ट्रक्ट को सम्भव करने के लिए श्रीलाल शुक्लीय भाषा ही चाहिए। अन्य भाषा में वह संभव नहीं। सो गंजहापन अपनी भाषा साथ लाता है। यह एक सघन सत्ता संघर्ष की भाषा है।

गंजहापन प्रसंगः २

छोटे पहलवान और उनके पिता के सम्बंधों पर पंचायत में उनकी पेशी। छोटे पहलवान बाप से चिढ़े हैं। पंचों से चिढ़े हैं। बाप कहता है, "पूछ लो श्रवण कुमार से।" बेटा कहता है, "यहां श्रवण कुमार के बाप का नाम भी श्रवण कुमार है। इस खानदान में सब साले श्रवण कुमार ही तो होते आये हैं।" पंच ने उन्हें टोका, "गाली गलौज मत करो पहलवान! उससे अदालत की तौहीन होती है।" छोटे ने कहा, "साले कहना कोई गाली नही है।" जब एक पंच ने फिर जोर दिया कि साले कहना अपराध है तो छोटे ने असल गंजहापन दिखाया, "असली गाली अभी तुमने सुनी नहीं पंडित जी! घुस जाती है तो कलेजा छिल जाता है।"

एकदम पर्सनल यथार्थ है। पर्सनल है इसीलिए फिजीकल है। हर वक्त पर्सनल रहना, स्वायत्तता को नष्ट करना है। इस फिजीकल पर्सनल में 'प्राइवेसी' कुछ नही है। वही खुला खेल फरुक्खाबादी। प्राइवेसी, नागरिक आधुनिकता, एकांत यहां नहीं है।

छोटे पहलवाल वल्द कुसहर प्रसाद के पंचायती मुकदमे का फैसला यों होता है कि सरपंच कुसहर पर बुढ़ापे में इश्कबाजी का आरोप लगाते हैं। उन पर सच्चे मुकदमे 'पंच परमेश्वरत्व' का भूत सवार हो जाता है। वे कह बैठते हैं कि गांव वाले कहते हैं कि कुसहर किसी से कम नहीं है... कुसहर को यह अपमान औंधा कर देता है। वे दीन हो जाते हैं। वे छोटे की ओर आशा से देखते हैं।

"छोटे की भौंहें टेढ़ी हो गयीं थी, होंठ खिंच गये थे। वह अपनी जगह पर खड़ा हो गया और सरपंच से बोला, "ऐ चिमरिखी दास! चाएं-चाएं बंद करो। एक पड़ाक से कंटाप पड़ेगा तो यह मिसिल विसिल लिए जमीन में घुस जाओगे। दो घंटे से सुन रहा हूं। हमारे बाप को घुमा फिरा के हरामी बता रहे हो। हमारे बाप हरामी हैं तो तुम्हारे बाप क्या हैं? ...मैं अभी मर नहीं गया हूं। अब कोई असल बाप का हो तो हमारे बाप को गाली दे।" (पृ. १३३)

इसके बाद सब खत्म। यह है 'पर्सनल दुनिया।' चित भी मेरी पट भी मेरी। अपने हित कहां हैं यह सुस्पष्ट रहता है गंजहे को और वह इसे चाहे जैसे तय करता है।

गंजहापन प्रसंगः ३

जोगनाथ के खिलाफ दारोगा चोरी का मामला बनाता है, गयादीन के कहने पर। उसका तबादला हो जाता है। मुकदमा चलता रहता है। छोटे पहलवान गवाही देते हैं: वे बताते हैं कि बेला बदचलन है। आंख से देखा है। वह जोगनाथ के साथ बदचलनी कर रही थी (पृ. २२२)। इसीलिये गयादीन ने जोगनाथ को फंसाया। बेला मर्दवादी विमर्श में चरित्रहीन हो जाती है। दारोगा आरोप सुन कर कहते हैं, "ये गंजहे बेईमानी की भी हद है।" नये न्याय

को अपने पक्ष में मरोड़ने का यह नितांत भारतीय गंजहा तरीका है। दारोगा, न्याय पंचायत, अदालत से एकदम जैसे को तैसा! बाद में दारोगा जोगनाथ के दावे को सुलह में बदलने के लिए वैद्य जी के पास आता है। वैद्य जी सनीचर के पास भेजते हैं क्योंकि वही सुलह करा सकते हैं। यह गंजहा न्याय है आधुनिक दारोगा के न्याय पर भारी, उसकी ताकत पर भारी।

"सनीचर अपनी दुकान के केबिन में बैठा हुआ दारोगा जी और जोगनाथ की प्रतीक्षा कर रहा था। खेत से वापस आते ही उसे गंजही पद्धति से मालूम हो गया था कि जोगनाथ के दावे से दारोगा जी की हवा खिसक गयी है, वे लुलुहाते हुए सुलह के लिए आये हैं, उन्हें कड़ाई से खींचना चाहिए ताकि सबक रहे कि शिवपालगंज में बड़े-बड़े दारोगा लोग भी बोल गये और यह घटना वक्त जरूरत काम आये।" (पृ. २७५)

एक निश्चिन्त जगत है यह। परफैक्ट। हीनताग्रंथि छू तक नहीं गयी है। सबमें अपने गंजहा होने का अभिमान है। यह गांव का कस्बाई अहंकार है। गांव से बेहतर होने पर यह गांव का कस्बा हो उठने का अभिमान है। आत्महीनता यहां नहीं है। राग दरबारी को शहरीकरण के एक स्तर का साक्ष्य मान कर पढ़ा जा सकता है। उसमें गांव के 'बदलने', उसके मिजाज और उसमें कस्बाई अकड़ के चिह्न और कारण ढूंढ़े जा सकते हैं।

आधुनिकता के आमूलचूल परिवर्तनकारी दबाव से छूट गये, उसकी समग्रतावादी तर्क संगति से बाहर रह गये, उसके कुछ लाभों को अनुत्पादक स्थिति में बदलने वाले 'मिजाज' का नाम है गंजहापन। एक ऐसा आहत अहंकार जिसे विकास ने— आधुनिक चमक ने— नीचा दिखाया तो है लेकिन परास्त नहीं किया है, वह फिर अकड़ कर मुंह बिराता है। वह उसकी हर बात को अपनी ताकत जुटाने में इस्तेमाल करता है। इस तरह उस संरचनात्मक विकास को रोकता है, व्यर्थ करता है। बड़े गहरे स्तर पर राग दरबारी का 'गंजहापन' विकास के दबाव और उसमें निहित लम्पटत्व का अध्ययन है। यह वह कंस्ट्रक्ट है जिसे कभी देखा ही नहीं गया।

गंजहा स्पेस की रीडिंग और भाषाः

यहां से हम उपन्यास की भाषा और गंजहेपन में निहित सांस्कृतिक संवाद की ओर आते हैं। यहां सबसे पहले पाठ प्रविधि आती है। पाठ में सबसे पहले भाषा की संरचना आती है। इस संरचना में विकास के सारे व्यंजकों को क्रमिक ढंग से उपहास में डाला जाता है।

उपहास का सबसे बड़ा झगड़ा रूमानी भाषा से है तथा ताकत और शाश्वतता के बीच है। राग दरबारी इस काम को 'भदेस' और 'वीभत्स' से सम्भव करता हैं। इसे यों कहा जा सकता है कि जिसे विकास की भाषा में असहनीय यानी वीभत्स कहा जाता है, भदेस कहा जाता है, जब उसे कह जाएगा तो 'इमोटिव' भाषा में नहीं कहा जाएगा।

"सड़क के एक ओर पेट्रोल स्टेशन था, दूसरी ओर छप्परों, लकड़ी और टीन के पड़े टुकड़ों और स्थानीय क्षमता के अनुसार निकलने वाले कबाड़ की मदद से खड़ी की गयी दुकान थी। पहली निगाह में मालूम हो जाता था कि दुकानों की गिनती नहीं हो सकती। प्रायः सभी में जनता का मनपसंद पेय मिलता था जिसे वहां गर्द, चीकट चाय की कई बार इस्तेमाल की हुई पत्ती और खौलते पानी आदि के सहारे बनाया जाता था। उनमें मिठाइयां भी थीं जो दिन रात आंधी पानी और मक्खी मच्छरों के हमलों का बहादुरी से मुकाबला करती थीं। वे हमारी देसी कारीगरी के हस्तकौशल और उनकी वैज्ञानिक दक्षता का सबूत देती थीं। वे बताती थीं कि हमें एक अच्छा रेजर ब्लेड बनाने का नुस्खा भले ही न मालूम हो पर कूड़े को स्वादिष्ट खाद्य पदार्थ में बदलने की तरकीब सारी दुनिया

में अकेले इसी को आती है।" (पृ. ५) बेहद संलग्न दृश्य है ये। भाषा में चाबुक की मार है, लेखक की उपहास वक्रता हर डिटेल्स में 'इर्रैशनल' को पकड़ती है और उसकी तर्कहीनता में भी उसे व्यवस्थित करती है। इस व्यवस्था देने के क्रम में ही एक उपहास वक्रता पैदा हो जाती है। यह एक नितांत 'अर्बन' भाषा है। जो गंजहेपन को मैलोड्रामा में नहीं जाने देती। मैलोड्रामा में बंधने वाला, भावुक यथार्थ में बांधने के लिए वृत्तांत खड़ा करना होता तो 'गंजहे' पन की भारतीय अहंकार और अकड़ को उपहास वक्रता में डालने वाले और इस तरह अहंकार को 'मूर्खता' में बदलने वाले विशेषणों का और क्रिया पदों का प्रयोग न होता। 'बहादुरी से मुकाबला', 'मनपसंद पेय', 'हस्तकौशल', 'वैज्ञानिक दक्षता' ये तमाम विशेषण विशेषणपद एक नयी व्यंग्यात्मक स्थिति पैदा करते हैं। सारा दृश्य पहले क्षण से ही 'पैरोडी' हो जाता है।

श्रीलाल की भाषा के दो बड़े शत्रु हैं: मैलोड्रामा और रोमांटिक भाषा। थाने का वर्णन करते हुए लेखक लिखते हैं: "आराम कुर्सी ही नहीं, सभी कुछ मध्यकालीन था। तख्त, उसके ऊपर पड़ा हुआ दरी का चीथड़, कलमदान, सूखी हुई स्याही की दवातें, मुड़े हुए कोनों वाले मटमैले रजिस्टर सभी कुछ कई शताब्दी पुराने दिख रहे थे"

"यहां बैठ कर अगर कोई चारों ओर निगाह दौड़ाता तो उसे मालूम होता, वह इतिहास के किसी कोने में खड़ा है... हथियारों में कुछ प्राचीन राइफलें थीं जो लगता था गदर के दिनों में इस्तेमाल हुई होंगी। वैसे सिपाहियों के साधारण प्रयोग के लिए बांस की लाठी थी जिसके बारे में एक कवि ने बताया है कि वह नदी नाले पार करने में और झपट कर कुत्ते को मारने में उपयोगी साबित होती है।"

'अंतर्पाठीयता!' का ऐसा हर्षोत्पादक उपयोग श्रीलाल के बाद ही अधिक स्वीकृत हुआ। विकास की मामूली सी चपेट में आए यथार्थ को आप ऐसी ही तीव्रगति 'अंतर्पाठीयता' और विशेषणों के उलट विपर्यय से कह सकते हैं। बड़े यथार्थ को, पूज्य यथार्थ को खोलना है तो यही चाहिए: "एक नंग धड़ंग लंगोटबंद आदमी दिखता। जो सामने इमली के पेड़ के नीचे भंग घोट रहा होता। बाद में पता चलता कि वह अकेला आदमी है जो बीस गांवों की सुरक्षा के लिए तैनात है और जिस हालत में जहां है वहां से उसी हालत में वह बीसों गांवों में अपराध रोक सकता है। अपराध हो गया हो तो उसका पता लगा सकता है, अपराध न हुआ हो तो उसे करा सकता है... इस तरह थाने का वातावरण बड़ा ही रमणीक और बीते दिनों के गौरव के अनुकूल था। जिन रोमांटिक कवियों को बीते दिनों की याद सताती है, उन्हें कुछ दिन रोके रखने के लिए यह थाना आदर्श स्थान था।" (पृ. १२)। रोमांटिकता इस तरह ढेर की जाती है। और यह बार-बार है। भदेस का कथन रोमांटिकता को शुरू से नष्ट करता चलता है। मध्यवर्गीय भद्रता भी इस खेल में पिट जाती है। शहरी सभ्यता भी इस मार से मुक्त नहीं है।

स्थितियों की विडम्बना की जगह विद्रूपता और विद्रूपता की सहज असंगतियों के दावे को, अकड़ को रेखांकित कर, उसे दयनीय बनाने से बचाना मैलोड्रामा का काट करने की एक तरकीब है। यही यहां अपनायी जाती है। दीनता को अकड़ में बदल दिया जाये तो उपहास ढूंढ़ने दूर नहीं जाना पड़ता। सनीचर सिर्फ निकर पहनता है क्योंकि शर्ट उसके पास नहीं है। मगर अकड़ देखिए। दर्शन कीजिये सनीचर का। इंट्रोडक्शन ही उसका पैरोडिक दावा पेश कर देता है: "एक दुबता पतला आदमी गंदी बनियान और धारीदार अंडरवीयर पहने बैठा था। नवंबर का महीना था और शाम को काफी ठंड हो चली थी। पर वह बनियान में काफी खुश नजर आ रहा था उसका नाम मंगल था। पर लोग उसे सनीचर कहते थे। उसके बाल पकने लगे थे और आगे के दांत गिर गये थे। उसका पेशा वैद्य जी की बैठक पर बैठे रहना था। वह ज्यादातर अंडरवीयर पहनता था उसे आज बनियान पहने हुए देख कर रुप्पन

बाबू समझ गए कि सनीचर 'फार्मल' होना चाहता है... और अपनी नंगी जांघों पर तबले के कुछ मुश्किल बोल निकालते हुए ललक कर कहा, "बद्री भैया होते तो मजा आ जाता।" (पृ. २७) प्रसंग ट्रक वालों को पैसे देने का था। वह गंजहा ही क्या जो पैसे दे।"

उधर रुप्पन बाबू! क्या सौन्दर्य था?, 'कंधे पर टिकी हुई धोती का छोर, ताजा खाया हुआ पान, बालों में पड़ा हुआ कई लीटर तेल, स्थानीय गुंडागर्दी के किसी भी स्टैंडर्ड से होनहार लग रहे थे।" (२७)

अथ सनीचर वर्णनः -"सनीचर ने फर्श पर टांगें फैला दीं। जिस्म के जिस हिस्से में टांग निकलती है, वहां उसने खाल का एक टुकड़ा चुटकी में दबा लिया। दबाते ही उसकी आंखें मुंद गयीं और चेहरे पर तृप्ति और संतोष का प्रकाश फैल गया। धीरे-धीरे चुटकी मसलते हुए उसने भेड़िए की तरह मुंह फैला कर जम्हाई ली फिर ऊंघती हुई आवाज में कहा, "रंगनाथ भैया शहर से आये हैं। उन्हें मैं कुछ नहीं कह सकता। पर कोई किसी गंजहा से दो रुपये तो क्या दो कौड़ी भी ऐंठ ले तो जानें।" (२८)

"गंजहा शब्द रंगनाथ के लिए नया नहीं था। यह एक तकनीकी शब्द था जिसे शिवपालगंज के रहने वाले अपने लिए सम्मानसूचक पद की तरह इस्तेमाल करते थे, आसपास के गांवों में भी बहुत से शांति के पुजारी मौका पड़ने पर धीरे से कहते थे, तुम इसके मुंह न लगो। तुम जानते नहीं यह साला गंजहा है।"

गंजहापन की स्थिति देखिएः "(नेताओं) के लेक्चर गंजहों के लिए विशेष रूप से दिलचस्प थे क्योंकि इनमें प्रायः शुरू से ही वक्ता श्रोता को, श्रोता वक्ताओं को बेवकूफ मान कर चलता था जो बातचीत के लिए गंजहों के लिए आदर्श स्थिति थी।"

यह अकड़ गंजहापन का सार तत्व है। उपन्यास के हर चरित्र में व्याप्त है, लंगड़ को और किसी हद तक रंगनाथ को छोड़ कर। 'गंजहेपन' की इस 'रीडिंग' में चरित्रों का परिचय और भी 'ठांय'-'ठांय' ढंग वाला बन जाता है। वैद्य जी का परिचय पढ़ें "वैद्य जी, थे, हैं और रहेंगे।" इसके बाद ब्रह्मचर्य माहात्म्य शुरू। "काना से पंडित राधेश्याम का अभिप्राय था। उनकी एक आंख दूसरी से छोटी थी और इसी से गंजहे उनको काना कहने लगे थे।" (६८) "बेला स्वस्थ सुंदर गृह कार्य में कुशल और रामायण और माया, मनोहर कहानियां पढ़ लेने भर को पढ़ी लिखी थी। उसके लिए एक सुंदर सुयोग्य वर की तलाश थी। बेला तबीयत और जिस्म दोनों से प्रेम करने लायक थी। (६४)

वही चुनिन्दा सटीक विशेषणों से चरित्र के टिपीकल गंजहेपन को दिखा देना। भावुकता को मिटा देना।

इसी फिजीकल सत्ता का विकट टैक्स्ट पढ़िएः "अखाड़े से दो पहलवान झूमते हुए निकले। एक तो बद्री थे, दूसरे छोटे। दोनों की खोपड़ियां घुटीं थीं। ऊपर पसीने की मदद से मिट्टी का पलस्तर जैसा चढ़ गया था। गरदन पर पीछे की ओर गैंडे जैसी झुर्रियां। दोनों ने लंगोट की पट्टी आगे हाथी की सूंड़ की तरह लटका ली थीं। संक्षिप्त पट्टी के दोनों ओर से संक्षिप्त अंडकोष ब्रह्मांड में प्रदर्शित हो रहे हैं पर जिस तरह कला के नाम पर हेनरी मिलर और डी. एच. लारेंस को माफी मिल जाती है, उसी तरह भारतीय व्यायाम के नाम पर इन दोनों पहलवानों को यह सब दिखाने की छूट मिल गयी थी।" (२३३)

लंगोट। फिजीकल सत्ता का यह एक बड़ा निर्णायक चिह्न है। अखाड़ा, घुटा सिर और उस सबकी रक्षा करती भाषा सब मिल कर नितांत फिजीकल ताकत की सामाजिक भूमिका बताते हैं।

स्पेस रीडिंग

वृत्तांतों में स्पेस को बहुत बताने योग्य नहीं समझा जाता है। मान कर चला जाता है कि एकाध संकेत में पाठक तो समझ जाएगा कि बात या घटना 'इंडोर' में है या 'आउटडोर' में। हिन्दी कहानी में 'स्पेस' का पाठ बहुत-बहुत कम होता है। एक दूसरे स्तर पर यह रेणु में मिलता है, खासा रूमानी और रसभरा। श्रीलाल में यह 'स्पेस रीडिंग' इतनी विकट है कि 'स्पेस' अपने आपमें पूर्ण टैक्स्ट बन जाता है। स्पेस ही वह क्षेत्र है जिसमें परिवर्तन के चिह्न सबसे पहले दिखाई पड़ते हैं। इसीलिए आधुनिकता कहां-कहां समस्याग्रस्त हुई है या हो रही है, यह 'स्पेस' की रीडिंग में आसानी से देखा जा सकता है। आधुनिकता समस्याग्रस्त हो कर जब अपने विराम के बिन्दुओं पर पहुंचती है तो उसकी पहली खबर 'स्पेस' के 'स्ट्रक्चर' में बनती है। श्रीलाल ने 'स्पेस' की रीडिंग पर जोर दे कर वृत्तांत को आधुनिकता के समस्याग्रस्त होने से जोड़ दिया है।

"थोड़ी देर में ही धुंधलके में सड़क की पटरी पर दोनों ओर कुछ गठरियां सी रखी हुई नजर आयीं। ये औरतें थीं जो कतार बांध कर बैठी हुई थीं। वे इत्मीनान से बात करती हुई वायु सेवन कर रही थीं और लगे हाथ मल मूत्र विसर्जन कर रही थीं। सड़क के नीचे घूरे पटे पड़े थे और उनकी बदबू के बोझ से शाम की हवा किसी गर्भवती की तरह अलसायी हुई सी चल रही थी। कुछ दूरी पर कुत्तों के भूंकने की आवाजें हुईं। आंखों के आगे धुंए के जाले उड़ते नजर आये। इससे इनकार नहीं हो सकता था कि वे किसी गांव के पास आ गये थे। यही शिवपालगंज था।" (पृ. १०)। सड़क के किनारे 'गठरी' बनी औरतों में एक समूचा सांस्कृतिक चिह्न सक्रिय है। बेहद 'अर्बन', 'माडर्न' प्रतिक्रिया है यह। रंगनाथ की आधुनिकता से मिलती जुलती कि गांव में घुसते ही वह एक तर्कहीन 'स्पेस' में आ जाता है और उसकी 'शहरी' नजर धरी रह जाती है। 'स्पेस' और 'सत्ता' के विमर्श एक दूसरे के पूरक हैं। स्पेस बदलने के लिए बहुत कुछ है मगर वह बदलता नहीं। कोई चीज इस परिवर्तन को बेकार किये दे रही है। क्या है वह चीज? "छंगामल इंटर कालेज महाविद्यालय ऐसा विद्यालय है जिसमें पढ़ने वाले लड़के सिर्फ इमारत के आधार पर कह सकते थे कि हम शांति निकेतन से भी आगे हैं। हम असली विद्यार्थी हैं, हम नहीं जानते कि बिजली क्या है, नल का पानी क्या है, पक्का फर्श किसे कहते हैं, सेनिटरी फिटिंग किस चिड़िया का नाम है। हमने विलायती तालीम तक देसी परम्परा में पायी है और इसीलिए देखो हम आज भी उतने ही प्राकृत हैं। हमारे इतना पढ़ लेने पर भी हमारा पेशाब पेड़ के तने पर ही उतरता है, बंद कमरे में 'ऊपर' चढ़ जाता है।" (पृ. १६)

आधुनिकता इस 'परम्परा' में जब्त हो जाती है। परम्परा यानी परिवर्तन से बचे रहने वाला सत्ता के विमर्श में परम्परा की पूड़ी खा कर ताल देता रहता है। 'परम्परा' यहां एक गहन विशेषण है, व्यंजक है। चिह्न है। यह 'मिक्सिंग' का खेल है।

"मकान वैद्य जी का था। उसका अगला हिस्सा पक्का और देहाती हिसाब से काफी रोबदार था। पीछे की तरफ दीवारें कच्ची थीं और उसके भीतर शुबहा होता था, घूरे पड़े होंगे। झिलझिलाते हवाई अड्डों और लकलकाते होटलों जैसा 'सिम्बोलिक माडर्नाइजेशन' इस देश में हो रहा है, उसका असर इस मकान की वास्तुकला में भी उतर आया था और उससे साबित होता था कि दिल्ली से लेकर शिवपालगंज तक काम करने वाली देसी बुद्धि सब जगह एक जैसी है।"

"मकान का अगला हिस्सा, जिसमें चबूतरा, बरामदा और एक कमरा था बैठक के नाम से मशहूर था, ईंट गारा ढोने वाला मजदूर भी जानता था कि बैठक का मतलब ईंट और गारे की बनी हुई इमारत भर नहीं है, नं. १० डाउनिंग स्ट्रीट, व्हाइट हाउस, क्रेमलिन आदि मकानों के नाम ताकत के नाम हैं।" (पृ. २७)

बैठकखाना जो 'ताकत' का नाम है। यदि 'बैठक' के 'स्पेस' की ऐसी रीडिंग न हो तो ताकत जानना मुश्किल है और यह व्याख्या करना तब और मुश्किल है कि फिर क्यों सारी योजनाएं धरी की धरी रह गयीं। क्यों शिवपालगंज में 'कीचड़' ही कीचड़ पनपा। क्यों वह तमाम आधुनिकीकरण की चपेट से अपने को साफ बचाये रख सका और उसका लाभ लोभ भी खा गया। शिवपालगंज वह अंधा कुआं है, जिसमें 'सिम्बल' जाते तो हैं लौट कर साबुत आते नहीं। वे बदलने के प्रतीक नहीं बन पाते। वे स्वयं बदल जाते हैं। 'देसी परम्परा' में पड़ कर वे अपनी ऊर्जा खो बैठते हैं। शिवपालगंज में घुसते ही 'सिम्बोलिक माडर्नाइजेशन' संकटग्रस्त हो जाता है। वह अपने तमाम तर्क, तमाम तथ्यपरकता, तमाम उदात्तता और रूमान को एक भयावह 'स्पेस' के समक्ष व्यर्थ पाता है। 'राग दरबारी' 'माडर्नाइजेशन' के समस्याग्रस्त हो उठने की पहली मकम्मल खबर देता है। हिंदी में यह निर्णायक समाजशास्त्रीय 'शिफ्ट' है।

स्पेस पढ़ने की रणनीति

यह सिर्फ 'प्ले' से सम्भव की गयी है।

"छत पर कमरे के सामने टीन पड़ी थी। टीन के नीचे रंगनाथ था। रंगनाथ के नीचे चारपाई थी। दिन के दस बजे थे। अब आप मौसम का हाल सुनिए।" (पृ. ८६) दो अलग प्रसंगों को संग रख दिया और नयी जगह बन गयी जहां से रंगनाथ के आधुनिक इतिहास बोध में घुसा जा सकता है। रंगनाथ 'इंडोलाजी' का विद्यार्थी है, शोध करना चाहता है। इस इंडोलाजी का स्पेस कैसा है? "हिन्दुस्तानियों ने अपनी पुरानी जिन्दगी के बारे में अंग्रेजों की मदद से एक विषय की ईजाद की है जिसका नाम 'इंडोलाजी' है। रंगनाथ के शोध का सम्बंध इसी से था... दो दिन पहले शहर जा कर वह यूनिवर्सिटी पुस्तकालय से बहुत सी किताबें उठा लाया था और इस समय नीम पर फैली धूप की मार्फत वह उनका अध्ययन कर रहा था। उसके दायें मार्शल और बायीं ओर कनिंघम विराजमान थे। विंटरनित्ज बिल्कुल नाक के नीचे थे। कीथ पीछे की ओर पायजामे से सटे थे। स्मिथ पैताने की ओर धकेल दिये गये थे और वही उल्टी पल्टी हालत में राइस डेविस की झलक दिखाई दे रही थी। परसी ब्राउन को तकिये ने ढंक लिया था। ऐसी भीड़ भाड़ में काशी प्रसाद जायसवाल बिस्तर की एक सिकुड़न के बीच औंधे मुंह पड़े थे। भंडारकर चादर के नीचे कुछ सहमे हुए से झांक रहे थे। इंडोलोजी की रिसर्च का समां बंध गया था।" (पृ. ८६)

इस स्पेस में 'ज्ञान', आधुनिक ज्ञान की स्थिति ऐसी ही है कि वह औंधे मुंह गिरा हुआ है। इंडोलोजी में निहित 'ओरियंटलिज्म' इस 'खालिस गंजहेपन' (पृ. ८७) को नहीं समझ पाता। छोटे पहलवान कुसहर को पीट रहे हैं। कुसहर 'हाय-हाय' कर रहे हैं। इसे समझने में कीथ, पर्सी ब्राउन, कनिंघम नाकामयाब हैं।

भयानक, तर्करहित, विचित्र, रहस्यहीन फिर भी ठोस, एकदम फिजीकल फिर भी अमूर्त शिवपालगंज का यह 'स्पेस' इतनी तर्कहीन तर्क श्रृंखला से बनता है कि हर दृश्य किसी एक सूत्री व्याख्या से परे निकलता रहता है। व्याख्या से परे लगातार उसका स्थगन ही वह कीमिया है जो इस स्पेस को खुला-खुला रहने देता है। पैरोडी की उत्तर आधुनिक छेड़छाड़ यही करती है। ज्ञान से यह 'बैर' नहीं है, ज्ञान से प्रतिशोध है यहां। यह स्पेस जो आधुनिकता से रूठा बैठा है उसका हो कर भी जो उसके हाथ, पकड़ से बाहर-बाहर है। हर बार नया समाजशास्त्र दंग है। यह 'दंगई' किसी बड़ी ज्ञान समस्या से नहीं, सिर्फ गंजहेपन से पैदा होती है, गंजहा तत्व एक अबूझ तत्व जो सुलझता दिख कर भी उलझता जाता है। वाक्य-वाक्य में है वह उलझन, सुलझी हुई उलझन। उलझी हुई सुलझन।

स्पेस की ऐसी 'रीडिंग' नितांत 'अर्बन' रीडिंग है। उसकी मांग है कि 'गंजहापन' को उपहास वक्रता से 'अर्बन' किया जाये लेकिन पैरोडीय यथार्थ ऐसा सम्भव नहीं होने देता। भाषा में ही पैरोडी यथार्थ बनता है। इस भाषा के

बिना वह यथार्थ नहीं बनता है। पैरोडी छोड़ते ही 'गंजहेपन' का रूमानी ग्लोरिफिकेशन शुरू हो सकता है। (उसकी इन्नोसेन्स का गुणगान हिन्दी के पिछड़े साहित्यिक इलाकों में पचास साल से हो रहा है और अब भी खूब है)। पैरोडी से बाहर जाइए तो रंगनाथ अंततः क्रांतिकारी नजर आएगा जो धीरे-धीरे 'चमरही' को इकट्ठा करके इंकलाब जिन्दाबाद करा सकता है। मगर पैरोडी में एक बार घुसने के बाद, रंगनाथ अपने 'स्पेस' में मारा जाता है। यह एक ट्रैजडी है जो कामिकली ही पढ़ी जा सकती है।

विकास के असंलग्न हाशिए

कारण क्या है इस स्पेस का? कोई निश्चित कारण नहीं। चाहे तो एक कारण ढूंढ़ लें इस वर्णन में से: "कुछ वर्ष पहले गांव के लड़के कसरत और कुश्ती से चूर-चूर हो कर घर लौटते तो कम से कम उन्हें भिगोए हुए चने और मट्ठे का सहारा था। अब वह सहारा टूटने लगा था... गांव के नौजवानों को निकम्मा बन जाने के सिवाय और दूसरा कोई कार्यक्रम ही नहीं मिलता था। वे फटे पुराने पर रंगीन पतलून पाजामों के सहारे अपनी दुबली पतली टांगों को ढंक कर और सीने पर गोश्त हो न हो सीने के अंदर सायराबानू के साथ सोने का अरमान भर कर, गली कूचों में अपने पान की पीक फैलाते हुए निरुद्देश्य घूमा करते थे। उनमें से बहुत से कभी-कभी खेतों कारखानों का चक्कर भी लगा आते थे। जो वहां जाते हुए हिचकते थे वे स्थानीय कालेजों में बांगडूपन की शिक्षा ग्रहण करने के लिए चले जाते थे। ये कालेज प्रायः किसी स्थानीय जननायक की प्रेरणा से शिक्षा प्रसार के लिए और वास्तव में उसके लिए विधानसभा या लोकसभा के चुनावों की जमीन तैयार करने के उद्देश्य से खोले जाते थे और उनका मुख्य कार्य कुछ मास्टरों और सरकारी अनुदानों का शोषण करना था। ये कालेज सिर्फ जमाने की फैशन के हिसाब से बिना आगा पीछा सोचे चलाये जा रहे थे और यह निश्चय था कि वहां पढ़ने वाले लड़के अपनी 'रियाया' वाली हैसियत छोड़ कर कभी ऊपर जाने की कोशिश नहीं करेंगे और ऊंची नौकरियों और व्यवसाय जिनके हाथ में हैं, उनके एकाधिकार को इन कालेजों की ओर से कोई खतरा पैदा नहीं होगा।" (२३२-३३) 'निकम्मापन', 'बांगडूपन'। ये दो शब्द ठेठ गंजहे शब्दकोश के हैं। ये नितांत अनुत्पादक स्पेस के शब्द हैं क्योंकि वहीं इन्हें अर्थ मिलते हैं। इतिहास, खासकर विकास के इतिहास पर 'निकम्मापन' एक व्यापक टिप्पणी है। यह एक मनोदशा है, स्थिति मात्र नहीं है। यह एक सांस्कृतिक समुच्चय है। गंजहापन इसीलिए एक सांस्कृतिक समुच्चय है। राग दरबारी शायद पहली 'टैक्स्ट' है जो यथार्थ की जगह सांस्कृतिक समुच्चय को ही अपना 'पाठ' बनाती है। समूचा उपन्यास विकास और उसके भीतरी संकट का आख्यान बन जाता है। जनतंत्र, शिक्षा, विकास सारे मूल्य इस गंजहेपन में संकटग्रस्त हो जाते हैं। प्रश्न यह उठता है और इतिहास में उठता है कि यह गंजहापन किस चीज की पैदाइश है जो स्पेस को जड़ बनाये रख रहा है? क्या यह एशियाई जड़ता है? या कि इस जड़ता से 'ओरियंटलिज्म' की मिलीभगत है? क्या यह साधन की समस्या है? क्या यह कृषि सम्बंधों की समस्या है जिसमें बिना विघ्न डाले आधुनिक विकास की सड़कें निकाली जा रही हैं? बार-बार प्रश्न उठता है, ऐसा क्यों है कि यहां कुछ भी नहीं बदलता जबकि बदलने वाले संस्थान यहां तक आ रहे हैं। कोआपरेटिव आ रहा है, शिक्षा आ रही है? या कि ये परिवर्तन ही गलत हैं?

आधुनिकता सबसे पहले 'स्पेस' में दिखती है। आधुनिकता के चिह्न सबसे पहले 'देश' और 'काल' की अवधारणा को बदलते हैं। राग दरबारी का स्पेस ऐसा स्पेस है जिसमें आधुनिक चिह्न मौजूद है। सड़क है, स्कूल है, थाना है, पास शहर है, बाजार है, कचहरी है और परिवार नियोजन है, हरितक्रांति, अधिक अन्न उपजाओ का नारा है। लेकिन ये चिह्न निर्णायक नहीं है। निर्णायक है भंग, लंगोट और लठ। निर्णायक शिक्षा का इंस्पैक्टर

नहीं है निर्णायक हैं वैद्य जी और उनकी ताकत देने वाली गोली।

आधुनिक चिह्न की संकटग्रस्तता

इस स्पेस में हम रंगनाथ के 'आधुनिक चिह्न' का विमर्श देखें— और देखें कि आधुनिकता किस तरह संकटग्रस्त हो रही हैं। रंगनाथ के चिह्न का अर्थ है बड़प्पन। वह शहरी है। वैद्यजी का भांजा है। "लगभग प्रत्येक पढ़े लिखे भारतीय की तरह वह अपने से असम्बद्ध प्रत्येक घटना को घटना ही की तरह देखता और उसे भूल जाता और बाद में उसके बारे में परेशान न होता था। इतिहास पढ़ चुकने के कारण उसे राजनीतिक और सामाजिक शोषण और उत्पीड़न की बहुत सी कहानियां आती थीं पर उसके दिमाग में कभी यह न आया कि वह भी इस इतिहास का एक हिस्सा है और अगर चाहे तो इतिहास को बना बिगाड़ सकता है। वह देश के पच्चानबे प्रतिशत बुद्धिजीवियों में था जिनकी बुद्धि उनको आत्मतोष देती है, उन्हें बहस करने की तमीज सिखाती है, दूसरों को क्या करना चाहिए, इस पर उनसे भाषण कराती है और न करने के मामले में कुछ उनकी भी जिम्मेदारी है, इस बेहूदा विचार को उनसे कोसों दूर रखती है।" (२३८)

रंगनाथ की भी समस्या है कि वह यथार्थ से स्वयं को स्वायत्त समझता है। यही आधुनिकता है। लेखक कहता है कि यही उसकी बुनियादी समस्या है कि वह स्वयं को इतिहास से 'बाहर', 'ऊपर' ही समझता है। वह ऊपर समझता है जबकि होता 'भीतर' है। गंजहे स्पेस ने उसकी 'स्वायत्तता' के लिए जगह नहीं छोड़ी है लेकिन वह गलतफहमी में रहता है कि वह 'स्वायत्त' है, इतिहास से ऊपर है। रंगनाथ का पूरक चिह्न रुप्पन है जो स्वयं को 'स्वायत्त' नहीं समझता इसलिए उसे बदलने की सोचते-सोचते हार जाता है क्योंकि उसके इतिहास में प्रिंसिपल, वैद्य जी की सत्ता को ही जीतना है।

ज्ञान की दशा, ज्ञान की प्रक्रिया किस स्पेस में पछाड़ खाती है? शिवपालगंज के गंजहे स्पेस में क्योंकि रुप्पन में स्वयं गंजहापन घुसा हुआ है। ज्ञान की यह क्रांतिकारी प्रक्रिया एक विराट एबसर्ड गंजहे वातावरण में सम्पन्न होती है। खन्ना मास्टर, रुप्पन, रंगनाथ, मालवीय के बिग फोर की 'समिट' पुलिया पर होती है। ज्ञान का गंजहे स्पेस में विस्तार देखें: "रात के लगभग नौ बजे थे। पर कहीं खामोशी न थी। तहसील के सामने तम्बोली की दुकान पर बैटरी वाला रेडियो अब भी बज रहा था और फिल्मी गानों के परनाले से अरमान, साजना, हसीन, जादूगर, मंजिल, नजर, तू कहां, सीना, गले लगा लो, गले लग जा, मचल-मचल कर, आंधियां, गम, तमन्ना, परदेशी, शराब, मुस्कान, आग जिन्दगी, मौत, बेरहम, तस्वीर, चांदनी, आसमां, सुहाना सपन, जोबन, मस्ती, उभार, इंतजार, बेजार, इनकार, इकरार जैसे शब्द लगातार गिर रहे थे जो भुखमरे देश में नवजागरण का संदेश देने के लिए सब प्रकार से उपयुक्त हैं।" (२४०) यह स्पेस में आधुनिकता और उससे बाद छूट गये, छूट रहे स्पेस की मिक्सिंग है। मिक्सिंग ही उस 'भदेस' और ऊलजुलूलियत, तर्कहीन क्षण, अननुशासित भावों को पढ़ने की तकनीक है। घनघोर आधुनिक बातचीत का स्पेस मूलतः एक उत्तर आधुनिक 'स्पेस' है जो मिक्सिंग से बना है। सातवें दशक की इस मिक्सिंग को इन दिनों मल्टी चैनल की मिक्सिंग में फैला लें तो इसका पाठ खुल जाएगा। यह एब्सर्डिटी नहीं है, यद्यपि एब्सर्ड का तरीका है। यहां स्पेस को स्पष्ट करने की मंशा से कुछ चिह्न जुटाये गए हैं। ये चिह्न 'फ्री' हैं। रेडियो के गानों के बोलों के रूप में। फिर घरघराते ट्रक हैं सियारों का हुआं-हुआं है। ये सब 'फ्री' 'चिह्न' हैं। इनकी मिक्सिंग तभी सम्भव है जब ये 'फ्री' हों।

राग दरबारी में गंजहे स्पेस को उन्हीं स्वच्छंद चिह्नों की बार-बार मिक्सिंग से सम्भव किया गया है। वृत्तांत

की तकनीक, तरकीब की नजर से, भाषा में 'प्ले' की नजर से यह वृत्तांत तकनीक सत्तर के दशक तक तो थी ही नहीं। श्रीलाल अपने 'खेल' से न केवल प्रेमचंदीय या नयी कहानी के इकहरे, अनमिक्स वृत्तांतों को समस्याग्रस्त कर देते हैं बल्कि प्रायः प्रतीकों और इकहरे अनमिक्स रूपकों में अभ्यस्त भाषा को भी क्षतिग्रस्त कर देते हैं। यह एक ऐतिहासिक कार्य है। राग दरबारी के बाद यथार्थ और उसकी अवधारणा बदल जाती है, भाषा बदल जाती है। यथार्थ पैरोडी हो जाता है। भाषा में 'प्ले' का तत्व आ जाता है और एक नये ढंग की 'स्पेस रीडिंग' शुरू होती है। 'स्वच्छंद चिह्नों की जबर्दस्त मिक्सिंग। वृत्तांत पहली बार 'अर्बन' होता है। मुक्त होता है।

जो अनभ्यस्त पिछड़ी रुचि के लोग इसे भदेस, अश्लील कहते हैं, वे रंगनाथ की दुर्गति को प्राप्त होने वाले पाठक ही हो सकते हैं। उनके पास इसका कोई पाठ नहीं है।

हम कुछ पहले 'स्पेस रीडिंग' की बात कर आये हैं, उसका राग दरबारी के इस 'पाठ' के लिए निर्णायक महत्व है। राग दरबारी का 'चिह्नों' का स्वच्छंद खेल बताता है कि उसका यथार्थ इस भाषा के खेल से बाहर नहीं है और इस तरह 'गंजहापन' भाषा ही नहीं, एक सामाजिक कंस्ट्रक्ट है। वह चिह्नों को 'स्वछंद' विचरते देखने की प्रक्रिया में ही बना है। वह भाषा में अनिवार्य है। बहुत दिन बाद, काशीनाथ सिंह बनारस के अस्सी घाट की जो 'मैपिंग' करते हैं, चिह्नों की जैसी स्वच्छंदता जुटाते हैं और उनकी क्रमिकता को बांध कर बार-बार उनके स्वच्छंद हो उठने को पकड़ कर जो पैरोडी पैदा करते हैं; श्रीलाल शुक्ल यह चीज तीस साल पहले करते हैं। गंजहेपन की 'मैपिंग' ही सबसे बड़ी समस्या है जो आधुनिक विकास की ऋजुता को गड़बड़ा देती है।

यथार्थवादी यानी मैलोड्रामाई, प्रतीकार्थवादी ढंग से पाठ करेंगे तो एक मूर्खतापूर्ण प्रश्न उठेगा। क्या श्रीलाल शुक्ल परिवर्तन विरोधी, सिनीकल नहीं है जो हर बात की खिल्ली उड़ाते हैं। वे कोई दिशा क्यों नहीं देते? वे रोग बताते हैं निदान नहीं करते। वे निराशावादी हैं। उनके पात्र जीतते नहीं। इस तरह यह 'प्रकृतवाद' है। नेचुरलिज्म है। वे अश्लील हैं। उदात्तता के दुश्मन हैं।

इस तरह की नव्य समीक्षावादी 'पाठावली' के लिए राग दरबारी परेशान करने वाला वृत्तांत है। कारण वही कि वह उक्त भद्र पाठों को डिसरप्ट करता है। राग दरबारी के गांव को पढ़ने के बाद प्रेमचंद के गांव विश्वसनीय नहीं लगते। कारण वही है: यहां गांव को सजा संवार कर, किसी 'महावृत्तांत' किसी 'महान उद्‌देश्य' के लिए तैयार नहीं किया जा रहा है बल्कि, इस इकहरे ऋजु विकास मूलक वृत्तांत पर ही गहरी शंका उठायी गयी है। यहां सिर्फ यथार्थ की निर्मित पर ही शंका नहीं है, यथार्थ को निर्मित करने वाले अर्थ (प्रेजेन्स) पर भी शंका है। इसी अर्थ में राग दरबारी 'प्रेजेन्स' को डिसरप्ट करता है, इस डिसरप्शन के लिए वह यथार्थ को स्वच्छंद चिह्नों में पढ़ता है। चिह्नों के स्वच्छंद होने, 'फ्री प्ले' में चले जाने से सारी 'प्रेजेन्स', सारे महानार्थ, सारे इकहरे आशय, सारी प्रतीकात्मकता, समांतरता, विडम्बनात्मकता, तनावग्रस्तता व्यर्थ हो जाते हैं।

सदी के इन अंतिम इन दिनों में राग दरबारी के शिवपालगंज को अखिल भारतीय सत्ता विमर्श का स्वच्छंद चिह्न मान कर ही पढ़ा जा सकता है। इसीलिए इस टिप्पणी के शीर्षक में निवेदन किया गया है कि जिन्हें इन दिनों की टैक्स्ट समझ न आती हो वे राग दरबारी को एक अनिवार्य टैक्स्ट समझ कर पढ़ें। कल्याण होगा। लोग आधुनिक झांसेबाजी से मुक्त होंगे, उसे समस्याग्रस्तता समझ कर आगे का पाठ बना सकेंगे। वे आधुनिकता के देसी संस्करण की समस्याग्रस्ता को देख सकेंगे।

सूनी घाटी का सूरज : प्रतिभा की दारुण अवमानना

पुष्पपाल सिंह

श्रीलाल शुक्ल का पहला उपन्यास 'सूनी घाटी का सूरज' (१९५७) अपने नायक रामदास के माध्यम से एक पूरी पीढ़ी की तेजस प्रतिभा की दारुण अवमानना की प्रभावी कथा है जो अब भी अपनी सार्थकता की प्रतीति इस रूप में देती है कि रामदास जैसों के अनुपयुक्त स्थान पर पहुंचने— मिसप्लेसमेण्ट— की कहानी अभी रुकी नहीं है, वह और भी तीव्र गति से अपने घिनौने रूप प्रदर्शित कर रही है। प्रतिभा, योग्यता और कार्य क्षमता, निष्ठा सब रद्दी की टोकरी की वस्तु बन रही हैं और रद्दी की टोकरी की जिन्सें पदासीन, सत्तासीन हैं।

जिस जिन्दगी की कथा कहने के लिए श्रीलाल शुक्ल अपने इस प्रथम उपन्यास में प्रवृत्त होते हैं वह धूल धक्कड़ से भरे हुए वातावरण के बोझ के नीचे दबी पड़ी हुई जिन्दगी है। इस लघु कलेवरीय (लघु उपन्यास-'नावलेट' यह नहीं है) उपन्यास को पढ़ते हुए सचेत पाठक को बार-बार ध्यान आता है कि यह 'राग दरबारी' के लेखक की कृति है। वातावरण, अपने चौगिर्द की नब्ज पर उंगली रखने की तेज पकड़, व्यंग्य के तेज औज़ार और भ्रष्टाचार की तह तक जाने की अंतर्दृष्टि अपने प्रारम्भिक रूप में इस उपन्यास में भी देखी जा सकती है। एक प्रकार से यह कृति 'राग दरबारी' जैसी क्लासिक कृति देने की पृष्ठभूमि है। उसका पूर्वाभ्यास है। 'राग दरबारी' स्वातंत्र्योत्तर भारत का ग्रामीण समाज प्रस्तुत करती है, तो यह कृति आज़ादी से कुछ समय पहले का ग्रामीण परिदृश्य प्रस्तुत करती है। यहां वह पीढ़ी है जिसने स्कूलों में 'तीन पैसा फीस' और मर्दों के लिए बारह आना, औरतों के लिए आठ आना और बच्चों के लिए चार आना' की मजूरी का जमाना देखा था। यहां से चल कर कथा आजादी के फौरन बाद तक के उस समय तक आती है जिसमें इस देश के बिगड़े रईस, जो पढ़ने लिखने में सिफर की स्थिति में थे किन्तु

अपने परिवार और पैसे के बल पर विधायक और मंत्री, वह भी शिक्षा विभाग के मंत्री के पद तक पहुंचे हैं।

'सूनी घाटी का सूरज' एक चरित्र प्रधान उपन्यास है किन्तु रामदास का चरित्र जिस रूप में प्रस्तुत हुआ है, उससे वह एक पूरी पीढ़ी का प्रतिनिधि बन जाता है जो शिक्षा के लिए न जाने किस-किस तरह के कितने-कितने संघर्ष कर 'सैल्फ मेड' के रूप में पहुंची है। साधनहीन और शैशव में ही अनाथ हुआ रामदास एक अनाम जिजीविषा से परिपूर्ण है जो घोर संकटों में भी शिक्षा के उच्चतम को आयत्त करता है, केवल अपनी लगन और कठोर परिश्रम से। यद्यपि वह ठाकुर जाति का है किन्तु वह सवर्णों की उस हैसियत का प्रतिनिधि है जो बदतर जीवन जीते हैं। अपने ऋण को चुकाने की चेष्टा में उसके पिता अपनी ही जाति के व्यक्ति के शोषण का शिकार होते हैं। बंधुआ मजदूर की जिन्दगी जीने और मालिक सेवा में ही कोल्हू में अपने हाथ फंसवा कर अंततः प्राण देने को अभिशप्त पिता की अंतिम समय में बेटे को यह सीख कि "बड़े ठाकुर के घर काम न करना, पढ़ाई न छोड़ना और भगवान भरोसे रहना, वही गरीबों के प्रतिपालक हैं" अनाथ रामदास का सम्बल बनती है। फिर वहां से उसके संघर्षों का अंतहीन सिलसिला शुरू होता है। स्कूल के प्रधानाध्यापक मुंशी नवरतनलाल द्वारा शरण, अपनी शरण से उसे अमीन साहब की सेवा में देना, अमीन साहब द्वारा रामदास को बुरी तरह अपनी सेवा में जोतना, वहां से क्षत्रिय स्कूल, क्षत्रिय स्कूल से कालेज और यूनिवर्सिटी तक परीक्षाओं में प्रथम श्रेणी प्राप्त करते चले जाना- सब जीवट भरे काम हैं जिन्हें रामदास अपनी प्रतिभा के बल पर अंजाम देता है। हिन्दी उपन्यास में ऐसे जीवट वाले पात्र विरल ही हैं (याद आ रहा है— सत्येन कुमार के उपन्यास 'छुट्टी का दिन' का नायक) जिन्हें अपनी अदम्य जिजीविषा के लिए देर तक याद किया जा सकता है। यूं यह आलोचकीय हस्तक्षेप बहुत वाजिब नहीं कहा जा सकता कि अमुक पात्र की संरचना ऐसी न हो कर ऐसी ही क्यों कर हुई है किन्तु फिर भी रामदास की चारित्रिक संरचना में मुझे एक बड़ा भारी अंतविर्रोध दिखाई देता है। इतना जिजीविषा संपन्न चरित्र अंत में व्यवस्था में सम्मुख झुक क्यों जाता है, वह संघर्षों से घबरा कर अपनी प्रतिभा के अनुपयुक्त गांव में प्राइमरी स्कूल मास्टर की मुफलिसी की जिन्दगी क्यों कर स्वीकार करता है। छठे दशक का (१९५५-५७) का समय प्रतिभा के लिए इतना दारुण और निर्मम नहीं हुआ था जितना आज का समय। फिर भी लेखक रामदास को उसकी प्रतिभा और योग्यता के अनुरूप समुचित स्थान अपने उपन्यास में नहीं दिला पाता। उसके लिए वह एक आदर्शात्मक समाधान प्रस्तुत करता है: "समझ लो, रामदास, इस रोग शोक जर्जर प्रांतर में १३५ रु. मासिक पर मास्टरी करने के लिए तुम्हीं जैसों को आना पड़ता है। आरम्भ से ही जो व्यवस्था तुम्हारे मार्ग में बाधाओं को खींच-खींच कर लाती रही, वही अब तुम्हें इन बाधाओं के देश में खींचें लिए जा रही है।" "यहां मैं न आऊंगा तो और कौन आएगा?" यह आदर्शीकृत समाधान है जो कथा के यथार्थ के विरोध में तो पड़ता ही है, उपन्यास के नायक को विश्वसनीयता भी प्रदान नहीं करता है।

'राग दरबारी' के समान ही 'सूनी घाटी का सूरज' में अपने ग्रामीण परिवेश का बहुत सूक्ष्म और प्रामाणिक अंकन प्राप्त होता है। यहां आजादी के पहले का वह समाज चित्रित होता है जो आज विगत हो चुका है। ऋण के कारण (या फिर किसी का ब्याह करा देने भर के कारण) छोटे किसान मजदूर बन अपनी ही जाति के लोगों के शोषण का शिकार बनते थे और फिर न केवल वे ही अपितु उनकी आगे की पीढ़ियां भी बंधुआ मजदूर की जिन्दगी जीने को विवश होती थीं। रामदास के पिता बड़े ठाकुर के यहां अपने बेटे को काम न करने देने की हिदायत से उस क्रम को रोकना चाहते हैं जिसे हिन्दी कथा साहित्य में 'सवा सेर गेहूं' से ले कर 'सूनी घाटी का सूरज' तक जैसी कई कृतियों में चित्रित किया गया है। ये वे पीढ़ियां थीं जिनका "न अतीत ही (उनका) हुआ, न भविष्य ही

होगा। जितना ऋण उन्होंने ले रखा था, उसे पूरा करने के लिए उन्हें आजीवन दासता करनी पड़ेगी। उनका शरीर बड़े ठाकुर के जानवरों के बाड़े से ले कर उनके खेतों तक, खेतों से बाजार, फिर जानवरों के बाड़े से ले कर उनके खेतों तक दौड़ लगाता।" रमदस्सा (रामदास) को मालिक की भैंसों के पीछे भेजना, चरवाहों का संग साथ, उनकी आदतें, हरकतें, पूरी दिनचर्या, अपने सूक्ष्म निरीक्षण में इतनी प्रामाणिकता से चित्रित हुई हैं कि वह सारे गांवों के चरवाहों की जाति बिरादरी की पहचान बन जाती हैं। गांव की औरतों, विशेषतः छोटका (छोटी ठकुराइन) जैसी बेमेल विवाह की ब्याहताओं के यारों और आसनाई के किस्से, सास की प्रताड़ना के कारण घी, दूध, शक्कर आदि चोरी से खाना, घर की औरतों का चोरी से थोड़ा बहुत अनाज बेचना (इसे 'कोरचा' के नाम से जाना जाता था, आदि उस समाज के गहरे विश्लेषण के चित्र हैं। स्कूलों का वातावरण, मास्टरों का पढ़ाने का ढंग, मिडिल परीक्षा, अमीन साहब के लिए नहाने की चौकी बना देने के कारण मैनुअल ट्रेनिंग में विशेष दक्षता (डिस्टिंक्शन) से पास होना, छठी कक्षा में फेल विद्यार्थी को मुंशी जी द्वारा तरक्की दे दिया जाना, विद्यार्थियों के लम्बे बाल रख लेने पर सिर घुटा देना, परीक्षा के दिनों में सब विद्यार्थियों का सिर घुटा कर पढ़ाई में दत्तचित्त होना आदि तत्कालीन ग्रामीण समाज के बिम्ब हैं। 'विंध्य देश' के वनांतों में फैली चैतुआ मजदूरों की अमानवीय प्रथा, उन मजदूरों का ठेकेदारों द्वारा शोषण, पुलिस से मिलीभगत के कारण ही इन मजबूर मजदूरों को चौपायों की तरह हड़काना और श्रम में इनका पूरी तरह तेल निकालना, आदि का जैसा खौफनाक चित्रण यहां हुआ है वह अत्यंत विरल है। इस भूखंड का यह अत्यंत प्रामाणिक चित्र है: "जिस अभिशप्त देश में मैं खड़ा हूं, वहां सब कुछ देखने के लिए ही है। यहां एक ओर आठ आने के पीछे कोई स्त्री सांप और बिच्छुओं को रौंदती हुई दो रोगी बच्चों के भविष्य की आशंका से कांपते हुए प्राणों के साथ, मन-मन भर के पत्थर सिर पर लाद कर, पहाड़ियों की ऊंची नीची पगडंडियों पर टकराती चलती है। यहां अशिक्षा और दरिद्रता के क्रूर आतंक में मानव शरीर का अब भी दासों जैसा व्यापार होता है। रोगों के संक्रामक आघातों और प्राकृतिक विपत्तियों के झेलने की, सिवाए भाग्य के और कोई औषधि नहीं है।" इन मजदूरों के शोषण का यह लोमहर्षक चित्रण इस उपन्यास की बहुत बड़ी उपलब्धि है। "नीची छतों वाले, भसकती हुई मिट्टी के घर। खपरैल। अपने अस्तित्व से लज्जित संसार के सब रोग, सब अपराध यहीं आ कर छिपे हैं। सारी असमर्थता, निराशा, मूढ़ता, इन्हीं खपरैलों के नीचे सिमट आयी है।" इसे ही लेखक ने 'सहमा हुआ, सिसकता हुआ, मुरझाया हुआ जीवन' कहा है।

परिवेश पर उपन्यासकार श्रीलाल शुक्ल की अपने पहले ही उपन्यास में जितनी गहरी पकड़ है, उसका प्रमाण ग्रामीण अंचल के चित्रण में ही नहीं अपितु शहरी जीवन के चित्रण में भी मिलता है। ठाकुर राजेश्वर सिंह, उनकी पुत्री बेबी, बेबी का ड्राइवर फिलिप से यौन सम्बंध, मेधावी लड़के रामदास से चरित्रहीन बेबी को पत्नी के रूप में गले बांधने का प्रयत्न, राजधर, प्रोफेसर सिन्हा द्वारा अपने होनहार विद्यार्थियों की प्रतिभा का शोषण और दोहन, यूनिवर्सिटी में प्रतिभा की उपेक्षा और सम्बंधों के सहारे अयोग्यों की योग्यतम पदों पर नियुक्ति उपन्यास के बहुआयामी संदर्भ हैं। नवयुवकों में पनपता हुआ नैराश्य और विद्रोह इन शब्दों में मूर्त होता है: "देखो रामदास, तुम अकेले नहीं हो। यह शताब्दी ही नवयुवकों पर आघात करती है। न जाने कितने आहत, अपंग विद्यार्थी इसी यूनिवर्सिटी में मिल जाएंगे। ये एक दूसरे की भाषा समझते हैं, एक दूसरे के अतीत और भविष्य से परिचित हैं।" इस उपन्यास के ये संदर्भ ग्रामीण और नागरिक जीवन की एक समान सफल प्रस्तुति के साक्ष्य बनते हैं।

ग्रामीण जीवन की अधूरी पेन्टिंग

राकेश

उपन्यास मोटे तौर पर औद्योगिक युग का साहित्यिक उत्पाद है। हमारे देश के औद्योगिकीकरण के समानांतर हिन्दी उपन्यास अपनी लगभग सौ साल से भी अधिक की रचना यात्रा में न सिर्फ समयगत सच्चाइयों, बदलते परिवेश, सामाजिक अंतर्विरोधों, मूल्यों व आदर्शों के बनने बिगड़ने से रूबरू हुआ है बल्कि 'विधा' के रूप में उसने अपनी एक विशिष्ट पहचान बनायी है और साहित्य का खासा बड़ा पाठक वर्ग भी बनाया है। इस रचना यात्रा में सामाजिक यथार्थ को उद्घाटित करते हुए समाज के उत्पीड़ित वर्ग की पक्षधरता की दृष्टि के साथ प्रेमचंद ने उपन्यास की जिस यथार्थवादी धारा की शुरुआत की, उसे निश्चय ही निराला, रांगेय राघव, रेणु, राही मासूम रजा, यशपाल, अमृत लाल नागर, भीष्म साहनी, भैरव प्रसाद गुप्त जैसे अन्य तमाम उपन्यासकारों ने आगे बढ़ाया। श्रीलाल शुक्ल ने इस परम्परा को 'व्यंग्य' की एक विशिष्ट शैली के साथ एक नयी अर्थवत्ता दी है। उन्होंने पिछले चार दशकों से निरंतर हिन्दी उपन्यास को समृद्ध किया है।

जहां तक १९५७ में प्रकाशित श्रीलाल शुक्ल के पहले उपन्यास 'सूनी घाटी का सूरज' का प्रश्न है तो एक पाठक के लिए निस्सन्देह वह रचना बेहतर ही कहलाएगी जो उसे शुरू से अंत तक अपने साथ बांधे रख सके। लेकिन क्या एक दिलचस्प और पठनीय रचना ही पाठक का अभीष्ट है? और लेखक व पाठक के बीच का रिश्ता क्या सिर्फ रचना के पढ़ने तक ही सीमित है? मेरे ख्याल से यह पुरानी बात अभी भी अपनी जगह कायम है कि लेखक के भीतर एक कलाकार और विचारक एक साथ मौजूद रहते हैं। लेखक के भीतर का कलाकार भाषा और शिल्प को तराशता है, तथ्यों में कल्पना के रंग भरता है जबकि विचारक ऐतिहासिक सामाजिक अंतर्विरोधों के

साथ-साथ भविष्य की सम्भावनाओं को भी उद्घाटित करता है। दोनों का बेहतर समन्वय ही एक अच्छी रचना को जन्म देता है। एक अच्छी रचना पाठक को अपने साथ शामिल करती है और उसके सवालों का जवाब भी देती है।

'सूनी घाटी का सूरज' में एक बड़े लेखक का कलाकार भी उपस्थित है और विचारक भी, पर लगता है दोनों ही जल्दी में हैं। लेखक जैसे एक कैनवस पर ग्रामीण जीवन की पेन्टिंग को अधूरा सा छोड़ देता है जिसे बाद में चमत्कारिक शिल्प और भाषा के रंगों से वह 'राग दरबारी' में पूरा करता है। जैसा अक्सर लेखकों की पहली रचना के साथ होता है, 'सूनी घाटी का सूरज' एक तरह से आत्म कथात्मक उपन्यास है, जिसमें उपन्यास के नायक रामदास के संस्मरणों के बीच लेखक का विचारक एक टिप्पणीकार के रूप में अपनी उपस्थिति दर्ज कराता है। कहीं-कहीं यह उपस्थिति सटीक और कारगर है लेकिन कहीं-कहीं अवांछित किताबी भाषा इसे अविश्वसनीय बना देती है; जैसे स्कूली शिक्षा के समय के संघर्ष को याद करते हुए रामदास के सम्बंध में यह टिप्पणी, "कुहरे का द्रवित रूप पेड़ों की डालों से टप-टप चू रहा था... आस पास के अंधेरे में लालटेन एक असमर्थ प्रकाश के बिन्दु जैसी जान पड़ती थी.... पृथ्वी तथा आकाश के बीच फैले हुए विराट रोदसी मंडल में केवल कुहासा, कुछ अस्पष्ट ध्वनियां, स्वरों की कुछ विकृत चेष्टाएं भर मुझे चारों ओर से घेरे रहीं।"

उपन्यास में भाषा इस तरह दो स्तरों पर चलती है। गांव के लोगों की सहज सरल भाषा तथा शहरी पात्रों व टिप्पणियों की किताबी भाषा। सम्भव है यह प्रयोग जान कर दिया गया हो पर यह सहजता को तोड़ता है। यह कमजोरी भी उपन्यास में मौजूद है कि संस्मरण लिखते समय लेखक की परिपक्वता नायक रामदास के बचपन की स्मृतियों पर भी आरोपित हो जाती है और वह प्रारम्भिक शिक्षा के समय से ही एक परिपक्व नौजवान सा दिखता है। उपन्यास में कई जगहों पर वर्णन और संवाद के अलावा स्थितियों पर टिप्पणियों में अतीत और वर्तमान का घालमेल सा हो जाता है। यह अलग बात है कि उपन्यास में लेखक के विचारक की टिप्पणियां उसकी पक्षधरता और दृष्टिपरकता को रेखांकित करती है। "हमारे साथ के वे विद्यार्थी गांव की सीमा में सिमटे पड़े हैं। निर्बल प्राणों की दासता का अंत नहीं है। वे दिन रात अपनी निर्बलता से डरते है। उनका जीवन भय का एक पूंजीभूत प्रकाशन भर है। वे सब वही सब कर रहे है जो उनके पूर्वज करते चले आये हैं। सबके घर कच्चे हैं। जहां बरसात में दीवार गिर जाती है उसी जगह वैसी ही दीवार वे फिर उठा देते हैं। उनका यही पुरुषार्थ है।" इसी तरह पहाड़ों से मोरंग निकालने वाले मजदूरों की स्थिति का वर्णन अत्यंत मार्मिक है:

"आधी रात तक इसी जीवन की पृष्ठभूमि पर उभरने वाली वे कहानियां मेरे मन में चक्कर लगातीं जिन्हें दीन दयाल ने मुझे बताया था। प्रत्येक घटना में एक शिकार होने वाले पशु के रूप में वह स्वयं आता। शिकारी के रूप में कभी जंगलों में घूमने वाले तेंदुए होते, जिन्होंने उसकी दुधारू गायें खा डाली थीं। कभी नीलगायों के झुंड होते, जिन्होंने उसकी खेती चर डाली थी। कभी पाला, मेघ, चूहे, टिड्डियों के दल आते जो उसके मुंह में जाने वाले अन्न को, दानों के पैदा होने के पहले ही छीन लेते। कभी सांघातिक रोग आते, जिन्होंने उसकी स्त्री को, उसके लड़कों को उसी की आंखों के सामने निगल लिया था। शिकार सदैव वहीं रहता, शिकारी ही बदलते। इन्हीं शिकारियों में जमींदार, राजे, महाजन आते। चोर और डकैत आते। कन्या के विवाह में घर से दूध देने वाली भैंस खुला ले जाने वाले नये रिश्तेदार आते। सादे कागज पर अंगूठा लगाने के लिए बाध्य करने वाली असहायता की स्थिति आती। कभी भी अपनी स्थिति का बोध न होने देने वाली अविद्या आती। पत्थर जैसी छाती को पीस कर, समस्त पुरुषार्थ को आंसुओं में बहा देने वाली निराशा आती। सब तरह से जीवन को जकड़ कर पथराई आंखों

से सब कुछ देखते रहने वाली जड़ता आती। शिकार वही था शिकारी अनेक थे।''

इसमें संदेह नहीं कि आजादी के बाद नेहरू युगीन आदर्शों की छाया में नौजवानों के सपनों की यथार्थ से टकराहट रामदास के संघर्षों की कथा के रूप में उपन्यास में मौजूद है, जहां गांव के लोगों की अशिक्षा और जीवन में तमाम अवसरों की अनुपलब्धता का प्रमुख और केन्द्रीय कारण है गरीबी और उसी के कारण पैदा हुई जड़ता। लेकिन इसके खिलाफ रामदास का संघर्ष एक सामाजिक संघर्ष में रूपांतरित होने की जगह एक व्यक्ति का आत्मकेन्द्रित संघर्ष बन कर रह जाता है। यह संघर्ष निश्चय ही रोचक और प्रामाणिक है और शायद यही कारण है कि उपन्यास पाठक को अपने साथ शामिल तो कर लेता है लेकिन उसके दिमाग में पैदा हुए सवाल अनुत्तरित छूट जाते हैं।

पहला सवाल है उपन्यास के काल और परिवेश से सम्बंध का। यह ठीक ही है कि कोई उपन्यास वर्षों, महीनों और दिनों के कैलेन्डर के हिसाब से अपने भीतर समेटे गये समय का गवाह नहीं हो सकता, लेकिन उसके पात्र अपनी भाषा, रहन सहन और स्थितियों से समय की उपस्थिति दर्ज कराते ही हैं। उपन्यास के प्रकाशन वर्ष (१९५७) को छोड़ भी दिया जाए तो भी आजादी के तत्काल बाद के परिदृश्य की बहुत सी निशानियां उपन्यास में दर्ज हैं। उपन्यास के 'प्रारम्भ' में ही सत्या भिखारी को देने के लिए माली को चवन्नी देती है। लेखक की टिप्पणी है: ''माली चवन्नी को ललचाई आंखों से देखता चला जाता है।'' चवन्नी की यह महिमा आजादी के कितने दिनों बाद तक रह पायी इसे सहज ही समझा जा सकता है। उपन्यास का नायक रामदास गांव से स्कूली शिक्षा समाप्त करके कानपुर में गंगापुर रियासत के महाराज की कोठी पर पहुंचता है। वजीफे के सवाल पर महाराज का कथन है: ''टिनेन्सी एक्ट लग गया है अब कोई बेदखल नहीं हो सकता। अब गंगापुर के पासी चमार तक महाराज हो जाएंगें। खराब दिन आये हैं। यह कोठी जब तक अपनी है तब तक चाहे जो कोई रह ले। पर अब वजीफे के दिन लद गये।''

रियासत के महाराज का यह कथन आजादी के बाद के समय की गवाही देता हैं लेकिन दिक्कत यह है कि यदि राम दास के बचपन से लेकर २६-२७ साल की उम्र तक की संघर्ष यात्रा को समय के सांचे में कसा जाए तो यह आजादी के भी १५-२० साल पहले तक पहुंच जाती है जिसकी कहीं कोई आहअ उपन्यास में नहीं है। लेखक के कलाकार के लिए काल परिवेश और यथार्थ का समन्वय शायद इतना जरूरी न हो लेकिन विचारक के लिए यथार्थ के चित्रण के अलावा समय के अंतराल का बोध भी रचना की प्रामाणिकता के लिए जरूरी है।

दूसरा सवाल है सच्चे पात्र और प्रतिनिधि पात्र का। उपन्यास में रामदास एक ऐसे क्षत्रिय का बेटा है जिसे अपनी तीन बेटियों की शादी के लिए कुल डेढ़ बीघा जमीन और घर एक अमीर ठाकुर के यहां गिरवी रख देना पड़ता है और वह बंधुआ मजदूर का जीवन बिता रहा है। गांवों में इस तरह के गरीब ठाकुरों की एक दो सच्ची दास्तानें हो सकती हैं पर ऐसी कहानियां प्रतिनिधि यथार्थ नहीं बनातीं। प्रतिनिधि सच्चाई यही है कि आजादी के पहले और बाद में भी दलित और पिछड़े वर्ग के ही लोग बंधुआ मजदूरों का जीवन जीने के लिए अभिशप्त रहे हैं। सवाल यह है कि अगर रामदास क्षत्रिय न हो कर ब्राह्मण होता तो भी कोई फर्क न पड़ता लेकिन यदि उसके साथ कोई दलित जाति जुड़ी होती तो भी क्या 'सूनी घाटी का सूरज' के नायक की संघर्ष यात्रा यही रहती। निश्चय ही नहीं। दलित की कहानी कहीं अधिक मारक होती। वह इतनी उदात्त और आदर्शपरक भी न होती।

कुल मिलाकर 'सूनी घाटी का सूरज' टुकड़ा-टुकड़ा यथार्थ, टुकड़ा-टुकड़ा संघर्ष और टुकड़ा-टुकड़ा आदर्श की मिली जुली संरचना है, पठनीयता जिसका प्रभावकारी गुण है।

एक पठनीय उपन्यास की यह कैसी त्रासदी!

गिरिराज किशोर

'पहला पड़ाव' की समीक्षा लिखते समय मैंने लिखा था कि श्रीलाल शुक्ल की स्थिति उपन्यास लेखन में सर्वाधिक मजबूत है। उनका ताजातम उपन्यास 'बिस्रामपुर का संत' मेरे इस वक्तव्य की पुष्टि करता है। उनके पूर्ववर्ती उपन्यासकारों में नागर जी, भगवती बाबू, यशपाल जी भी उपन्यास लेखन में नैरंतर्य बनाये रखते थे। नागर जी और भगवती बाबू ने तो खूब लिखा। श्रीलाल जी भी अपने लेखन की निरंतरता बनाये हैं यह बहुत बड़ी बात है। खास बात यह है कि उनके सभी उपन्यास स्तरीय हैं और उनमें अनुभव का वैविध्य है। भाषा की दृष्टि से भी व्यंग्यकार वाली चुस्ती है। यह बात अलग है उन्होंने प्रारम्भ में ही एक बरगद लगा लिया। वह इतना घना हो गया कि बाद के उपन्यासों की आभा उसकी छांव में मद्धम पड़ गयी। लेकिन जब कभी यथा समय उनका सकारात्मक मूल्यांकन होगा तो दूसरे उपन्यासों के ऊपर भी फोकस पड़ेगा और अनेक ऐसे बिन्दु होंगे जो चमकेंगे। उनके कारण उनकी अलग से पहचान बनेगी।

'बिस्रामपुर का संत' उपन्यास अत्यधिक प्रशंसनीय उपन्यास है। लेकिन उपन्यास के ब्लर्ब पर जो परिचय दिया गया है उसमें लिखा है: "भूदान आंदोलन पर लिखी गयी यह पहली महत्वपूर्ण कृति है।" मुझे लगता है यह उपन्यास का एक पक्ष है। भूदान आंदोलन में विरोधाभास और विडम्बनाएं एक जानकार आदमी की तरह दिखायी गयी हैं। पर यह बात गले से नहीं उतरती। प्रसिद्ध वकील और ताल्लुकेदार जयंती प्रसाद सिंह के बेटे विवेक की इस टिप्पणी से असहमति नहीं कि "विनोबा भावे मामूली संत नहीं हैं.... उसके (भूदान आंदोलन के) पहले वार में एक तरफ तेलंगाना में साम्यवाद अधमरा हो कर रह गया, दूसरी तरफ बिहार, उत्तर प्रदेश में गांधीवाद के हाथ पैर टूट गये।"

यह एक महत्वपूर्ण वक्तव्य है पर उपन्यास में इसका प्रतिफलन नहीं होता। केवल यहां वहां उल्लेख भर है। परिशिष्ट में अलबत्ता उस आंदोलन का मय आंकड़ों में विवेचन किया गया है। यह सारी कसरत 'बिस्रामपुर का संत' को भूदान आंदोलन पर लिखी गयी प्रामाणिक कृति साबित करने के लिए की गयी मालूम पड़ती है। उपन्यासकार को जब इस तरह की सूचनाएं अलग से देनी पड़ती हैं तो ऐसा मालूम पड़ने लगता है कि जो बात उपन्यास नहीं कह पा रहा है उसे कहने के लिए उपन्यासकार उपन्यास में वे सभी जानकारियां सूचनाएं झोंक कहा है। हालांकि यह काम हर उपन्यासकार किसी न किसी रूप में करता है पर वह उपन्यास के विकास में ही खपाने की कोशिश करता है। अमेरिकन लेखक जरूर ऐसा करते हैं परंतु वे उपन्यास साहित्यिक कम सूचनात्मक ज्यादा होते हैं।

उपन्यास में आयी इस विश्रंखलता का कारण है। भूदान आंदोलन की इस कृति को भूदान आंदोलन की प्रामाणिक कृति बनाने के लिए उपन्यासकार ने अपने गद्य में मजबूत और प्रभावशाली परंतु भूदान की दृष्टि से नितांत कमजोर चरित्र का सहारा लिया है। उसका पूरा चरित्र एक कैरियरिस्ट किस्म के जमींदार और राजनीतिज्ञ का है। भूदान भी उसकी उसी कला का हिस्सा है इसलिए वह उपन्यास के मुख्य उद्‌देश्य में रचनात्मक सहयोग न दे कर उसकी प्रामाणिकता को स्खलित ज्यादा करता हुआ महसूस होता है। कुंवर जयंती प्रसाद सिंह का बिस्रामपुर में जा कर अंतिम दिन गुजारना भी उनके हृदय परिवर्तन का द्योतक कतई नहीं। वह इस बात का प्रमाण है कि कुंवर जयंती प्रसाद सिंह को भूदान से कुछ लेना देना नहीं है वह तो सुंदरी के प्रति मरा हुआ उनका आकर्षण, उसके मर जाने के बाद पुनर्जीवित हो उठता है। वैसे जयंती प्रसाद सिंह का बिस्रामपुर जा कर बसना किसी वैराग्य के कारण भी नहीं है। पद और गौरव की दौड़ में पिछड़ जाने के कारण और प्रधानमंत्री द्वारा अपेक्षित प्रतिक्रिया न दिये जाने के फलस्वरूप वे ऐसा करते हैं। वे समझते हैं कि शायद उनके इस व्यवहार से प्रधानमंत्री को चोट लगेगी। पर राजनीति में घड़ियालत्व इतना प्रबल है कि जितना बड़ा घड़ियाल उतना चोट प्रूफ। वे न त्यागी हैं और न सर्वोदय के प्रति उनकी किसी तरह की प्रतिबद्धता है।

कुंवर जयंती प्रसाद सिंह ने सर्वोदय के पक्ष में एक ही काम किया था। अपने दो गांवों की बंजर भूमि का आचार्य विनोबा भावे के समक्ष सर्वोदय के लिए दान। उसके पीछे भी साफ दिल नहीं था। बल्कि अपने त्याग की धाक जमाना था। दूसरा काम था अपने महल के एक हिस्से में सर्वोदय के कार्यालय की स्थापना और निर्मल भाई, सुशीला बेन और सुंदरी के रहने की व्यवस्था। सुंदरी उनकी नजर में चढ़ गयी थी। उनके द्वारा भोगी गयी अपने पिता के मित्र की बहू जयश्री की झलक उन्हें सुंदरी में नजर आयी थी। सर्वोदय की थोड़ी बहुत स्मृति सुंदरी के कारण थी न कि विनोबा भावे या सर्वोदय के सिद्धांतों के कारण। स्त्री और भोग प्रेरक स्मृतियां, मनुष्य को सिद्धांतों की आड़ में, भोग के चारों तरफ घुमाती रहती हैं। वह सब कुछ जो आदर्श है, सम्भोग को और अधिक आनंददायक बनाने के लिए इस्तेमाल किया गया लगता है। वह एक तरह से धोखे की टट्टी हो जाता है। यही कुंवर जयंती प्रसाद के साथ होता है।

पहले ही पृष्ठ पर वृद्ध गवर्नर जयंती प्रसाद सिंह अपनी जवानी में अनेक रूप से भोगी गयी जयश्री के साथ अपने संसर्ग की याद के खुमार में खोये हैं। साथ ही साथ वे सुंदरी को भोगने की कल्पना करते जाते हैं। जिसे वे कभी छू तक नहीं पाये। एक पंक्ति इस प्रकार है: "सुंदरी (जयश्री) का सारा शरीर लचीलेपन के बावजूद कोणार्क और खजुराहो की भारी मूर्तियों का है'। जयश्री का तो शरीर उन्होंने भोगा था पर सुंदरी का? यह पतनोन्मुखी मन भोग की त्रासदी है। जिसमें अस्सी वर्ष के कुंवर साहब अंत तक डूबे रहते हैं। यह मानवीय त्रासदी है। किसी सिद्धांत

या आंदोलन का अनुपालन नहीं। जो अस्सी साल तक सम्भोग की मुद्रा के साथ जीता रहा हो वह तीन साल में कैसे संतत्व धारण कर लेगा? यह सवाल कुंवर साहब के संदर्भ में तो उनके इंसानी पक्ष को उजागर कर सकता है परंतु सर्वोदय और संतत्व को खतरे में डाल देता है। इस प्रकरण को उपन्यासकार ने इतनी गम्भीरता और प्रमाणिकता के साथ लिखा है कि उसे नितांत व्यंग्य समझ कर नजरअंदाज भी नहीं किया जा सकता। कुंवर जयंती प्रसाद सिंह की खूबियों और कमजोरियों को लेखक ने पूरी गम्भीरता के साथ एक प्रभावी नायक के रूप में ढाला है। एक बात और है भूदान आंदोलन कितना भी सफल या असफल क्यों न रहा हो परंतु भूदानियों का तप, साधना, त्याग आदि न सही बहुत अधिक पर कुछ तो था ही। कुंवर साहब का चरित्र उन सब मान्यताओं और रवायतों के विरुद्ध जाता है।

कई बार चरित्र उपन्यास या कृति की मूल मान्यताओं पर भारी पड़ जाता है। जमींदार, जागीरदार, ब्यूरोक्रेट्स, मंत्री आदि अनुभवों और तामझाम की दृष्टि से गरिमामय लगने लगते हैं। वे लेखक को भी धता बता कर अपनी लीक चलते हैं। लेखक चाहते हुए भी अपनी तरह नहीं मोड़ पाता। उसके सामने यह समस्या उठ खड़ी होती है कि अगर वह नायक या अन्य महत्वपूर्ण पात्रों को विषयवस्तु या कृति की अपेक्षाओं के अनुरूप तराशता है तो नायक या उस पात्र विशेष का स्वाभाविक विकास रुक जाएगा। इसलिए वह उसकी राह बदलने का खतरा उठाने से डरता है। कुंवर जयंती प्रसाद सिंह स्वाभाविक रूप से अपनी कमजोरियों और खूबियों (अगर हैं) के साथ उभरने वाले चरित्र हैं। उस वर्ग में जो कुछ होता है वह सब उनमें है। हालांकि लेखक उन्हें सर्वोदय आंदोलन की प्रामाणिक कृति से जोड़ कर देखता है। उसका नतीजा होता है कि सर्वोदय अलग थलग पड़ जाता है और नायक अलग।

मूलतः यह नायकमूलक उपन्यास है। वे वकील या बैरिस्टर हैं तो भी जमींदार हैं, पिता हैं तो भी जमींदार हैं, गवर्नर हैं तो राजत्व तो उनमें व्याप ही जाता है। सर्वोदय के लिए दो ग्राम दान करने जाते हैं तो भी जमींदार ही हैं। वे विनाबा जी को अपने महल की सड़क पर चलाना चाहते हैं पर वे उससे उतर कर चलते हैं यह उन्हें बर्दाश्त नहीं होता। बिस्रामपुर बसने जाते हैं तो भी उन्हें कमोड चाहिए, बिजली चाहिए। फोन न होना उन्हें त्रासद लगता है। 'आवारा साहब' नाम का काला कलूटा बच्चा उन्हें पसंद नहीं आता। जब वह गिर जाता है तो अपने जिस रूमाल से वे उसका मुंह नाक पोंछते हैं उसे वे अपने पास न रख कर उस आया को दे देना चाहते हैं जो उसे उठा कर ले जाती है। उनका डूब कर आत्महत्या कर लेना भी संतों का देह त्यागना नहीं बल्कि बदला भी है और विनोबा भावे के शरीर त्यागने की भोंडी पैरोडी भी है। पर वह संत विनोबा भावे नहीं। यह देह के दुखों की कल्पना से एक तरह का पलायन है।

मुझे लगता है कि अच्छे खासे चरित्र प्रधान उपन्यास पर गलत चिप्पी लगा दी गयी। अगर इसे 'भूदान आंदोलन पर लिखी गयी महत्वपूर्ण कृति' न कहा गया होता तो मुझे पूरा विश्वास है कि लेखक की मंशा के अनुसार यह उपन्यास कुंवर जयंती प्रसाद सिंह के अंतर्विरोधों के माध्यम से शायद भूदान के अंतर्विरोधों को भी उभार पाता। 'बिस्रामपुर का संत' में तो कुंठित व्यंग्य है। कुंठित इसलिए किं उपन्यास का पूरा कलेवर इस बात को साबित नहीं करता। दुबे महाराज जैसे परिवार तो देश में अनेक हैं। मैं समझता हूं वे विनोबा भावे से भी बड़े 'संत' हैं। विनोबा जी ने तो तेलंगाना में साम्यवाद को ही अधमरा किया और उत्तर में गांधीवाद के हाथ पैर तोड़े पर इन लोगों ने तो पूरे आंदोलन को ही अपने जेब में रख कर विनोबा जी की ही गठरी बांध दी। राजाओं, जागीरदारों और जमींदारों ने बंजर जमीनों के रूप में मरी हुई गायें दान करके इस आंदोलन को और ज्यादा निरर्थक बना दिया।

सुंदरी भी उपन्यास में एक सफल सर्वोदयी कार्यकर्त्ता की जगह जयंती प्रसाद सिंह के मानसिक विलास के साधन के रूप में ज्यादा उभरी। सुंदरी का जितना भी त्याग, काम और रिसर्च उपन्यास में है वह कथित है या वर्णित है। बिस्रामपुर जाने पर यह बताया जाता है कि सुंदरी बेन ने ऊसर में विनय वाटिका लगायी, स्कूल चलाया वगैरह-वगैरह। उन्होंने सर्वोदय पर रिसर्च की, जिसका सम्पादन विवेक को करना है। लेकिन वे करती हुई कहीं भी मौजूद नहीं। जहां वे हैं वहां वे कार्यकर्ता के रूप में नहीं बल्कि अपने सौन्दर्य की प्रतिष्ठा के साथ। दूसरों की कमजोरी बन कर हैं। विवेक के लिए भी वे प्रेमिका के रूप में हैं। भले ही वे भोग्या न हों लेकिन उनकी जहां भी उपस्थिति है वह शरीर के रूप में है। त्याग, सेवा, सर्वोदय का केवल उल्लेख या विवरण है। सुंदरी बेन का योगदान आश्रम के मंत्री जी द्वारा दिये गये विवरण से मिलता है या सुशीला बेन की बातों से। या उन दरख्तों के माध्यम से जो उन्होंने विनय वाटिका में उगाये हैं। अगर उसके साथ-साथ सुंदरी का काम भी होता तो शायद उसका व्यक्तित्व कुंवर जयंती प्रसाद सिंह के व्यक्तित्व से बड़ा नहीं तो बराबर का हो सकता था। तब शायद उपन्यास के शीर्षक की अर्थवत्ता भी बदल जाती। कुंवर जयंती प्रसाद सिंह इत्तफाक से ऐसे चरित्र बन गये कि उनके सामने सर्वोदय तक बौना हो गया। सुशीला बेन, निर्मल भाई, विवेक भी बौने नजर आते हैं। हां अगर उनकी जगह कुंवर जयंती प्रसाद सिंह के बड़े भाई को मैदान में उतारा होता तो उपन्यास का उद्देश्य पूरा हो सकता था। उनके त्याग की झलक भर है। उनकी उदारता का संस्पर्श मात्र है। उसी से लगता है कि संघर्ष की दृष्टि से तो नायक उन्हें ही होना चाहिए था। 'मुझे चांद चाहिए' भाषा को छोड़ कर, जो एक अति सामान्य उपन्यास है, उसकी भी यह विडम्बना है। जिसका संघर्ष बड़ा था वह समुद्र पर ले जा कर मार दिया गया।

पता नहीं पाठकों को लगा या नहीं परंतु कुंवर साहब के बिस्रामपुर पहुंचने पर जिस प्रकार उनका बेटा विवेक उसी के कमरे का ताला बंद करता हुआ प्रकट होता है उसी समय यह आभास मिल जाता है कि सुंदरी और विवेक के सम्बंध अपरिभाषेय हैं। बाद में इस बात की पुष्टि भी हो जाती है। यह भी लगता है, मन से असंयत कुंवर जयंती प्रसाद सिंह बिस्रामपुर से संत बन कर सिधारने के लिए ही वहां पहुंचे हैं।

अगर इस उपन्यास पर भूदान आंदोलन पर लिखी गयी पहली महत्वपूर्ण कृति का लेबल न लगा होता तो अंतर्विरोधों से घिरे एक राजपुरुष, जमींदार और पद लोलुप, कामुक की मानवीय त्रासदी का चरित्र प्रधान पठनीय उपन्यास होता। इसमें सर्वोदय कथा से ज्यादा उसके नायक के अहं की हत्या है। बाकी सब चरित्र कुंवर साहब की त्रासदी को ही उभारने का काम करते हैं। उस रूप में यह एक सफल और पठनीय उपन्यास है। कभी-कभी यह होता है कि हम किसी कृति को अपने आग्रहों के कारण उसकी असल जगह से हटा कर गलत कोटर में बैठा देते हैं। इस उपन्यास की भी यही त्रासदी है।

व्यंग्य, उपन्यास बनाम उपन्यास में व्यंग्य

मधुरेश

श्रीलाल शुक्ल के संदर्भ में इस सवाल से टकराये बिना आगे बढ़ना मुश्किल है कि 'राग दरबारी' (१९६८) से अपने को स्थापित करने के बावजूद फिर वे क्यों मुड़ कर उस ओर नहीं देखते। उनके इस उपन्यास की मुख्य पहचान एक व्यंग्य उपन्यास के रूप में बनी थी और उन्होंने 'व्यंग्य' और 'उपन्यास' के दो परस्पर विरोधी अनुशासनों का तनाव झेल कर उस अपेक्षाकृत नये रचना रूप की सम्भावनाओं को उद्‌घाटित किया था। लेकिन इस उपक्रम में उसकी सारी सम्भावनाओं के साथ उसकी सीमाएं भी शामिल थीं। अपनी संरचना में 'राग दरबारी' चयन के अभाव का शिकार है। वह एक ऐसे बड़े झोले की तरह है जिसमें लेखक रास्ता चलते सब कुछ उठा कर डालने की छूट लेता दिखाई देता है। अपने समय की विरूपताओं पर वह बेशक एक तीखी और बेधक टिप्पणी है लेकिन उसमें करुणा का तत्व बहुत कम है। दरअसल यही वह सीमा रेखा है जो उन्हें हरिशंकर परसाई से अलग करती है। मानवीय करुणा के बदले वे पैरोडी और कार्टून पर अधिक विश्वास करके चलते है। 'राग दरबारी' स्वाधीन भारत में सब कहीं बनते जाते शिवपालगंज की सच्चाई को इसी भदेस शैली में उभारता है। लेकिन उत्पीड़ितों के लिए उसमें करुणा का तत्व अपेक्षाकृत बहुत कम है। एक व्यंग्य उपन्यास के रूप में यही उसकी मुख्य सीमा भी है। श्रीलाल शुक्ल व्यंग्य को उपन्यास की स्वीकृति देते और दिलवाते हैं। लेकिन वे व्यंग्य की सामाजिक और विधायक भूमिका की अधिक चिन्ता नहीं करते। उत्पीड़ितों के प्रति सहानुभूति, सद्‌भाव के बजाय उसमें स्वाद और चटखारे की आवाज अधिक साफ है। इसी की क्षतिपूर्ति जैसे वे परिहास और कौतुकप्रियता से करना चाहते हैं। शब्दों से खिलवाड़ की उनकी प्रवृत्ति जैसे इसी का एक हिस्सा है।

लगता है 'राग दरबारी' के अपने अनुभव से ही श्रीलाल शुक्ल इसे समझ लेते हैं कि व्यंग्य उपन्यास अपनी प्रकृति में बिखराव और संगठनहीनता से बच नहीं सकता क्योंकि उसके लेखक को सामाजिक राजनीतिक विरूपताओं के उद्घाटन के लिए अनेक रचनात्मक प्रविधियों का सहारा लेना होता है। कभी वह अतिश्योक्ति से काम लेता है, कभी उपमाओं और वक्रताओं से। चूंकि यहां अपने समय की सीमाहीन विद्रूपताओं को समेटना ही लेखक का बुनियादी लक्ष्य होता है, मुद्दों के बाहुल्य और व्यापकता की तलाश में स्फीति से बच पाना उसके लिए कठिन होता है। ऐसी कोई रचना जीवन का कोई सघन और संगुफित चित्र प्रस्तुत करने के बजाय देश की धरती पर छोटे-छोटे द्वीपों के मानिन्द पसरी विद्रूपताओं पर चलती फिरती तात्कालिक किस्म की टिप्पड़ी ही कर सकती है। करुणा और मानवीय तत्व की विरलता से ऐसी टिप्पणियों की सीमा स्वतः स्पष्ट हो जाती है। मुझे लगता है कि अपने ही अनुभव से हासिल यह समझ श्रीलाल शुक्ल को दूसरा 'राग दरबारी' नहीं लिखने देती और यह भी लगता है कि उनका कोई आग्रह अब ऐसा नहीं है कि उन्हें एक व्यंग्य उपन्यास के लेखक की हैसियत से ही याद किया जाए। 'सीमाएं टूटती हैं' और 'मकान' को 'राग दरबारी' के साथ रख कर देखने से किसी कदर यह पहचानना भी मुश्किल है कि वे एक ही लेखक की रचनाएं हैं। 'पहला पड़ाव' में फिर वे, एक सीमित अर्थ में, 'राग दरबारी' के निकट आने लगते हैं, लेकिन यहां भी वे एक सुनिश्चित दूरी बनाए रखते हैं। यहां भाषा में एक खास तरह का चुलबुलापन है जो शब्दों से खिलवाड़ को उकसाता है। राजनीतिक विद्रूपताओं को लेखक अतिरंजित रूप में प्रस्तुत करता है और इस सबके कारण मूल कथा एक अनिवार्य संकुचन का शिकार होती है। एक ऐसा अप्रतिरोध्य और अप्रीतिकर फैलाव उपन्यास पर हावी रहता है जिसके कारण उसकी सार्थकता प्रायः संदिग्ध बनी रहती है। उस पर लिखते हुए मैंने इस बात पर जोर दिया था कि व्यंग्य उपन्यास की रूपगत सीमाओं को समझ कर ही उसके साथ न्याय किया जा सकता है। अपने नये उपन्यास 'बिस्रामपुर का संत' में भी वे, व्यंग्य का उपयोग करते हुए भी, व्यंग्य उपन्यास की अवधारणा से बाहर निकलते हैं।

श्रीलाल शुक्ल का 'बिस्रामपुर का संत' आचार्य बिनोवा भावे के भूदान आंदोलन पर केन्द्रित उपन्यास है। कदाचित् पहली बार इस आंदोलन की भूमिका पर विस्तारपूर्वक प्रकाश डाला गया है। कथा के केन्द्र में उसके नियोजक सूत्र की भूमिका में, कुंवर जयंती प्रसाद सिंह हैं जिनकी अपनी जीवन यात्रा भी लगभग इस शताब्दी के समानांतर ही रही है। उनके बड़े भाई ताल्लुकेदार होने पर भी एक राजनीतिक प्राणी थे। वे लम्बी अवधि तक कांग्रेस में रह कर सर्वोदयी समाजवादी बने थे। स्वाधीनता आंदोलन के अंतिम दौर में वे अंग्रेजों की जेल में रहे और अब कांग्रेसी शासकों की जेल में रहते हैं। अपनी हाईकोर्ट की प्रैक्टिस छोड़ कर कुंवर जयंती प्रसाद सिंह ही उनकी रियासत की देखभाल करते हैं। लेकिन वे अपने भाई की तरह साधारण लोगों में खप नहीं पाते। वे दूसरी धातु के बने हैं... "वे स्वभाव से अड़ियल थे और इस अड़ियलपने को स्वाभिमान समझने के आदी थे। अपने जिस विवेक पर उन्हें बड़ा भरोसा था वह वास्तव में हर परिस्थिति में अपना हित समझने की चतुरता का ही दूसरा नाम था। उन्होंने विलायत जा कर बैरिस्ट्री पढ़ी थी और अंग्रेजों की अनुशासनप्रियता की कथाएं या दंतकथाएं उनके जीवन दर्शन का मूलाधार थीं..." (पृ. २१) अपने इसी स्वभाव के कारण राज्यपाल हो जाने पर वे भारतीय राज्यपालों से नहीं अंग्रेज गर्वनरों से अपनी तुलना पसंद करते हैं और उन्हीं की तर्ज पर अखबार में अपनी दैनिक दिनचर्या का बुलेटिन प्रकाशित देख कर खुश होते हैं। इस काम को समझदारी से अंजाम देने के लिए वे सचिव को पुरस्कृत करके अपनी प्रसन्नता भी जाहिर करते हैं।

सन् '५२ में, जमींदारी की समाप्ति पर अपने क्षेत्र में विनोबा भावे की भूदान यात्रा के दौरान वे ग्राम दान करते हैं। बड़े भाई ,तब जेल में थे। अपनी इस ग्राम दान की कार्रवाई में, भूदान आंदोलन में कैसी भी आस्था के बजाय उनका जोर पहले ग्राम दानी का श्रेय प्राप्त करना था जबकि वस्तुतः पहला ग्राम दान उनके पूर्व बेतवा के किनारे मंगरौठ नामक गांव में हो चुका था। उनके इस ग्राम दान को तब भी किसी सिरफिरे ने उनके दूरदर्शी काईंयापन से जोड़ कर देखा था— यह कहते हुए कि दिये गये गांव ऊसर, बीहड़ और बंजर हैं। लेकिन तब लोगों ने उनके द्वारा कही और प्रचारित की गयी किसी बात का खंडन नहीं किया था क्योंकि वह अवसर खंडन का नहीं था।

उपन्यास की शुरुआत राज्यपाल कुंवर जयंती प्रसाद सिंह के सपने से होती है। अस्सी वर्ष की उम्र में, जबकि राज्यपाल के रूप में उनके कार्यकाल का थोड़ा ही समय रह गया है, वे सपने में देखते हैं कि वे पच्चीस छब्बीस साल पहले वाले कुंवर जयंती प्रसाद सिंह हैं। देखे गये सपने में 'वह' उनकी बांहों में न हो कर वे खुद ही उसकी बांहों में थे। सपने में आयी स्त्री की सूरत उनके आगे साफ नहीं थी— वह जयश्री भी हो सकती थी और सुंदरी भी। इस सपने के बाद वे सुंदरी के बारे में सोचने लगते हैं। दूर की सम्बंधी, विवाहिता जयश्री उनके जीवन में तब आयी थी जब वे विश्वविद्यालय में पढ़ते थे। हास्टल के मेस में मिलने वाले खाने से परेशानी की हालत में उनकी व्यवस्था उसके परिवार में की गयी थी। एक तरह से जयश्री उनके जीवन में आयी पहली स्त्री थी। उसका पति इंग्लैंड में पढ़ रहा था और वह सास ससुर के साथ रहती थी। रेलवे लाइन के पास वाले मकान में शंटिंग करती और निकलने वाली गाड़ियों की शोर भरी आवाजों के बीच बेहद कामकाजी ढंग से गहरे तनाव और आशंका के बीच, उनकी यह देह यात्रा चली थी। उसके बाद भी जयश्री एक बार उन्हें मिली थी- अपने परिवार के बीच एक प्रौढ़ होती स्त्री की गरिमा के साथ। लेकिन तब पूरे अवसर के बावजूद उसकी ओर से बरती गयी उदासीनता को उन्होंने इस सम्बंध की समाप्ति की घोषणा के रूप में लिया था जिसकी कुछ कौतुक भरी स्मृतियां ही उनके साथ बची हुई थीं। लेकिन सुंदरी के साथ बात दूसरी थी। प्रौढ़ावस्था में ही विधुर हो जाने के बावजूद किये जाने वाले योगाभ्यास के कारण स्त्री के आकर्षण ने उन्हें आसानी से विचलित नहीं किया। जीवन का एक ढर्रा बन गया था और वे बहुत कुछ उससे संतुष्ट थे। लेकिन सुंदरी के प्रति एक जादुई सम्मोहन ने जैसे इस ढर्रे को उलट पुलट कर रख दिया हो... "एक बहुत लम्बा और बहुत गहरे तक उन्हें विचलित करने वाला अपवाद..." (पृ. ११४) भूदान आंदोलन में अपने ग्राम दान के बाद ही सुंदरी से उनकी भेंट हुई थी। उस पहली भेंट में ही वह उन्हें जयश्री का भ्रम देती सी लगती है। उसके मुंह और पांवों का विरोधाभास, सुंदर आकर्षक चेहरा और बिवाई की शुरुआत वाली लकीरों से फटे पैर, भी उन्हें उसके सम्मोहन से बचा नहीं सके थे। भूदान कार्यकर्ताओं के साथ लम्बी पैदल यात्रा ने उसके पांवों और उनमें पहनी गयी चप्पल के रंग को एक जैसा मटमैला कर दिया था। सुंदरी और सुशीला की सुख सुविधा के बहाने जब वे अपने महल के ही एक भाग में ठहरी इन महिलाओं का हाल चाल पूछने जाते हैं तब भी जैसे वे अपने मन के चोर को पहचान रहे होते हैं। उनसे होने वाली बातचीत में सुशीला अपने मन की तल्खी को छिपा नहीं पाती। वह सुंदरी से पूछती है, "क्यों सुंदरी, चलोगी कुंवर साहब के हरम में।" (पृ.२६)

'बिस्रामपुर का संत' अपने समय की राजनीति पर एक तीखी और कठोर टिप्पणी है। कुंवर जयंती प्रसाद सिंह जब राजनीति के क्षेत्र में अपनी पहचान बनाना शुरू करते हैं तब भारतीय राजनीति का वह दौर शुरू हो चुका था जब स्वाधीनता संग्राम में की गयी जेल यात्रा के प्रमाणपत्र से अधिक अभिजात्य, बड़े नेताओं से सम्पर्क और अफसरों एवं बड़े औद्योगिक घरानों से सांठ गांठ का महत्व बढ़ गया था। नेहरूयुगीन राजनीति में ये सारी चीजें

एक स्वतंत्र मूल्य की हैसियत पा चुकी थीं। पारिवारिक संतुलन की तलाश भी इस अवसरवादी राजनीति का एक हिस्सा बन चुकी थी। चूंकि जयंती प्रसाद सिंह के बड़े भाई स्वाधीनता आंदोलन में सक्रिय हिस्सेदारी के बावजूद अब कांग्रेस छोड़ कर सर्वोदयी समाजवादी बन चुके थे और जब तब कांग्रेस सरकार की जेल में रहते थे उन्हीं के परिवार के एक और सदस्य के रूप में जयंती प्रसाद को अपने साथ में रख कर स्वाधीनता सेनानियों की उपेक्षा और उत्पीड़न के लांछन से बचा जा सकता था। सरकार में ऊंची हैसियत वाले विभिन्न पदों पर काम करने के बाद जब कुंवर जयंती प्रसाद सिंह को बिस्रामपुर के आश्रम में सुंदरी के आकस्मिक निधन का समाचार मिलता है तो वे अपने मन में सुंदरी की स्मृतियों को जीते हुए बिस्रामपुर की यात्रा करते हैं। यह सर्वोदयी आश्रम उनके उस प्रदेश की सीमा पर ही पड़ोसी प्रदेश में है जहां वे राज्यपाल हैं। बढ़ी हुई उम्र और बदली हुई राजनीतिक स्थितियों में जब उन्हें सेवा विस्तार नहीं मिलता और न ही कहीं और उनके उपयोग की सम्भावना दिखाई देती है तो वे पर्याप्त नाटकीय ढंग से, बिस्रामपुर में रह कर सुंदरी के शुरू किये गये काम को आगे बढ़ाने की घोषणा करते हैं। उनके इस निर्णय से बहुतों को आश्चर्य होता है। इन लोगों में उनका अपना बेटा विवेक भी है जो प्रौढ़ावस्था में पहुंच कर भी अविवाहित है और दिल्ली विश्वविद्यालय में अर्थशास्त्र का प्रोफेसर है।

कुंवर जयंती प्रसाद सिंह राजनीतिक कदाचार का स्वयं एक हिस्सा बन कर उसकी प्रकृति का उद्घाटन करते हैं। उससे ऊपर और अलग न हो कर उसका एक हिस्सा बनने के कारण ही उनके चरित्र की विश्वसनीयता बढ़ी है और उनके अंतर्विरोधों में पैनी तराश आ सकी है। आश्रम जीवन की सादगी उनके अभिजात्य संस्कारों के विरोध में खड़ी हो जाती है। गोचारण संस्कृति के क्रूड संस्कारों वाले आश्रम और उसकी पद्धति पर वे खीझ भरी प्रतिक्रिया प्रकट करते हैं। जीवन भर के संस्कारों को छोड़ पाना उनके वश में न होने पर वे दिल्ली की एक प्लबिंग कम्पनी से कमोड की व्यवस्था करवाते भी हैं। कुछ अटपटा लगने पर भी वे आश्रम में थर्मस में रखा गया पानी चांदी के गिलास से पीते हैं। उसे उठा कर देने के लिए भी किसी आदमी की जरूरत होती है। चांदी का गिलास आश्रम की संस्कृति में कुछ बेमेल सा लगने पर वे स्टेनलेस स्टील का गिलास मंगा लेने की सोचते हैं। यह समझाने में भी उन्हें अधिक समय नहीं लगता कि आश्रम में सेवा के इस 'पाखंड' को अधिक समय तक झेल पाना उनके लिए मुश्किल होगा। लेकिन कुंवर जयंती प्रसाद सिंह के इन चारित्रिक अंतर्विरोधों के उद्घाटन के लिए श्रीलाल शुक्ल 'राग दरबारी' वाली व्यंग्य शैली का हस्तक्षेप नहीं करते। यहां वे लगभग उसी व्यंग्य शैली का प्रयोग करते हैं जिसका 'झूठा सच' के दूसरे भाग 'देश का भविष्य' में कांग्रेसी नेताओं के संदर्भ में यशपाल और 'उखड़े हुए लोग' में राजेन्द्र यादव या फिर एक भिन्न संदर्भ में 'जंगल' में अमृत राय करते हैं।

भूदान आंदोलन को ले कर इस सवाल को श्रीलाल शुक्ल गम्भीरता से उठाते हैं कि जब सुशीला और सुंदरी जैसे अनेक लोग अपना सर्वस्व दान कर जीवनदानी बन कर इस आंदोलन से इतने निष्ठापूर्वक जुड़े थे तब उसका ऐसा हस्र क्यों हुआ? निर्मल भाई जैसे लोग जो जयंती प्रसाद के गांव में सुशीला और सुंदरी के साथ ही आये थे, बाद में विदेश में आंदोलन के प्रवक्ता बन कर आंदोलन के प्रति अपनी सारी निष्ठा जैसे समाप्त मान लेते हैं। सुंदरी के निधन के बाद जब सुशीला की भेंट बिस्रामपुर में कुंवर जयंती प्रसाद सिंह से होती है तो वह बताती है कि सोने की तस्करी के कारण वे आजकल तिहाड़ जेल में बंद हैं। वह यह भी बताती है कि उसने उनसे विवाह कर लिया था और अब वे बरसों से अलग हैं। अनेक कारणों से इस आंदोलन में जयंती प्रसाद जैसे लोग भी आये, शायद हर आंदोलन के साथ ऐसा होता है। आचार्य विनोबा भावे के प्रायापवेश उपवास द्वारा शरीर त्याग को जयंती प्रसाद

सिंह शरीर के प्रति उनकी निर्ममता कहते मानते है। अब वैसी सक्रिय न रहने पर भी अपने प्रसंग में सुशीला इसे आंदोलन से किसी प्रकार का मोहभंग मानने से इंकार करती है। वह मोह नहीं तर्क और आस्था के सहारे उससे जुड़ी थी उसमें अब भी कोई अंतर नहीं आया है सिवाय इसके कि सक्रिय समाज सेवा की प्रवृत्ति समाप्त हो गयी है। थक जाने का मतलब आस्था की समाप्ति नहीं होता है। कुंवर जयंती प्रसाद सिंह बिस्रामपुर आ कर आश्रम से अपने जुड़ाव को एक 'प्रयोग' की संज्ञा देते हैं। किसी भी रूप में सुशीला इसे सुंदरी के प्रति उनके द्वारा किये गये अन्याय का 'प्रायश्चित' मानने को तैयार नहीं है। गहरे भावावेश और उत्तेजना के साथ वह उनसे पूछती है कि इसके लिए उन्होंने सुंदरी का आश्रम ही क्यों चुना? निर्मल भाई और जयंती प्रसाद सिंह जैसे लोगों की उपस्थिति इस या किसी भी आंदोलन की कमजोर रीढ़ मानी जा सकती है। भले ही लेखक का ऐसा मंशा न रहा हो, लेकिन इससे यह निष्कर्ष भी निकाला जा सकता है कि पुरुषों की अपेक्षा सुशीला और सुंदरी जैसी स्त्रियों की उपस्थिति इस आंदोलन का कहीं ठोस आधार थी। लेकिन सुंदरी की सारी उपलब्धियों का जो हस्र बिस्रामपुर के आश्रम के संदर्भ में अंकित है, आश्रम की विभिन्न संस्थाओं और भूमि विवाद के सम्बंध में, वह इस समूचे आंदोलन की मूलभूत दुर्बलता की ओर भी एक अर्थपूर्ण संकेत माना जा सकता है। आंदोलन से जुड़े लोगों के वर्ग चरित्र और आंदोलन में किसी व्यवहारिक योजना और कार्यनीति के अभाव में ही वस्तुतः उसके विघटन के बीज छिपे थे।

सुंदरी आश्रम में सुशीला के लिए कई कागज छोड़ गयी है। उन्हें लेने ही वह बिस्रामपुर आयी है। दिल्ली रुकने पर उसे विवेक से सारे घटना प्रसंग की सूचना मिलती है। अहमदाबाद लौट कर वह विनोबा भावे के 'गीता प्रवचन' की वह प्रति उन्हें भिजवाती है जिसे कभी आचार्य ने स्वयं अपने हाथ से आचरण के महत्व को रेखांकित करते हुए कार्यकर्त्ताओं के बीच बांटा था। इसके साथ ही चौदह वर्ष पूर्व उसे लिखा गया सुंदरी का वह पत्र भी भिजवाती है जो उसने जयंती प्रसाद सिंह के उससे किये गये 'प्रस्ताव' से तीन दिन पहले ही लिखा था। उसमें उसने सूचना दी थी कि विवेक ने सुंदरी से विवाह का प्रस्ताव किया है। आंदोलन के प्रति अपनी प्रतिश्रुति के कारण वह उसे अपनी सहमति दे पाने की स्थिति में नहीं है। इस बीच कुंवर जयंती प्रसाद सिंह वाला हादसा उसे इस स्थिति में नहीं छोड़ता कि वह विवेक के प्रस्ताव पर पुनर्विचार कर सके।

विवेक ने अपने लिए अपनी राह स्वयं बनायी है, अपने पिता से अलग और स्वतंत्र। वामपंथी विचारधारा से प्रतिबद्ध वह दिल्ली विश्वविद्यालय में अर्थशास्त्र का प्रोफेसर है। उसकी सादगी को देख कर कुंवर जयंती प्रसाद सिंह जब तब अपने अभिजात्य रख रखाव पर अपराधबोध सा अनुभव करते हैं। आंदोलन के संदर्भ में, उसके गांव में ही रहने के दौरान सुंदरी से उसकी चर्चा होती रही थी। वह गांधी और मार्क्स के मेल में विश्वास नहीं करता जैसाकि उस दौर के अनेक लोग इस थीसिस की बात करते थे। विचारधारा जब महज कर्मकांड में बदल जाती है तो वह दोनों को समान रूप से नुकसान पहुंचाती है— चाहे वह गांधीवाद हो या मार्क्सवाद। भूदान आंदोलन के संदर्भ में वह सुंदरी से कहता है, "आचार्य जी का आंदोलन एक दोधारी तलवार है जो एक ओर साम्यवाद को काटती है, दूसरी ओर गांधीवाद को..." (पृ. १७५) फिर वह अपने इस सूक्त की विस्तारपूर्वक व्याख्या भी करता है। तेलंगाना में विनोबा की 'पदयात्रा' साम्यवाद के आंदोलन के विरुद्ध एक हथियार के रूप में आयोजित थी। गांधी दर्शन के हवाले से वह प्रमाणित करता है कि उत्तर प्रदेश और बिहार में गांधी भी किसान को 'पालतू और कृतज्ञ लाभार्थी' से अधिक क्रांतिधर्मी के रूप में देखते थे। इस दिशा में गम्भीरता से सोचने के कारण विवेक गांधी और किसान आंदोलन पर पुनर्विचार की आवश्यकता पर जोर देता है। गांधी के किसान कैसे थे और वे उनके बारे में क्या सोचते थे इसका

खुलासा लुई फिशर के साथ उनकी बातचीत से होता है। फिर किंचित विनोद भाव से वह सुंदरी को आश्वस्त करता है कि गांधीवाद और मार्क्सवाद साथ साथ रह सकते हैं, वे एक हो सकते हैं। इसे खुलासा करता हुआ वह कहता है, "उसका तरीका यही है कि हम दोनों साथ-साथ रहने लगें, हमेशा के लिए एक हो जाएं..." (पृ. १८४) सुंदरी को भी शायद लगता है कि गांधीवाद और भूदान आंदोलन से अपने गहरे मतभेदों के बावजूद विवेक ने उन्हें गम्भीरतापूर्वक समझ कर उन पर बात की है।

'बिस्रामपुर का संत' की कथा कुंवर जयंती प्रसाद सिंह के दृष्टि बिन्दु से प्रस्तुत की गयी है। अस्सी की उम्र में, राज्यपाल पद पर प्रतिष्ठित वे सपने में देखी गयी युवती को पहचानने की कोशिश करते हैं और इसी प्रक्रिया में वे अपने अतीत में चले जाते हैं जहां पहले उनके विद्यार्थी जीवन में कभी जयश्री और बाद में उनकी प्रौढ़ावस्था में सुंदरी का प्रवेश हुआ। छोटे-छोटे खंड चित्रों में पुनरावलोकन की शैली में ये प्रसंग उनके सामने आते रहते हैं। वे सब एक ही श्रृंखला और क्रम में नहीं आते जैसे कभी सचमुच घटित हुए होंगे। उनके वर्तमान में, उसकी समानांतरता में, वे स्मृति खंड उभरते हैं। अतः उनमें घटित की व्यवस्था और क्रम न हो कर, विश्रृंखलता और अव्यवस्था की प्रकृति है। लेकिन कुंवर जयंती प्रसाद सिंह के रूप में कथा के दृष्टि बिन्दु का यह चुनाव कथा के विन्यास और विकास में बाधा भी डालता है। जयश्री और सुंदरी के साथ अपने घटित अनुभव तक तो ठीक है लेकिन जब कथा के कोण सुंदरी और सुशीला अथवा सुंदरी और विवेक की ओर मुड़ते हैं तो दृष्टि बिन्दु का यह चुनाव परेशानी पैदा करता है। इसमें बहुत से ऐसे घटना प्रसंगों की उपस्थिति से बच पाना असम्भव होता है जिनके वे न तो साक्षी हैं और न ही भोक्ता। विवेक और सुंदरी से सम्बंधित अनेक प्रसंग इसी कोटि के हैं। हालांकि अपने इसी दृष्टि बिन्दु के कारण लेखक को कुंवर जयंती प्रसाद सिंह के चारित्रिक अंतर्विरोधों को पकड़ने में सहायता भी मिलती है। (दुबे के प्रसंग में पुलिस इंस्पेक्टर के आगे विक्टर ह्यूगो के पादरी की स्मृति के साथ अहिंसा और गांधीवादी आदर्शों के लबादे की आत्म स्वीकृति, आश्रम में 'आवारा साहब' छबलाल जैसे गंदे बच्चे की उपस्थिति से पैदा चिड़चिड़ाहट और चांदी के गिलास में पानी वाला प्रसंग आदि। अपने खून में पैबस्त सामंती संस्कारों को अनदेखा करके वे आश्रम के 'पाखंड' की भर्त्सना करते हैं)। लेकिन यह भी सच है, उन्हें कथा के केन्द्र में रख कर उन्हीं के दृष्टि बिन्दु से पूरी कथा का विकास, रचनात्मक स्तर पर अनेक कठिनाइयां पैदा करता है।

लौह जाल को तोड़ने की तैयारी का पहला पड़ाव

शिव कुमार मिश्र

'राग दरबारी' जैसे कालजयी उपन्यास के बाद 'पहला पड़ाव' में श्रीलाल शुक्ल एक बार फिर अपने उसी रूप और ढंग में, कलम के अपने उसी पैनेपन तथा व्यंग्य की उसी धार के साथ, हमसे मुखातिब हुये हैं। 'राग दरबारी' उपन्यास की अपने समय में धूम मच गयी थी। व्यवस्था के निर्मम तंत्र को जितनी गहराई में जा कर इस उपन्यास में उन्होंने उघाड़ा था तथा उसकी अमानवीयता को अनेक पर्तों में, जिस निस्संगता से उन्होंने उजागर किया था, उसे बहुत सही, उनके रचनात्मक साहस का प्रमाण कहा गया था। अपने रचना शिल्प के नाते भी उनके इस उपन्यास ने अपनी एक अलग पहचान बनायी थी। इस बिन्दु पर उसे सराहा गया था। उसकी नितांत व्यंजक और बेधक भाषा शैली के अतिरिक्त, जो उपन्यास के अंतर्गत आदि से अंत तक समरस समरूप, एक सी आंच और धार लिए वस्तुओं, व्यक्तियों, स्थितियों, घटनाओं, संस्थाओं, संस्थानों और सत्ता तथा शासन के समूचे तंत्र की बखिया उधेड़ती, निर्बाध प्रवाहित रही थी और भी बहुत कुछ था इस उपन्यास में, जिसने पाठकों के एक बड़े अंश को अपनी ओर खींचा था, अपना मुरीद बनाया था। ये सब काफी पहले की बातें हैं, किन्तु आज भी स्मृति में ताजा हैं।

इस उपन्यास को ले कर, खास तौर से, उसकी रचना दृष्टि को ले कर, सही गलत, कुछ सवाल भी उठे और उठाये गये थे। कहा गया था कि लेखक का दृष्टिकोण पूरी रचना में लगभग नकारात्मक है, कि ऐसा कोई भी पात्र सम्पूर्ण उपन्यास में नहीं है, जिसे लेखक की मानवीय संवेदना मिली हो, कि जैसे उसने मान लिया हो कि स्थितियों के दुष्चक्र में फंसे छटपटाते इन गांवों की नियति में यह नरक यातना सनातन काल तक के लिए लिख दी गयी हो। रंगनाथ का जिज्ञासु के रूप में गांव जाना, वहां की स्थितियों को देख कर आहत होना, कुछ काल तक के लिए वहां

ठहरना, अंततः गांव के मर्ज को लाइलाज मान कर वापस शहर लौट आना, इन बातों को लेखक की नकारात्मक रचना दृष्टि का साक्ष्य माना गया था। यह सब भी अब बीते वक्त की बात है, किन्तु जब तक 'राग दरबारी' चर्चा में है, असहमति और विवाद के ये बिन्दु भी ताजा रहेंगे।

'पहला पड़ाव' 'राग दरबारी' से आगे की रचना है। रचना काल के संदर्भ में ही नहीं, रचना दृष्टि और रचना शिल्प के संदर्भ में भी। इस उपन्यास को ले कर 'राग दरबारी' जैसी धूम भले न मची हो, श्रीलाल शुक्ल का कथाकार इस रचना में, संवेदना और शिल्प, दोनों आयामों पर अधिक समर्थ बन कर सामने आया है। खुशी की बात है कि 'राग दरबारी' के कीर्तिमान को चुनौती देने वाला और कोई नहीं, श्रीलाल शुक्ल ही हैं। इससे यह भी साबित होता है कि श्रीलाल शुक्ल की रचनात्मक सामर्थ्य और सम्भावनाओं पर अभी अंतिम बात नहीं कही जा सकती।

आइए, अब 'पहला पड़ाव' की ओर फिर से मुखातिब हों।

उपन्यास के ब्लर्ब में 'पहला पड़ाव' के बारे में कहा गया हैः "यह कथा कृति बीसवीं सदी के इन अंतिम दशकों में ईंट पत्थर होते जा रहे आदमी की त्रासदी को अत्यंत मानवीय और यथार्थवादी फलक पर उकेरती है।" बीसवीं सदी के इन अंतिम दशकों में और भी बहुत कुछ हुआ और हो रहा है, जो इस उपन्यास में कहीं प्रत्यक्ष और कहीं परोक्ष रूप में चित्रित और व्यंजित है। और भी कुछ इजाफे हैं पहले की तुलना में इस उपन्यास में, जिनके साक्ष्य पर ही हमने इसे 'राग दरबारी' से आगे की रचना कहा है।

वस्तुतः यह कृति उन तमाम सवालों का जवाब है, जो 'राग दरबारी के संदर्भ में उठे और उठाये गये थे। इस उपन्यास में रचना दृष्टि के स्तर पर हीं नहीं, रचना शिल्प और भाषा शैली के स्तर पर भी पहले की तुलना में एक बदलाव दिखाई पड़ता है और वह भी गुणात्मक बदलाव। इस उपन्यास में श्रीलाल शुक्ल अपने व्यंग्य और संवेनात्मक उद्देश्य में उतने 'निस्संग' नहीं हैं, जितना वे 'राग दरबारी' में थे। यों, व्यंग्य के दायरे से, यहां भी, छूटा जरूर कुछ भी नहीं है, न जन और न अभिजन, परंतु एक अंतर जरूर है। यह अंतर बड़ा और बुनियादी अंतर है, जिसका सम्बंध लेखक की अपनी मानवीय संवेदना से, उससे अभिप्रेरित उसकी रचना दृष्टि से और उससे अनुकूलित होने वाली उनकी भाषा शैली और अभिव्यक्ति भंगिमा से और तथाकथित 'निस्संगता' या 'परम निस्संगता' से है। यह अंतर वस्तुतः हिन्दी उपन्यास की दो धाराओं का अंतर भी है, एक दूसरे से कभी मिलतीं, कभी एक दूसरे को काटतीं— विच्छिन्न होतीं यथार्थवादी और आंचलिक धाराएं, जिसे प्रेमचंद और फणीश्वरनाथ रेणु की रचना दृष्टि और रचना शिल्प को निगाह के आमने सामने रख कर जाना और पहचाना जा सकता है।

'राग दरबारी' की ही तरह 'पहला पड़ाव' में भी दो तरह के लोग हैं। दो तरह के उनके दुनिया जहान हैं। दो तरह की उनकी जीवन चर्याएं और जीवन शैलियां हैं। हमने ऊपर इन्हें अभिजन और जन के रूप में पहचाना है। एक वे, जिनकी मिलीभगत या सांठ गांठ है। जिन्हें वह सब मुहैया है, उनकी अपनी शर्तों पर जिसे वे पाना चाहते हैं, या जिनमें उसे हासिल करने का पूरा दम खम है। इस उद्देश्य की पूर्ति में सहायक सारे दांव पेंच तथा तिकड़में उनके पास हैं। अपने बीवी बच्चों और रिश्तेदारों के नाम पर ये कोठियों पर कोठियां खड़ी करते हैं, बेनामी जमीनें खरीदते हैं, 'सस्पेण्ड' हो कर एक तरफ सरकारी कोष से पैसा लूटते हैं, दूसरी तरफ अन्य स्रोतों से भी। यह वह वर्ग है जो दूसरों की बीवियों के साथ ऐश करता है, अपने हक में अदालत के फैसले करवाता है, जिन्दगी की आखिरी सांस तक कुर्सी से चिपका रह कर हर तरह के छिछोरेपन के बावजूद जन नेता और देश सेवक कहलाता है, आदि-आदि।

दूसरी तरफ, वे लोग हैं, जो परिस्थितिवश इनकी गिरफ्त में फंसे हैं, या अपनी रोजी रोटी के लिए इन पर निर्भर हैं। इस निर्भरता से मुक्त होने की चाह रखते हुए भी ये इस कारण मुक्त नहीं हो पाते कि उनके पास जीविका का और कोई विकल्प नहीं है। अपने अस्तित्व को बनाये और बचाये रहने की चिन्ता ही जिनकी मुख्य चिन्ता है। इस वर्ग में ऐसे भी लोग हैं, जिन्हें अपने अन्नदाताओं की कालिख में हाथ डाल कर मजबूरन अपने हाथों को इसलिए काला करना पड़ता है कि उनकी अपनी जीविका का साधन उनके हाथ से खिसकने न पाये। चारों और फैली लाभ लोभ की संस्कृति या अपसंस्कृति, लूट खसोट, दादागिरी, फूहड़पन और गलाजत में जीते हुए और जब तब उसमें शिरकत करते हुए भी जो उसका हिस्सा, या उसके कर्ता नहीं, उसके दयनीय शिकार भर हैं और भी बहुत तरह के लोग हैं इस वर्ग में जिनसे हम इस उपन्यास में परिचित होते हैं।

इस उपन्यास में श्रीलाल शुक्ल ने, दो दुनिया जहान के, दोनों तरह के इन लोगों को उनके अपने किये और जिये भोगे के अनुरूप, उसका सतर्कतापूर्वक लेखा जोखा लेते हुए, अलग-अलग तरह से पहचाना है और उसके अनुसार ही उनके साथ रचनात्मक व्यवहार या संवेदनात्मक रिश्ता कायम किया है। एक ही लाठी से उन्हें नहीं हांका गया है। 'निस्संग' व्यंग्य की एक ही धार पर से उन्हें नहीं गुजारा गया है। ऐसे भी अनेक स्थल हैं, जहां व्यंजना और लक्षणा तो दूर, संवेदनात्मक ताप में पगी निहायत अभिधा के स्तर पर उनकी जीवन चर्या, उनकी जिन्दगी के यथार्थ और उनकी सोच को रूपायित किया गया है। अपनी रचना दृष्टि के इस आयाम पर ही श्रीलाल शुक्ल ने इस उपन्यास में उपन्यास की यथार्थवादी परम्परा को मजबूत किया है। इसी रचना दृष्टि के नाते आंचलिक अतिशयता, प्रकृतवाद या रूपवाद के प्रलोभनों को अमान्य करते हुए वे उनकी इस भूलभुलैया में अपने को गुमराह होने से बचा सके हैं, जो रेणु जैसे बड़े कथाकार को भी अपनी गिरफ्त में लेने से नहीं चूकी है। यथार्थवाद के प्रति श्रीलाल शुक्ल की यह प्रतिश्रुति ही है, जिसने उनके इस उपन्यास को एक ऊंचाई दी है।

दो तरह की जीवन पद्धति वाले लोगों के प्रति कथाकार के रचनात्मक व्यवहार में जिस अंतर की बात ऊपर की गयी है, उसके विपुल साक्ष्य उपन्यास में हैं। मेहतनकशों की उस जमात की छोड़ भी दें जिसमें जसोदा और सुरेश जैसे पात्र हैं, तो सत्ते जैसे पात्र के संदर्भ में भी (जिसे कथाकार ने इस उपन्यास का प्रवक्ता बनाया है और जिसकी पूर्ववर्ती लुम्पेन प्रकृति की पर्याप्त चर्चा उपन्यास में है) कथाकार के रचनात्मक व्यवहार का फर्क समझ में आ जाएगा। जाहिर है अपनी इसी रचना दृष्टि के चलते कथाकार ने बड़ी मनोवैज्ञानिक सहजता से, बिना किसी आरोपित उपक्रम के, हीनता और अपमान, लाभ और लोभ, छल तथा फरेब की उसकी अपनी परिचित दुनिया से निकाल कर उसे जिन्दगी की उस राह पर ला कर खड़ा कर दिया है जो अनिश्चित, ऊबड़ खाबड़ तथा कांटों से भरी जरूर है, किन्तु जो उसका स्वैच्छिक वरण है। जिन्दगी की यह वह राह या सत्ते की अब तक की आपाधापी और कशमकश के बाद शुरू होने वाली उसकी जीवन यात्रा का यह वह पहला पड़ाव है, जहां दिवास्वप्नों के लिए भी कोई जगह नहीं है। लक्ष्य पाने के लिए बंदूक उठाने के रोमानी साहस या बहुतेरी प्रगतिशील कविताओं में 'नये सवेरे' के शंखनाद से जुड़े थोथे आशावाद के लिए भी कोई गुंजाइश नहीं है। यहां स्थितियों से उपजा, अनुभवों से पुष्ट हुआ जिन्दगी का वह खरा यथार्थ बोध है, जिसमें बीती हुई जिन्दगी के कड़वे अहसास घुल कर एक नयी अनुभूति और नये उल्लास को जन्म देते हैं। यह उल्लास है, अपने पूरी तरह मर न पाने का उल्लास। सत्ते इसी बिन्दु से जिन्दगी को नये सिरे से शुरू करने का संकल्प लेता है। यह सत्ते का एक नया जन्म है, Resurection जो श्रीलाल शुक्ल की रचना दृष्टि के चलते सम्भव हो सका है। यह जिन्दगी भी सत्ते, महज अपने लिए नहीं जीना

या पाना चाहता, उन सबके लिए लाना और पाना चाहता है जो मजबूर और मजलूम हैं, स्थितियों के दुष्चक्र में फंसे छटपटा रहे हैं, या तो इतने हत चेतन हैं कि उसे अपनी नियति मान बैठे हैं।

उपन्यास का यह बिन्दु निहायत 'डेलीकेट' है। दृष्टिगत थोड़ी सी चूक या बहक उपन्यास को परम्परित रोमानी आशावाद की भूलभुलैया में भटका कर उसकी यथार्थ आत्मा को क्षतिग्रस्त कर सकती थी। किन्तु श्रीलाल शुक्ल ने उपन्यास को रोमान के गलियारों में भटकने नहीं दिया है। सत्ते के जीवन के इस निर्णायक मोड़ को एक समर्थ यथार्थवादी कथाकार के रूप में साधा है। मेहतनकशों के हित और हक में दुनिया को बदल देने का दावा करने वाली, किसी प्रकार की कोई क्रांतिकारी लफ्फाजी या उद्घोषणा यहां नहीं है। अगली यात्रा की सारी अनिश्चतता तथा कठिनाइयां सामने हैं। जिनके हित और हक में दुनिया को बदला जाना चाहिए, उनकी सोयी हुई चेतना का पूरा अहसास भी सामने है। सब कुछ अनिश्चित और निहायत निस्पंद है। निश्चित और स्पंदित यदि कुछ है, तो सत्ते के जीवन में जागा हुआ नया विश्वास, उसका अपना संकल्प, उसकी परिणति कुछ भी हो। बड़े मनोयोग और बड़ी सधी कलम से, यथार्थ के प्रति पूरी सजगता बरतते हुए श्रीलाल शुक्ल ने इस 'डेलीकेट' बिन्दु को साधा है।

"नकल के सहारे ही सही, राजनीतिशास्त्र में एम.ए. करके जो टेढ़ी मेढ़ी राहें दिमाग में खुल रही हैं, और फिर आपस में एक दूसरे को काट रही हैं इन पर पहले ही न जाने कितना सोचा जा चुका है, कितना लिखा गया है, मुझे कुछ पता नहीं। किताबों और लेखकों के जो नाम सुन रखे थे, वे भी मुझे भूले जा रहे हैं। एक बार उन्हें ही समझ सकूं तो शायद इन भूलभुलैयों से बाहर निकलने का कोई दरवाजा खुले।"

यह सत्ते का, उसकी यात्रा के पहले पड़ाव का आत्मचिन्तन है। वह लाल बाबू का शुक्रगुजार होता है कि उन्होंने दिहाड़ी मजदूर यूनियन बनाने के और उसके माध्यम से दिहाड़ी मजदूरों में जाग्रति लाने के भ्रम को, भले ही अपने स्वार्थ के चलते, सदा-सदा के लिए खत्म कर दिया। "लाल बाबू ने मुझे बेचैन किया था, पर एक तरह से आजाद भी कर दिया था। यूनियन को मार कर उन्होंने मेरे भीतर जो कुछ मरा पड़ा था, उसे जिलाने में मदद की थी।" सत्ते पहला निर्णय यह करता है कि अब वह कानून की कक्षाओं में नियमित हाजिरी देगा। कानून की नियमित पढ़ाई करेगा।

परमात्मा जी की पत्नी और अपनी बाल सहचरी सावित्री के पास जा कर वह अपने चार हजार रुपये भी वापस ले आता है, जमीन के सौदे में सावित्री का भागीदार बन कर, साल भर में लखपति बन जाने का सपना उसने देखा था। अब वह लाभ लोभ के हर शिकंजे से आजाद था। जसोदा के पास पहुंच कर वह उसका हिसाब करता है और कदाचित हमेशा के लिए उसे उसके अपने दुनिया जहान में लौट जाने के लिए खुला छोड़ देता है। जसोदा अपने बच्चे को लेकर शंकरगढ़ चली जाती है।

"कमरे में अंधेरा था। बिजली गायब थी। कभी बाहर सड़क पर मोटरों और स्कूटरों की जो रोशनी दीखती थी, उसमें चमकने वाली चीजें, लगता था, धरती की हो कर भी धरती की नहीं हैं। पर आज खुद अपने को ले कर मेरे मन में वैसा कोई वहम न था। दिवास्वप्न पीछे छूट रहे थे। ठोस जमीन पर पांव टिका कर जो कुछ चाहूं, वह सब करने के लिए मैं अब मजबूर नहीं, आजाद हूं।

"कानून की पढ़ाई मेरे लिए अब पेट पालने की मजबूरी नहीं, एक लौह जाल तोड़ने की तैयारी होगी।"

उपन्यास की यह परिसमाप्ति एक यथार्थवादी उपन्यास की फलश्रुति ही हो सकती है। यथार्थवाद की कला पात्रों और परिस्थितियों के बीच से यथार्थ को रूपायित करने की कला है। सत्ते के जीवन में आया यह बदलाव

उसके अनुभवों की उपज है, किसी भी सीख या निर्देश का प्रतिफल नहीं। सत्ते का चरित्र श्रीलाल शुक्ल की लेखनी से उभरा एक महत्वपूर्ण चरित्र है, जिसे लम्बे समय तक उनकी रचनात्मक उपलब्धि के रूप में याद किया जाएगा।

'पहला पड़ाव' इसी अर्थ में श्रीलाल शुक्ल की रचनाशीलता में एक गुणात्मक समृद्धि है। यहां वास्तविकता के लौह जाल से परांगमुखता नहीं, अपने निजी अनुभवों के भीतर से उपजे संकल्प के साथ उसका साक्षात्कार है।

अब उपन्यास के कुछ दूसरे पहलुओं से रूबरू हों। उपन्यास की कथा बहुत सुविन्यस्त नहीं है, किन्तु इस सदी के आखिरी दशकों का सामाजिक यथार्थ, अपने जितने कोणों और आयामों के साथ उपन्यास में उभरा है, उसे पूरी सघनता तथा प्रभाव के साथ सामने लाने में वह सक्षम साबित हुई है। समूचे देश में विकास के नाम पर चल रहे निर्माण कार्यों के जरिए ईंट, पत्थर और कंक्रीट के जिस विशाल जंगल में समूचे देश को ढाला जा रहा है, लाभ, लोभ, अपहरण, लूट, खसोट, भ्रष्टाचार और अपराधीकरण की जो नयी संस्कृति देश में पनप रही है, उसका रोमांचक और यथार्थ निर्देशन कथानक में हुआ है। सचमुच, ईंट और पत्थरों के इस विराट प्रसार में आदमी के खुद ईंट और पत्थर में बदलते जाने की यह त्रासदी है, जो इस उपन्यास में सघन बन कर मूर्त हुई है। साक्ष्य के रूप में हम मात्र एक प्रसंग का उल्लेख करना चाहेंगे। शराब के नशे में धुत प्रेम बल्लभ का, सुनहरी कमानी के चश्मे को अपनी आंखों पर पहने अपने सीनियर, मसाला फिल्मों के निर्माता आनंद साहब को, नेता अर्थात जसोदा के पति की हत्या से जुड़े सारे प्रसंग को, उनकी नयी फिल्म के लिए एक मसालेदार कहानी के रूप में पेश करना, उस कहानी में नायिका अर्थात जसोदा पर बलात्कार करने वाले एक खलनायक के रूप में खुद अपनी एक भूमिका जोड़ देना, आदमी की संवेदनशून्यता का साक्ष्य नहीं तो और क्या है? सत्ते के नये जन्म की पूर्व भूमिका इसी तरह के प्रसंग निर्मित करते हैं।

कथानक भले ही सुविन्यस्त न हो, उसके अंतर्गत व्यक्तियों, स्थितियों, घटनाओं के इतने प्रभूत और दिलचस्प विवरण, वर्णन, यथार्थ की पूरी सजीवता में हैं, कि कथा से अलग अपनी स्वतंत्र इयत्ता में भी उतने ही महत्वपूर्ण माने जा सकते हैं। व्यक्ति, समाज, घर, परिवार तथा रोजमर्रा की जिन्दगी के 'स्केच' और 'कैरीकेचर्स' देने की कला में श्रीलाल शुक्ल बेमिसाल हैं। हमने उनकी इस दक्षता को 'राग दरबारी' में देखा था, उनके स्वतंत्र व्यंग्यों में परखा था, और इस उपन्यास में भी। भारतीय रेलगाड़ी के डिब्बे के वर्णन हों, डेली पैसेन्जरों के क्रिया कलापों के वर्णन हों, गांव घर में होने वाली बातचीत, लड़ाई, झगड़े, टोले, मुहल्ले की स्त्रियों की आपसी जमघट के वर्णन हों, वे अपनी अलग पहचान ले कर आये हैं। समाज तथा व्यक्तियों के मनोविज्ञान की उनकी गहरी समझ पूरे समाजशास्त्रीय आशयों से, ऐसे वर्णनों और विवरणों में जीवंत हो कर उभरी है। सचमुच, इस क्षेत्र में श्रीलाल शुक्ल 'कनिष्ठिकाधिष्ठित' हैं।

कुछ चर्चा उपन्यास के पात्रों की।

जिन दो तरह के लोगों और उनके दुनिया जहान की बात हमने की हैं, उनसे जुड़े दोनों तरह के पात्र उपन्यास में हैं। एक परमात्मा जी हैं, भूतपूर्व जमींदार जो अब शहर में वकालत करते हैं। इन्हें कोठियां बनवाने का शौक है। अपनी वंश परम्परा की जल्लाद मनोवृत्ति का गर्व और गौरव के साथ बात-बात में उल्लेख करने के बावजूद स्वभाव और व्यवहार में अत्यंत मृदु हैं। वस्तुतः वे 'राग दरबारी' के वैद्यजी का लघु संस्करण हैं, पूरे घाघ और अपने स्वार्थ तथा लक्ष्य पर बराबर निगाह रखने वाले। शक्ति, धन तथा सत्ता के तंत्र के हर पुरजे तक उनकी पहुंच है। अपने लाभ के लिए मीठी छुरी से किसी की भी गर्दन काट लेने में इन्हें कोई संकोच नहीं है। इंजीनियर और

ठेकेदार, लाल साहब और पाल साहब सबके चरित्र 'टिपिकल' चरित्र हैं जो भ्रष्ट होते समाज तथा शासन तंत्र के यथार्थ को ले कर हमसे मुखातिब होते हैं। इसी प्रकार दूसरी तरह के लोगों के प्रतिनिधि नेता, मिस्त्री आदि हैं, जो अपनी-अपनी भूमिका में अपने वर्ग के टाइप हैं।

वस्तुतः आदमी के स्वभाव, संस्कार तथा उसके अंतरंग, बहिरंग पहलुओं, उसकी मानसिक बुनावट और उसके अनुरूप उसके आचरण और तौर तरीकों की बड़ी गहरी समझ श्रीलाल शुक्ल को है। शहर और गांव दोनों से, और इनसे जुड़े विभिन्न प्रकार के व्यक्तियों से उनका घनिष्ठ सम्पर्क रहा है। अपने प्रशासनिक जीवन में बड़े छोटे, प्रायः हर तबके के लोगों से उनका साबका पड़ा है और उन्होंने उन्हें बड़े नजदीक से देखा और जाना परखा है। उन्होंने बारीकी से उनके स्वभाव और आदतों का निरीक्षण किया है। यह उनकी अर्जित उपलब्धि ही है जो उपन्यासों में तरह-तरह के चरित्र रचते हुए उनकी मददगार बनी है। चरित्रों को रचने की कला में श्रीलाल शुक्ल सचमुच पारंगत हैं। बड़े जीवंत, प्रामाणिक, यथार्थ और अविस्मरणीय चरित्र उन्होंने हिन्दी कथा साहित्य को दिये हैं। प्रेमचंद ने उपन्यास को मानव चरित्र के चित्र के रूप में परिभाषित किया था। श्रीलाल शुक्ल के उपन्यास प्रेमचंद के इस कथन को पूरी तरह चरितार्थ करते हैं।

स्त्री चरित्र, इस उपन्यास में मुख्यतः दो हैं। परमात्मा जी की पत्नी सावित्री और ईंट गारा ढोने वाली मजूरिन जसोदा, जिसे उपन्यास की शुरुआत में उसके गोरे रंग और भूरे बालों के कारण 'मेम साहब' के रूप में हमसे परिचित कराया गया है। सावित्री का चरित्र भी टाइप चरित्र है। गांव की अपनी जिस जमीन से उठ कर शहर के वातावरण में धन्ना सेठ परमात्माजी की दूसरी पत्नी बन कर वह आती है, उसे देखते हुए उसके स्वभाव और सोच में आने वाला बदलाव स्वाभाविक है। फिर भी, कथाकार ने उसके चरित्र की रेखाओं को उभारते हुए अपने आलोचनात्मक रुख के साथ-साथ उसे अपनी संवेदना का स्पर्श भी दिया है।

जसोदा का चरित्र बहुत सजीव चरित्र है। रोजी रोटी की तलाश में अपने गांव घर को छोड़, सैकड़ों मील दूर शहर में आयी यह युवती मजूरिन नये परिवेश, साथी मजूरों, मिस्त्री, ठेकेदार, इंजीनियर, धन्ना सेठों तथा अपने तमाम छद्म शुभचिन्तकों की घेरेबंदी में अपनी प्रकृत और बुनियादी ताकत के बल पर, पति की हत्या के बावजूद उससे बेखबर अपने को सहेजती बचाती हुई, अपने नवजात शिशु को ले कर अंततः अपने ही दुनिया जहान के नरक में नयी चुनौतियां झेलने के लिए वापस लौट जाती है। ईंट, पत्थर और कंक्रीट के संवेदनशून्य परिवेश में जसोदा एक हरियाली की तरह जहां तहां झलकती है। सत्ते और जसोदा के अंतर्पट को कथाकार ने बड़ी कुशलता और धैर्य के साथ बुना है। शिक्षित बेरोजगार सत्ते, परमात्मा जी की बनती हुई नयी कोठी में मुंशीगिरी करते हुए जिन दिवास्वप्नों में जीता है, उनमें जसोदा भी अनेक बार उभरती है। दिवास्वप्नों के अलावा सत्ते के जाग्रत मनोलोक में भी कहीं जसोदा की उपस्थिति है। कभी सत्ते की चेतना में वह उसकी लुंपेन मनोवृत्ति के आश्रय या उद्दीपन के रूप में उपस्थित होती है तो कभी सत्ते की बची खुची मानवीयता के संरक्षण में अपने को सुरक्षित महसूस करती हुई उसकी सहानुभूति और संवेदना की पात्र बन कर। जसोदा के रागात्मक मनोलोक में भी कहीं सत्ते मौजूद है, किन्तु सत्ते और जसोदा के रागात्मक सम्बंधों या रागात्मक आकर्षण को कथाकार ने एक सीमा से आगे तूल नहीं दी है। अपनी-अपनी नियंत्रण रेखाओं में रहते हुए, अपने पारस्परिक रामात्मक सम्बंधों को बनाये हुए, उनके दायरे से दोनों ही एक बड़ा कद ले कर ही निकलते हैं। एक अत्यंत प्यारा सजीव चरित्र बाल मजदूर सुरेस का भी है, कथाकार की भरपूर संवेदना जिसे मिली है। एक दिलचस्प चरित्र इंजीनियर की मोटर साइकिल की पिछली सीट

पर कार्बाइन ले कर बैठने वाले बिहारी मुच्छड़ का है, अपने सारे रोब दाब के बावजूद जो अत्यंत दयनीय बन कर अंत में हमारी संवेदना का पात्र बन जाता है। वस्तुतः श्रीलाल शुक्ल की निगाह उपन्यास के प्रमुख और गौण सभी चरित्रों पर समरस रही है। एक बड़े कथाकार का लक्षण भी यही है।

अपने समय के सामाजिक यथार्थ को उभारने वाले बीसवीं सदी के वे अंतिम दशक, जो इस उपन्यास में मूर्त हुए हैं, वस्तुतः हमारे समाज और उसके इतिहास की उस लम्बी यात्रा के विपर्यय और विपथन के साक्ष्य हैं, जो एक सदी पहले १६वीं सदी उत्तरार्द्ध में शुरू हुई थी। कहां से शुरू किया था हमने सौ साल पहले, निहायत विषम स्थितियों में, अत्यंत कठिन, किन्तु अत्यंत सम्भावनापूर्ण इस यात्रा को और कहां आ कर पहुंचे हैं हम बीसवीं सदी के इन अंतिम दशकों में उसके विपथन और विपर्यय को ले कर। धर्म, समाज, संस्कृति और मनुष्य के आचरण को और भी अधिक मानवीय बनाने का इरादा ले कर चले थे १६वीं सदी उत्तरार्द्ध के हमारे पूर्वज इस यात्रा में। उनके सपनों में बीसवीं सदी के जिस भारत की छवि थी, वह एक और आधुनिक भारत की छवि थी, एक स्वत्व सम्पन्न भारत की छवि। यह भारत मध्यकालीन व्यामोहों और अंधताओं से मुक्त वैज्ञानिक मानस और विवेकपूर्ण आचरण से युक्त भारत था, मानवीय सदाशयता, स्वतंत्रता और समता जिसके आदर्श थे। आजादी की लड़ाई के दौरान भारत की इसी छवि को पुष्ट किया गया था। उसी को साकार करने के लिए कुर्बानियां दी गयी थीं। लग रहा था कि १६वीं सदी उत्तरार्द्ध से शुरू हुई हमारे समाज की यह इतिहास यात्रा अपनी आकांक्षित मंजिलों तक पहुंचेगी।

किन्तु न जाने क्या हुआ कि आजादी के दो दशकों के बाद ही हम चल पड़े विपथित हो कर अजानी अनदेखी मंज़िलों की ओर। सदी के अंतिम दशकों में, जो इस उपन्यास में मूर्त हैं, हम कहां पहुंच गये हैं? हमारे १६वीं सदी उत्तरार्द्ध के पूर्वज बीसवीं सदी में नवजागरण और स्वाधीनता आंदोलन के साथ ढेर सारे आजाद भारत के सपने लाये थे। हम जो कुछ ले कर जा रहे हैं अगली सदी अर्थात २१वीं सदी में उसका साक्ष्य हैं बीसवीं सदी के वे अंतिम दशक, जो इस उपन्यास में अपने यथार्थ को ले कर चित्रित हुए हैं। एक ढहता, चरमराता जनतंत्र, हजार बाहों से समूचे देश के स्वत्व को लीलता भ्रष्टाचार, उपभोक्तावादी अपसंस्कृति, स्वैराचार, लूट खसोट, अपराध और अपराधियों का एक पूरा तंत्र, और इनके साथ गरीबी की रेखा के नीचे जीने वालों का एक विराट हुजूम, अपने अस्तित्व के लिए संघर्ष करते मेहतनकश, बंधुआ और बाल मजूर, शिक्षित लुम्पेन बेरोजगारों की एक भीड़, सतायी गयीं औरतें, और भी न जाने क्या-क्या। यही वह लौह जाल है, जिसका रोमांचक चित्र 'पहला पड़ाव' में है। ईंट पत्थर हो रहे आदमी की यही वह छवि है, जिसे निहायत संजीदगी से, श्रीलाल शुक्ल ने उपन्यास में पेश किया है।

सचमुच यह परिदृश्य हमें निराश, उदास और पस्त करने के लिए काफी है। किन्तु उपन्यास में इसके बरक्स एक संकल्प, दृढ़ संकल्प भी उभरा है। इस लौह जाल से टकराते और उसे तोड़ने का संकल्प। अपने पूरी तरह न मर पाने से उपजा उल्लास, जो कुछ मर चुका है, उसके फिर से जी उठने की खुशी। यह उल्लास, यह खुशी और यह संकल्प ही इस उपन्यास की सिद्धि है। सत्ते का नया जन्म विपथित होती नयी पीढ़ी का नया जन्म है।

इस प्रकार उपन्यास की कथावस्तु, सही मायने में एक बहुत बड़े फलक को हमारे समक्ष उभारती है। बहुत कुछ इस उपन्यास में कहा गया है और बहुत कुछ उसमें व्यंजित है। हम इस अनकहे को भी देखें सुनें, यही गुजारिश है।

एक अंतहीन जिन्दगी की शुरुआत

देवेन्द्र चौबे

श्रीलाल शुक्ल ने कथा शिल्प की प्रौढ़ता की चर्चा करते हुए 'सारिका' (पृ.६, १-१५ जून १९८४) में कहा था: "शोषण और अत्याचार के जो पात्र शिकार हैं, उनके बारे में बेचैनी का अनुभव प्रायः पाठक को होता है, क्योंकि अधिकांशतः पात्र न अपनी ओर से और न दूसरों की ओर से अपनी स्थिति को ठीक करने के लिए कोई साहस या सहायता जुटा पाता है, यही हालत लेखक के साथ भी होती है। अपनी जिन संवेदनाओं के बीच कोई रचनाकार जीवन से पात्रों का चुनाव करते हुए अपनी रचनात्मकता को सार्थक पड़ाव देता है, वह न तो आयातित होता है और न ही कृत्रिम बल्कि जीवन की वे सारी स्थितियां, जो रचनाकार को प्राप्त होती हैं, चाह कर भी वह उसे बदल नहीं पाता है क्योंकि सार्थक रचनाशीलता कभी भ्रम पैदा नहीं करती, बल्कि पाठकों को जीवन की वास्तविकता से साक्षात्कार कराती है।"

श्रीलाल शुक्ल का 'पहला पड़ाव' पढ़ते हुए यह बात बार-बार आती है कि जिन पात्रों के माध्यम से कथाकार ने अपने कथा शिल्प की रचना की है, क्या वह वास्तविकता से पाठकों का साक्षात्कार कराती है अथवा अनायास ही कोई भ्रम पैदा करती है लेकिन इसके लिए 'पहला पड़ाव' की कथा संरचना पर बातचीत करना जरूरी है। तीन भागों में विभक्त इस उपन्यास की कथा बिलासपुरी मजदूरों, ठेकेदार, इंजीनियर और शिक्षित बेरोजगारों पर केन्द्रित है। यद्यपि इस कृति में इन पात्रों के कई रूप उभर कर सामने आये हैं, तथापि उनके परिवेश और सोच से जो मानसिकता विकसित होती है, वह अंततः पूंजीवाद के इस अंधे दौर में विकसित, ईंट पत्थर होते जा रहे 'आदमी' को ही रेखांकित करती है।

कथा की शुरुआत बिलासपुरी मजदूरों के उस जत्थे से होती है जो साल भर कमाने के बाद जोत ज्वारे के दिन में गांव लौटते हैं, लेकिन दो मजदूर यात्रा के बीच में लुटने के बाद पुनः काम पर आ जाते हैं और फिर उनकी पुरानी दिनचर्या शुरू हो जाती है। कथाकार ने यहां बिलासपुरी मजदूरों को केन्द्र में रखते हुए समाज के उस वर्ग चरित्र को गहराई के साथ उभारा है, जो किसी न किसी प्रकार इनके जीवन से जुड़े हुए हैं। ये मजदूर कैसे रहते हैं, क्या करते हैं, क्या खाते हैं, क्या पहनते हैं आदि को कथाकार ने बखूबी उभारा है। बिलासपुर के ये मजदूर अपने काम के प्रति सचेत हैं तथा इस क्षेत्र में अपनी एक अलग पहचान बना चुके हैं। इन मजदूरों का एक मुंशी है, सत्ते, जिसका वास्तविक नाम संतोष कुमार है। यह मुंशी भारतीय समाज के उस वर्ग का प्रतिनिधित्व करता है, जो युवा है तथा जो लाचार और बेबस भारतीय शिक्षा व्यवस्था के बीच भटकता, मुंशीगिरी करते हुए अपनी पढ़ाई जारी रखने को बाध्य है। उसे मजदूरों से सहानुभूति है तथा वाकई वह उनको शोषण और अत्याचार से मुक्ति दिला कर, स्वतंत्र जिन्दगी प्रदान करना चाहता है लेकिन जिस व्यवस्था के लिए वह काम करता है, वह व्यवस्था उसे बस खाने पीने भर देती है तथा इस बात के लिए बाध्य करती है कि वह उसके हितों की रक्षा करे। वह बार-बार अपनी विवशता पर झेंपता है, कुढ़ता है तथा बन रहे भव्य मकानों में काम करने वाले मजदूरों के विषय में सोचता है। उनकी दयनीय जीवन स्थिति पर चिन्ता व्यक्त करता है। परमात्मा जी वकील हैं, ठेकेदार हैं तथा अंत में स्थानीय राजनेता हैं। वे इस आम आदमी के नियति के मालिक हैं। उनके साथ प्रशासन का पूरा तंत्र भी जुड़ा हुआ है। इंजीनियर साहब, जो सरकारी नौकरी से बर्खास्त हैं, द्वारा परमात्मा जी के मकान का काम अपने हाथ में लेने के बाद सत्ते की उपयोगिता धीरे-धीरे समाप्त होती जाती है और भारत का एक पढ़ा लिखा युवक पुनः बेरोजगारों की लम्बी कतार में शामिल हो जाता है। इसी बीच नेता नामक एक मजदूर की रहस्यमय मौत होती है तथा उसकी पत्नी जसोदा धीरे-धीरे अपने जुझारू तेवर के कारण उपन्यास का केन्द्रीय चरित्र बनती जाती है।

यह सही है कि कोई भी रचनाकार अपनी रचनाशीलता के माध्यम से सार्थक जिजीविषा की तलाश करता है। 'पहला पड़ाव' भी बिलासपुरी मजदूरों के बीच से गुजरते हुए आम आदमी की जिजीविषा को रेखांकित करता है। नेता की मृत्यु के बाद गर्भवती जसोदा को काम पर रखने को लेकर सत्ते और इंजीनियर साहब के बीच तकरार होती है, जो बढ़ती ही जाती है। इंजीनियर साहब समाज के उस वर्ग से आते हैं, जिसका एकमात्र उद्देश्य है पैसा कमाना। इस बीच नेता की मृत्यु की हत्या के रूप में शिनाख्त होती है तथा उसके दाह संस्कार में इंजीनियर साहब के रुख को देख कर, सत्ते उनके अस्तित्व को नकारता है। पूंजीवादी समाज में, सम्बंधों के सारे आयाम कैसे धीरे-धीरे समाप्त हो जाते हैं, एक ही जाति का व्यक्ति कैसे दूसरे से कटता जाता है, 'पहला पड़ाव' के पात्रों को देख कर महसूस होता है। उसकी नैतिक जिम्मेदारी अपने वर्ग की सुरक्षा और अपने विकास तक आ कर सिमट जाती है। परिणामतः सत्ते परमात्मा जी के भवन निर्माण कार्य से मुक्ति पाता है लेकिन मजदूरों के हितों की रक्षा के लिए, न्याय व्यवस्था से जुड़े, अपने एक मित्र प्रेम बल्लभ की सहायता से डेली पैसेंजर संस्था की तर्ज पर 'उत्तर प्रदेश दैनिक मजदूर संघ' का गठन करता है, जिसके अध्यक्ष लाल पाल बाबू जैसे अवसरवादी नेता बनते हैं। मजदूरों की एक हड़ताल को ले कर, वे दूसरी यूनियन के साथ, इस यूनियन को भी जोड़ देते हैं। फलतः दैनिक मजदूर संघ का अस्तित्व समाप्त हो जाता है तथा सत्ते जो वास्तव में मजदूरों की दशा सुधारना चाहता था, एकाएक 'ठहर' जाता है। उसका यह ठहराव, वास्तव में मजदूरों की रक्षा के लिए संघर्षरत शक्तियों की हताशा है, जो इस पूंजीवादी व्यवस्था की सबसे भयानक देन है। कथाकार ने यहां एक मौलिक सवाल उठाया है कि क्या इस पूंजीवादी समाज

में कोई यूनियन मजदूरों का भला कर सकती है? मिस्त्री कहता भी है: "काम तुम अच्छा कर रहे हो मुंशी, पर तुम्हारे उखाड़ने से कुछ उखड़ने का नहीं। पहले भी कई बार यूनियन शुनियन बनाने वाले आये थे, पर सरदारों और ठेकेदारों और भट्ठे वालों के मुकाबले सभी कुछ दिन बाद झोला झंगड़ छोड़ कर भाग खड़े हुए...." (पृ. १७३)। यहां एक बात और उभर कर सामने आती है। आज का मजदूर अपनी वास्तविक स्थिति से वाकिफ है तथा वह इन छोटे मोटे परिवर्तनों के झांसे में नहीं आने वाला है तथा इस प्रकार की यूनियन में अब उसकी आस्था भी नहीं रह गयी है और "सच पूछो तो यूनियन शुनियन की कोई जरूरत नहीं है....." (पृ. १७३)

नेता नामक मजदूर की हत्या को लेकर सत्ते और प्रेम बल्लभ फिर छानबीन करते हैं कि असलियत पता चले, चलती भी है, लेकिन हत्या करने वाला एक ऐसा आदमी है जो चुनाव में नेताओं की सशस्त्र मदद करता है तथा पुलिस प्रशासन की सहायता से सरकारी सामानों की खुलेआम चोरी करता है। इस प्रकार उपन्यास का दूसरा और अंतिम भाग चक्रव्यूह में फंस कर रह जाता है। अंतिम भाग में इंजीनियर और परमात्माजी के सम्बंध समाप्त होते हैं। इंजीनियर साहब, अपने मंत्री रिश्तेदार की सहायता से, चुनाव में उनकी मदद कर, उसी निर्माण विभाग में चेयरमैन हो जाते हैं, जहां कभी वे सहायक अभियंता थे तथा लाखों की हेराफेरी करने के आरोप में सस्पेण्ड हुए थे। उन पर गबन का चलाया गया केस वापस लिया जाता है। परमात्माजी का राजनीति से मोहभंग होता है, क्योंकि उन्हें मनोवांछित जगह से चुनाव लड़ने का मौका नहीं मिलता है तथा कदम-कदम पर राजनीतिक तिकड़मों में उन्हें असफलता हाथ लगती है। सत्ते व्यवस्था के चक्रव्यूह को तोड़ नहीं पाता है तथा उसमें फंस कर रह जाता है। अंत में उसकी सोच में परिवर्तन होता है तथा विगत जीवन का अस्तित्व खण्ड-खण्ड हो कर बिखर जाता है। जसोदा अपने पति के भाई के साथ गांव लौटती है।

'पहला पड़ाव' में कई बातें एक साथ उभर कर सामने आती हैं। मध्य प्रदेश के बिलासपुर, रायपुर, छत्तीसगढ़ आदि स्थानों से आये इन दिहाड़ी मजदूरों की टोली में हर उम्र के लोग हैं। महिलाएं हैं, युवतियां हैं, बच्चे हैं, भूख और बदहाली से बचने के लिए दलालों के हाथ में पड़ कर ये मजदूर दूर दराज इलाकों से नगर और महानगर में आते हैं, लेकिन शोषण और व्यभिचार का क्रूर शिकंजा यहां भी इनका पीछा नहीं छोड़ता है। जसोदा जो देखने में सुंदर है तथा मजदूरों के बीच मेम साहब के नाम से जानी जाती है, का आर्थिक शोषण तो होता ही है, बार-बार शारीरिक शोषण का शिकार होने से बचती है। ये मजदूर एक ही स्तर पर शोषित नहीं होते हैं, क्योंकि शोषक वर्ग के पास कई रास्ते हैं तथा वे रूप बदल-बदल कर इस शोषण में भागीदार बनते हैं। इन मजदूरों का रहन सहन अत्यंत साधारण है तथा किसी प्रकार ये अपना जीवन यापन करते हैं लेकिन क्या लोग इन मजदूरों की वास्तविक हालत से वाकिफ हैं, कतई नहीं। सत्ते प्रेम बल्लभ की हरकत से क्षुब्ध हो कर कहता भी है, "माना, भाई कि तुम ऊंचे दर्जे के लुच्चे हो, हर बात का मजाक ठीक नहीं होता। इंसानियत भी कोई चीज होती है, जिन लड़कियों के लिए तुम बकवास कर रहे हो, उनकी हालत का तुम्हें पता भी है? ये सोलह-सोलह, अट्ठारह-अट्ठारह साल की लड़कियां या बच्चे को गोद या पेट में ले कर घूमती हुई औरतें जो यहां मकान बना रही हैं या उधर भट्ठों पर ईंटों का काम कर रही हैं, ज्यादातर छत्तीसगढ़ से आयी हैं, वहां इनके पास कुछ नहीं है। छोटी मोटी जोत हुई तो साल में मोटे झोटे अन्न या धान की एक फटीचर फसल हो जाती है। मजदूरों के दलाल एडवांस दे कर यहां ले आते हैं पर पूरे खानदान के खानदान मजदूरी की तलाश में इतनी दूर तक आ कर क्या पाते हैं? आधी तिहाई मजदूरी, सुअरबाड़े जैसी झोपड़ियां, बेइज्जती, बीमारी।... (पृ.६५) यद्यपि कानून की नजर में ये मजदूर बंधुआ

नहीं हैं, लेकिन इनकी हालत उनसे भी गयी गुजरी है। इन्हें जो भी पांच साढ़े पांच रुपया मजदूरी मिलती है। उसमें भट्ठे के सरदार जिन्हें हम दलाल भी कह सकते हैं, अपना एडवांस का हिस्सा पहले ही काट लेते हैं। उनका यह हिस्सा चुकता नहीं है। जब भी ये मजदूर इस बदतर जिन्दगी से भागने की कोशिश करते हैं, दलाल अपने एडवांस के रकम की मांग करते हैं, क्रूर शिकंजे में फंसे बेबस और लाचार, ये मजदूर, घुट-घुट कर जीने के लिए मजबूर हो जाते हैं। इनकी नियति में न जीना लिखा है न मरना। इनकी जिन्दगी का 'पहला पड़ाव' शायद यह अभिशप्त जिन्दगी ही है, जिसे ये गांव छोड़ने के बाद प्राप्त करते हैं।

पर बदहाली और शोषण के क्रूर शिकंजे में घुट-घुट कर जीते इन मजदूरों की अपनी एक अलग जिन्दगी है, जिसकी तरफ कथाकार ने इशारा किया है: "मस्त कौम है, दिन भर जुट कर काम करेंगे, बस विविध भारती पर बाजे की सुई टिका कर छोड़ दो, बाजा बजता रहेगा और इनका हाथ चलता रहेगा" (पृ. १७३) बीच में बाल मजदूरों के शोषण की ओर भी लेखक ने इशारा किया है, लेकिन इस कृति में उसका कोई स्पष्ट स्वरूप उभर कर सामने नहीं आ पाता है। प्रेम बल्लभ जो शराब की दुकान में उनकी मुक्ति की बात करता है, यूनियन के चंदे से खुद, इतनी शराब पी लेता है कि उसकी हालत बदतर हो जाती है।

प्रसिद्ध साहित्यिक समाजशास्त्री लुसिएं गोल्डमान ने पूंजीवाद के विकास के साथ, उपन्यास के स्वरूप को जोड़ते हुए, इस बात की ओर संकेत किया कि कैसे व्यक्ति, समाज और उसकी संस्कृति इससे प्रभावित होती है। 'पहला पड़ाव' के मजदूर भी आम आदमी हैं तथा सत्ते उनकी दशा सुधारने के लिए यूनियन का गठन करता है, जो लाल पाल बाबू जैसे स्वार्थी, भ्रष्ट और अवसरवादी नेताओं के चक्कर में पड़ कर समाप्त हो जाती है। ऐसे लोग केवल अपनी अस्मिता बरकरार रखने के लिए समूह का इस्तेमाल करना चाहते हैं, चाहे वह समूह कितना ही दलित या पीड़ित क्यों न हो? वे अध्यक्ष पद स्वीकारने का मतलब संगठन को आर्थिक मदद दे दिला कर, अपने स्वार्थ की राजनीति करना समझते हैं। राजनीति में अपराधीकरण को बढ़ावा दे कर ये लोग रघुवंश जैसे माफिया किंग के माध्यम से सत्ता की राजनीति करना जानते हैं, जो आज समूचे देश में हो रही है।

लेकिन, आखिर वह कौन सा कारण है, जिसके चलते सत्ते जैसे लोग मजदूरों के लिए यूनियन बनाने पर मजबूर होते हैं तथा पढ़ाई से कोसों दूर रह कर राजनीति करते हैं? इस बात से इंकार नहीं किया जा सकता कि सत्ते आज के भारतीय युवकों का प्रतिनिधित्व करता है, जो या तो विश्वविद्यालय में शिक्षा प्राप्त कर रहे हैं या कर चुके हैं अथवा कर के लगभग निकले ही हैं तथा नौकरी की तलाश में भटक रहे हैं। निम्न मध्यवर्गीय परिवार का युवक जो इस उपन्यास के केन्द्र में है, अपने आपको विभिन्न वर्ग समूहों के बीच घिरा पाता है। इसमें एक ओर जहां बदतर अवस्था में जी रहे मजदूर हैं तो दूसरी ओर परमात्मा और इंजीनियर साहब जैसे नव धनाढ्य वर्ग के प्रतिनिधि और जोड़ तोड़, हेराफेरी करके स्वार्थी राजनीति की जमीन पर चलने वाले ऊंची हैसियत के लोग हैं। प्रेम बल्लभ की हालत भी सत्ते से अलग नहीं है। निम्न मध्यवर्गीय परिवार का यह युवक उस उपभोक्ता समाज का प्रतिनिधित्व करता है, जिसकी ओर गोल्डमान ने इशारा किया था। अल्प समय में ही सुविधाजन्य सत्ता अधिग्रहण का इच्छुक यह युवक पूंजीवादी ताकतों के लिए एक मोहरा है, जिसके कारण यह अपमान और सुविधा दोनों पाता है। दूसरी ओर यह युवक, माफिया किंग रघुवंश, जो राजनीति के अपराधीकरण का संवाहक है, से मुकाबला करने की इच्छा भी रखता है। मुंशीगिरी के दौरान सत्ते की भेंट समाज के इन विभिन्न वर्गों से होती हैं।

सत्ते, जो निम्न मध्य वर्ग का प्रतिनिधि युवा पात्र है की सबसे बड़ी चिन्ता यही है कि मजदूरों को इस बदतर हालत से मुक्ति कैसे दिलायी जाए? इसके लिए वह छोटे मोटे उपाय भी करता है तथा उनके आर्थिक शारीरिक शोषण के खिलाफ आवाज भी उठाता है। जब उसे लगता है कि स्थितियां असह्य होने जा रही हैं, तो वह उस व्यवस्था से अलग हटने को तैयार हो जाता है: ''अभी-अभी वह बेवा हुई है, बच्चा पेट में है... पर मैं उसे यहां से नहीं निकाल सकता ... इसलिए अगर हटने हटाने की बातचीत चली है तो मुझे ही हट जाने दें...'' (९९-१००) अंततः वह परमात्मा जी के यहां काम छोड़ कर दूसरी जगह काम पकड़ता है। इस बीच जसोदा एक बच्चे की मां बनती है। सत्ते मजदूरों की अस्तित्व रक्षा के लिए यूनियन का गठन करता है, जो अवसरवादी नेताओं के हाथ में पड़ कर समाप्त हो जाती है। वस्तुतः सत्ते के सामने स्थितियां स्पष्ट नहीं हैं और न ही परिपक्व विचार। हवाई किले वह जरूर बनाता है। उसके अंदर मजदूरों के लिए केवल सहानुभूति ही नहीं है। कभी-कभी जसोदा के प्रसंग को ले कर लगता है कि वह उससे आकर्षित है, इस क्रम में रात में स्कूटर पर भटकने की घटना भी उसके अपरिपक्व विचार की ओर संकेत करती है। अंधी पगडंडियों पर भटकते हुए एक बार तो वह हताश हो जाता है लेकिन फिर साहस और धैर्य के सहारे अंधी गुफा से मुक्ति पाता है। इस व्यवस्था से उसका मोहभंग होता है। उस लौह जाल को तोड़ने के लिए वह फिर पढ़ाई में जुटता है, जिसके कारण भारतीय जनता बदतर हालत में जीने के लिए मजबूर है: ''कानून की पढ़ाई... पेट पालने की मजबूरी नहीं, एक लौह जाल तोड़ने की तैयारी होगी...'' (पृ.२४७) सम्भवतः कथाकार की दृष्टि में सत्ते की जिन्दगी का यह पहला और सार्थक पड़ाव है, जिसके बाद वह एक नये अस्तित्व संघर्ष के अनुसंधान का संकल्प लेता है, लेकिन शायद, वैचारिक रूप से अपरिपक्व भावुक युवक सत्ते की अंतहीन जिन्दगी की भी यह एक शुरुआत है।

'राग दरबारी' की तरह अपने इस उपन्यास में भी श्रीलाल शुक्ल ने आजादी के बाद भारतीय परिवेश में पनपे भ्रष्ट और अवसरवादी चरित्रों की ओर संकेत किया है। भारतीय प्रशासन, राजनीति, शिक्षा व्यवस्था, न्याय व्यवस्था आदि पर उनका व्यंग्य, बरबस राग दरबारी की तरह, इस उपन्यास के भी व्यंग्य उपन्यास होने का आभास देता है। 'राग दरबारी' को व्यंग्य उपन्यास कहा जाता है, क्योंकि वहां रचना की आत्मा के रूप में व्यंग्य मौजूद है। किन्तु 'पहला पड़ाव' सम्भवतः व्यंग्य उपन्यास नहीं है और न ही कथाकार भी इस रूप में इसको स्थापित करना चाहता हैं। यद्यपि कहीं-कहीं इसकी भाषा को ले कर व्यंग्य उपन्यास का अहसास जरूर होता है। जैसे:

''सम्मानित अदालत ने निष्पक्ष भाव से यह व्यवस्था कर दी कि स्थगन आदेश के दौरान सरकार चाहे तो उनसे काम ले, न चाहे तो न ले... वे ड्यूटी पर शुमार किये जाएंगे और इस दौरान अपनी पूरी तनख्वाह के वे हकदार होंगे।'' (पृ.३७)

''एक बड़े खूंखार माफिया गिरोह के सम्राट होने के बावजूद वे पच्चीस साल से अपराध की मायापुरी पर चंदन चर्चित भाल लिये हुए राज कर रहे थे... राजनीति में विधायक के रूप में प्रकट होने के पहले हम लोग दूरवर्ती जिले के इस माफिया सम्राट की गौरव गाथा सुना करते थे...'' (पृ. १२१)

''देश के बाहर की हालत भी खराब है पर खैरियत है, उसकी चिन्ता करने के लिए प्रधानमंत्री मौजूद हैं. ......'' (पृ. १२३)

अंत में, इस बात से इंकार नहीं किया जा सकता कि 'राग दरबारी' के माध्यम से श्रीलाल शुक्ल ने कथा या चरित्र की अपेक्षा, परिवेश के यथार्थ को साकार करने के जिस कौशल को आत्मसात किया था, वह 'पहला पड़ाव' तक आते-आते कथा शिल्प के रूप में एक सार्थक प्रतिमान प्राप्त करता है।

वह जो रखते थे हम इक हसरते तामीर*

दूधनाथ सिंह

दुनिया आज भी संयोगों पर जिस तरह निर्भर करती है उस तरह कार्य कारण की स्पष्ट और तटस्थ व्याख्या पर नहीं। यह मेरा प्रिय वाक्य है। लेकिन मैं यह नहीं जानता था कि इस उपन्यास के खत्म होने पर (यानी मेरे द्वारा पढ़ कर खत्म किये जाने के बाद) यह वाक्य इतनी अस्वाभाविक चमक के साथ मेरे भीतर कौंध उठेगा। मुझे आश्चर्य हुआ और सुकून भी कि कुछ मायनों में मैं दुनिया के बारे में सही राय रखता हूं। इस उपन्यास ने मेरी इस प्रिय सूक्ति को सिद्ध किया। क्या इसकी कोई तर्क पद्धति है कि आश्रम जाते-जाते नारायण सिम्मी के कोठे की ओर अचानक क्यों लौट पड़ता है? तर्क पद्धति है, यह कहा जा सकता है। नारायण के मन की दुविधाएं: ''रिक्शे पर बैठते ही उसे शाम की सारी सम्भावनाएं मिटती हुई जान पड़ीं और निराशा के उन्माद में अचानक उसका मन शराब ही के लिए नहीं, उन सबके लिए भी तिलमिला उठा, जिनका मीनाक्षी के यहां आते ही निषेध हो जाएगा।'' कहा जा सकता है कि दुविधाएं ही तर्क हैं। लेकिन नहीं, यह मानते हुए भी कि 'नैराश्यं हि सुखम्'। एक बार इस उक्ति को धकिया कर आगे वह सुख का अंतिम स्वाद चखने के लिए एक बार लौट पड़ता है। छूटती हुई चीजें हमेशा अधिक प्रिय लगती हैं। लेकिन जो आदमी 'आश्रम' और 'अकबरी मुहल्ले' के बीच लगातार भटक रहा हो, उसका सब कुछ 'संयोग' पर तो निर्भर करेगा ही। और यह अनिर्णय ही है जो सामान्य मनुष्य के जीवन की 'फिलासफी'

* श्रीलाल शुक्ल के उपन्यास मकान को पढ़ कर लिये गये बेतरतीब, डायरीनुमा नोट्स। लेकिन इसे पढ़ने के पहले 'मकान' उपन्यास का सघन पाठ अनिवार्य है। -लेखक

है। अतः नारायण की मौत दुर्घटना है, हत्या नहीं। अतः यह और भी भयानक है। जिस समाज में हत्याएं दुर्घटना मात्र हों उसे 'एनार्की' कहते हैं। हमारे समाज में सुचिन्तित हत्याओं और अनायास दुर्घटित हत्याओं का एक संक्रामक मेलजोल दिख रहा है। ... नारायण के बारे में तो यह बात हुई, लेकिन श्यामा के बारे में? "वह अंधेरे में जीने पर गिर गयी थी। शायद यही हुआ था; वैसे कोई नहीं जानता कि क्या हुआ था।" इस वक्तव्य के आलोक में भी वही संयोग। एक दुर्घटना जो संदिग्ध है। क्यों संदिग्ध है? क्योंकि 'संदेह' एक कला है। वह आपको सोचने की छूट देता है। संदेह रचना को कलात्मक सम्भ्रम से 'लेमीनेट' करता है। या कि कहीं दोनों दुर्घटनाओं में षड्यंत्र की छुरी जैसी चुभी हुई फांक है, दोनों के पुराने सम्बंध और फिर नारायण और सिम्मी के बीच में चुपचाप छुप कर बैठे हुए अनवर हुसैन खां, जो कभी गली के मोड़ पर दिखते हैं (शायद) और कभी होटल मालिक की कुर्सी पर (शायद)। इस आख्यान में यह 'शायद' बहुत महत्वपूर्ण है। एक कलात्मक प्रसाधन की तरह इस 'शायद' का इस्तेमाल किया गया है। सुना है कि (कभी पहले या बाद में) श्रीलाल शुक्ल ने एक जासूसी उपन्यास भी लिखा था।

इस 'संयोग तत्व' पर विचार करें तो पता चलेगा कि यह कलात्मक रचना संधान का एक गौण तत्व है। पूरे इतिवृत्त के विस्तार में कहीं और कभी और किसी एक पात्र के साथ वह 'अकस्मात तत्व' लागू होता है। नज़र दौड़ाइए, साहित्य में। और कथा संरचना में। अक्सर उपन्यासकारों ने इसका उपयोग कमतम किया है। स्वयं श्रीलाल शुक्ल ने भी बहुत कम। लेकिन यहां प्रमुख भूमिका में है। नारायण कहता है, "मैंने कभी नहीं सोचा था कि हम मौत के इतना पास रहते हैं।" अक्सर इस तरह के आश्चर्य घटित होते हैं— अक्सर। लेकिन यह 'अकस्मात तत्व' एक बड़ी संरचना की 'फिलासफी' नहीं हो सकता क्योंकि वह 'मेटाफिजिक्स' की ओर ले जाती है। फिर श्रीलाल शुक्ल इस 'एक तत्व की ही प्रधानता' को इतनी प्रधानता क्यों दे रहे हैं यहां? क्या यह 'राग दरबारी' जैसी बड़ी रचना के बाद की थकान है जो 'अकस्मात् तत्व' की ओर ले जाता है। "रिलैक्स-रिलैक्स ... कुछ भी असम्भव नहीं है?"

तो 'अनिर्णय' और 'अकस्मात तत्व'— यह तो स्पष्ट है।

यही संयोग पं. नीलमणि बनर्जी के साथ भी घटित होता है। कोई जरूरी नहीं है कि अमरीकी फौजी ट्रक था इसलिए। या कि युद्धोपरांत के उन्मत्त योद्धा इतने क्रूर थे कि उन्होंने जानबूझ कर या लापरवाही में कुचल दिया। यह कोई भी ट्रक ड्राइवर कर सकता है और करता है।

(२)

एक मध्यमवर्गीय नौकरीपेशा आदमी के लिए मकान का मिलना एक बहुत बड़ी समस्या है। इसके विचित्र और हास्यास्पद और कठोर अनुभव इस उपन्यास में भरे पड़े हैं। उस बहाने सैर है; गलियों, मुहल्लों, कीड़े मकोड़ों की तरह बसी हुई बस्तियों के अंदरूनी हिस्सों का अद्भुत जायजा है; पूरे आख्यान में फैला हुआ। उपन्यासकार इसे केन्द्र में रख कर कथा को सभी दिशाओं में बिखेरता फैलाता है। यह शिल्प और अंतर्वस्तु दोनों का अभिधा पक्ष है। लेकिन यह लेखक अभिधाओं का लेखक कभी नहीं रहा। यह उसकी एक 'डिसेप्टिव डिवाइस' है जिसे बड़े सलीके से इस्तेमाल करता है। जो इतिवृत्त हैं, विवरण हैं वे अपनी भीतर अद्भुत व्यंजनाएं संजोये हुए हैं। उसके सभी उपन्यासों में। यहां भी व्यंजनाएं कुछ और हैं। जीवन का फैलाव... प्रेम और व्यभिचारोत्सुक आवेग और कला

साधना की अंतरंग गरिमाएं और शराब और जीवन का अराजक रस— सब घूम फिर कर 'मकान' की समस्या पर लौटते हैं। वह एक 'बंजर जीवन' होगा— वह फिर से बस जाना... लेकिन फिर भी ... शायद इस रस्ते से चल कर ही हरे भरे खेतों तक पहुंच जायं। सुख की यह ... खोज 'बंजर गृहस्थी' में अस्त होती है। मुक्ति का— अपने नरक के चुनाव का— अधिकार एक थकान और निरर्थकता में आ कर खत्म हो जाता है। यह एक मध्यवर्गीय विकृत चालाकी भी है जिसका बहुत खूबसूरत चित्र इस उपन्यास में उकेरा गया है। जहां अपने लिए व्यभिचार की खुली छूट और फिर अपने 'बंजर' तथाकथित 'बंजर जीवन' में लौट जाने की अपरिमित स्वतंत्रता। छिछोरेपन और सात्विकता के बीच का यह अद्भुत तालमेल भारतीय मध्य वर्ग का सार तत्व है। कथाकार इसे कहीं भी छिपाता नहीं, बल्कि कुछ ज्यादा खोल कर ही रखता है।

क्या यहां (माने हमारे सामाजिक जीवन की उपर्युक्त स्थितियों में) मूल्यों की कोई खोज है? उसके लिए कोई आभ्यतंर प्यास है? उसकी चिन्ता या चेतना है? लूसियें गोल्डमान ने उपन्यास पर आयोजित एक कार्यशाला के निष्कर्षों के तौर पर एक आप्तवचन उचारा था: "उपन्यास एक अध:पतित समाज में, एक गिरे हुए (पतित) नायक द्वारा मूल्यों की खोज है।" यह कार्यशाला हफ्तों चली थी और उपन्यास की यह परिभाषा उस कार्यशाला का निष्कर्ष थी लेकिन वह पश्चिम का समाज था। और हमारा समाज? क्या वह एक अध:पतित, विकृत, निकृष्ठधर्मी समाज नहीं है? वही लोग कहेंगें कि 'नहीं है', जो नियमित गीता का पाठ करते हैं। बाकी सब चारों और फैला हुआ है। इसी अध:पतित समाज में एक पतित लेकिन संवेदनशील नायक नारायण बनर्जी की कहानी है इसमें। लेकिन क्या नारायण बनर्जी मूल्यों की खोज में संलग्न है? हम कहेंगे, बिल्कुल नहीं। एक बार भी नहीं। जैसे कि आंद्रेई, जैसेकि लेविन, जैसे कि नेख्लुदोव, जैसे कि शेखर, जैसे कि वामन दास? नहीं? नारायण बनर्जी तो एक मूल्यहीन जीवन जीने के लिए अभिशप्त है और बेमौत मरने के लिए अकस्मात प्रस्तुत।

तब यह एक भयावह समाज है, जिसमें हम रह रहे हैं... जिसमें मूल्यों की खोज समाप्त हो गयी है। जिसमें सिर्फ बेचारापन है, संयोग है, दुर्घटनाएं हैं, मूल्यों के प्रति आस्थावान व्यक्तियों (नीलमणि बनर्जी, बारीन हालदार) की बेमौत मौत है।

एक भयावह और निष्क्रिय यथार्थ का दिग्दर्शन है यह, जिसके लिए लेखक दोषी या अपराधी नहीं है। है, तो है। उसे देखो और बूझो।

(३)

मुख्य कथा तो कलाकार संगीत साधक नारायण बनर्जी की है। तो कला की दुनिया में उसकी साधना की क्या स्थिति है? क्या वह किसी मूल्य या आदर्श के लिए संघर्ष कर रहा है? या वह वहीं जाना चाहता है— वहीं, जहां हमारे शास्त्रीय संगीत की दुनिया के अधिकांश बड़े साधक चले गये हैं? सुख सुविधाओं की खोज में बिकने के लिए क्या नारायण भी 'बाजार' में बैठने को आतुर है? जिसको सराहने वाले 'गुणी जन', 'सहृदय जन' नहीं, बल्कि पैसे वाले, राष्ट्रीय अंतर्राष्ट्रीय बाजार के गाहक, जिनके लिए संगीत और चित्रकला भी एक फन और फैशन है, जिसे वे ऊंचे दामों पर खरीद सकते हैं। क्या अनजाने ही नारायण बनर्जी भी अपने व्यभिचारोत्सुक मानस और गृहजंजाल की खांव-खांव के भीतर बाहर कटता मरता इसी बाजार में बैठने का इंतजार कर रहा है? अपने अभिमानी पिता श्री

नीलमणि बनर्जी के कठोर अनुशासन और आत्माभिमान की चर्चा करते हुए नारायण उपन्यास में एक जगह याद करता है: ''मैं एक महान कलाकार की इस दुर्गति को समझने लगा था। जो कलाकार कला में नयी-नयी उद्‌भावनाओं के प्रति असहिष्णुता दिखाता है, वह कला और आनंद के अपरिमित आयतन से जानबूझ कर अपने को काट लेता है।'' इसके बावजूद नारायण अपनी संगीत साधना में रागों के 'मिक्शचर' के प्रति उत्सुक नहीं दिखता। वह 'शुद्ध सारंग' और विहाग और 'भैरवी' को अक्ष्क्षुण रखना चाहता है। फिर भी वह अपने पिता की तरह सबको 'मुक्खो' और 'गधा' मान कर अपना एकांतीकरण नहीं करता। स्वामी शांतनंद के आश्रम में उसका सितार वादन उसे मीडिया के बीच धीरे-धीरे ला खड़ा करता है। बम्बई से पधारे सेठ के दामाद के मनोरंजनार्थ उसका सितार वादन उसे कला के बाजार में एक कदम और आगे बढ़ाता है। बाजार की झलकियां हैं, संकेत हैं... प्रतिफलन बाधित है (जिसका कारण हम जानते हैं।) लेकिन कथाकार चूका नहीं है यहां भी। वह राष्ट्रीय अंतर्राष्ट्रीय उस बाजार का एक संकेत (क्षींण ही सही) प्रस्तुत करता है, जो आज की कला साधना का चमचमाता नरक (या स्वर्ग) है। शास्त्रीय संगीत और चित्रकला में सदा एक दरबारी आभिजात्य संश्रय रहा है। लोक से शास्त्रीयता की ओर आयात जरूर होता रहा है, लेकिन लोक की ओर 'निर्यात' नहीं दिखता। क्योंकि वहां खपत की गुंजाइश कम है। अशिक्षा, प्रशिक्षण का अभाव, पस्ती, बदहाली, गरीबी और दुख के बीच एक उदासीनता विकसित होती है, वह 'सहृदय मानस' नहीं जिसकी जरूरत होती है। यदि 'सहृदय मानस' नहीं, तो भी चल सकता है, लेकिन 'क्रय शक्ति' के अभाव में वह भी सम्भव नहीं। चाहे अमृता शेरगिल हों, यामिनी राय, मधुबनी शैली के चित्रकार या राजस्थानी शैली की मिनियेचर पेन्टिंग्स, चाहे मकबूल फिदा हुसैन हों या अम्बादास, रविशंकर हों या अली अकबर; वहां अब बाबा अलाउद्दीन खां की गुंजाइश नहीं है। मैहर के तुलसी वन में अपनी आराध्या विन्ध्यवासिनी के लिए अब कौन बजायेगा? बजायेगा तो भी वह कभी कभार रस्म अदायगी ही होगी। जैसे पटना के निकट राजगृह की खुली संगीत सभाएं होती हैं। हमारा उपन्यासकार इसे बेहतर जानता है ओर कला के बाजारीकरण को धीरे-धीरे वह इस कथा में प्रस्तुत करने की ओर उन्मुख है। वह रुकता क्यों है? तब कथा ज्यादा बड़ी और ज्यादा प्रतीकात्मक होती। रुकता है इसलिए कि उपन्यास की संरचना में 'मकान' की समस्या को वह धुरी मान चुका है। फिर सारा 'पैटर्न', 'संरचना का पैटर्न' वहीं से निर्धारित निर्देशित होता है। अगर वह उस धुरी को छोड़ देता तब? लेकिन यहां तो हम कला के बाजारीकरण के यथार्थ पर बातें कर रहे थे। नारायण बनर्जी को उसका तीक्ष्ण अनुभव इस प्रकार है: ''नारायण, जब तक तुम्हारे हाथ में सितार है, तभी तक तुम्हारा सिर पानी के ऊपर है, तभी तक तुम्हारे जीवन में श्री है, कांति है, रमणीयता है, उसके बिना तुम्हारे लिए अनर्गलता है, अकिंचनता है, तमिस्रापूर्ण पाताल है।'' ... क्या कहा है 'हितोपदेश' में? 'यस्यास्ति वित्तं स नरः कुलीनः।' कौन है जो नहीं है हाजतमंद...'

इन बातों के प्रारम्भिक संकेत ही उपन्यास में हैं। लेकिन हैं, इससे पता चलता है कि कला की दुनिया के बीच के यथार्थ के प्रति यह कथाकार कितना सचेत है। नाद ब्रह्म से 'डालर' तक की यात्रा की एक सहज शुरुआत के संकेत। इसलिए भी उपन्यास महत्वपूर्ण है।

(४)

उपन्यास में कर्मचारी संगठनों का भी एक खाका है। सरेराह शुरू होता है लेकिन उस उपकथा में इतना दम है कि

वह धीरे-धीरे एक बड़े आकार में परिवर्तित होती जाती है। अफसरशाही की ठंडी क्रूरता और अजूबे तिकड़मों के बीच मजदूर संघों के आंतरिक अंतर्विराधों और विकृतियों को उकेरने की चेष्टा है। इसमें यथार्थ का संस्पर्श जरूर है लेकिन यहां सब कुछ अतिपरिचित और सूचनात्मक है। यहां तक कि बारीन हालदार का आशावाद और मजदूर संगठनों, आंदोलनों के प्रति अटूट निष्ठा भी जानी पहचानी है। बारीन हालदार के अटूट आशावाद और नारायण बनर्जी के 'नेराश्यं हि परमं सुखं' को ले कर उपन्यासकार एक के खोखलेपन पर व्यंग्य और दूसरे की अराजक मजबूरी पर खिन्नता का रुख अपनाता दिखता है। अगर ये कथा की दो धुरियां हैं तो ये उपन्यास में व्यक्त दो संभ्रम भी हैं। और दोनों ही यथार्थ का भ्रम पैदा करते हैं; यथार्थ नहीं।

क्या यथार्थ का संभ्रम ही कला का यथार्थ है?

(५)

किसी भी इतिवृत्त में कुछ संयोजक पैरे, कुछ वाक्य, कुछ घटनाएं होती हैं। लेकिन कथा में गांठ लगाने के लिए वे अनिवार्य होते हैं। उनका कोई मतलब नहीं होता लेकिन उनके बिना काम भी नहीं चलता। उनसे पार पाना कठिन होता है। वे रचनात्मक तनाव के बीच एक पस्ती की तरह होते हैं जब हम अंधेरे में जूझते होते हैं आगे बढ़ने के लिए... जब एक गहरी खाईं होती है और उसको लांघ कर ही दूसरी ओर जाया जा सकता है। दूसरे रचनात्मक तनाव और यातना में प्रवेश के लिए एक पुल.... एक जहमत .... एक व्यर्थ की मशक्कत।

वे कौन से हिस्से हैं उपन्यास में जो संयोजक अव्ययों की तरह हैं? कुछ हैं, लेकिन बहुत कम। हम उनके होने से कैसे बच सकते हैं? एक 'पैटर्न', एक संयोजन हमें मजबूर करता है। बड़े से बड़े लेखक को।

संरचना में कुदान सम्भव नहीं है।

(६)

"आप जिन्दगी में बहुत सुख पा चुके हैं अब दूसरों के सुख में दस्तंदाजी करने की आदत छोड़ दें।" यह श्यामा कहती है। नारायण के चरित्र के बारे में एक नयी जगह से बताया गया दृष्टिकोण— ज्यादा स्पष्ट, ज्यादा सरल और पारदर्शी। एक औरत का व्यभिचारोत्सुक पुरुष के चरित्र के प्रति सत्य का संज्ञान। इसीलिए नारायण का चरित्र द्वंद्वयुक्त। और इसीलिए सच। गढ़ा हुआ नहीं; बल्कि जीवित और वास्तविक। लेकिन कमजोर और फंसा हुआ।

"वह पैंतालिस साल के आदमी का चुचका हुआ चेहरा था, जो पुत्री पुत्र कलत्र, भाग्य भावना भगवान तथा कला कामिनी कादम्ब के झमेले में कभी अपने को पं. रविशंकर की, कभी डान जुवा की और कभी रामकृष्ण परमहंस की कोटि में पाता है।" उपन्यास के आरम्भ के बहुत आसपास यह विवरण है। नारायण के पूरे चरित्र का (मान लीजिए) यह सार तत्व है। यानी मूल कथ्य का सार तत्व।

क्यों? क्या उत्सुकता बढ़ाने के लिए? शुरू में इसे क्यों बता देते हैं श्रीलाल जी? इसे कथा से हल हो कर आना चाहिए— अपने आप। पहले सूक्ति कथन फिर उसका फैलाव। अथवा पहले फैलाव फिर कहीं अकस्मात सूक्ति कथन। कौन सा रास्ता है इतिवृत्त का? आदर्श ढांचा होना चाहिए?

या क्या इतनी सजगता रूपवाद के अंतर्गत आयेगी?

जैसे कि "मेरी दुर्गति हो रही थी। बीवी बच्चों से दूर पड़े हुए, सितार को कमरे के कोने में धूल और मकड़ियों के हवाले करके एक दिगंतहीन, धरातलहीन शून्यता ही मेरा जीवन बन गयी थी। इस शून्यता को तोड़ने के लिए कुछ भी काफी न था... न सारे दिन दफ्तर की आपाधापी, न शाम को अकेले सड़कों, पार्कों, सिनेमाघरों की सैर, न किसी सस्ती बार में अपरिचितों के साथ शराबखोरी, न बारीन दा की यूनियन के पचड़े, न श्यामा के प्रणय प्रसंग की हवाई कल्पनाएं, न एक सफल सार्थक कलामय जीवन बिताने के संकल्प, न उस जीवन के लुभावने दिवास्वप्न— कुछ भी काफी न था।"

इसे कथा के द्वारा इतिवृत्त की विभिन्न संघटनाओं से सिद्ध होना चाहिए। यह एक आलोचक का निष्कर्ष हो सकता है, उपन्यासकार का वक्तव्य नहीं। लेकिन कौन है? हिन्दी कथा लेखन में इतना सचेत कौन है?

शायद वात्स्यायन।

स्त्रीवाद जो पश्चिम में कथा साहित्य के विमर्श में इधर बार-बार घूम फिर कर आता है। इधर हिन्दी में भी फैशन में है। जैसे कि दलित लेखन का चर्चा फैशन में है। सबाल्र्टन इतिहास में वर्गों के विखंडन की जो पद्धति है, यथार्थ और सच्चाई के उद्‌घाटन के नाम पर वह बहुत खतरनाक है। हिन्दी के आलोचक स्त्री शक्ति के बखान में इतने भावुक हो जाते हैं कि इस देश की ८० प्रतिशत दबी, दमनग्रस्त, चुप औरतों के चित्रण को स्त्री विरोधी रचना कहना फैशन में आ गया है। दरअसल वे ही लेखक स्त्रियों के पक्ष में लिख रहे हैं जो उनकी गूंगी अंतर्दशा का प्रमाण प्रस्तुत करते हैं। क्योंकि वे सच के ज्यादा निकट हैं।

इस लिहाज से 'सिम्मी' को देखना चाहिए। उस वितृष्णा से नहीं जिसकी अभिव्यक्ति कभी-कभी नारायण बनर्जी अपनी खीझ में करता है। और बारीन हालदार की पत्नी को भी। जो ऊपर से चुप और अंदर से थकी हुई, आर्त्त और टूटती हुई सी है। लेकिन औरतें इस उपन्यास में एक कुहरे की तरह धुंधली हैं। अजब सी बहादुर। अपनी पस्ती और पराजय में अपने को बहादुर और स्वतंत्र दिखाती हुई, एक बेचारगी की शिकार। जो कि भारतीय स्त्रियों का जीवन है। विविध रंगों में दिखता— लेकिन एक रंग— एक ही रंग। दबा और कुचलाहुआपन— बेमिसाल। अपने समर्पण में भी। अपने प्रेम में भी। और अपनी एक कृत्रिम मुक्ति की गुहार में भी— अंततः वहीं।

काश! कि हिन्दुस्तान की सारी औरतें 'कैथरकलां की औरतें' होतीं।

कामना और यथार्थ में जब फर्क हो और सामंजस्य न बैठे तब यथार्थ को चित्रित करना कथा का धर्म है। श्रीलाल शुक्ल इस उपन्यास में यही करते हैं।

स्त्रीवाद के जमाने में यह जोखिम बड़ा स्त्रीवाद है।

(८)

भाषा ही अंतर्वस्तु है बल्कि अंतर्वस्तु ही भाषा है। भाषिक संरचना का निर्माण ही अंतर्वस्तु की आवश्यकता के अनुसार होता है। उसकी लाक्षणिकता बनायी नहीं जाती, बनती चलती है। एक बात को सीधा कहने या घुमा कर कहने में लेखक की इच्छा सर्वोपरि नहीं होती, अंतर्वस्तु का दबाव विवश करता है। यह लगभग एक स्वायत्त प्रक्रिया है— कम से कम इतिवृत्त में।

श्रीलाल शुक्ल एक व्यंग्यकार की भाषा का इस्तेमाल करते हैं क्योंकि कथा के भीतर वैसी परिस्थितियां हैं। भाषा ही हमारे देखने के ढंग यानी दृष्टिकोण को निर्धारित करती है। लंहकटई (लुम्पेनिज्म के लिए शब्द) का चित्रण रोमांस की भाषा में नहीं हो सकता और अगर रोमांस में भी लंहकटई है तो उसका भी चित्रण रोमांस की भाषा में नहीं हो सकता। अतः यह कथन कि "(मैंने) अपने मुंह के असंयत अस्त्र से उसके मुंह पर प्रेमपूर्ण आक्रमण किया" यह केवल एक हास्य कथन नहीं है बल्कि लोलुपता के अस्वीकार के लिए आविष्कृत भाषा की एक वक्रता है जो कथ्य के भीतर ही निहित है। सवाल यह है कि आप कथ्य के भीतर निहित भाषा को पा लेते हैं या नहीं। "मैंने अपने होंठ उसके होठों की ओर बढ़ाये, मैंने जबर्दस्ती उसका चुम्बन लेने की कोशिश की, मैंने उसके न चाहते हुए भी उसको चूमने का प्रयत्न किया", ये सारे कथन उस परिस्थिति का उतना सघन और सटीक कथन (अभिव्यक्ति) नहीं करते, जितना कि उपर्युक्त वाक्य। लेकिन यह रचनाकार की क्षमता पर निर्भर करता है। एक सही और सटीक भाषा अपनी अंतर्वस्तु में छिपी होती है, यह कहने का यह अर्थ नहीं है कि सभी उसे पा लेते हैं। नहीं पाते।

जैसे मछली गहरे जल में इधर उधर फिरती भागती है, उसी तरह भाषा भी आपके साथ लुका छिपी खेलती है। कमजोर लेखक तुरत और सहज उपलब्ध शब्दावली से काम चला लेते हैं। वे जहमत नहीं उठाते। भाषा के लिए जहमत (यानी अंतर्वस्तु को उसके सटीकतम रूप में पाना) एक गद्यकार को थका देती है। वह कागज पर कागज रंगना नहीं है। वह 'हस्तामला कवत्' भी नहीं है। वह अनायास सायास के बीच एक झिलमिली की तरह है। आपका सुर सध गया तो उस झिलमिली को पकड़ लेंगें, नहीं काम चलाऊ धर्म निभा कर छुट्टी पा लेंगें। तभी रचनाएं 'बोर' और उबाऊ होती हैं।

यह जो तिरछी और वक्र भाषिक संरचना का इस्तेमाल है श्रीलाल शुक्ल में, उससे अपने कथ्य को आधुनिक तेवर दिया है उन्होंने। जिसे कहेंगे 'माडर्नाइज' किया है। जो 'मेलोड्रामा' हो सकता था, वह अत्याधुनिक हो गया है। क्योंकि एक पुराने कथाकार और नये कथाकार के अंतर्वस्तु को देखे जाने में फर्क है। दरअसल दुनिया को देखने की दार्शनिक प्रणाली ही यहां बदली हुई है। सत्य का संज्ञान गहर गरु नहीं, अक्सर हास्यास्पद है— यह आधुनिक मनुष्य का एक निराला 'उदासी मठ' है जिसमें हर चीज निस्सार है— एक नये दृष्टिकोण से। उसी 'उदासी मठ' का आख्यान है यह उपन्यास। मकान।

चूंकि कथा नायक एक संगीतकार है अतः भाषिक संरचना में संगीत की शब्दावली का सचेत उपयोग है। यह जानकारी की तहत है। सुस्पष्टता और विश्वसनीयता के लिए भी। इसी भाषा को जब वक्रता प्रदान करते हैं श्रीलाल शुक्ल, तो संगीत की शब्दावली में ही कहें तो कह सकते हैं कि वे बार-बार अपनी भाषिक संरचना में 'मींड देते चलते हैं। जब खालिस तद्भवात्मक भाषा और उसका सहज उपयोग सूचनात्मक और थोथा हो जाता है तो इसे हल करने के लिए ही श्रीलाल जी तत्समात्मक भाषा के उपयोग और उसका झोल डाल कर उपहास और व्यंग्य की आधुनिक तेवर से लैस रचनात्मक तेवर वाली भाषा का सृजन करते हैं। एक उदाहरण ही काफी होगाः "अब शाम के पांच बज गये थे। यह वही क्षण है, जब मेरे मन मे आजकल संग्राम शुरू होते हैं। केवल देवासुर संग्राम नहीं, इन संग्रामों में देव, असुर, यक्ष, गंधर्व, विद्याधर, अप्सरागण सभी एक दूसरे पर अपने-अपने पारस्परिक (या पारम्परिक?) अस्त्र शस्त्रों का प्रयोग करने लगते हैं। अंतिम विजय प्रायः यक्षों के राजा कुबेर की होती है जिनके हाथों में सदैव मदिरा का पात्र रहता है।... कभी-कभी यक्षराज गंधर्वों से भी हाथ मिला लेते हैं।... कभी अप्सराएं असुरों की सहायता से देवों के विरुद्ध विजयश्री प्राप्त कर लेती हैं।... कभी-कभी सुदर्शन चक्र प्रकट होता है..।" यह तीर्यक

उपयोग भाषा का जग जाहिर है लेकिन यह फैशन या फन का कमाल नहीं है या मात्र उसी के लिए हासिल नहीं किया गया है। यह दरअसल अंतर्वस्तु में बसी उसी 'मींड़' का इस्तेमाल है।

यह दरअसल लखनऊ में बसे और रचनारत तीन दिग्गजों भगवती चरण वर्मा, अमृतलाल नागर और यशपाल के कथा तेवर से अलग अपनी पहचान निर्मित करने (नहीं जानता कि सायास या अनायास ही) का एक सफल और सुनिश्चित प्रयास है। उनसे मुक्ति का एक तरीका... एक नयी और निजी और मौलिक राह रचने की दृढ़ संकल्पना का प्रतिफल है। अगर परम्परा से पीछा नहीं छुड़ाओगे तो परम्परा को आगे नहीं बढ़ा सकते। प्रेमचंद की परम्परा में लिखने का मतलब प्रेमचंद की तरह लिखना नहीं है।

श्रीलाल शुक्ल भाषा और संरचना के साथ यही सुलूक करते हैं। इसीलिए मौलिक और आधुनिक और निर्विवाद (या साविवाद) कथाकार।

श्रीलाल शुक्ल के मकान :

राजेश जोशी

अचानक बकरी का एक बच्चा किसी ओर से उछलता हुआ आया और बच्चे के गिरोह में फंस गया। वे सब किलकारी मार कर उसका पीछा करने लगे, उल्लास और हंसी की आवाजें हमारे पीछे-पीछे हो गयीं। हम लोग जब फ्लैट नम्बर सी - फाइव के बरामदे में पहुंचे तो बच्चों की दूरागत हंसी चिड़ियों की सायंकालीन चहक में घुलमिल गयी थी।

श्रीलाल शुक्ल

जैसे एक मकान की तलाश में तामीर किया गया यह एक मकान है। इसमें दो महीने उन्नीस दिन यानि ३ अक्तूबर, १९७४ से २२ दिसम्बर, १९७४ तक का समय है। यह कोई ऐतिहासिक समय नहीं है, इसलिए इसके तिथि क्रमित होने का कोई खास अर्थ नहीं। पर शायद तिथि क्रमित होने से वह एक डायरी जैसी विश्वसनीयता हासिल कर लेता है। इस समय के साथ ही एक स्पेस है, जिसमें नगर निगम का दफ्तर है, होटल का कमरा है, श्यामा का घर है, सिम्मी का कमरा है, स्वामी शतानंद जी महाराज का आश्रम है, रेडियो स्टेशन है, अस्पताल है, बारीन हालदार का घर है और बीच-बीच में शहर की गलियां हैं, गलियों जैसी। मतलब यह कि एक अति परिचित और एकरस सा लैण्डस्केप है। इसमें अब आपको नारायण बनर्जी के साथ-साथ चलना फिरना है। इस सीमित और अनिश्चित से अनुभव संसार के बीच एक सितार है। जैसे संगीत की एक सुसंगत लय और जीवन की टूटी बिखरी विश्रंखलित लय के बीच एक द्वंद्व है। एक द्वैत है। जीवन की टूटी बिखरी विश्रंखलित लय, संगीत की लय को अपनी अराजकता

में खींच लाना चाहती है और संगीत की लय जैसे बार-बार उसे जीवन की सारी ऊबड़ खाबड़ से बाहर ला कर अपने में समेट लेने की कोशिश करती है। सारी कथा में जैसे यही मूल तनाव है। नारायण बनर्जी बार-बार अपना लोक रचता है, उसे तिरस्कृत करता है। यह एक लोक से, जिसे उसने रचा है से बाहर एक दूसरे लोक में फेंक दिया सा जाना है। यह ऐसा लोक है जो पूरी तरह अनचाहा नहीं है, लेकिन यह पूरी तरह उसका चाहा लोक भी नहीं है। आसक्ति और पलायन का अजीब रिश्ता इस लोक के साथ है उसका। वह बार-बार अपने लिए एक जगह तलाशना चाहता है, कभी बाहर, कभी अंदर। उसे एक आश्रय की तलाश है। एक मकान की। जो सुरों के भीतर है। जो एक मकान और परिवार के कहीं बीच है। जो श्यामा के पास है। सिम्मी के पास है या इनमें से कहीं नहीं।

नारायण बनर्जी अपने ही बजाये राग विहाग को बार-बार सुनता है। अपने अतीत में गोता लगाता है। उस राग को फिर से रचना चाहता है, पहले से भी बेहतर। एक निश्चित समय के भीतर, यानि इन दो माह और उन्नीस दिनों के भीतर, स्मृति और सपनों के बीच आवाजाही के दरवाजे खुले हुए हैं। इस तरह एक निश्चित समयावधि फैल कर अनिश्चित और असीम हो जाती है। ऊपरी तौर पर श्रीलाल शुक्ल का पूरा व्यवहार एक सामान्य यथार्थवादी कथा शैली का व्यवहार बना रहता है। कम से कम ऐसा लगता है। यह व्यवहार कभी-कभी बहुत एकरसता और ऊब भी पैदा करता है। लेकिन वे स्पेस के साथ एक खेल रचते हैं। उसे कभी बहुत मूर्त, ठोस स्थापत्य में तब्दील कर देते हैं, कभी व्यक्ति में और कभी एक उलझे हुए आभ्यांतर लोक में। ये सारी जगहें एक दूसरे से पूरी तरह अलग लगती हैं, लेकिन ये लगातार एक दूसरे की सीमा का अतिक्रमण करती रहती हैं। एक दूसरे की सीमा में हस्तक्षेप करती रहती हैं। जैसे एक तिथि क्रमित समय, एक गैर तिथि क्रमित समय में आवाजाही करने लगता है।

XXX

कभी कभी मुझे लगता है नायक का मानवीय सम्बंधों के बारे में भी रवैया, एक मकान के साथ बनने वाले सम्बंध जैसा ही है। (घर के साथ सम्बंध जैसा नहीं!) श्यामा के साथ का सम्बंध श्यामा की मृत्यु के साथ ही खत्म हो जाता है! सिम्मी से उसका सम्बंध भी तकरीबन उतना ही है। वह कहता भी है, "मत भूलो कि श्यामा से मेरे सम्बंध पारिवारिक नहीं थे, पूरे तौर से व्यक्तिगत थे। श्यामा के साथ ही मेरे सम्बंधों की भी मृत्यु हो गयी.....।" "यह वैसा ही है जैसा कि मेरे और तुम्हारे बीच में है। जैसे कि मेरी मृत्यु हो जाने पर मेरे और तुम्हारे सम्बंधों की भी मृत्यु हो जाएगी....।" इन सम्बंधों में पारिवारिकता नहीं है। निरंतरता नहीं। इनमें आत्मीयता के बावजूद निर्वैयक्तिकता है। लेकिन सितार से भी क्या नारायण बनर्जी का सम्बंध इसी तरह का है? कला के साथ भी एक प्रत्यक्ष सम्बंध तो मृत्यु के साथ खत्म हो ही जाता है, लेकिन रचे जा चुके के साथ एक सम्बंध बाद में भी बचा ही रहता है। यह एक जटिल सम्बंध है। शायद उपन्यास में यह पहला संकेत है। नायक की मृत्यु का एक पूर्वाभ्यास यहां होने लगता है। इसलिए जब उपन्यास के अंत में नायक की मृत्यु होती है तो लगता है कि लेखक ने जैसे इसे पहले ही तय कर लिया था।

नारायण बनर्जी की नियति शायद होटल के उस छोटे कमरे में बने रहना ही है। एक अस्थिर स्थिति। मकान मिलने के बाद भी वह एकदम उसमें चला नहीं जाता, वह होटल में ही बना रहता है। नये मकान में जाने को जैसे

टालता रहता है। वह दस पंद्रह दिन तक उस मकान को देखने भी नहीं जाता। यह वही मकान है, जिसके लिए उसने अनेक चक्कर लगाये हैं। लेकिन मिलने के बाद वह उसे प्राप्त नहीं करना चाहता। जैसे श्यामा से मिली टीस कई दिनों तक उसे सालती है, पर जब श्यामा अपने को देना चाहती है या स्वीकार कर लेती है तो वह उससे दूर चला जाता है। वह उस घुड़सालनुमा कमरे में बना रहता है। अनमनेपन से ही सही, पर वह कहता है, "अपनी कुटिया तो यही है।" एक मकान और घर के बीच जैसे उसकी नियति यही है।

XXX

सितार वादक नारायण बनर्जी एक दफ्तर में नौकरी करता है और संगीतकार होने के बावजूद आजादी के बाद का एक टिपीकल मध्यवर्गीय चरित्र है। चापलूस, मक्कार, लम्पट, महत्वाकांक्षी आदि-आदि। लेकिन आजादी के युग के रोमान का, लगता है, एक अंतिम चिथड़ा इसकी भी जेब में रखा है। इसमें अहं, आत्मस्वाभिमान और कलाकार वाला मन भी है, जो कभी-कभी दिखता है। शराब के नशे में वह अक्सर बाहर आता है। एक दमित व्यक्तित्व। सारे शहर को अपना ही घर कहने और एक साधारण से लड़के को ले कर पांच सितारा होटल में शराब पीने जाने वाला बोहेमियन चरित्र, आमतौर पर प्रकट नहीं होता। सामान्य रूप से तो एक औसत व्यवहारिक मध यवर्गीय चरित्र ही सामने बना रहता है।

यह उन्हीं पंडित नीलमणि बनर्जी का पुत्र है जो डाक्टर के इतना पूछने पर कि "आप शराब पीते हैं?" भड़क गये थे। डाक्टरों की लानत मलामत कर दी थी। और बिना इलाज कराये ही जो अस्पताल से बाहर चले आये थे। वे एक शास्त्रीय परम्परा के संगीतकार थे। रियासत में उन्हें सम्मान मिला था। उनमें 'दरिद्रता, अहंकार और कला साधना के उच्चतम मानकों का मेल' था। इसलिये वे जनप्रिय नहीं थे। कलाकारों की दुनिया में 'एक अजूबा बन कर रह गये थे।' नारायण बनर्जी इस स्थिति को जानता है। उपेक्षा ने पिता को चिड़चिड़ा बना दिया था। क्योंकि वे न तो व्यवहारिक थे, न व्यावसायिक। वे अपने साथ के समकालीनों की गल्तियां निकालते और उनकी निन्दा करते। 'समकालीन संगीतज्ञों, जिज्ञासुओं और प्रशंसकों के लिए (उनके शब्दकोश में) सिर्फ दो शब्द थे— 'मूर्ख और गधा।'

पंडित नीलमणि बनर्जी एक दुर्घटना में मारे गये थे। दूसरा विश्वयुद्ध समाप्त हो चुका था। लेकिन सड़कों पर तब भी बचे रह गये फौजी ट्रकों की हुकूमत थी। इसी तरह के एक ट्रक की टक्कर से वे मारे गये। नारायण बनर्जी बच गया। आजादी के ऐन पहले घटी दुर्घटना जैसे हमारे मध्यवर्गीय चरित्र की चारित्रिक बनावट के बीच घटी दुर्घटना है। 'अमरीकी गोरे' द्वारा चलाये जाने वाले ट्रक ने जैसे अतीत और भविष्य के बीच एक विभाजक रेखा खींच दी थी। नारायण बनर्जी क्योंकि उस साइकिल को चला रहा था, जिस पर पंडित नीलमणि बनर्जी बैठे थे। नारायण बनर्जी का अपराध बोध जैसे बाद की पूरी पीढ़ी का अपराध बोध है उसमें अपने पिता जैसा हठ नहीं है। अपने पिता के विक्षोभ ने उसे व्यवहारिक और चालाक बनाया है। एक हद तक अराजक भी। दोनों के बीच दूरी लगातार बढ़ती गयी है। व्यक्तित्व के स्तर पर भी और मूल्य के स्तर पर भी। अपने अपराध बोध से छुटकारा पाने नारायण बनर्जी कई वर्ष बाद यानि २ दिसम्बर, १९७४ को उसी कैजुएलिटी वार्ड में जाता है, लेकिन प्रेत हाथ से बच कर निकल जाता है। प्रेतबाधा दूर नहीं होती। प्रेत नारायण बनर्जी के हाथ नहीं आया। उस वार्ड के लौटने के बाद उसे

खबर मिली 'श्यामा नहीं रही'। 'उसका एक्सीडेण्ट हो गया था'। याने यह दूसरी दुर्घटना है। हालांकि इस दूसरी दुर्घटना का ठीक-ठीक औचित्य समझ नहीं आता। श्यामा तो यूं भी दृश्य से बाहर चली गयी थी फिर श्रीलाल शुक्ल उसे हटाना क्यों चाहते हैं? क्या अपने पिता की मृत्यु के सदमें से बाहर आने के लिए अस्पताल में आयी जली हुई देह ही पर्याप्त नहीं थी? क्या सिम्मी को करीब लाने के लिये श्यामा की मृत्यु आवश्यक थी? या सिम्मी के साथ सम्बंध में श्यामा की मृत्यु अंतर्निहित है? कभी-कभी लगता है जैसे नारायण बनर्जी का पूरा चरित्र ही राग विहाग है। रात्रि के दूसरे पहर का राग। अक्सर वह कलाकार कम और लम्पट ज्यादा लगता है। उसकी व्यवहारिक बुद्धि, उसका लालच, दारूखोरी और कामुकता उसके कलाकार को बड़ा नहीं होने देते एक चरित्र की तरह। उसका आभ्यंतर कलाकार का आभ्यंतर नहीं बन पाता। वह एक 'दियासलाई और आतिशबाजी की मिली जुली दुकान' ही ज्यादा बना रहता है। हालांकि उत्तरायण में "आज छुट्टी के दिन, भरे बाजार में आवारागर्दी करते हुए उसने सिम्मियों और अफसरों और बिल्लियों से घिरी दुनिया में अपने बचाव की जरूरत को जैसा अनुभव किया, वैसा पहले कभी नहीं किया था। यहीं से एक नये संकल्प का आरम्भ हुआ।" वैसे यह संकल्प न तो उसे सिम्मी से दूर ले जा पाता है और न अपनी कला साधना के किसी कठिन योग तक। हां कुछ कीर्तिदायक, व्यावसायिक से नये आयाम जरूर प्रकट होते हैं।

(२)

उपन्यास का केन्द्र है— नगर निगम का दफ्तर और उसका सिटी एडमिनिस्ट्रेटर। यह सत्तर पिचहत्तर के दौर का नौकरशाह है। जो कुटिल और काइयां तो है ही लेकिन ऊपर से बहुत शालीन है। मक्खन में छुरी चलाता है। इसके पास एक बौद्धिक कौशल है। यह अपने लिए एक सांस्कृतिक छवि चाहता है। इसलिए संस्कृति, साहित्य, संगीत और कला में रुचि दिखाता है। वह संगीत की दुनिया की जुमलेबाजी भी जानता है। वह यह कह कर कि 'मैं कला मर्मज्ञ नहीं हूं' कोई अलग सी और गहरी बात कहता है, जिससे दूसरे जान लें कि पहले कहा गया वाक्य मात्र विनम्रतावश ही कहा गया है। यह विनम्रता नहीं, उसका स्वांग है। नारायण बनर्जी को मकान के लिए बार-बार तंग करने वाला यह एडमिनिस्ट्रेटर उसकी मृत्यु पर नारायण बनर्जी की सितार की खूबियां गिनाता है: "नारायण जी का सितार वादन सुन कर मुझे हमेशा यही जान पड़ा कि मैं कोई उपासना संगीत सुन रहा हूं। विशेष रूप से आप उनका अलाप सुनें और मीड़ का काम देखें।.... विलायत खां के विशेष प्रशंसक होते हुए भी वे इस विषय में रविशंकर के अधिक निकट हैं।" वह लगातार नारायण बनर्जी के सितार वादन को ले कर चिन्ता जताता है। वह अपनी बेटी को विश्व भूगोल से परिचित कराने के लिए नकली तत्सम शब्दावली में लम्बे-लम्बे पत्र लिखता है। इन पत्रों की एक किताब भी भविष्य में छपवाना चाहता है। 'विश्व भूगोल की झलक' किताब के नाम के साथ ही आप समझ सकते हैं कि यह नेहरू का प्रशासनिक प्रहसन है। (त्रासदी नहीं, प्रहसन!)

एडमिनिस्ट्रेटर के चरित्र को श्रीलाल शुक्ल ने बहुत तबियत से रचा है। नारायण का कहना है: "सबेरे जिस सड़क से मैं दफ्तर की ओर आता हूं। उसका बड़ा पौराणिक महत्व है। मुझे विश्वास है कि द्वापर में युधिष्ठिर को नरक दर्शन कराने के लिए इसी सड़क पर लाया गया था।" इस नरक दर्शन में एडमिनिस्ट्रेटर के साथ-साथ नारायण बनर्जी का चरित्र भी परत दर परत उजागर होता है। व्यक्ति और कलाकार के बीच का अंतर्विरोध और

व्यक्तित्व का विघटन भी सामने आता है। नारायण को उससे मिल कर लगता है कि "उस निगाह के आगे मनुष्य न रह कर मैं पदार्थ हो गया; लगा कि किसी महान दार्शनिक के आगे मैंने कोई बड़ा ओछा सवाल उठा दिया।" जीवन के सबसे जरूरी सवालों को किस तरह यह संस्कृतिकर्मी नौकरशाह एक ओछा सवाल बना देता है। किस तरह का हीनताबोध सामने बैठे व्यक्ति में पैदा करता है, यह इसी का उदाहरण है। सत्तर के बाद के भारतीय परिदृश्य पर नजर डालें तो १९७४ के आसपास सारे देश में ऐसे अनेक संस्कृतिकर्मी अथवा संस्कृति और कला रुचि से सम्पन्न अधिकारी दृश्य पर नजर आयेंगे, जिन्होंने न केवल अपनी सांस्कृतिक छवि निर्मित करने की कोशिश की बल्कि शासन में बैठे लोगों को भी एक सांस्कृतिक छवि देने के लिए योजनाएं बनायीं और कार्यक्रम चलाये। यह नौकरशाह कला के प्रति संवेदनशील दिखने का भरसक स्वांग करता है। जबकि कलाकार व्यक्ति के प्रति उसकी कोई चिन्ता नहीं है। कला साधना या कलाकार को किसी तरह की सुविधा उसके कार्य के लिए, उसके जीवन के लिए मिले इसमें भी इस नौकरशाह की कोई रुचि नहीं है। एक वायवीय चिन्ता और एक शगल उसमें है। इसलिए वह नारायण बनर्जी के सितार वादन की प्रशंसा करता है, उसके कार्यक्रम हो रहे हैं या नहीं इसके बारे में पूछताछ करता रहता है। लेकिन उसके नाम मकान एलाट करने में टालमटोल करता रहता है। नारायण बनर्जी। जब होटल के अपने कमरे में अभ्यास करता है तो उसे सुनना पड़ता है: "आस पास शरीफ लोग रूके हैं। इतने सवेरे आपको शोरगुल नहीं करना चाहिए। क्या समझे?"

xxx

इस एडमिनिस्ट्रेटर को यह फिक्र है कि सितार का इधर कोई कार्यक्रम नहीं हुआ? इसे नारायण बनर्जी की पत्नी की बीमारी की भी चिन्ता है। आर्थराइटिस हो तो होम्योपैथी का इलाज कीजिए। यह विश्वसनीयता हासिल करने के लिए कभी-कभी अपनी चालाकियों का खुद भी बखान करता है: "लोग समझ रहे हैं कि मैं आज शहर के बाहर गया हूं, मुझे मिनिस्टर से मिलने जाना था भी, तभी आज सन्नाटा है।" दूसरी ओर इसके चरित्र का एक पहलू यूनियन लीडर बारीन हालदार के साथ सम्बंधों में खुलता है। इसी ने निहत्थे मजदूरों और बाबुओं पर अपने दफ्तर में लाठी चार्ज कराया था। बाद में यही घायल बारीन हालदार को देखने अस्पताल भी जाता है। माफी भी मांग लेता है सबके सामने। लगता है जैसे वह कायर है लेकिन वह कायर नहीं है, एक नौकरशाह है जो समय की नब्ज को जानता है, और उसी के हिसाब से अपनी चालें खेलता है। इन सम्बंधों में लेकिन पर्तें सिर्फ एडमिनिस्ट्रेटर की ही नहीं खुलतीं, बारीन और नारायण के चरित्र की भी कई-कई पर्तें उजागर होती चलती हैं। श्रीलाल शुक्ल की यह बड़ी खूबी है कि उनकी रचना ऊपरी तौर पर बहुत सरल सी नजर आती है लेकिन आब्जर्वेशन की उनकी अद्‌भुद क्षमता सरल सी दिखती रचना में तह के अंदर कई तहों तक झांकती है।

xxx

मार्क्स ने लिखा है कि उत्पीड़क समाज में नौकरशाही स्टेट के सार तत्व को अपने आधिपत्य में रखती है। इस तरह उसका चरित्र एक स्तर पर राजनीति से ज्यादा काइयां होता है। श्रीलाल शुक्ल इस दुनिया के इनसाइडर की

तरह उसे हमारे लिए उजागर करते हैं: "नेता ठठा कर हंसा, बोला, "उसकी न कहिए। यह आपकी सूझबूझ है। महंगाई भत्ता दिया सो दिया, पर बारीन हालदार की नेतागिरी का कबाड़ा कर दिया।" लेकिन इस चापलूसी के बाद जब यही नेता एडमिनिस्ट्रेटर से अपने हित में काम करवाना चाहता है तो पहले तो एडमिनिस्ट्रेटर उसे आंकड़े गिना कर अपनी असमर्थता बताता है: 'इस शहर की आबादी अब हो गयी है ग्यारह लाख, तेईस हजार सात सौ। यानी लगभग दो लाख चौबीस हजार परिवार हुए। मकानों की संख्या है करीब एक लाख पचासी हजार, सही-सही कहें तो एक लाख छियासी हजार, तीन सौ अड़तालीस मकान हैं।....." नेता जब थोड़ा सख्त होने की कोशिश करता है, तब भी एडमिनिस्ट्रेटर के चेहरे पर शिकन नहीं आती। वह मुस्कुराता रहता है। वह फुसफुसा कर नेता को बताता है कि उसने अपने भतीजों के नाम जो प्लाटों का एलाटमेण्ट किया है, उसकी शिकायत ऊपर हो चुकी है और नेता को पहले जा कर सब ठीक ठाक कर लेना चाहिए वरना नेता मुसीबत में भी फंस सकता है। यह एक धमकी भी है। इस रहस्य उद्घाटन के साथ ही नेता ढीला पड़ जाता है। राजनीति पर जब भी ब्यूरोक्रेसी भारी पड़ती है, तो सामान्य रूप से हम ब्यूरोक्रेसी के पक्ष में होते हैं। ऐसे समय हम भूल जाते हैं कि नौकरशाही के इसी तंत्र ने हमें कितनी दिक्कतें दी हैं, कितने चक्कर लगवाये हैं। नारायण भी अफसर के कमरे से निकलते हुए सोचता है: "मैंने मन में अफसर नेता काण्ड को दोहराया। क्या चुस्ती थी मेरे शेर में। जिस दांव से उसने नेता का टेंटुआ दबा कर उससे म्यांव निकलवायी और जिस तरह नेता की म्यांव-म्यांव उसके जाते-जाते 'नमस्कार नारायण जी' में बदल गयी वह मंजे हुए उस्तादों का ही काम था।" इस तरह सत्तर के दशक के नौकरशाह का ढंग बहुत प्लेफुल ढंग से धीरे-धीरे खुलता जाता है।

XXX

श्रीलाल शुक्ल सीधी और सहज भाषा के बावजूद उसमें एक खास तरह का खेल पैदा करते हैं। लेकिन कल्पना का खेल उनके लेखन में बहुत कम है। कुंवर नारायण ने राग दरबारी की समीक्षा करते हुए लिखा था: "लेखक यदि इतना अधिक यथार्थ के पीछे न पड़ता तो अच्छा होता।" इस पुनर्सृजित यथार्थ को देखने के लिए जिस तरह का और जितना स्पेस, जितना सृजनात्मक अंतराल जरूरी है, उसकी कमी कभी-कभी महसूस होती है मकान के शिल्प में। लेकिन मुझे लगता है कि राग दरबारी की तुलना में श्रीलाल शुक्ल यहां ज्यादा कल्पनाशील हैं। सारा आख्यान समांतर रूप से दो 'स्टोरी टेलर्स' बारी-बारी सुनाते हैं। पहला स्टोरी टेलर उपन्यास का नायक याने नारायण बनर्जी खुद है। इन हिस्सों पर तिथि और दिन शीर्षक की तरह दिया गया है। लगता है जैसे वह नारायण बनर्जी की डायरी हो। इस हिस्से के साथ दूसरा हिस्सा जिस पर अलग-अलग शीर्षक हैं, उसका 'स्टोरी टेलर' लेखक है। इस तरह एक जीवन और उसके आसपास का एक यथार्थ इस जुगलबंदी से धीरे-धीरे प्रकट होता है। एक ही जीवन बारी-बारी आत्मनिष्ठ और वस्तुनिष्ठ दृष्टि से देखा परखा जाता है। इस तरह नायक का लेखक से अलग, पूरी तरह स्वतंत्र अस्तित्व बन जाता है।

XXX

उपन्यास वस्तुतः नारायण की मृत्यु के साथ ही समाप्त हो जाता है। उपसंहार इस त्रासदी के बाद बची रह गयी

एक सिसकी ही है। यह मात्र संयोग तो नहीं ही है कि उपन्यास में तीन मृत्यु होती हैं: पंडित नीलमणि बनर्जी, श्यामा और अंत में नारायण बनर्जी की और तीनों की दुर्घटनाएं हैं। तीनों दुर्घटनाएं आकस्मिक हैं और अकारण हैं। नारायण बनर्जी के अलावा दोनों दुर्घटनाएं तो अप्रत्याशित भी हैं। हालांकि नारायण बनर्जी भी जिस तरह मारा जाता है वह अप्रत्याशित ही है। वह किसी लक्ष्य या उद्देश्य के लिए नहीं मारा जाता।

लगता है नारायण बनर्जी की मृत्यु के साथ ही आजादी के बाद की, सपने देखने वाली, महत्वाकांक्षी, अंतिम रोमांटिक पीढ़ी का भी जैसे अंत हो जाता है: "जब लोग वहां पहुंचे तो उन्होंने नारायण को रिक्शे के नीचे पड़ा हुआ पाया। सितार लुढ़क कर कई हाथ दूर चला गया था। टार्च की रोशनी में उसका टूटा हुआ तूम्बा किसी ऐसी खोपड़ी जैसा दीख पड़ा जिसे जंगल में सियार भेड़ियों ने खखोला हो। रम की बोतल नाली में पड़े हुए मुर्दे के पेट के नीचे दबी पड़ी थी और खून और कीचड़ से लथपथ होने के बावजूद सुरक्षित थी। हवा बंद थी पर उल्टे हुए रिक्शे का अगला पहिया अब भी धीरे-धीरे घूम रहा था।"

यह अतार्किक और अकारण हत्या ही जैसे हमारे समय की सबसे भयानक त्रासदी है जो इस पूरे आख्यान को, जो एक हद तक कामिकल भी है एक त्रासदी में बदल देती है।

अशोक अग्रवाल, उपेन्द्रनाथ अश्क, नरेश सक्सेना और राजेन्द्र यादव की चिट्ठियां

११.८.७४

आदरणीय श्रीलाल जी,

कल 'सूनी घाटी का सूरज' प्राप्त हुआ, हार्दिक आभार। आते ही इसे एक बार फिर पढ़ गया। सात वर्ष पहले इस उपन्यास ने जितना छुआ था, उससे शायद कहीं अधिक इस बार। इसे पढ़ते हुए मुझे विभूति बाबू के 'आरण्यक' का स्मरण बार-बार आता रहा। शायद आप विश्वास न करें 'सूनी घाटी .....' मेरे लिए चुनी हुयी कृतियों में से एक है जिसे मैं अपने पास हमेशा रखना चाहूंगा। पिछले दिनों Veguny Yeutushenko की A Precuscions Autobiography पढ़ी थी, अगर आपके इस उपन्यास को मैं 'रामदास की आत्मकथा' के रूप में ग्रहण करूं तो निःसंकोच कह सकने की स्थिति में हूं कि इसने Yeutushenko की Autobiography से कम प्रभावित नहीं किया। कितने आश्चर्य की बात है कि एक कथाकार होने के बावजूद इस उपन्यास के सभी पात्रों के बीच मैं आपके चेहरे को तलाशता रहा, जाहिर है मेरी यह तलाश कितनी अधूरी और बेमानी रही होगी।

इसे आप मेरी भावुकता भी कह सकते हैं, किन्तु एक ईमानदार भावुकता।

पुस्तक का Production काफी भद्दा था, किन्तु इसके लिए मुझे आपसे शिकायत करने का कोई अधिकार नहीं है। आपके साथ बितायी गयी वह शाम हमारे लिए चिर स्मरणीय है। ऐसी आने वाली शामों की हम व्यग्रता और ललक से सिर्फ प्रतीक्षा ही कर सकते हैं।

'नया प्रतीक' के अगस्त अंक में मेरे उपन्यास 'वायदा माफ गवाह' का लम्बा अंश आ रहा है। आशा है आप

इसे पढ़ कर लिखेंगे। 'नया प्रतीक' के मार्च अंक में भी मेरी एक कहानी थी 'नाटे और दूसरे'।

प्रभात लौट आये हैं। जब उन्हें पता चला तो काफी अफसोस प्रकट कर रहे थे। शायद उनका शीघ्र ही लखनऊ जाना होगा।

स्नेहाधीन

अशोक अग्रवाल

२०.१२.६८

प्रिय शुक्ल जी,

आपका १६.१२.६८ का पत्र मिला। भाई, मैं पुराना तो हूं ही। साठ वर्ष का होने को आया हूं, इसलिए पचास वर्ष पुराना कहलाने में मुझे क्यों आपत्ति हो? फिर कौन नया हो कर भी पुराना रहा और कौन पुराना हो कर भी नया, इसका तसफाया आज नहीं होगा। मैं केवल लेखक ही नहीं पाठक भी हूं, रचना यदि अच्छी या बुरी लगेगी तो पाठक के नाते क्यों उसकी उन्मुक्त प्रशंसा या निन्दा नहीं करूंगा।

मैं गत दस वर्षों से हर नये उपन्यास को बड़ी आशा से उठाता रहा हूं पर मुझे कभी संतोष नहीं मिला और अधिकांश उपन्यास तो मैं पूरे पढ़ भी नहीं पाया। सच कहूं तो 'मैला आंचल' और 'परती परिकथा' के बाद मुझे कोई उपन्यास उतना पसंद नहीं आया। रेणु का भी नहीं। रेणु के पहले दोनों उपन्यासों में भी ग्लोरीफिकेशन के दोष मुझे दिखायी दिये, पर उनका काव्य मन को अच्छा लगा। आप के उपन्यास से मुझे बहुत संतोष मिला।

मैंने जब से आपकी रचना पढ़ी, नाम याद नहीं यद्यपि उसमें वर्णित वस्तु की याद है, मैं निरंतर आपकी रचनाएं पढ़ता रहा हूं और आपने 'लखनऊ' पर जो लेख लिखा था, उससे आपके व्यंग्यकार के प्रति मेरे मन में अतिरिक्त दिलचस्पी पैदा हो गयी थी। फिर मैंने आपका संग्रह 'अंगद के पांव' पढ़ा और मैंने अपनी प्रतिक्रिया विस्तार से अपनी पुस्तक 'हिन्दी कहानी : एक अन्तरंग परिचय' में दी थी। (जाने आपने देखा या नहीं) मैंने उसमें कहीं लिखा था कि यदि श्रीलाल शुक्ल के पास परसाई की दृष्टि हो और परसाई के पास श्रीलाल शुक्ल का मंजाव तो अद्वितीय व्यंग्य की सृष्टि हो सकती है। 'राग दरबारी' के संदर्भ में इतना ही कि इसमें वह अद्भुत समावेश हुआ है और इसीलिए वह उपन्यास उस तमाम विरोध के बावजूद जो ईर्ष्यालु लोगों के हाथों इसे सहना पड़ेगा (मुझे केवल इसकी प्रशंसा करने के नाते अभी से ताने सुनने पड़ रहे हैं।) और लोग इसके 'व्यंग्य के आधिक्य', इसकी 'अश्लीलता', 'फूहड़ता', 'मल मूत्र' नाम की क्रियाओं के उल्लेख, गंदे ग्रामीण मुहावरों के प्रयोग और न जाने ऐसी कितनी ही 'कलाहीन' बातों का उल्लेख मुंह बिदका कर करेंगे, लेकिन इस सबके बावजूद यह उपन्यास हिन्दी के प्रथम कोटि के चंदेक उपन्यासों में गिना जाएगा और इसे कोई वहां से हटा नहीं पाएगा, इसका मुझे विश्वास है।

मैं इधर बहुत बीमार और परेशान रहा हूं। २७, २८ और २६ को मेरे छोटे लड़के नीलाभ की शादी है। इस अफरातफरी में वैसे जम कर तो मैं इस पर नहीं लिख सकता, जैसे मैं चाहता हूं, पर मैंने एक जगह इसकी संक्षिप्त समालोचना का वादा कर लिया है और तमाम अफरातफरी और परेशानी के बावजूद मैं दो ढाई टंकित फुलस्केप पृष्ठ लिख कर भेजूंगा। नोट मैंने ले लिए हैं। अब कुछ घंटे बैठ कर दोबारा लिखूंगा। एक पैरा आपके लिए उसमें से उद्धरित करता हूं। रफ है, पर अंतिम भी कुछ ऐसा ही होगा।

"राग दरबारी शायद हिन्दी का एक मात्र ऐसा उपन्यास है, जिसे पढ़ने के तत्काल बाद, इसके कुछ पृष्ठ ही नहीं सारे के सारा उपन्यास दोबारा पढ़ने की तीव्र इच्छा हुई। उस वक्त जब एकदम नये लेखक व्यवस्था के बाहर आ कर उसके विरुद्ध जिहाद बोलते हुए, स्पष्ट दृष्टि के अभाव में, अधिकांशतः प्रायः विभ्रम भरा कूड़ा लिख रहे हैं, लगा कि श्रीलाल शुक्ल ऐसे सशक्त लेखक हैं, जिन्होंने व्यवस्था के अंदर रहते हुए भी नितांत निर्मम और निरपेक्ष भाव से उसे बीच बाजार में नंगा कर दिया है। व्यवस्था पर इतनी करारी चोट और फिर (लेखक से शब्द उधार लूं तो कहूं) ऐसे कलाकारी भरे व्यंग्य से .... ऐसे समग्र रूप से .... शायद किसी ने भी नहीं की। .... ऐसी साफ दृष्टि, ऐसा तीखा, निर्मम, अचूक और कहीं-कहीं क्रूर व्यंग्य, कला को हाथ से छोड़े बिना व्यवस्था और समाज और उसके हैव और हैवनाट्स का इतना सुंदर यथार्थ निरपेक्ष और बार-बार हंसाने के बावजूद उपन्यास को खत्म करते न करते अनायास उदास कर देने वाला चित्रण स्वातंत्र्योत्तर हिन्दी उपन्यासों में लगभग दुर्लभ है। ..."

मैंने रफ नोट लिये हैं। चाहता तो मैं यह था कि उपन्यास को एक बार और पढ़ कर तब लिखूं, लेकिन नीलाभ की शादी के हंगामे में शायद अवसर न मिले। तो भी फिलहाल मैं संक्षिप्त ही लिखूंगा, लेकिन जल्द ही विस्तार से भी इसका विवेचन करूंगा।

२६ दिसम्बर, इतवार को शाम के साढ़े तीन बजे मेरे निवास पर वर वधू के स्वागत में चाय है, आप यदि उसमें शामिल हो सकें और वर वधू को स्नेह तथा आशीर्वाद दे सकें तो मैं आभारी हूंगा। श्रीमती शीला संधू २६ को सुबह पहुंच रही हैं और भी मित्र उस दिन होंगे। तब तक मैं संक्षिप्त लेख तैयार कर लूंगा।

मेरी बधाई में नीलाभ की बधाइयां भी शामिल थीं। उपन्यास पहले उसी ने पढ़ा था और उसी ने मुझे सब काम छोड़ कर पहले उसे पढ़ने की सलाह दी थी। वह इस पर इलाहाबाद रेडियो से समालोचना कर रहा है।

सस्नेह

उपेन्द्रनाथ अश्क

जौनपुर

२७ मार्च, १९७४

प्रिय श्रीलाल जी,

इस बार की मिठाई 'सीमाएं टूटती हैं' की खुशी में भेज रहा हूं। बहुत दिन बाद किसी उपन्यास को पढ़ते हुए मजा आया और खत्म होने से पहले इच्छा हुई कि आगे और होता। (जैसा लालच बच्चों को मिठाई खत्म करते वक्त लगता होगा)

सबसे बड़ी बात कि लड़की का अंतर्द्वंद्व नहीं है। मुझे डर था कि कहीं हीरो या हीरोइन खैर? — वे जो करते हैं मुक्त निःसंकोच बल्कि पढ़ने वाले को मुक्ति का अहसास (तर्क भी) देते हैं। वयस्कों की दुनिया का तर्क मानते हुए भी मेरे अपने संस्कार बाप बेटी या मां बेटे के उम्र के स्त्री पुरुषों के सम्पर्क को एक सीमा के अंतर्गत ही स्वीकार करते हैं — विशेष परिस्थितियों में — सामान्यतः नहीं। (भारतीय परिवेश में सम्भव भी नहीं है — परिवेश का दबाव हमारी मानसिकता को किस तरह बनाता बदलता रहता है, ये अक्सर हम अनुभव नहीं कर पाते)

जो बात जैसी — ओनासिस के लिए सही है — एक औसत भारतीय के लिए सही (यानी कि सहज) नहीं

हो सकती।

पढ़ते हुए मैं मन ही मन लड़की के खिलाफ गुट की तरफ चला गया था— मुझे भी शायद 'ओनासिस' से ईर्ष्या थी (उपन्यास में)— लड़की जैसे ही सिगरेट पीती है— मेरा कुछ तनाव मुक्त हो गया, एक दकियानूस की तरह मुझे लगा कि 'जो लड़की सिगरेट पी सकती है— वह कुछ भी कर सकती है'।

बचपन में हर 'मेकअप' करने वाली लड़की को मैं दुश्चरित्र मानता था। एक बार जबलपुर में स्टेशन पर कुछ क्रिश्चियन लड़कियों को परिजनों की विदाई के वक्त रोते देख कर मुझे आश्चर्य हुआ था कि लिपिस्टक लगाने वाली लड़की रो भी सकती है।

अपराध और न्याय के अंश इसे सार्थक बनाते हैं। इस नाम का उपन्यास आपका न होता तो शायद मैं कभी पढ़ता ही नहीं। शेष फिर मिलने पर।

पत्र दफ्तर में शुरू किया था— अब समाप्त कर रहा हूं। बनारस जाना है।

लुधियाना (मधु के विवाह के लिए वहीं तो गये थे न?) से आशा है कि खुशखबरी लाये होंगे— शादी कब कहां से करेंगे लिखिएगा। मेरे लिए कोई काम हो तो वो भी।

जरूरत पड़ने पर शादी यहां से भी कर सकते हैं। काम करने वाले कुछ लोग और चार छः गाड़ियों जीपों का इंतजाम मैं यहां कर सकूंगा।

विजय ने अपनी डिप्लोमा फिल्म की शूटिंग कर ली है— अप्रैल में आएगी— छुट्टी मिल गयी तो गर्मियों में हम लोग कहीं जाएंगे। आपका का क्या Programe है?

१६ को इलाहाबाद (रेडियो कवि सम्मेलन) गया था— साही जी, केशव जी मिले थे— वहां चंद्रकांत देवताले और कुमार विकल वगैरा भी आये थे। केशव जी से आपके उपन्यास पर भी एक निरर्थक सी बातचीत हुई थी।

गुड़िया, गुड्डू और भाभी स्वस्थ होंगे। भाभी और आपको प्रणाम और आपको निश्चित रूप से बधाई के साथ।

नरेश सक्सेना

२५.२.७४

प्रिय श्रीलाल जी,

आपका उपन्यास 'सीमाएं टूटती हैं' कल ही पढ़ कर समाप्त किया है और चूंकि कंधे का दर्द अभी तक ठीक नहीं हुआ इसलिए पत्र हाथ से नहीं लिख रहा हूं। सबसे पहले तो इस सुंदर उपन्यास के लिए मेरी बहुत-बहुत बधाई स्वीकार कीजिए। यह सिर्फ तकल्लुफ और औपचारिकता की बात नहीं है। मैं इसे हिन्दी की दो एक अत्यंत ही वेल रिटिन और वेल कंसीव्ड (इसे हिन्दी में क्या 'उत्कृष्ट गर्भित' कहेंगे?) उपन्यासों में मानता हूं। आपने इसके सारे चरित्रों पर बहुत ही महीन निगाह रखी है। सचमुच मैंने इसे पढ़ते हुए बेहद एंजाय किया है। सबसे बड़ी बात जिसके लिए मैं विशेष रूप से बधाई देना चाहता हूं वह चांद, तारानाथ, विमल इत्यादि का सधावपूर्ण व्यवहार नहीं, बल्कि उन स्थितियों का चित्रण है जो हर कहीं अपनी प्रामाणिकता की गहरी छाप छोड़ती हैं। छोटे-छोटे आब्जर्वेशंस हैं, मनःस्थितियों के चित्रण, अजहद खूबसूरत और कुछ स्थानों पर चकित कर देने वाले हैं। मुझे अनेक स्थानों पर पढ़ते हुए यह लगता रहा कि शायद उन स्थलों को इतनी खूबसूरती से लिख पाना मेरे लिए सम्भव होता या

नहीं। बहुत ईर्ष्या के साथ मैंने इस उपन्यास को समाप्त किया है। वैसे आपका ज्यादा ध्यान प्रकृति और स्थानों के सूक्ष्म आब्जर्वेशन पर रहा है लेकिन इसी दृष्टि ने कुछ सूक्ष्म और मानसिक तरलताओं को बहुत सही पकड़ा है। हालांकि उपन्यास में बारिश कुछ ज्यादा ही हुई है।

पूरे उपन्यास की अवधारणा से एक बात तो बहुत स्पष्ट है कि आपने ग्राहम ग्रीन को पीस कर पचा डाला है। बढ़ती उम्र के प्रेमी विमल की अनुभूतियों में विलक्षण विश्वसनीयता, आपके अभी तक जीवंत होने को ही सिद्ध करती है। बहरहाल, इस सबके बावजूद मैं आपकी मूल थीम से अपने को सहमत नहीं पाता। यानी चांद का विमल के प्रति विश्वास कतई वही नहीं है जो तारानाथ का देवी देवताओं पर है। तर्कातीत आस्था की युक्ति पर आप निराकार और निर्जीव वस्तु के प्रति श्रद्धा या सजीव व्यक्ति की रैसीप्रोकल अंडरस्टैण्डिंग में अंतर तो करेंगे ही। चांद का विमल के प्रति भाव केवल देवताओं वाली आस्था ही नहीं है, अहसान, प्यार, सैक्स और पिता की भावना का मिला-जुला रूप है जो स्वयं उस व्यक्ति में भी प्रतिक्रिया पाता है। इस तरह की युक्ति देते समय हमें यह जरूर ध्यान रखना पड़ेगा कि ४५ साल के पुरुष और १८-२० साल की लड़की के बीच प्यार के पीछे केवल एक तर्कहीन श्रद्धा ही नहीं होती बहुत कुछ और भी होता है। यह अंधविश्वास देवी देवताओं के माध्यम से तारानाथ को तो बल दे सकता है, चांद को नहीं। कहीं ऐसा तो नहीं कि विमल के प्रति घर वालों की दुर्भावना और कटुता देख कर ही चांद के भीतर एक हठ ही पनप गयी है। इतना आधुनिक मुहावरा और सशक्त कलम ले कर आस्था के नाम पर अंधविश्वास को पोषित करना मुझे कहीं चकित करता है। यहां अवध के रूढ़िग्रस्त भोले भारतीय और ग्रीन की पैनी निगाह में अंतर स्पष्ट होता है।

बहरहाल आपने एक कुशल वकील की तरह अपना सारा केस उसी खूबसूरती से तैयार किया है जैसा अपने समय में चित्रलेखा के लेखक ने किया था और अनजाने ही पीढ़ियों के उस अंतराल की ओर संकेत कर दिया है जिसकी बात आप मुझसे कर रहे थे। यहां यह कहना चाहिए कि 'राग दरबारी' ने भले ही आपको व्यक्तिगत रूप से बहुत कुछ दिया हो, आपकी इमेज को एक विशेष दायरे में बांध दिया है। उससे पहले के उपन्यास अनुभूति की ईमानदारी के बावजूद हम लोगों के प्रारम्भिक उपन्यासों जैसे ही हैं। 'सीमाएं टूटती हैं' पढ़ कर मुझे वास्तव में विश्वास हो गया है कि पीढ़ियों के अंतराल पर आपकी कलम से कोई हल्की चीज नहीं आएगी।

अंत में एक औपचारिक बात, इस सुंदर, निर्दोष और प्रौढ़ कृति को पढ़ने का अवसर देने के लिए अनेक धन्यवाद।

पढ़ कर जो दुःख पहुंचा है, उसने अपनी वर्तमान सीमाओं को और भी यातनाप्रद बना दिया है। अच्छी चीजें सिर्फ दूसरों की कलम से आती रहें, बहुत सांत्वनाप्रद स्थिति नहीं है।

आशा है आप स्वस्थ और सानंद हैं।

सस्नेह

राजेन्द्र यादव